ABITUR-TRAINING
GESCHICHTE

Größl · Werner

Geschichte 1

STARK

Bildnachweis:
Umschlagbild: Revolution 1848 – Nationalversammlung tagt in der Paulskirche in Frankfurt
© ullstein bild – Archiv Gerstenberg

ISBN 978-3-86668-336-5

Inhalt

Autoren: Wolf-Rüdiger Größl, Johannes Werner

Vorwort

Liebe Schülerinnen und Schüler,

das vorliegende Abitur-Training Geschichte 1 für Baden-Württemberg ermöglicht Ihnen eine gezielte und effektive Vorbereitung auf den Unterricht sowie auf bevorstehende Klausuren und das Abitur im Fach Geschichte. Von Ihnen wird immer mehr das Erkennen von Problemen und Zusammenhängen sowie eine fundierte Beurteilung von historischen Sachverhalten verlangt. Dabei hilft Ihnen dieser Band.

- Das Buch enthält das in der Abiturprüfung relevante **Basiswissen an Fakten** sowie die beiden **Schwerpunktthemen** „Die demokratische und nationale Bewegung in der Auseinandersetzung mit dem Obrigkeitsstaat" und „Die Entwicklung der politischen Kultur im Kaiserreich und in der Weimarer Republik". Einstiegsbilder zu jedem Kapitel ermöglichen eine inhaltliche Annäherung vor der ersten Lektüre.
- Die Kapitel sind klar strukturiert und übersichtlich gegliedert. Neben historischen Ereignissen und Prozessen vor der Reichsgründung 1871 steht vor allem die Entwicklung der politischen Kultur im Kaiserreich und in der Weimarer Republik im Mittelpunkt der Betrachtung.
- **Zeittafeln** und ein **Stichwortverzeichnis** ermöglichen Ihnen einen schnellen Überblick und den sicheren Zugriff auf relevante Informationen.
- Zusammenfassende **Schaubilder** visualisieren die Inhalte und erleichtern das Lernen.
- Abwechslungsreiche **Übungsaufgaben** im Anschluss an jedes Teilkapitel und **materialgestützte Aufgaben im Stil des Abiturs** geben Ihnen die Möglichkeit, das erworbene Wissen anzuwenden und zu überprüfen.
- Mit dem umfassenden **Lösungsteil** am Ende des Bandes können Sie Ihren Lernerfolg unmittelbar und selbstständig kontrollieren.

Das Autorenteam wünscht Ihnen viel Erfolg bei der Arbeit mit diesem Buch!

Wolf-Rüdiger Größl | Dr. Johannes Werner

Die demokratische und nationale Bewegung in der Auseinandersetzung mit dem Obrigkeitsstaat

1 Deutschland zu Beginn des 19. Jahrhunderts

1789–1914	Das „lange 19. Jahrhundert“
25. 2. 1803	Reichsdeputationshauptschluss
12. 7. 1806	Gründung des Rheinbundes mit Napoleon als Protektor
6. 8. 1806	Niederlegung der Kaiserkrone durch Franz II.; Ende des Alten Reiches
9. 10. 1807	Oktoberedikt: Aufhebung der Erbuntertänigkeit der Bauern in Preußen
12. 3. 1812	Preußisches Judenedikt
1813–1815	Befreiungskriege gegen Napoleon
16.–19. 10. 1813	Völkerschlacht bei Leipzig
Sept. 1814–Juni 1815	Wiener Kongress
1815–1848	Vormärz
8. 6. 1815	Deutsche Bundesakte
12. 6. 1815	Gründung der Deutschen Burschenschaft in Jena
26. 9. 1815	„Heilige Allianz“ zwischen Russland, Österreich und Preußen
1817	Aufhebung der Leibeigenschaft im Königreich Württemberg
18. 10. 1817	Wartburgfest
1818	Konstitutionelle Verfassungen in Bayern und Baden
1819	Konstitutionelle Verfassung in Württemberg
20. 9. 1819	Karlsbader Beschlüsse
1820	Konstitutionelle Verfassung in Hessen-Darmstadt
1830/31	Unruhen als Folge der französischen Julirevolution

1.1 Das „lange 19. Jahrhundert“ als Weg in die Moderne

Die europäische Geschichtswissenschaft hat sich bei der Untergliederung der Neuzeit für die Zeitspanne von der Französischen Revolution bis zum Ersten Weltkrieg auf den **Epochenbegriff „langes 19. Jahrhundert“** verständigt. Beide Ereignisse stellen epochale Zäsuren dar: Die **Französische Revolution** verwirklichte die politischen Ideen der Aufklärung (u. a. Partizipation, Emanzipation, Volkssouveränität, politische Repräsentation, Nation, Konstitution) und verbreitete diese durch die napoleonische Hegemonialpolitik in weiten Teilen Europas. Der **Erste Weltkrieg** als „Urkatastrophe“ Europas setzte nicht nur der europäischen Vorherrschaft in der Welt ein Ende, sondern zerstörte auch die alte bürgerliche Ordnung. So konnten sich in der Folge radikale Weltanschauungen wie der Kommunismus, der Faschismus und der Nationalsozialismus durchsetzen.

Das Nebeneinander von alten und neuen Strukturen

Charakteristisch für die erste Jahrhunderthälfte waren neben grundlegenden Umwälzungen in Politik, Wirtschaft und Gesellschaft das Festhalten an Althergebrachtem sowie die Vermischung von Altem und Neuem. Es entwickelte sich ein eigentümliches Nebeneinander von alten feudalen Strukturen der Ständegesellschaft und einer modernen, vom Bürgertum geprägten Klassengesellschaft auf industriekapitalistischer Grundlage.

Der Beginn der Epoche gilt als Zeit der politisch-sozialen und technologisch-wirtschaftlichen **„Doppelrevolution"**, die nahezu ganz Europa erfasste und vor allem Westeuropa den **Weg in die Moderne** wies. Modernisierung von Herrschaft, sozialer Wandel und Industrialisierung waren dabei die drei wichtigsten Veränderungsprozesse. In Politik und Gesellschaft blieben aber bis zum Ende des Kaiserreiches die alten Eliten dominierend, wenn auch ihre Stellung immer stärker angefochten wurde.

In **Deutschland**, damals ein **geografischer** und noch kein staatlich-politischer **Begriff**, erfolgten die politischen Veränderungen im Wesentlichen durch Anstöße von außen. Die Prinzipien und die politisch-sozialen Auswirkungen der Französischen Revolution wurden für die meisten Deutschen erst durch die napoleonischen Kriege reale Erfahrung. Die deutschen Staaten, allen voran Preußen, waren nach den militärischen Erfolgen Napoleons gezwungen, ihren Entwicklungsrückstand gegenüber dem revolutionären Frankreich aufzuholen, wollten die Herrscher ihre Macht bewahren. So bedienten sie sich der **„Reform von oben"**, um eine „Revolution von unten" zu verhindern. Diese **defensive Modernisierung** leitete den Wandel vom feudalen Ständestaat mit absolutistischer Herrschaft zur konstitutionellen Monarchie ein, in der dem Bildungs- und Wirtschaftsbürgertum eine begrenzte politische Mitwirkung zustand.

In **Preußen**, das sich bis zum zweiten Drittel des 19. Jahrhunderts zur **wirtschaftlichen und politischen Führungsmacht** in Deutschland entwickelte, hatte die Niederlage gegen Napoleon eine grundlegende Neuordnung des Staatswesens und der Verwaltung erzwungen. Der Leitgedanke der preußischen **Reformer** um den **Freiherrn vom Stein** und den **Fürsten von Hardenberg** war, im Volk ein Staatsbewusstsein zu schaffen und die Bürger als „Nation" in die Verantwortung für den Staat zu nehmen. Auf diese Weise sollte letztlich das Staatswesen effektiver werden. Allgemeine Schul-, Wehr- und Steuerpflicht sowie Rechts- und Chancengleichheit sollten **staatsbürgerliche Freiheit und Gleichheit** schaffen; soziale Gleichheit bedeutete das aber nicht. Die staatliche Förderung der Wirtschaft sollte vor allem in den deutschen Mittelstaaten den Weg vom traditionellen Agrarstaat zum Industrie- und Gewerbestaat ebnen. Diese Modernisierung erfolgte nahezu ohne Beteiligung der Volksmassen.

Parallel zur politischen Modernisierung „von oben“ löste sich die seit dem Mittelalter bestehende Ständeordnung auf. Die alten Eliten büßten dabei ihre Macht in Staat und Gesellschaft jedoch kaum ein. Die **Bauernbefreiung** (in Preußen ab 1807, im Königreich Württemberg ab 1817) beseitigte die bäuerlichen Abhängigkeiten von den verschiedenen Formen feudaler Herrschaftsrechte (Abschaffung der persönlichen Dienstbarkeit, der Leibeigenschaft und der Bindung an die Scholle usw.). Durch die Überlassung der bewirtschafteten Höfe an die Bauern gegen eine finanzielle Entschädigung für die bisherigen Guts- oder Grundherrn wurden viele Menschen auf dem Land zu freien Personen. Die **Kapitalisierung der Landwirtschaft** erhöhte zwar die landwirtschaftliche Produktion, aber die **Agrarkrisen** der 1840er-Jahre machten den Aufschwung wieder zunichte. Viele Bauern konnten deshalb ihre bisherigen Guts- oder Grundherren nicht entschädigen und verloren ihren neu erworbenen Besitz teilweise oder sogar ganz – in Preußen änderte sich an der gutsherrlichen Struktur der Landwirtschaft kaum etwas.

Die **Reform der Wirtschaftsordnung** (in Preußen ab 1810) leitete durch die Abschaffung der Zünfte und die Einführung der **Gewerbefreiheit** eine Liberalisierung der Wirtschaft ein. Diese Neuerungen sollten in erster Linie die Wirtschaftskraft des Staates stärken. Reformen im **Bildungswesen** sicherten den wissenschaftlichen Fortschritt und erleichterten die eigenständige Weiterentwicklung der durch ausländische Investitionen und Kapitalhilfen geförderten Industrialisierung.

Die in Preußen mit dem Edikt von 1812 verkündete **Emanzipation der Juden**, die zur rechtlichen Gleichstellung und sozialen Integration der Juden führte, erschloss dem Staat ein neues Reservoir gebildeter und finanzkräftiger Bürger mit „globalen“ Beziehungen. Bis Ende der 1860er-Jahre war die Emanzipation der Juden auch in den anderen deutschen Staaten verankert.

Insgesamt dominierten im 19. Jahrhundert **bürgerliche Leitbilder:** Dazu gehörten **Individualismus, Emanzipation, Partizipation, das Leistungsprinzip**, Fortschrittsorientierung sowie eine von der Vernunft bestimmte Lebensplanung. Hinzu kamen alte Werte wie Pflichtbewusstsein, Ordnung oder Mäßigung. Der neue Staat mit seiner sich immer stärker entwickelnden, auf Fachleuten beruhenden Bürokratie und die fortschreitende Industrialisierung erleichterten den sozialen Aufstieg durch Bildung, Leistung und Besitz. Eine neue **„bürgerliche Öffentlichkeit“** artikulierte sich in Presse und Literatur. In politischen Clubs und Vereinen wurde der Ruf nach politischer Partizipation und einem Verfassungsstaat immer lauter, er bewirkte aber auch eine zunehmend aggressiver werdende Reaktion des Staates.

Die Entstehung des deutschen Nationalismus und der „Erweckungsbewegungen"

Im Zusammenhang mit den **Befreiungskriegen** gegen die napoleonische Fremdherrschaft von 1813 bis 1815 kam es in Deutschland zu einer starken Polarisierung des politischen Bewusstseins in nahezu allen gesellschaftlichen Schichten. Es entwickelte sich ein **„deutsches" Nationalgefühl**, das Staat, Volk und Nation gleichsetzte und sich von der im 18. Jahrhundert vorherrschenden „Kulturnation" abgrenzte. So forderte die nationale Bewegung die Herstellung der deutschen Einheit. Zur Grundlage einer Nation erklärte man das in einem Volk herrschende gemeinsame Bewusstsein, einer bestimmten Kultur anzugehören (gemeinsame Sprache, Tradition, Kultur, Lebensart und Lebensauffassung). Ein solches Volk sollte in einem Staat unter einer gemeinsamen Rechts- und Wirtschaftsordnung nach eigenen Regeln und Vorstellungen zusammenleben dürfen. Da der **deutsche Nationalismus** als eine **„Befreiungsideologie"** entstanden war, begründete er die Forderung nach nationaler Einheit mit der Notwendigkeit, sich gegen äußere Feinde – insbesondere gegen die Franzosen – als Gemeinschaft behaupten zu können.

Der deutsche Nationalismus war darüber hinaus eine **„liberale Emanzipations- und Oppositionsideologie"** (H.-U. Wehler), die sich gegen die spätabsolutistischen und partikularistischen Territorialstaaten, gegen die privilegierte Stellung des Feudaladels und gegen das monarchische Prinzip des Gottesgnadentums richtete. Diese Ideologie trat ein für eine allgemeine Staatsbürgerschaft sowie für eine friedliche Zusammenarbeit der Nationalstaaten. Im Laufe des 19. Jahrhunderts entwickelte sich daraus jedoch immer mehr ein die anderen ausgrenzender, intoleranter Chauvinismus, der sich bald mit einem vom Sozialdarwinismus geprägten Rassismus unheilvoll verband.

Schon während der Befreiungskriege gegen Napoleon erhielt die politische Agitation eine neue, bislang unbekannte Qualität und Radikalität. Die Besinnung auf das angeblich Deutsche, die Abgrenzung gegenüber dem vermeintlich verwerflichen „Welschen" wurde zu einer geradezu „religiösen Erfahrung", die sich in einer immer stärker werdenden **Erinnerungskultur** ausdrückte: Zu nennen sind hier zum einen die **Feiern der nationalen Bewegung** zum Jahrestag der Völkerschlacht von Leipzig (1813) in den Jahren 1814 und 1815, die vor allem von den Studenten als Mitglieder der Freikorps und von grenzüberschreitenden Vermittlern der nationalen Idee getragen wurde. Im Oktober 1817 feierte die 1815 von Studenten in Jena gegründete Deutsche Burschenschaft den 300. Jahrestag des Thesenanschlags von Martin Luther und den vierten Jahrestag der Völkerschlacht von Leipzig als großes **Fest auf der Wartburg** zum Gedenken an die politische und geistige Befreiung Deutschlands.

Zu diesen nationalen und liberalen Entwicklungen kamen andere Strömungen. Schon während des 18. Jahrhunderts war im deutschen Protestantismus der **Pietismus** wirksam gewesen, der von großen Teilen des protestantischen Adels als eine Art **Erweckungsbewegung** verstanden wurde. Durch diese sollte die Gesellschaft wieder zu ihren christlichen Werten zurückgeführt werden. Nach Auffassung der Erweckungsbewegung waren Stand und Besitz keine Privilegien, vielmehr bedeuteten sie eine besondere Verpflichtung gegenüber der Gesamtheit, insbesondere gegenüber den Benachteiligten. Standesgrenzen waren durch den christlichen Gleichheitsgrundsatz zumindest moralisch fragwürdig. So erhielt die politische Verfassungsfrage zu Beginn des 19. Jahrhunderts einen deutlich moralischen Aspekt: Zum einen beinhaltete das christliche Postulat nach Gerechtigkeit die Anerkennung von Menschenrechten. Zum anderen wurde der Patriotismus als Eintreten für die Gemeinschaft definiert; daher galt er als notwendige verbindende Gemeinsamkeit. Da diese Forderungen die bisherige Ordnung bedrohten, wandten sich die alten Eliten und der Staat gegen sie. Der Modernisierungswille, der bei den Herrschenden durchaus vorhanden war, wurde durch eine **restaurative, reaktionäre Politik** während der Epoche des **Vormärz** gebremst.

Anders verlief die Entwicklung im wirtschaftlichen Bereich: Hier entfaltete sich Deutschland bis zum letzten Drittel des 19. Jahrhunderts von einem wirtschaftlichen „Entwicklungsland“ zu einer kraftvollen Industrienation, die um die Jahrhundertwende England als führende Wirtschaftsmacht ablöste.

1.2 Die Neuordnung Deutschlands und Europas auf dem Wiener Kongress 1814/15

Die „Wiener Ordnung“

Mit dem Ende der napoleonischen Herrschaft stellte sich die Frage nach der **territorialen und politischen Neuordnung Deutschlands und Europas**. Diese wurde auf dem von September 1814 bis Juni 1815 in Wien tagenden internationalen Kongress behandelt, von dem im öffentlichen Gedächtnis das geflügelte Wort vom „tanzenden Kongress“ blieb. Trotz des abwertenden Urteils dienten der Kongress und seine Schlussakte der europäischen Diplomatie als Lehrstück und positives Gegenbild zum Versailler Vertragswerk von 1919. Denn in Wien saß im Gegensatz zu Versailles auch der Kriegsverlierer als Partner am Verhandlungstisch. Auf dem Wiener Kongress ging es nicht um Revanche, sondern um die Wiederherstellung des **gesamteuropäischen Kräftegleichgewichts**, das einen möglichst **dauerhaften Frieden** unter den Großmächten sichern sollte.

Die Erwartungen der Untertanen an den Kongress waren besonders in Deutschland hoch: Man erhoffte sich die Einlösung des von den Fürsten während der Befreiungskriege gegebenen Versprechens nach Verfassungen, wobei das Hauptaugenmerk auf den preußischen König und sein Versprechen von 1810 gerichtet war. Hinzu kam die Forderung nach einem Zusammenschluss der deutschen Staaten in einem einheitlichen Reich. Doch die in Wien tagenden Vertreter der Großmächte verfolgten andere Ziele. Ihnen ging es um die Wiederherstellung des europäischen Mächtegleichgewichts, das einen möglichst dauerhaften Frieden sichern sollte. Diesem Vorhaben würde ein deutscher Nationalstaat in der Mitte Europas im Wege stehen. Schon 1814/15 zeigte sich ganz deutlich, dass die **Lösung der deutschen Frage zu keiner Zeit eine allein deutsche Angelegenheit war, sondern eine gesamteuropäische**.

Drei Leitprinzipien bestimmten die Verhandlungen der europäischen Mächte:

1. **Restauration** als übergeordnetes Prinzip: Darunter verstand man die Wiederherstellung der vorrevolutionären politischen und sozialen Ordnung, nicht aber die der alten staatlichen Grenzen.
2. **Legitimität** von Herrschaft: Diese leitete sich aus der dynastischen Tradition der Herrscher ab und beruhte auf dem **Gottesgnadentum**. Das damit verbundene monarchische Prinzip richtete sich gegen alle Emanzipations- und Partizipationsbestrebungen und gegen die nationalen Einheitsbestrebungen.
3. **Solidarität** zwischen den der alten Ordnung verpflichteten Fürsten im Kampf gegen alle revolutionären Bewegungen: Zu diesem Zweck gründete der russische Zar Alexander I., der preußische König Friedrich Wilhelm III. und der österreichische Kaiser Franz I. die **Heilige Allianz**, einen Beistandspakt auf der Grundlage christlicher Prinzipien. Dieser sah gegenseitige Unterstützung und ein Interventionsrecht für den Fall vor, dass die „Wiener Ordnung" durch revolutionäre Umtriebe bedroht würde. Alle europäischen Staaten mit Ausnahme von England, dem Vatikan und dem Osmanischen Reich traten später diesem antirevolutionären Bündnis bei. Federführend war der österreichische Außenminister **Klemens Wenzel von Metternich**.

Diese drei Prinzipien machen deutlich, dass es Russland, Österreich und Preußen auf dem Wiener Kongress in erster Linie darum ging, die von der Französischen Revolution verbreiteten Ideen wie nationale Einheit und politische Freiheit zurückzudrängen und stattdessen die alte Fürstenherrschaft zu sichern.

Maßnahmen und Ziele des Systems Metternich

Das System Metternich

1. Säule: Legitimität	2. Säule: monarchische Autorität	3. Säule: Stabilität

Maßnahmen zur Stützung der drei Säulen:

- Gleichgewicht der europäischen Großmächte („Pentarchie“)
- Österreich als Führungsmacht in Deutschland, Preußen als „Juniorpartner“
- deutsche Kleinstaaten als Gegengewicht zu Preußen
- Erhalt des Deutschen Bundes (Staatenbund) unter österreichischem Vorsitz
- Solidarität der Monarchen (Heilige Allianz)
- strikte Ablehnung von Verfassungen
- Bekämpfung liberaler, demokratischer und nationaler Bestrebungen (Zensur, Polizeistaat)

Ziele:

- Restauration vorrevolutionärer Zustände in Staat und Gesellschaft, v. a. Aufrechterhaltung der Fürstenherrschaft und der Führungsrolle des Adels
- Unterdrückung von Liberalismus und Nationalismus

Mit der Aufrechterhaltung der Fürstenherrschaft verband sich das Interesse der fünf Großmächte Frankreich, England, Russland, Österreich und Preußen nach einem **europäischen Gleichgewichtssystem (Pentarchie: „Herrschaft der Fünf“)**. Allerdings verfolgten die Großmächte dabei grundsätzlich eigene Interessen: Metternich wollte unter anderem den Ausbau Österreichs als Führungsmacht in Deutschland und einen nur lockeren Zusammenschluss der deutschen Staaten. Preußen dagegen spekulierte auf eine Einverleibung des Königreiches Sachsen und einen engeren deutschen Zusammenschluss. Zar Alexander I. strebte nach einer Westverschiebung seiner Einflusssphäre in Richtung Polen. England wollte ein kontinentales Gleichgewicht bei gleichzeitiger eigener Seeherrschaft. Daher sollte Preußen sowohl als Gegengewicht zu Frankreich als auch zu Russland aufgebaut werden; an einer Westverschiebung Russlands war London nicht interessiert. Frankreich wollte einen deutschen Nationalstaat mit allen Mitteln verhindern und bestand auf volle Gleichberechtigung. Es drängte auf die strikte Beachtung des Grundsatzes der Legitimität und unterstützte die deutschen Mittelstaaten Bayern, Baden und Württemberg in ihrem Selbstständigkeitsstreben – für die nationale Bewegung in Deutschland wurde Frankreich so zum Garanten der deutschen Zersplitterung und damit der Schwäche.

Schließlich konnte **Frankreich** durchsetzen, dass die deutschen Klein- und Mittelstaaten bis auf Sachsen, das seinen nördlichen Teil an Preußen abtreten musste, nahezu uneingeschränkt erhalten blieben und so ein Gegengewicht zu den beiden deutschen Führungsmächten Österreich und Preußen bildeten.

Preußen erhielt die nördlichen Landesteile Sachsens, die Provinz Posen und die Rheinprovinz, die der preußische König gerne gegen ganz Sachsen eingetauscht hätte. Dennoch erwies sich der Erwerb der Rheinprovinz angesichts ihrer industriell nutzbaren Wirtschaftskraft als deutlicher Gewinn für Preußen. Die Rheinprovinz bildete schließlich die Grundlage für den Aufstieg Preußens zur führenden wirtschaftlichen und in dessen Gefolge politischen Kraft in Deutschland, die 1866 Österreich aus Deutschland hinausdrängen konnte.

Österreich erreichte, dass mit Sachsen ein Pufferstaat zwischen dem eigenen Territorium und Preußen erhalten blieb. Es trat seine „vorderösterreichischen“ Gebiete in Südwestdeutschland an Baden und Württemberg ab und erhielt dafür in Italien die Lombardei und Venetien.

Polen wurde ein viertes Mal zwischen Russland, Preußen und Österreich geteilt, wobei das Zarenreich mit dem Herzogtum Warschau den Löwenanteil erhielt. Hier proklamierte Zar Alexander I. das Königreich Polen – später als **„Kongresspolen“** bezeichnet – mit einer relativ fortschrittlichen Verfassung. Allerdings behielt der Zar ein ultimatives Einspruchsrecht, das die russische Herrschaft sicherte.

Europa zur Zeit des Wiener Kongresses (1814/15)

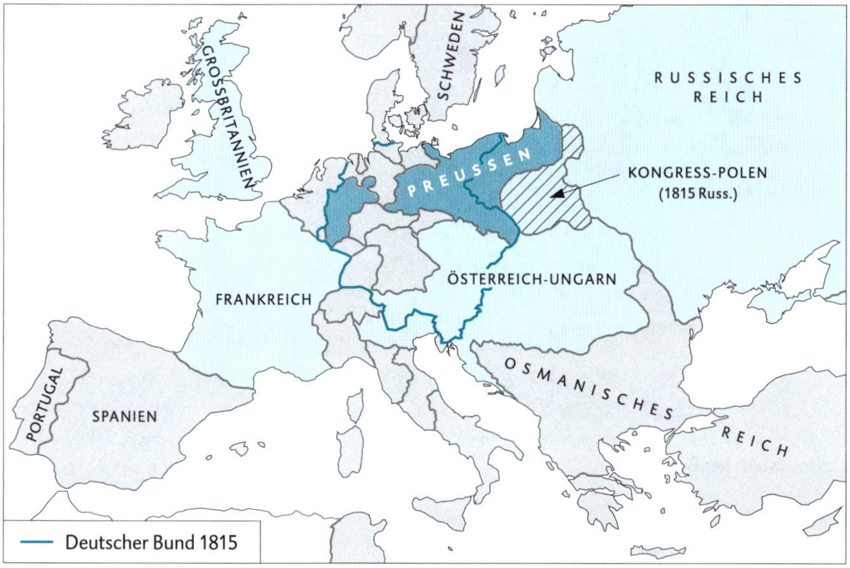

Der Deutsche Bund als legitimistisches Bollwerk

Die nationalen Hoffnungen in Polen, Italien und Deutschland blieben auf dem Wiener Kongress unerfüllt, was die weitere Entwicklung in Europa belasten sollte. Denn ein deutscher Nationalstaat war nicht im Interesse der europäischen Großmächte, Preußens oder gar des Vielvölkerstaates Österreich. An die Stelle des 1803/1806 untergegangenen Alten Reiches trat der **Deutsche Bund**, ein lockeres Bündnis von 35 deutschen Fürsten und vier Freien Städten. Deren Beziehungen als **föderaler Staatenbund** wurden in der am 8. Juni 1815 verabschiedeten **Bundesakte** geregelt. Der **Partikularismus** als gestaltendes Element war also keineswegs beseitigt. Bemerkenswert ist, dass Preußen und Österreich nur mit einem Teil ihres Staatsgebietes, nämlich den alten Reichslanden, zum Deutschen Bund zählten.

Der Deutsche Bund (1815)

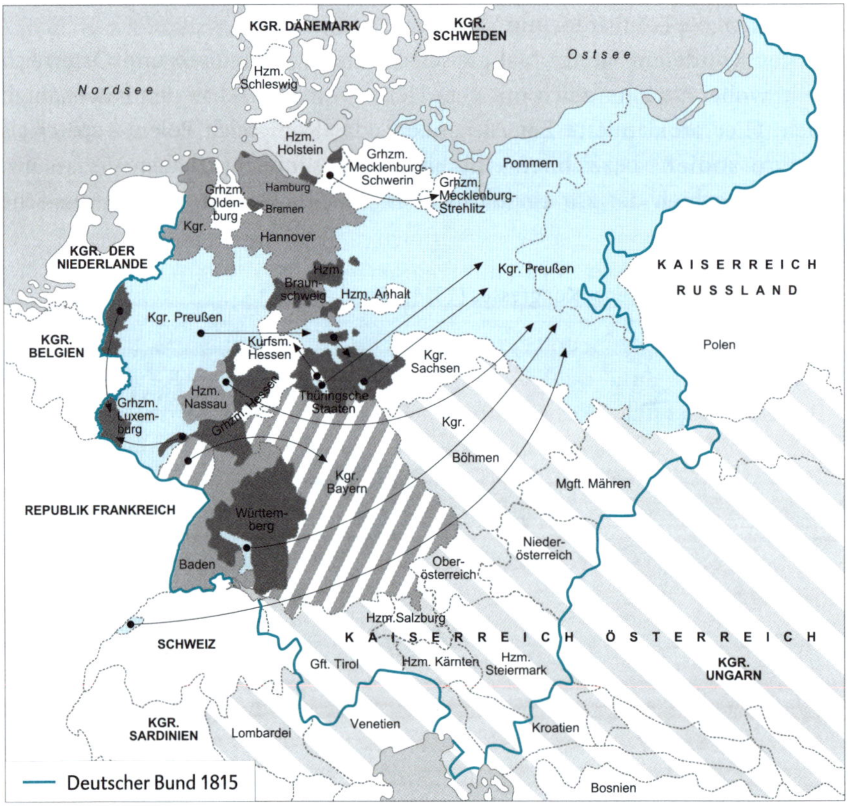

Die Bundesakte sah als einziges gemeinsames Organ die Bundesversammlung, später Bundestag genannt, mit Sitz in der Freien Stadt Frankfurt vor. Es handelte sich um einen **Kongress weisungsgebundener Gesandter unter österreichischem Vorsitz**. Der Bund war eine Zwangsorganisation, aus der man nicht austreten durfte und dessen Majoritätsbeschlüsse bindend waren.

Zu den Aufgaben des Deutschen Bundes gehörten der **Erhalt des Friedens** zwischen den Mitgliedstaaten und die **Verteidigung** gegen Angriffe von außen. Hinzu kamen die Garantie des Besitzes der Mitgliedstaaten und die Aufrechterhaltung der auf dem monarchischen Prinzip aufbauenden politischen Ordnung. Damit sollte der Deutsche Bund nicht nur der **Restauration** und der monarchisch-legitimistischen Herrschaftsform dienen, sondern auch dem Erhalt des europäischen Gleichgewichts. Dem Streben nach Liberalismus, Demokratie und einem Nationalstaat war somit ein bundesrechtlicher Riegel vorgeschoben.

Allerdings bedrohten der **preußisch-österreichische Dualismus**, d. h. der Kampf der beiden deutschen Großmächte um die Vorherrschaft in Deutschland, dieses labile System latent. „Insofern musste der Bund erst untergehen, um den Weg für eine Nationalstaatsgründung nach westeuropäischem Muster frei zu machen" (W. Siemann). Das machtpolitische Eigengewicht Österreichs und das hartnäckige Streben der österreichischen Eliten, nicht nur zu Deutschland zu gehören, sondern auch die politischen Geschicke dort zu bestimmen, war bis 1866 zu stark, um einen deutschen Nationalstaat zuzulassen. Mithilfe des Deutschen Bundes sollte somit nicht nur Preußen gezähmt, sondern auch der Nationalstaat verhindert werden. Unübersehbar sind deshalb die **Kontinuitäten zwischen** dem **Alten Reich** und dem neuen **Deutschen Bund:**

- Der Deutsche Bund sah sich durchaus als Erbe des Alten Reiches, wie der 1. Artikel der Bundesakte belegt, wo ausdrücklich auf die „vormals zum deutschen Reich gehörigen Besitzungen" als Territorium des Bundes verwiesen wird. **Völkerrechtlich** blieb das **Alte Reich so verbindliche Richtschnur**.
- Beiden gemeinsam war der **multistaatliche Charakter** und die Tatsache, dass auch ausländische Herrscher für ihre deutschen Gebiete vollberechtigte Mitglieder waren.
- **Historisches, dynastisches, ständisches und internationales Recht** galten sowohl im Alten Reich als auch im Deutschen Bund. Dies zeigte die Schleswig-Holstein-Frage (s. S. 49 ff., 71 ff.). Schleswig war kein Teil des Alten Reiches gewesen, weshalb es auch nicht zum Deutschen Bund gehörte. Es war in Personalunion mit Dänemark verbunden und zugleich mit dem Herzogtum Holstein kraft historischen Rechts „unteilbar" verknüpft. Unter dem nationalstaatlichen Gedanken musste diese Rechtslage zu Konflikten führen.

- Der Deutsche Bund bekannte sich zu Rechtsverpflichtungen gegenüber „den ehemaligen Reichsständen und Reichs-Angehörigen“ (Bundesakte). Er bestätigte den hohen Adel als die „privilegierteste Klasse“ sowie dessen Rechte und Privilegien.
- Der Bund übernahm die Verpflichtungen aus dem Reichsdeputationshauptschluss von 1803 und sicherte den Mitgliedern des Deutschen Ordens und anderen Geistlichen Pensionen für den Verlust ihrer Rechte zu. Auch blieb die Reichspost in den Händen derer von Thurn und Taxis.
- Wie im Alten Reich wurde das politische Handeln ausschließlich den Regierungen zugesichert. Eine **aktive Teilhabe des Volkes wurde strikt verworfen**, was erheblichen Sprengstoff für die weitere Entwicklung barg. Man hielt an der traditionellen Vorstellung fest, dass Politik Sache der fürstlichen Kabinette bleiben müsse und nicht die einer bürgerlichen Öffentlichkeit.

Die Anfänge des deutschen Frühkonstitutionalismus

Die Bundesakte stellte zwar in Artikel 13 in allen Mitgliedstaaten den Erlass **landständischer Verfassungen** in Aussicht, die Forderungen nach einer deutschen Bundesverfassung blieben aber unerfüllt; darüber hinaus verweigerten Preußen und Österreich eine konstitutionelle Umgestaltung des Regierungssystems. Anders dagegen entwickelte sich die Verfassungspolitik in einigen **süddeutschen Staaten**. Dort zeigten die neuen Verfassungen (Bayern und Baden 1818, Württemberg 1819, Hessen-Darmstadt 1820) bereits Elemente eines Repräsentativsystems **(Zweikammersystem)**. Neben die traditionelle Adels- und Ständevertretung traten Parlamente (Kammern), deren Mitglieder von der wahlberechtigten Bevölkerung gewählt wurden.

Als regionale Beispiele soll hier auf das **Königreich Württemberg** und das **Großherzogtum Baden** eingegangen werden: In beiden Staaten hatten die Regierungen erkannt, dass die nach 1803 neu gewonnenen Territorien dauerhaft in den Staat integriert werden mussten, wollte man die Einheit nicht gefährden. Dies war nicht nur durch administrative Maßnahmen zu erreichen, sondern verlangte die politische Beteiligung der alten und neuen Untertanen an den öffentlichen Angelegenheiten. Deren Partizipation sollte in den neuen Verfassungen von 1818 bzw. 1819 geregelt werden. Während die **badische Verfassung** 1818 vom Großherzog **oktroyiert**, also von oben verordnet wurde, wurde die **württembergische** als einzige in Deutschland **mit dem Landtag ausgehandelt**. Sie bedeutete daher eine Rückkehr zum „alten Recht“, wie es 1514 im Tübinger Vertrag festgelegt worden war (u. a. Steuerbewilligungsrecht der Stände, Mitwirkung an der Gesetzgebung). Die neuen Verfassungen sollten der schwierigen wirtschaftlichen Lage beider Länder Rechnung tragen, denn die napoleonischen Kriege hatten die Finanzkraft beider Staaten überfordert. Zudem war es 1816/17 als Folge einer globalen Klimakatastrophe durch einen Vulkanausbruch in Indonesien 1815 zu Hungersnöten gekommen (1816: „Ein Jahr ohne Sommer"). Um den Staatsbankrott abzuwehren, brauchte man neue Kredite, die von den Regierungen nicht einfach verordnet werden konnten.

Beide Verfassungen sprachen alle Rechte der Staatsgewalt allein dem Monarchen zu. Deren Ausübung wurde jedoch nicht nur durch Gesetze und unverletzliche Staatsbürgerrechte beschränkt, sondern auch durch die **Mitwirkung der Bevölkerung** ergänzt. Der neue Grundgedanke hieß **„Repräsentation"**.

Badische Verfassung von 1818

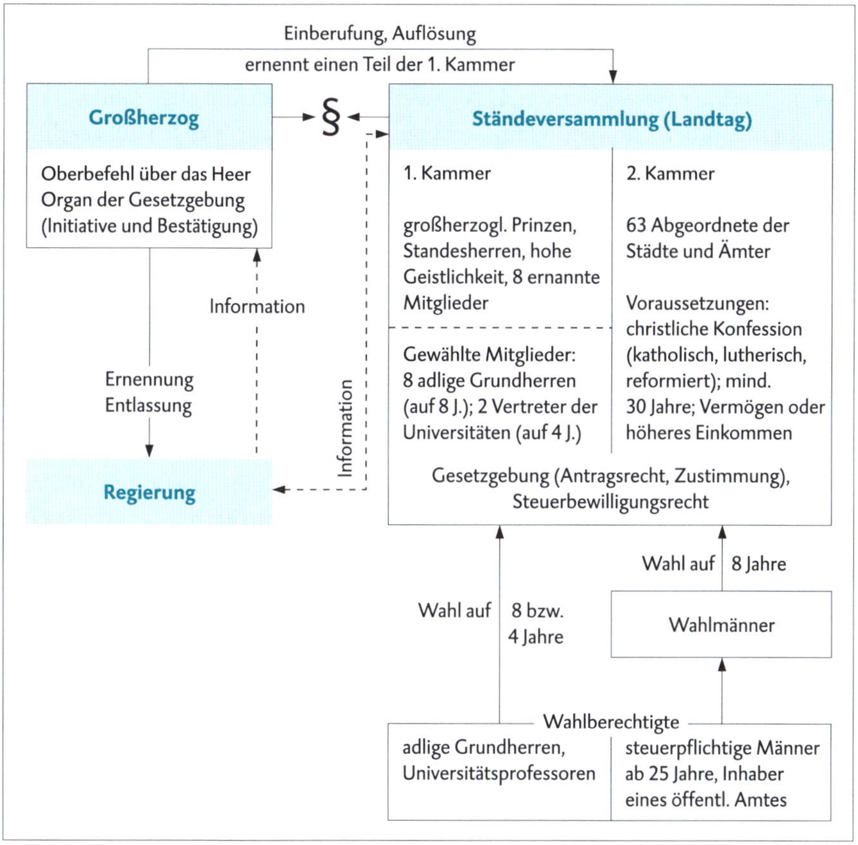

Erstmals gab es im **Königreich Württemberg** eine **zweite Kammer als Vertretung der Gesamtheit des Volkes**, nicht mehr nur der Stände, wie es in Altwürttemberg bisher war. In der zweiten Kammer besaßen aber nicht nur gewählte Abgeordnete Sitz und Stimme, sondern auch 23 privilegierte Abgeordnete: 13 Vertreter der Ritterschaft, 6 evangelische und 3 katholische Prälaten sowie der Kanzler der Universität Tübingen, die kraft ihres Amtes vertreten waren.

Auch in **Baden** saßen in der ersten Kammer die Vertreter des großherzoglichen Hauses, der hohen Geistlichkeit, des Adels und andere vom Großherzog ernannte Personen, während in der **zweiten Kammer 63 gewählte Abgeordnete aus den Städten und Ämtern** Sitz und Stimme hatten.

Beide Verfassungen sahen kein allgemeines und gleiches Wahlrecht vor, wie von den Liberalen gefordert, sondern ein **Zensuswahlrecht**, wodurch das Bildungsbürgertum eindeutig bevorzugt wurde. Das Verantwortungsbewusstsein, die politische Reife, musste durch eine möglichst unabhängige wirtschaftliche Stellung nachgewiesen werden. Das gewerbliche Bürgertum aus Handwerkern und Kleinhändlern mit geringem Steueraufkommen war faktisch ausgeschlossen. **Frauen** besaßen **kein Wahlrecht**, wodurch Politik weiterhin als angeblich gottgewolltes Privileg der Männer festgeschrieben wurde. Darüber hinaus schränkte die **Religionszugehörigkeit** die Rechte ein. Denn gemäß den Verfassungen waren Baden, Württemberg und Hohenzollern-Sigmaringen „christliche" Staaten. Die staatsbürgerlichen Rechte standen allein den Angehörigen der drei christlichen Konfessionen (katholisch, lutherisch, reformiert) zu.

Die Kammern entsprachen ebenfalls nicht demokratischen Parlamenten, denn sie hatten keinerlei Einfluss auf die Regierungsbildung – diese blieb dem Monarchen vorbehalten. Die Gesetzesinitiative lag ausschließlich beim Monarchen. Jedoch besaßen beide Kammern ein Antragsrecht auf ein Gesetz. Für die Verabschiedung eines **Gesetzes** bedurfte es der **Zustimmung beider Kammern** sowie der **Bestätigung durch den Monarchen**.

Ein deutlicher Fortschritt im liberalen Sinne war das **Recht der Kammern, Minister anzuklagen** (eine demokratische Ministerverantwortlichkeit gab es nicht) und über das **Staatsbudget entscheiden** zu dürfen. Letzteres war ein notwendiges Zugeständnis der Monarchen, um angesichts der Wirtschaftsmisere höhere Steuern und neue Kredite zu bekommen.

So wandelte sich die Monarchie in den süddeutschen Staaten im Gegensatz zu Preußen und Österreich von einer absolutistischen zu einer **konstitutionellen Monarchie** (an eine Verfassung gebunden). In der Verfassungswirklichkeit verschärften sich die Einschränkungen durch die Politik des Deutschen Bundes und durch das „Metternich'sche System" bereits kurz nach Inkrafttreten der Verfassungen mit den **„Karlsbader Beschlüssen"** (20. September 1819).

Württembergische Verfassung von 1819

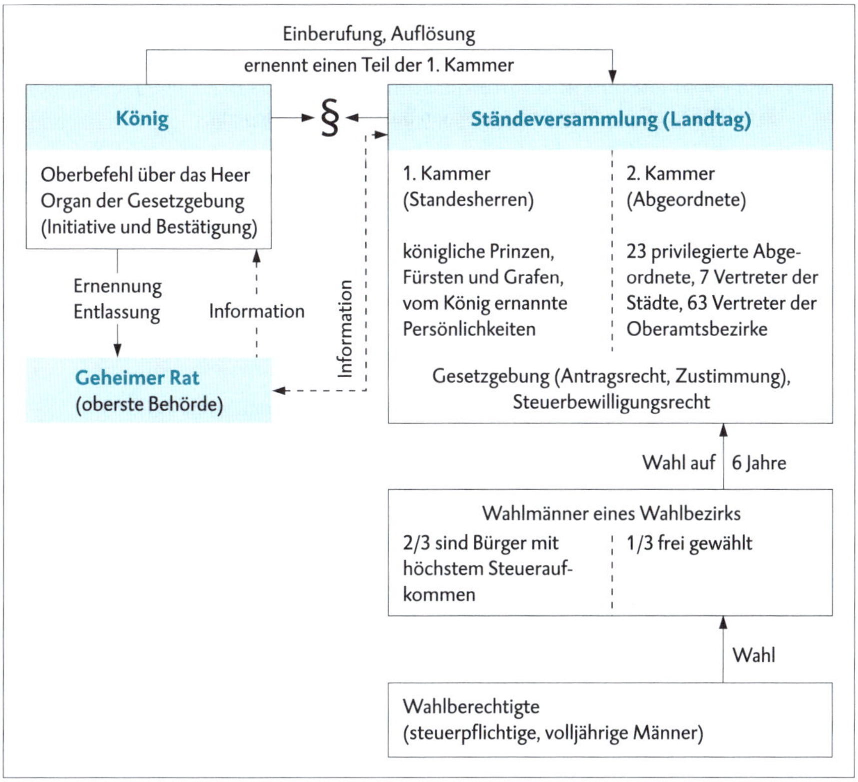

Aufgabe 1 Eine der bekanntesten deutschen Nationalgeschichten beginnt mit den Worten: „Am Anfang war Napoleon." (Thomas Nipperdey, Deutsche Geschichte 1800–1866). Erläutern Sie wesentliche von Frankreich ausgehende Impulse auf den deutschen Raum, indem Sie auf Napoleons Politik gegenüber Deutschland und deren Folgen eingehen.

Aufgabe 2 Erklären Sie, was man unter dem Begriff „Wiener Ordnung" versteht.

Aufgabe 3 Beurteilen Sie die Möglichkeit der Schaffung eines deutschen Nationalstaates im Jahr 1815.

2 Die Zeit des Vormärz (1815–1848)

1811	Gründung der Turnbewegung durch Friedrich Ludwig Jahn
1815–1848	Vormärz
12.6.1815	Gründung der Deutschen Burschenschaft in Jena
18 10.1817	Wartburgfest
1818	Preußisches Zollgesetz
23.3.1819	Ermordung August von Kotzebues durch Karl Ludwig Sand
20.9.1819	Karlsbader Beschlüsse
8.6.1820	Inkrafttreten der Wiener Schlussakte
1830/31	Unruhen als Folge der französischen Julirevolution
27.–30.5.1832	Hambacher Fest
22.3.1833	Gründung des Deutschen Zollvereins (Inkrafttreten: 1.1.1834)
18.11.1837	Protest der „Göttinger Sieben“

Mit dem Begriff **Vormärz** wird im weiteren Sinn die Zeit zwischen dem Ende des Wiener Kongresses 1815 und dem Ausbruch der Märzrevolution 1848 bezeichnet. Im engeren Sinn umfasst der Begriff die Zeit zwischen der Julirevolution in Frankreich 1830 und der Revolution von 1848. In Deutschland ist diese Phase vom **Widerstand weiter Teile des Bürgertums** gegen die restaurative Wiener Ordnung geprägt. Außerhalb des Deutschen Bundes zeigten sich nationale Bestrebungen in Südamerika, Spanien, Portugal, im zersplitterten Italien sowie im Freiheitskampf der Griechen gegen die türkische Fremdherrschaft.

Die Zeit zwischen 1815 und 1848 war wesentlich bestimmt von den Spannungen und Konflikten zwischen den **restaurativen, reaktionären** (auf dem Status quo beharrenden) **Kräften**, die im monarchischen Obrigkeitsstaat die einzige mögliche Organisationsform sahen, und den fortschrittlichen, von den Ideen der Aufklärung und der Französischen Revolution beeinflussten, auf Modernisierung auch im politischen und gesellschaftlichen Bereich drängenden Kräften des **Liberalismus und Nationalismus**.

2.1 Politische Strömungen: Liberalismus, Nationalismus und Konservatismus

Der Liberalismus

Der politische Liberalismus – der Begriff wurde erstmals 1812 im spanischen Freiheitskampf geprägt – ist eine Staats- und Gesellschaftstheorie, in deren Mittelpunkt das **Individuum** und seine **freie Entfaltung** in Politik, Gesellschaft und Wirtschaft steht. Der Liberalismus beruht auf der Vertrags- und Naturrechtslehre der Aufklärung und verlangt daher die Beschränkung der staatlichen Macht durch eine Verfassung **(Konstitutionalismus)**. Grundlage des liberalen Verfassungsstaates ist die persönliche Freiheit des Einzelnen sowie die Selbstständigkeit des Menschen im Denken, Urteilen und Handeln als **mündiger Bürger**. Der Eigennutz des Menschen, vor allem sein Gewinnstreben, ist für die Gemeinschaft nützlich, solange er vernünftig, d. h. verantwortlich, ausgeübt wird und Freiheit, Toleranz und Gleichberechtigung als Gegengewichte hat; Freiheit ist daher immer „gebundene Freiheit". Die Herrschaftsgewalt geht nach liberalen Vorstellungen vom Volk (gemeint sind die besitzenden Bürger) aus **(Volkssouveränität)**, das durch **Wahlen** (meist Zensuswahlen) die Herrschaft legitimiert. Zur Sicherung des Individuums und der Gemeinschaft muss **Rechtsstaatlichkeit** herrschen, durch die das Recht auf Freiheit, Leben und Eigentum geschützt werden soll.

Voraussetzung für die von den Liberalen geforderte bürgerliche Partizipation und für die Entwicklung der Wirtschaft ist eine allgemeine **Volksbildung**. Diese sollte ein politisches Bewusstsein schaffen, um künftig Diktatur und Absolutismus zu verhindern. Notwendig sind dazu **Bürgerrechte** wie Pressefreiheit, Vereins- und Versammlungsfreiheit als sogenannte Schutzrechte. Auf wirtschaftlichem Gebiet verlangen die Liberalen, dass sich der Staat jeglicher Einmischung enthält **(„Nachtwächterstaat")**. Er sollte lediglich für die innere Ordnung und Sicherheit sowie für die Eigentumsfreiheit sorgen.

Der Liberalismus war hauptsächlich die **Ideologie des Besitz- und Bildungsbürgertums**, wobei sich in Deutschland bereits ein Teil des Bildungsbürgertums mit dem Staat arrangiert hatte, indem es als Beamte in seinen Dienst getreten war und ihm loyal diente. Auch bei der **akademischen Jugend** und den **Literaten** war das liberale Gedankengut auf fruchtbaren Boden gefallen. In ihrem Handeln und in ihren Schriften drückten sie den scharfen **Protest gegen die Reaktion, den Polizeistaat und den fürstlichen Partikularismus** aus. Viele junge Dichter traten für eine „Politisierung der Literatur" ein. Aber auch in den zahlreichen Turnvereinen entwickelte sich eine Jugendbewegung, die Traditionen wie Gottergebenheit und Gehorsam radikal infrage stellte, nationale Zusammengehörigkeit und Freiheit auf ihre Fahne schrieb und die – oft im Untergrund – Aufklärungsarbeit gegen den Obrigkeitsstaat, die soziale Ausbeutung und den fürstlichen Egoismus leistete.

Zwar entwickelte sich der Liberalismus in Deutschland im Vormärz zur **stärksten politischen Bewegung**, aber die verstärkten Repressalien des Metternich'schen Systems (s. S. 8) führten innerhalb der liberalen Bewegung zu einer Spaltung. Verantwortlich dafür waren die unterschiedliche Interpretation des Gleichheitsprinzips sowie die Frage, wie man auf den Unterdrückungsstaat reagieren sollte. Der **gemäßigte Flügel** lehnte eine radikale Revolution nach französischem Vorbild ab und wollte **Reformen** möglichst **durch** einen **Kompromiss mit den Fürsten** erreichen. Die Gemäßigten fürchteten insbesondere den wachsenden Einfluss der Arbeiterschaft und deren sozialistische Ideen. Sie verlangten daher, die **politische Partizipation** – etwa durch ein **Zensuswahlrecht – auf die Bourgeoisie zu beschränken**. Denn in ihren Augen besaßen nur die Besitzenden und Steuerzahlenden ein Interesse am Erhalt und Funktionieren des Staates. Eingriffe in das Eigentumsrecht lehnten sie ausdrücklich ab. Nationale Einheit ging für einen Großteil der gemäßigten Liberalen vor Freiheit und Volkssouveränität.

Die Spaltung der liberalen Bewegung

gemäßigte Liberale		Radikale/Demokraten
	Träger	
• Bildungsbürgertum • Wirtschaftsbürgertum • Beamtentum		• Kleinbürgertum • freiberufliche Intelligenz • Arbeiterschaft
	Ziele • Verfassung • Rechtstaatlichkeit • Nationalstaat	
	Forderungen	
• konstitutionelle Monarchie • Rechts- und Verfassungsstaat • Mitbestimmungsrechte • Zensuswahlrecht • freie Wirtschaft und einheitlicher Markt • Kompromissbereitschaft gegenüber den alten Mächten aus Furcht vor sozialer Revolution		• demokratische Republik oder parlamentarische Monarchie • soziale Rechte • gleiches Wahlrecht • soziale Bindung des Eigentums und Marktkontrolle • keine Zugeständnisse gegenüber den alten Mächten
↓ Reformen		↓ Revolution

Dagegen verlangte der **radikale Flügel** die **uneingeschränkte Durchsetzung der Volkssouveränität und der sozialen Gleichheit** in einem demokratischen Staatswesen. Nationale Einheit ohne Demokratie war für die radikalen Liberalen nicht erreichbar, da zur äußeren Einheit die Integration aller Menschen eines Staatswesens kommen musste. Vor allem südwestdeutsche liberal-demokratische Publizisten, Geheimbünde sowie Emigranten in der Schweiz und in Frankreich verfochten diese radikalen Ideen.

Der Nationalismus

In Frankreich hatte die Begeisterung für die Sache der Revolution und die „Levée en masse“ (Volksaufgebot für den Militärdienst) der Revolutionskriege zu einem Gefühl der Zusammengehörigkeit geführt. Dieses verband sich mit der Idee des Dritten Standes von der „einen, unteilbaren Nation“, die alles selbst leistet und die sich gegenüber anderen abgrenzt, zum **Nationalismus**. Im Zusammenhang mit der französischen Expansion während der Revolutionskriege entstanden zunächst in Spanien, dann auch in Deutschland als Reaktion auf die französische Fremdherrschaft eine **patriotische Begeisterung** und ein eigenes Bewusstsein der Zusammengehörigkeit. Dieses Nationalbewusstsein entwickelte sich aus dem Wissen um die gemeinsame Geschichte, Kultur und Sprache **(„Kulturnation“)**. Daraus leitete sich schließlich das Streben nach nationaler Einheit und der Herausbildung von **Nationalstaaten** ab. In diesem Sinne war der Nationalismus eng verbunden mit dem Liberalismus, der schon aus wirtschaftlichen Gründen nach einem Einheitsstaat strebte.

Der Nationalismus war eine **moderne Integrationsideologie**, die zugleich eine Antwort auf das Krisenbewusstsein innerhalb der bürgerlichen Gesellschaft beim Übergang von der alten Welt in die Moderne geben wollte. Durch die bewusste **Abgrenzung von anderen Nationen und Völkern** begann man, sich seiner spezifischen Identität bewusst zu werden. Der Nationalstaat wurde zum beherrschenden Bezugspunkt, der zunehmend die vormodernen Orientierungspunkte wie Kirche, Dorf oder Kleinstaat ersetzte. In Deutschland wandte sich der Nationalismus im Bündnis mit dem Liberalismus **gegen** jede Form der **Fremdherrschaft** und gegen den Obrigkeitsstaat der partikularen deutschen Fürsten.

Im Laufe des 19. Jahrhunderts veränderte sich der Nationalismus immer mehr zum radikalen **Chauvinismus**, der kämpferisch und **intolerant** den Interessen der jeweils eigenen Nation diente. Er vertrat die Ansicht, dass das eigene Volk den anderen Völkern überlegen sei und daher besondere Vorrechte besitze. Verbunden war der Chauvinismus zumeist mit dem **Rassismus**, wonach das eigene Volk den anderen Völkern rassisch überlegen sei und daher ein „Herrenrecht“ besitze.

Der Konservatismus

Der **Konservatismus** (von lat. *conservare* = erhalten) entstand als **Gegenbewegung zur Aufklärung und zum Liberalismus**. Er vertrat ein sich an Traditionen und den überlieferten Hierarchien in Staat und Gesellschaft orientierendes Ordnungsdenken. Trägerschichten waren die **Fürsten**, der **Adel** und das **staatlich gebundene Bildungsbürgertum**.

Die Konservativen lehnten anders als die Reaktionäre Reformen nicht grundsätzlich ab; sie wollten jedoch das Alte erhalten, wenn es sich bewährt hatte. Typisch war der Glaube an ein Walten der göttlichen Vorsehung in der Geschichte. Danach waren politische Probleme vor allem moralische Probleme. Edmund Burke, der „geistige Vater" des Konservatismus, verlangte demzufolge ein Handeln „in der Verantwortung vor den Toten, den Lebenden und den Ungeborenen".

Ausgehend von der „Hoheit der Geburt" anstelle von individueller Leistung **lehnten** die Konservativen sowohl die **Volkssouveränität** und den **Gleichheitsgrundsatz** als auch den **Nationalstaat ab**, da es dem Volk an politischer Reife fehle und eine chaotische Pöbelherrschaft drohe. Zudem würde der Nationalstaat die legitimen traditionellen Rechte der Monarchen verletzen. Der Staat wurde als „feudale Grundherrschaft" verstanden, in der der Monarch seine ordnende Aufgabe als Patriarch erfüllen müsse. Die **dynastische Herrschaft der Fürsten** und deren „monarchische Souveränität" gründe sich auf das traditionelle und bewährte **Gottesgnadentum** und kenne daher keine bürgerliche Beteiligung an der Macht. Sie traten somit für die Herrschaft einer Elite ein, wobei der Adel diese Elite repräsentierte. Auch die **traditionelle Ständeordnung** mit ihren abgestuften Rechten und Pflichten galt als von Gott legitimiert und war daher unumstößlich.

Angesichts des tief greifenden Wandels von Wirtschaft und Gesellschaft durch die Industrialisierung verwarfen die Konservativen den Rationalismus, das Fortschrittsdenken und das Individualprinzip als für den Menschen schädlich. Über die Forderung nach uneingeschränkter Wahrung des Eigentumsrechts waren sich Konservative und Liberale einig, eine freie Marktwirtschaft lehnten die Konservativen aber als verantwortungslos gegenüber den Menschen ab. Die Wirtschaft sollte stattdessen im Dienste des Staates und der Gemeinschaft stehen. Die Konservativen standen fest zur Restauration und zur Legitimität der Stände, der Obrigkeit und der Staaten.

Politische Strömungen und ihre Forderungen

<table>
<tr><th></th><th>Liberalismus</th><th>Nationalismus</th><th>Konservatismus</th></tr>
<tr><td>Ausgangslage</td><td>• Tradition der Aufklärung: individuelle, „gebundene“ Freiheit, Selbstbestimmung, rechtliche Gleichheit
• freie Entfaltung des Individuums</td><td>• moderne Integrationsideologie („Kulturnation“)
• Reaktion auf napoleonische Fremdherrschaft
• Gegenbewegung zum landesfürstlichen Partikularismus</td><td>• antimoderne Kampfideologie
• Gegenbewegung zu Aufklärung und Liberalismus</td></tr>
<tr><td>Träger</td><td>Besitz- und Bildungsbürgertum</td><td>Bildungsbürgertum, Burschenschaften, Turnvereine</td><td>Fürsten, Adel, Teile des Bürgertums (v. a. Beamtentum)</td></tr>
<tr><td>Forderungen</td><td colspan="2">• Konstitutionalismus
• Rechts-/Verfassungsstaat
• deutscher Nationalstaat
• Volkssouveränität (Legitimation der Herrschaft durch Wahlen)
• Menschen- und Bürgerrechte
• freie Marktwirtschaft
• Volksbewaffnung</td><td>• monarchische Herrschaft (Gottesgnadentum)
• Erhalt der traditionellen, von Gott legitimierten Ständeordnung
• Ablehnung der Volkssouveränität und des Nationalstaates
• „Hoheit der Geburt“ statt individuelle Leistung
• Ablehnung des Gleichheitsprinzips
• Wahrung des Eigentumsrechts</td></tr>
</table>

2.2 Die Auseinandersetzung zwischen Restauration und liberal-nationaler Opposition (1815–1830)

Gegner der auf dem Wiener Kongress festgelegten territorialen und dynastisch-legitimistischen Ordnung waren nicht nur das Bildungsbürgertum, sondern auch die akademische Jugend. Neben radikalen Gruppen, die eine völlige Neugestaltung des politischen Lebens mit revolutionären Mitteln anstrebten, traten gemäßigte liberal-nationale Gruppen, die in schwärmerischer Weise eine Rückbesinnung auf ein christlich-altdeutsches Wesen anstrebten (u. a. Orientierung an der Religion, Ablehnung ausländischer Einflüsse). Der **geografische Schwer-**

punkt der liberalen und nationalen Bewegung lag im deutschen Südwesten, da hier die Ideen der Französischen Revolution am nachhaltigsten wirkten.

Innerhalb der national-liberalen Opposition nahm die um 1811 von **Friedrich Ludwig Jahn** (1778–1852) gegründete **Turnbewegung** einen herausragenden Platz ein. Jahn verband sein Streben nach körperlicher Ertüchtigung der Jugend (für den Kampf gegen Napoleon) mit einem intensiven **Werben für die nationale Einheit** der Deutschen in Freiheit. Schon bald machte sich in dieser Bewegung chauvinistisches Gedankengut breit: Deutschtümelei und die zunehmende Verachtung alles Fremden, insbesondere alles Französischen, bestimmten die Organisation. Der preußische Staat, der anfänglich die Turnbewegung für den Kampf gegen die Franzosen instrumentalisierte, begegnete den Turnervereinen zusehends misstrauischer und sorgte schließlich durch strikte Kontrolle dafür, dass sich die Turnbewegung nicht zu einer staatsgefährdenden Kraft entwickeln konnte. Dennoch blieb die Turnerschaft eine **treibende Kraft innerhalb der liberalen Opposition**.

Der wichtigste Träger der nationalen und freiheitlichen Bestrebungen war jedoch die Studentenschaft mit ihren **Burschenschaften**. Auch hier fungierte „Turnvater" Jahn als ein bedeutender Vorkämpfer. Nach seinen Vorstellungen sollte die Burschenschaft „ein freies Gemeinwesen freier Leute" sein, das sich **für die nationale Einheit und die politische Freiheit der Deutschen** einsetzt. Die Studenten verstanden sich als Patrioten, deren Aufgabe es war, den Partikularismus in den eigenen, landmannschaftlichen Organisationen (Vereinigungen der Studenten nach regionaler Zugehörigkeit) zu überwinden und die Studenten in einer einheitlichen Burschenschaft zusammenzuführen.

Ausgangspunkt dieser Bewegung war die Universität Jena, deren Studenten einen Großteil der gegen Napoleon kämpfenden Freischaren stellten. Dieses Kriegserlebnis war die Quelle des nationalen Bewusstseins. Im Juni 1815 wurde die **Jenenser Burschenschaft** als sogenannte **Urburschenschaft** gegründet, die anderen studentischen Verbindungen in Jena lösten sich auf. Ein Jahr später gab sich die Burschenschaft ein einigendes Motto: „Ehre, Freiheit, Vaterland". Auf Vorschlag Jahns wurden die Farben **Schwarz-Rot-Gold** zum **nationalen Symbol** erklärt, in Erinnerung an die Freiheitskriege (Farben der Uniformen des Lützow'schen Freikorps) und die Reichsfahne des Heiligen Römischen Reiches.

Von Jena griff die neue studentische Bewegung rasch auf andere deutsche Universitäten über, wobei sich bisweilen die neuen Burschenschaften programmatische Namen wie „Germania", „Teutonia" oder „Arminia" gaben, um dadurch ihre **deutsch-nationale Gesinnung** zum Ausdruck zu bringen. Das einigende Band der Burschenschaften war das Bekenntnis zur nationalen Einheit Deutschlands sowie die Ansicht, dass weder Preußen noch Österreich in einem deutschen Nationalstaat eine Führungsrolle innehaben sollten. Im Übrigen waren die politischen Vorstellungen uneinheitlich: Neben konservativen, liberalgemäßigten gab es viele demokratisch-republikanische Burschenschaften.

Das **Wartburgfest** der protestantischen Burschenschaften 1817 zum Gedenken an den 300. Jahrestag der Reformation („Thesenanschlag" Martin Luthers 1517) und den 4. Jahrestag der Völkerschlacht bei Leipzig 1813 wurde ein Fanal des national-freiheitlichen Prinzips. Die protestantischen Studenten – Katholiken und Juden waren ausgeschlossen – formulierten in einer ersten programmatischen Zusammenstellung die **Leitgedanken des liberalen Nationalismus** in Deutschland. Sie forderten:

- die politische und wirtschaftliche Einheit Deutschlands anstelle eines zerstörerischen Partikularismus,
- eine militärische Stärkung Deutschlands,
- liberale Verfassungen mit Ministerverantwortlichkeit,
- Freiheit anstelle eines Polizeistaates,
- Gleichheit aller vor dem Gesetz anstelle der feudalen Gesellschaft und
- Rechtsstaatlichkeit anstelle staatlicher Willkür.

Eine **radikale Minderheit**, die sich mit ihren demokratisch-republikanischen Forderungen nicht durchsetzen konnte, unternahm am ersten Abend des Festes einen demonstrativen politischen Akt in Form einer **Bücherverbrennung**. Sie verbrannten zwanzig Bücher antinationaler und antiliberaler Tendenz, darunter den „Code Napoléon", damals das modernste Gesetzbuch, das in zahlreichen Ländern des Deutschen Bundes immer noch galt. Für die Studenten dagegen war der „Code" Ausdruck der französischen, „undeutschen" Fremdherrschaft. Ferner verbrannten sie Symbole des fürstlichen Militärwesens mit seinem menschenunwürdigen Drill und seinen Unterdrückungsmechanismen: einen Korporalstock, einen friderizianischen Zopf und eine Ulanenuniform. Daneben wurde auf dem Fest der **Antisemitismus** spürbar, denn man verbrannte auch die Schriften des jüdischen Dichters Saul Ascher, während die Menge antisemitische Parolen rief.

Das Wartburgfest hatte eine doppelte Wirkung: Zum einen nahm die Politisierung des akademischen Lebens immer weiter zu, wobei sich zunehmend radikale Gruppen bildeten, z. B. die **„Altdeutschen"**, die sich zum republikanisch-demokratischen Einheitsstaat bekannten und den Tyrannenmord zur Erreichung dieses Ziels für berechtigt hielten. Die Gießener **„Unbedingten"**, die den demokratisch-revolutionären Flügel anführten, wollten gar die deutschen Einzelstaaten auflösen und einen zentralistischen Einheitsstaat schaffen. Dieser sollte völlige Rechtsgleichheit, ein demokratisches Wahlrecht, Verantwortlichkeit von Ministern und Beamten sowie eine allgemeine Dienstpflicht in einer Nationalmiliz gewähren. Das Volk sollte das Staatsoberhaupt auf Lebenszeit wählen. Die Kirchen sollten in einer einheitlichen „deutschen Kirche" zusammengeschlossen werden, wenn nötig durch Zwang.

Zum anderen nahm **Metternich** das Wartburgfest als willkommenen Anlass, unter den Fürsten die Furcht vor einer Revolution zu schüren und seinen **reaktionär-legitimistischen Kurs** zur Stabilisierung der „Wiener Ordnung" durchzusetzen. Doch die meisten deutschen Fürsten, vor allem der preußische König, folgten seinen Forderungen zunächst nicht. So nahmen die Unruhen an den Universitäten immer weiter zu. Als im März 1819 der Theologiestudent **Karl Ludwig Sand**, Anhänger der radikalen „Unbedingten", in Mannheim den Schriftsteller und russischen Generalkonsul **August von Kotzebue ermordete**, der als Agent der zaristischen Regierung entlarvt worden war, bot dies Metternich die Gelegenheit, seinen polizeistaatlichen Kurs gegen die staatsgefährdenden Bestrebungen durchzusetzen.

Die 1819 erlassenen **„Karlsbader Beschlüsse"** des Deutschen Bundes beinhalteten die Einrichtung einer zentralen Untersuchungskommission in Mainz, das Verbot der Burschenschaften, die Verfolgung und Amtsenthebung von „Demagogen" sowie die Pressezensur und die Überwachung der Universitäten. Von den Bundesstaaten wurde ein striktes Vorgehen gegen die nationale, liberale und demokratische Opposition erwartet. Doch einige Bundesstaaten reagierten mit Vorbehalten, weil sie ihre Souveränität eingeschränkt sahen.

Die **„Wiener Schlussakte"**, die die Deutsche Bundesakte ergänzte, verschärfte 1820 den antiliberalen Kurs. Diese legte fest, dass der Herrscher nur in wenigen Fällen an die Mitwirkung des Parlaments gebunden sein sollte. Metternich wollte damit besonders den süddeutschen Liberalismus – waren doch in den Landtagen Süddeutschlands immer wieder Forderungen nach Liberalisierung laut geworden – eindämmen. Das **„System Metternich"**, der **Polizei- und Spitzelstaat**, sollte die liberale und nationale Bewegung in der Bevölkerung unterdrücken und die **alte Ordnung sichern**. So wurde zum Beispiel „Turnvater" Jahn 1819 ohne Gerichtsverfahren für fünf Jahre eingekerkert und danach in einer Kleinstadt unter Polizeiaufsicht gestellt.

Aus Enttäuschung über die nicht zustande gekommene deutsche Einheit zogen sich weite Teile des Bürgertums ins Private zurück. Während des **Biedermeiers** suchten die Menschen die Geborgenheit und Ruhe des eigenen Heims. Gemälde aus dieser Zeit (z. B. von Carl Spitzweg und Moritz von Schwind) zeigen einerseits das gewachsene Selbstbewusstsein des Bürgertums, andererseits den **Rückzug ins Unpolitische**. Die eigene Wohnung sollte in einer unruhigen

Zeit Ordnung und Halt bieten. Die Familie wandelte sich von der traditionellen Zweckgemeinschaft zu einem intimen Hort der Geborgenheit. Die **bürgerliche Kleinfamilie**, in der sich Hausherr und Hausfrau in ihren Rollen ergänzten, wurde zur Idealfamilie.

Besonderen Wert legte das Bürgertum auf die **Bildung**. Es entwickelte sich eine eigene Kunst und Kultur des Bürgertums, das sich nun intensiv mit Literatur, Malerei und Hausmusik beschäftigte. Die Menschen entdeckten die Natur als Idylle und Ort der Erholung. In diesem Sinne griff die Kultur des unpolitischen Biedermeiers zurück auf die **Romantik**. Deren Träger waren intellektuelle Rebellen, die Dichtung, Philosophie und Gesellschaftskritik zusammenführen wollten. Sie wandten sich bewusst gegen die Aufklärung und deren Verabsolutierung der Vernunft, deren Glauben an den menschlichen Verstand und deren Nützlichkeitsdenken. Politisch gingen die Romantiker unterschiedliche Wege: Viele beschritten den einer **verträumten Rückbesinnung** auf die angebliche Größe des alten, mittelalterlichen Reiches (z. B. Ludwig Tieck). Dessen Krisen und Fehlschläge führten sie auf die „welsche Tücke“ zurück, dem die reine „deutsche Seele“ nicht gewachsen war. Die Vertreter der Romantik **verklärten die vorindustrielle Welt** zur Idylle, in der Gemeinsinn noch eine entscheidende Rolle gespielt hätte. Auf der Suche nach dem „Wesen der Deutschen“ sammelten sie Sagen und Märchen (Gebrüder Grimm) oder Volkslieder. Der Vernunft stellten sie das Gefühl entgegen und priesen die Natur als Spiegel der Seele des Menschen. Viele Künstler schufen Landschaftsbilder voller Mystik als Ausdruck ihrer Suche nach einer anderen, menschengerechteren Welt (z. B. Caspar David Friedrich).

Trotz der politischen Repressionen, trotz des Rückzugs weiter Teile des Bürgertums ins Private und trotz des Abtauchens der liberalen und nationalen Kräfte in den Untergrund, entwickelte sich die bürgerliche Gesellschaft auf einem Gebiet nahezu ungehindert weiter: auf dem des privaten Unternehmertums. Der Staat begünstigte auch in Baden und Württemberg die **Entwicklung einer liberal-kapitalistischen Wirtschaft** und förderte dabei die Privatinitiative. Diese Zugeständnisse an das **freie Unternehmertum** dienten nicht nur dem wirtschaftlichen Aufschwung, sondern auch als Ventil für die aufstrebende, aber politisch machtlose Bourgeoisie.

2.3 Der Vormärz im engeren Sinne (1830/31 bis März 1848)

Die politische Entwicklung in Deutschland und Europa

Zwischen 1820 und 1830 lag eine Art politischer „Friedhofsruhe" über Deutschland und Europa. Doch mit der Zäsur von 1830 begann eine Phase des politischen und gesellschaftlichen Aufbruchs, in der die liberalen, demokratischen und nationalen Kräfte nicht mehr zu unterdrücken waren. Ausgangspunkt dieser neuen **oppositionellen Welle gegen das restaurative System** war Frankreich, wo im Juli 1830 die Herrschaft der Bourbonen durch die **Julirevolution** endgültig beendet wurde. König **Karl X.** hatte eine **kompromisslose Restaurationspolitik** betrieben, die die Abgeordneten veranlasste, der Regierung in einer Adresse an den König das Misstrauen auszusprechen. Karl X. ließ daraufhin die Abgeordnetenkammer auflösen und Neuwahlen ausschreiben. Zugleich hob er die Pressefreiheit auf und beschränkte das Wahlrecht ausschließlich auf die Grundbesitzer. Im Kampf um eine neue Staatsform forderte die Pariser Arbeiterschaft die Errichtung einer Republik. Sie konnte sich aber nicht gegen die Interessen der Bourgeoisie durchsetzen. Am 2. August 1830 dankte Karl X. schließlich ab. Sieben Tage später wurde der mit den Liberalen sympathisierende Herzog **Louis-Philippe von Orléans** zum **„Bürgerkönig"** gewählt und auf die Verfassung vereidigt. Mit der Errichtung der sogenannten **Julimonarchie** endete in Frankreich die Restaurationszeit. Die neue Monarchie konnte sich nicht mehr auf das Gottesgnadentum und die Tradition berufen, sondern sie war an die Verfassung und die Beschlüsse der Volksvertretung gebunden.

Entflammt durch die französische Julirevolution wurden in anderen Teilen Europas die **liberal-nationalen Bewegungen** wieder belebt:

- In **Belgien** kam es 1830 zum Aufstand katholischer und liberaler Kräfte gegen die niederländische Krone, der mit der **Proklamation der Unabhängigkeit der belgischen Provinzen** endete. 1831 mussten die Niederlande die Unabhängigkeit Belgiens anerkennen. Der neue Staat und seine Neutralität wurden von den europäischen Großmächten garantiert.
- Im November 1830 erhoben sich die **Polen** gegen die zaristische Herrschaft. Unter dem Motto „Für eure und unsre Freiheit" appellierten sie an die Solidarität der europäischen Völker, jedoch vergebens. Trotz aller Hilfsbereitschaft, vor allem der deutschen Liberalen, **scheiterte der Aufstand**. Polen wurde 1832 russische Provinz. Tausende von Freiheitskämpfern flohen ins Ausland. Als sich 1846 die Polen in Krakau erhoben, annektierte Österreich die Stadt.

Auch in Deutschland zeigte die Julirevolution ihre Wirkung. In einigen Staaten (z. B. in Sachsen und Hannover) erzwangen 1830/31 liberale Erhebungen, an denen sich neben Studenten auch Kaufleute, Gastwirte, Handwerker und Arbeiter beteiligten, Verfassungen. Der Druck der öffentlichen Meinung nahm zu. Die Mitglieder der literarischen Bewegung **„Junges Deutschland“** (u. a. Ludwig Börne, Heinrich Heine, Karl Gutzkow) propagierten im Stil des politischen Journalismus die politische Machtübernahme durch das Bürgertum. Sie lehnten den bisherigen Staat und den sozialen Status quo als Unterdrückung und Unrecht ab. Sie verlangten ein Ende jeglicher Bevormundung, auch durch die Kirchen, und eine Abkehr vom Spießbürgertum. Am Beginn der Entwicklung hin zu einer immer breiter werdenden politischen Öffentlichkeit stand eine **„Leserevolution“** infolge der allgemeinen Schulpflicht sowie der Ausweitung der gymnasialen Bildung und der Universitäten. Immer mehr Menschen waren in der Lage, Tageszeitungen, Zeitschriften, Broschüren und Flugschriften zu lesen und sich an politischen Diskussionen zu beteiligen. Geradezu explosionsartig entwickelte sich das **Vereinswesen**, wenn sich auch die meisten Vereine wenigstens nach außen unpolitisch gaben.

Die **liberale Opposition gegen das Metternich'sche System** formierte sich vor allem im **deutschen Südwesten**. In den süddeutschen Landtagen wurden erneut Forderungen nach Menschen- und Bürgerrechten sowie nach einer liberalen Verfassungs- und Justizreform laut. Besonders unruhig war es in der **bayerischen Pfalz**, denn König **Ludwig I. von Bayern** (König: 1825–1848), der anfänglich ein liberales Regiment geführt hatte, zeigte sich in zunehmendem Maße **verfassungsfeindlich und reaktionär**. Die Pfälzer aber hatten fast 20 Jahre unter französischer Herrschaft ein relativ liberales Regiment kennengelernt und besaßen enge Verbindungen zu demokratischen Gruppen im französischen Elsass. Im Mai 1832 versammelten sich trotz des Verbots durch die bayerische Regierung über 30 000 Menschen, darunter viele im deutschen Exil lebende Polen, auf dem Hambacher Schloss zur ersten politischen Massendemonstration gegen die Kräfte der Reaktion in Deutschland.

Auf dem **Hambacher Fest** forderten die liberalen, demokratischen und nationalen Kräfte – u. a. Philipp Jacob Siebenpfeiffer und Josef Wirth – in ihren Reden **Freiheit** sowie die Gründung eines **National- und Verfassungsstaates**. Den deutschen Fürsten warfen sie ein Festhalten am Partikularismus vor, durch den Deutschland geschwächt würde. Der Deutsche Bund war für die Oppositionsbewegung nichts anderes als ein Mittel der Reaktion zur Verhinderung von Einheit und Freiheit. Als äußeres Zeichen hatten die Beteiligten die Farben **Schwarz-Rot-Gold** gewählt, die von nun an zu den **Farben der liberal-demokratischen Bewegung** in Deutschland wurden und es bis heute geblieben sind.

Auseinandersetzungen zwischen Restauration und liberal-nationaler Opposition

Restauratives Vorgehen		Liberale und nationale Ereignisse
18. September (bis 9. Juni 1815) Wiener Kongress zur Neuordnung Deutschlands und Europas	1814	
8. Juni/26. September Gründung des Deutschen Bundes und der Heiligen Allianz als Instrumente der Restauration, Legitimität und Solidarität	1815	12. Juni Gründung der „Deutschen Burschenschaft" in Jena; Motto: „Ehre, Freiheit, Vaterland"; Farben: Schwarz-Rot-Gold
	1817	18. Oktober Wartburgfest der protestantischen Studenten; Verbrennung antinationaler und -liberaler Schriften (u. a. Bundesakte, Code Napoléon)
20. September Karlsbader Beschlüsse: • Verbot der Burschenschaften • Pressezensur • Überwachung der Universitäten • „Demagogenverfolgung"	1819	23. März Ermordung des russischen Generalkonsuls August von Kotzebues durch den Studenten Karl Ludwig Sand; weitere Attentate
8. Juni Wiener Schlussakte: Verfolgung aller nationalen und liberalen Bestrebungen	1820	
	1830/31	revolutionäre Unruhen in mehreren deutschen Staaten und zahlreichen Städten
seit Juni Gesetze und Maßnahmen des Deutschen Bundes zur Unterdrückung der liberal-nationalen Opposition: Verschärfung des Metternich'schen Polizeistaates (Zensur, Verfolgung)	1832	29. Januar Gründung des Preß- und Vaterlandsvereins 27.–30. Mai Hambacher Fest; Forderungen: • Verfassungsstaat, Volkssouveränität • Nationalstaat • Menschen- und Bürgerrechte • Freiheitsrechte für alle Völker • Errichtung eines europäischen Völkerbundes
4. Dezember Verhaftung der „Göttinger Sieben"	1837	18. November Protest der „Göttinger Sieben"

Besonders betont wurde die Solidarität mit den Polen und „den Franken [eindeutschend für Franzosen], der Deutschen Brüder". Daher begnügte man sich nicht mit Forderungen nach Freiheit und Einheit, nach Vaterland und „Volkshoheit", sondern man forderte **Solidarität mit allen Völkern** in ihrem Kampf um nationale Selbstbestimmung und Freiheit und man verlangte die Schaffung eines **Völkerbundes**.

Die **Reaktion der alten Mächte**, besonders die Metternichs, blieb angesichts dieser Forderungen und der Massendemonstration nicht aus. Unterstützt von Preußen forderte der österreichische Staatskanzler ein entschiedenes Vorgehen gegen die „Pest der Revolution", wie er sagte. Metternich war zu allem entschlossen, denn schon die süddeutschen Verfassungen waren für ihn nur der Anfang vom Ende der legitimen monarchischen Ordnung. Daher griffen die noch 1832 in Frankfurt beschlossenen Maßnahmen tief in die Rechte der Landtage in den konstitutionellen Staaten ein und verschärften die Zensur sowie das Versammlungs- und Vereinigungsverbot erheblich. Selbst das Tragen der Farben Schwarz-Rot-Gold wurde verboten. Die bayerische Regierung stationierte Truppen in der Pfalz, um dort für Ruhe und Ordnung zu sorgen. Der **Metternich'sche Polizei- und Überwachungsstaat kontrollierte das öffentliche Leben im Deutschen Bund**, und einige deutsche Regierungen gingen mit Zwangsmaßnahmen gegen die Opposition vor. So wurden 1837 sieben liberale Professoren der Universität Göttingen aus dem Königreich Hannover vertrieben **(„Göttinger Sieben")**, darunter die Gebrüder Wilhelm und Jakob Grimm, die gegen die Aufhebung der Verfassung protestiert hatten. Aber die Repressionen konnten die Opposition und den Protest gegen die Restaurationspolitik nicht unterbinden, zumal einige Länder die Beschlüsse nicht umsetzten. Trotz einer wahren Flut von Polizei- und Gerichtsaktionen, kam es zu einer deutlichen **Politisierung immer größerer Teile der Bevölkerung**.

Die Entwicklung der wirtschaftlichen Einheit Deutschlands: Der Zollverein 1833/34

Hinter der Forderung nach der Schaffung eines einheitlichen deutschen Nationalstaates standen auch ökonomische Motive, denn die **politische Zersplitterung im Deutschen Bund** mit seinen 39 souveränen Staaten behinderte die wirtschaftliche Entwicklung erheblich. Eine Vielzahl von **Binnenzöllen** sorgte für kleine, begrenzte Märkte, für die sich moderne Investitionen kaum lohnten und die den Binnenhandel erschwerten. Eine großräumige Erschließung Deutschlands für den Warenaustausch durch verbindende moderne Verkehrswege war so kaum möglich. **Unterschiedliche Maße und Gewichte** sowie **Währungen** in den einzelnen Ländern hemmten die Wirtschaft beträchtlich.

Die Maß- und Gewichtseinheiten galten besonders in den kleineren Territorien als Symbol ihrer staatlichen Souveränität und wurden eifersüchtig gehütet. Angesichts der rückständigen Gesellschaftsstrukturen sowie der Dominanz der großgrundbesitzenden Eliten konnte sich ein modernes, gewinnorientiertes und innovatives Unternehmertum kaum entwickeln und durchsetzen. Kaufleute, gewerbliche Unternehmer und die wenigen Großbankiers traten daher für die Schaffung eines **einheitlichen Binnenmarktes** ohne Zölle und Handelsschranken ein.

Der Reutlinger Ökonom **Friedrich List** (1789–1846) hatte schon früh erkannt, dass die Überwindung der wirtschaftlichen Rückständigkeit der meisten deutschen Staaten für die innere Stabilität notwendig war. Denn es bestand ein deutliches Missverhältnis zwischen der niedrigen Zahl an Arbeitsplätzen im handwerklichen Gewerbe (und bei den Manufakturen) sowie der hohen Zahl an Arbeitsuchenden, zu der auch die Bauernbefreiung beigetragen hatte. Nach dem Ende der napoleonischen Kontinentalsperre (1806–1814) überfluteten **billige englische Waren** den deutschen Markt. Diese ließen die ohnehin schon niedrigen Erträge im Handwerk und die Löhne, insbesondere im Textilbereich, noch weiter sinken. In vielen Gebieten Sachsens, Westfalens und Schlesiens war die Lage der bürgerlichen Unterschichten katastrophal; immer mehr Menschen lebten in Armut. Massenarmut und Verelendung **(Pauperismus)** wurden zum sozialen Sprengstoff. Verstärkt wurde die Not durch Missernten, besonders in den Jahren 1816/17 und 1845/47 (Kartoffelfäule). Das Problem des Pauperismus verband sich mit den durch die Industrialisierung entstandenen Missständen (Migration, Urbanisierung, Slumbildung, Ausbeutung) zur **Sozialen Frage**.

Voraussetzung für den wirtschaftlichen Aufschwung war ein einheitlicher nationaler Wirtschaftsraum, der eine überregionale Wirtschaftsentwicklung ermöglichte. 1818/19 **schaffte Preußen alle Binnenzölle innerhalb seines Staatsgebietes ab** und wurde damit zum Vorreiter. Aus ökonomischem Interesse (Fehlen eines zusammenhängenden Territoriums) setzte sich Preußen an die Spitze derer, die eine gesamtdeutsche Wirtschaftseinheit forderten. Preußen tat dies aus verschiedenen Gründen: Die Modernisierung des Staates verlangte höhere Staatseinnahmen, die durch Wirtschaftswachstum erreicht werden sollten. Durch die **Bauernbefreiung** setzte eine erste **Landflucht** ein und schuf ein für den Staat **gefährliches Armutsproblem**, das nur durch neue Arbeitsplätze im Gewerbe zu lösen war. Der Warenaustausch, insbesondere die Versorgung mit Lebensmitteln, verlangte nach einem grenzüberschreitenden Verkehrsnetz.

Preußen versuchte daher, das Problem auf nationaler Ebene im Rahmen des Deutschen Bundes zu lösen, scheiterte aber am Widerstand Österreichs und Bayerns. Daher erhielt der **Deutsche Bund in Fragen von Zoll und Handel** nur ein **unverbindliches Beratungsrecht**, während den **Einzelstaaten volle Handels- und Zollhoheit** garantiert wurde. Preußen gelang es, als wirtschaftlich aktivster Einzelstaat im Bund zur führenden Wirtschaftsmacht aufzusteigen.

Während das **preußische Zollgesetz** von 1818 über 100 Zolltarife strich und die verschiedenen Geldsorten innerhalb der preußischen Gebiete abschaffte, gelang eine solche Lösung in Süddeutschland nicht; lediglich **Bayern und Württemberg** schlossen sich 1828 zu einer **Zollunion** zusammen. Im gleichen Jahr kam auf Betreiben Österreichs der **Mitteldeutsche Handelsverein** zustande, der sich gegen den ebenfalls 1828 gegründeten Preußisch-Hessischen Zollverein richtete.

Die süddeutschen Staaten gerieten durch die Abriegelung des wirtschaftlich und finanziell stärkeren norddeutschen Raums unter Druck. Bayern und Württemberg näherten sich daher Preußen an. 1829 kam es zur Bildung eines gemeinsamen zollpolitischen Blocks, dem sich mit Ausnahme Österreichs die anderen deutschen Staaten nicht mehr entziehen konnten. 1833 entstand so mit Wirkung zum **1. Januar 1834** der **Deutsche Zollverein** unter Führung Preußens. Österreich blieb außerhalb des Zollvereins – auf wirtschaftlichem Gebiet bestand also schon vor 1871 die „kleindeutsche Lösung".

Der Zollverein verbesserte in erster Linie die Rahmenbedingungen für die aufstrebende preußische Industrie (Ruhrgebiet, Oberschlesien) und die Handelsbourgeoisie. Zudem war er Voraussetzung für die Schaffung einer „Nationalökonomie" und die Herstellung der politischen Einheit. Durch den Zollverein konnten die nationalen Produktivkräfte entwickelt und gefördert werden, sodass sich **Deutschland** zu einer **Industrie- und Handelsnation** entwickeln konnte. Von entscheidender Bedeutung für die weitere wirtschaftliche Entwicklung war jedoch der **Eisenbahnbau**, der ein neues Verkehrssystem zwischen den Einzelstaaten entstehen ließ.

ufgabe 4 Beschreiben Sie die wichtigsten politischen Strömungen zwischen 1815 und 1848. Gehen Sie dabei auch auf die Träger und deren Forderungen ein.

ufgabe 5 Kennzeichnen Sie die Verhältnisse in Deutschland vor der Revolution von 1848 aus der Sicht der Liberalen.

ufgabe 6 Charakterisieren Sie den Deutschen Bund.

3 Die Revolution von 1848/49 in Deutschland

	Vorgeschichte: Frankreich
22. 2. 1848	Ausbruch der Februarrevolution in Paris, Barrikadenkämpfe, Flucht des „Bürgerkönigs" Louis Philippe nach London
24. 2. 1848	Ausrufung der Zweiten Republik in Paris
10. 12. 1848	Wahl Louis Napoleons (Enkelsohn von Napoleon) zum Präsidenten
	Vorgeschichte: Baden
12. 9. 1847	Offenburger Programm der Demokraten
10. 10. 1847	Heppenheimer „Protokoll" der gemäßigten Liberalen
	Die Revolution in Deutschland
27. 2. 1848	Mannheimer Volksversammlung formuliert die „Märzforderungen"
5. 3. 1848	Heidelberger Versammlung: Einladung zur Vorbereitung einer verfassunggebenden deutschen Nationalversammlung
13. 3. 1848	Barrikadenaufstand in Wien: Metternich muss fliehen
18. 3. 1848	Barrikadenaufstand in Berlin: Zugeständnisse der Regierungen
31. 3.–4. 4. 1848	Frankfurter Vorparlament: Vorbereitung von Wahlen für eine verfassunggebende Nationalversammlung
12. 4. 1848	Ausrufung der Republik durch Friedrich Hecker in Konstanz und revolutionäre Bewegung in Baden
20. 4. 1848	Niederschlagung des Heckerzuges durch Bundestruppen bei Kandern und Freiburg; Scheitern des radikalen Umsturzversuchs
18. 5. 1848	Zusammentritt der verfassunggebenden Nationalversammlung in der Frankfurter Paulskirche
23. 8.–3. 9. 1848	Arbeiterkongress in Berlin: Gründung der „Allgemeinen deutschen Arbeiterverbrüderung"
26. 8. 1848	Waffenstillstand von Malmö zwischen Preußen und Dänemark
18. 9. 1848	Septemberaufstand gegen die Nationalversammlung; Scheitern der radikalen Revolution
Okt. 1848	Kaiserliche Truppen erobern das aufständische Wien
Nov. 1848	Preußisches Militär rückt auf Befehl des Königs wieder in Berlin ein
5. 12. 1848	oktroyierte Verfassung in Preußen
21. 12. 1848	Verabschiedung der „Grundrechte des Deutschen Volkes" durch die Nationalversammlung
27./28. 3. 1849	Verkündung der Verfassung und Wahl des preußischen Königs Friedrich Wilhelm IV. zum Deutschen Kaiser
28. 4. 1849	Ablehnung der Kaiserwürde durch Friedrich Wilhelm IV.
Mai–Juni 1849	„Reichsverfassungskampagne" in Sachsen, der Pfalz und Baden
30. 5. 1849	Umzug des „Rumpfparlaments" nach Stuttgart
18. 6. 1849	Auflösung des „Rumpfparlaments" durch württembergische Truppen
23. 7. 1849	Kapitulation der Festung Rastatt; Rückkehr zur reaktionären Politik

3.1 Voraussetzungen

1844 schrieb der Berliner Journalist Adolf Glassbrenner den ersten Vers von Schillers Ode „An die Freude“ um in „Freiheit, schöner Götterfunken“, denn das sei es, was Schiller wirklich gemeint habe. Diese kleine Episode sagt viel über die damals im Bürgertum herrschende Stimmung aus. Es gärte in Deutschland, und im Gegensatz zu 1789 war man jetzt bereit, für Freiheit, Emanzipation und Partizipation zu kämpfen.

Nicht nur in Deutschland bremste die Bourgeoisie den revolutionären Elan, wenn die unteren Bevölkerungsschichten, die neue Arbeiterschaft mit sozialistischen Ideen, an der Macht beteiligt werden wollten und eine sozial gerechte Wirtschafts- und Gesellschaftsordnung einforderten. Dies war nicht im Sinne der Bourgeoisie, die die soziale Revolution ebenso fürchtete wie die alten Mächte die politische. Denn die von Not und Elend der Frühindustrialisierung betroffenen Bevölkerungsschichten verbanden mit Veränderung und Revolution die Hoffnung auf eine grundlegende Verbesserung ihrer materiellen Notlage, ein Ende des Pauperismus in einer sozial gerechten Welt.

Die **Revolution von 1848/49** war ein **gesamteuropäisches Ereignis**. Ihren Ausgang nahmen die Entwicklungen in **Paris** im Februar 1848. **Barrikadenkämpfe** zwischen Aufständischen und königlichen Truppen führten zur Abdankung des französischen Bürgerkönigs Louis-Philippe sowie zur Ausrufung der Zweiten Republik **(„Februarrevolution“)**. Die neue Regierung führte das allgemeine Wahlrecht für Männer ein und verankerte die demokratischen Grundrechte in einer Verfassung. Darüber hinaus sollte die Arbeitslosigkeit durch die Einrichtung von „Nationalwerkstätten“ (berufsbezogene Kooperativen von Handwerkern und Arbeitern) sowie durch öffentliche Arbeitsmaßnahmen bekämpft werden.

Von dieser Euphorie getragen und gefördert durch die neuen Mittel und Wege der Kommunikation, die Eisenbahn und die elektromagnetischen Telegrafenlinien, breitete sich die revolutionäre Bewegung schließlich auch im Deutschen Bund aus.

Geistig-ideologische Voraussetzungen

Zu den geistig-ideologischen Voraussetzungen der Revolution von 1848/49 gehörten die **Naturrechtsphilosophie** des 17. und 18. Jahrhunderts (John Locke, Charles de Montesquieu) und der **Wirtschaftsliberalismus** (Adam Smith). Deren Hauptgesichtspunkte waren:

- die allgemeine Menschenwürde und die Unverletzlichkeit der Person,
- die Unverletzlichkeit des persönlichen Eigentums,

- die Rechtsgleichheit aller Menschen,
- die Idee, dass Herrschaft nicht göttlichen Ursprungs ist, sondern die Folge eines Gesellschaftsvertrages,
- Gewaltenteilung und -kontrolle,
- Volkssouveränität,
- religiöse und geistige Toleranz sowie
- wirtschaftliche Selbstbestimmung und Selbstentfaltung.

Bedeutsam waren ferner die **Emanzipations-, Partizipations- und Menschenrechtsbewegungen in Amerika und Frankreich** im 18. Jahrhundert, die ihren Höhepunkt mit der amerikanischen Unabhängigkeitserklärung von 1776 und der Französischen Revolution von 1789 erreichten. Zu ihren zentralen Forderungen gehörten allgemeine und unveräußerliche Menschenrechte, die staatsbürgerliche Gleichstellung aller Menschen eines Staates, die Garantie der individuellen, gebundenen Freiheit, die Sicherheit vor staatlicher Willkür sowie das Recht auf Leben und Unversehrtheit der Person. Diese Postulate beeinflussten wie auch die durch die Revolutionskriege geförderten politischen Strömungen des Nationalismus und Liberalismus (s. S. 16 ff.) die Emanzipationsbewegungen in Deutschland nachhaltig.

Politische Voraussetzungen

Der seit 1832 verstärkte **Druck der monarchistisch-legitimistischen Kräfte** bewirkte eine deutliche Zunahme der Opposition. Insbesondere in den verfassungslosen Staaten Österreich und Preußen führte die Missachtung der in der Bundesakte von 1815 angekündigten Einführung von landständischen Verfassungen zu einem großen Unruhepotenzial. Aber auch in den Klein- und Mittelstaaten trat die **kompromisslose Repressionspolitik** immer deutlicher zutage.

Zudem belebte die **„Rheinkrise"** von 1840 den deutschen Nationalismus und verschärfte die Abgrenzung gegenüber Frankreich, in dem man den Hauptgegner eines geeinten Deutschland sah. Frankreich strebte die Aufhebung der auf dem Wiener Kongress abgeschlossenen Verträge von 1815 und die „Rückgewinnung" der Rheingrenze als Kompensation für das Scheitern seiner Orientpolitik an. Letzteres hatte zum Ausbruch eines neuen, militanten Nationalismus in Frankreich geführt („Auf zum Rhein! [...] Man setze die nationale Bewegung fort durch den Krieg!"). Dieser wiederum rief einen zunehmend radikaler werdenden Nationalismus in Deutschland gegen die französische Bedrohung hervor. (Nikolaus Becker dichtete dazu: „Sie sollen ihn nicht haben, den freien deutschen Rhein, ob sie gleich gier'gen Raben sich heiser danach schrei'n.")

Sozio-ökonomische Voraussetzungen

Die fortschreitende **Auflösung der Agrargesellschaft** und die immer stärkere **Kapitalisierung der Landwirtschaft** führten zu einer Auswanderungswelle, zur verstärkten Landflucht und in deren Folge zur Urbanisierung mit Wohnungsnot und Slumbildung. Der Mangel an Arbeitsplätzen außerhalb der Landwirtschaft verursachte Arbeitslosigkeit und Massenelend (**Pauperismus**).

Durch die Einführung der Gewerbefreiheit und die beginnende Industrialisierung kam es zuerst im Handwerk zu einer zunehmenden Verelendung, vor allem bei den Heimwerkern im Textilbereich (Verlagssystem). **Industrialisierung** und Mechanisierung führten so zu einer neuen gesellschaftlichen Schicht: die Lohnarbeiter, das „Proletariat“. Ihre Arbeits-, Wohn- und Lebensbedingungen waren äußerst schlecht, die Löhne reichten oft nicht für den Lebensunterhalt, sodass die Arbeiterschaft einen ständig drohenden Unruheherd bildete.

Das **Bevölkerungswachstum** zwischen 1800 und 1850 betrug um 50 Prozent. Es erhöhte den sozialen Druck und verschärfte die Soziale Frage, da nicht genügend Arbeitsplätze vorhanden waren. Der Verfall der Löhne verstärkte den Pauperismus und die Proletarisierung vieler Handwerker (50–60 Prozent der Menschen in Deutschland lebten damals am Rande des Existenzminimums).

Zwischen 1844 und 1877 verursachten Missernten Hungersnöte und beschleunigten die Massenverelendung. An vielen Orten führten sie zu **„Brot- und Hungerkrawallen“**. Höhepunkt war das Jahr 1847, als es z. B. in Berlin, Köln, Nürnberg, Stuttgart und Ulm zu erheblichen Unruhen kam.

Als Folge der wirtschaftlichen Entwicklung kam es auf dem Geld- und Kreditsektor zu einer umfassenden Krise, die den Eisenbahnbau, den „Leitsektor“ der Industrialisierung und des wirtschaftlichen Fortschritts gefährdete.

3.2 Die Gesellschaft am Vorabend der Revolution von 1848/49

Der Adel

Trotz der sich abzeichnenden Auflösung der feudalen Strukturen und wirtschaftlichen Bindungen stellte der **Adel** noch immer die **politische und soziale Elite**. Er bildete keine einheitliche Gruppe, sondern unterteilte sich in den Hochadel, den Kleinadel sowie den Hof- und Dienstadel.

Der **Hochadel** setzte sich aus den regierenden Fürsten des Deutschen Bundes sowie den Standesherren mit Privilegien und politischen Vorrechten (u. a. Sitz und Stimme in der ersten Kammer der Landesparlamente und Ausübung der niederen Gerichtsbarkeit) zusammen. Die Standesherren bildeten die Mittelgewalten zwischen Landesherr und Bevölkerung mit eigener Bürokratie. Die soziale Lage der von ihnen Abhängigen war besonders in Baden, Bayern und Württemberg durch Doppelbesteuerung schlecht; dies barg großen sozialen Konfliktstoff.

Der **Kleinadel** (in Preußen die **„Junker“**) stellte die größte Gruppe: Vor allem die ostelbischen Junker waren die Hauptgewinner der Agrarreformen. Sie verloren zwar an politischer Macht, gewannen dafür aber an wirtschaftlichem Einfluss und an sozialem Prestige. Ferner konnte der Kleinadel seine Stellung als lokale Obrigkeit (Polizeigewalt, Patrimonialgerichtsbarkeit) aufrechterhalten. Unter den Kleinadligen gab es auch einige Anhänger der konstitutionellen Monarchie (in Preußen z. B. Heinrich von Gagern; in Österreich die „Konstitutionelle Adelspartei“, die sich im März 1848 hervortat).

Der **Hof- und Dienstadel** widersprach dem bürgerlichen Anspruch auf Gleichberechtigung und freien Zugang zu allen öffentlichen Ämtern. Er war die Stütze der monarchischen Gewalt in Bürokratie, Armee, Diplomatie und Regierung („Gravitationszentrum der Gegenrevolution“), in Preußen auch „Kamarilla“ genannt. Ab 1820 setzte – insbesondere in Preußen – eine zunehmende „Adelsrestauration“ in der Verwaltung ein.

Das Bürgertum

Das Bürgertum war die **aufstrebende Schicht**. Es bildete – wie der Adel – keine einheitliche, geschlossene Schicht, sondern zerfiel in zum Teil widerstreitende Gruppen. Das **Wirtschaftsbürgertum** war zwar zahlenmäßig relativ klein, aber wirtschaftlich führend, wobei es einen starken Drang zeigte, die wirtschaftliche Kraft in politische Macht umzusetzen. Deshalb trat es für Wirtschaftsliberalismus, Freiheit und Freizügigkeit ein. Eine Einschränkung des Eigentumsrechtes und sozialpolitische Veränderungen lehnte es strikt ab. Das Wirtschaftsbürgertum bildete im preußischen Landtag unter den Liberalen die stärkste Gruppe.

Das **Beamten- und Bildungsbürgertum** im Staatsdienst profitierte aufgrund seiner Bildung am stärksten von der staatlichen Modernisierung. Es verdrängte bis in die 1820er-Jahre zunehmend den alten Adel aus der Verwaltung und bildete schon bald die neue Schicht des **Amtsadels** mit dem Prädikat „von“. Das Bildungsbürgertum blieb zwar in seiner Mehrheit gegenüber den alten Eliten kritisch, stand aber zum Großteil in einem Abhängigkeitsverhältnis zum Staat, dem es zur Loyalität verpflichtet war. Diese Gruppe eignete sich daher nicht als Vorkämpfer des Liberalismus.

Ausnahmen gab es vor allem im deutschen Südwesten: z. B. Karl von Rotteck in Baden. Hier gaben Vertreter des Bildungsbürgertums Revolutionszeitungen heraus und waren an revolutionären Programmen beteiligt.

Die **freiberuflich tätige bürgerliche Intelligenz** trennte sich um 1830 von den beamteten Akademikern. Sie war zum größten Teil materiell nicht abgesichert („Proletarier der Geistesarbeit“) und besaß daher ein größeres Gespür für die Nöte und das Elend des einfachen Volkes. Die freiberufliche Intelligenz zeichnete sich durch ihre **demokratisch-revolutionäre Gesinnung** aus, für die sie auch die Kleinbürger, Bauern und Arbeiter gewinnen wollte. Sie organisierte im Vormärz **„Preß- und Vaterlandsvereine“** und war an revolutionären Programmen (z. B. dem „Offenburger Programm“ von 1847) beteiligt. Bekannte Vertreter waren unter anderen Heinrich Heine, Ludwig Börne, Gustav Struve, Philipp Jakob Siebenpfeiffer, Friedrich Hecker und Julius Fröbel.

Das **Kleinbürgertum** war eine diffuse Gruppe, die hauptsächlich aus Handwerksmeistern, Kleinkaufleuten und Händlern bestand. Es verteidigte mehrheitlich die traditionellen Zunft- und Gewerbeordnungen und wandte sich gegen Zuwanderung bzw. Betriebsansiedlungen. Die Angehörigen dieser Gruppe waren in der Regel **sozial-konservativ** gesinnt und traten für eine „Eigentümergesellschaft“ sowie für die Stärkung des gewerblichen Mittelstandes als Stütze von Staat und Wirtschaft ein. Durch die Liberalisierung der Wirtschaft und die Industrialisierung, die zu einer Verschlechterung seiner wirtschaftlichen Lage führte, sah sich das Kleinbürgertum beständig **vom sozialen Abstieg ins Proletariat bedroht**, sodass es politisch **häufig radikaldemokratisch** eingestellt war. Gerade deshalb war es streng darauf bedacht, einen bürgerlichen Lebensstil zu führen, um sich von den Unterschichten abzugrenzen. In den Landtagen war das Kleinbürgertum kaum vertreten, da seine Angehörigen aufgrund ihrer lokalen wirtschaftlichen Tätigkeiten zumeist ortsgebunden waren.

Das Bauerntum

Trotz der fortschreitenden Industrialisierung bildeten die Bauern noch immer die **größte gesellschaftliche Gruppe**. Um 1800 arbeiteten 62 Prozent der Erwerbstätigen in der Landwirtschaft, 1850 waren es immerhin noch 55 Prozent, d. h., 1848 war Deutschland überwiegend ein agrarisch geprägtes Land: Mit dem **Bevölkerungswachstum auf dem Land**, ausgelöst durch eine hohe Geburten- und eine sinkende Sterberate, konnten Produktivität und Produktion nicht Schritt halten (besonders betroffen waren die Realteilungsgebiete im deutschen Südwesten). Dies führte zu Verarmung und massenhafter Landflucht (Emigration ins Ausland oder in die Städte). Die Konfliktfreudigkeit der Landbevölkerung war abhängig von der Höhe der jeweiligen Besitzrechte und der Grundbelastungen. Besonders in Preußen war die **Kapitalisierung der Landwirtschaft** durch die Agrarreformen am Beginn des Jahrhunderts weit fortgeschritten. Aus vielen Bauern waren Kleinpächter und Tagelöhner geworden, die nun ein **Landproletariat** bildeten. In Schlesien führte die unvollständige Ablösung des Feudalismus zu Konflikten, die durch die Krise des Verlagswesens im Textilbereich verschärft wurden und erheblichen sozialen Sprengstoff boten. Das mittlere Bauerntum kämpfte beständig mit Problemen bei der Produktivität und den Agrarpreisen.

Dennoch war die **bäuerliche Mittelschicht** trotz ihrer Belastungen **konservativ und königstreu**, wehrte sich aber vor allem in Süddeutschland gegen die alten Standesherren. Missernten bedrohten die Kleinbauern in ihrer Existenz und führten dazu, dass sich der Großgrundbesitz ausweiten konnte; die **soziale Kluft auf dem Land vergrößerte sich** zunehmend.

Das Proletariat – der Vierte Stand

Als Folge der Industrialisierung entwickelte sich eine neue soziale Schicht: der Vierte Stand, das **Proletariat**. Diese Gruppe bildete die **Unterschichten der Gesellschaft** und war alles andere als homogen: Den größten Teil des Volkes bildeten **Handarbeiter und Tagelöhner**. Sie waren nahezu ohne ausreichende Existenzsicherung und daher abhängig von der Arbeit ihrer Frauen und Kinder sowie von der Nahrungsmittelproduktion in Kleingärten. Die **Armen** (Bettler, Vaganten, ehemalige Leibeigene) waren die Hauptopfer der wirtschaftlichen Umwälzungen; unter ihnen verbreiteten sich und dominierten sozialrevolutionäre Ziele.

Das **Gesellenproletariat** war durch die Veränderungen im Gewerbe und Handel in seiner Existenz bedroht und besaß daher ein relativ hohes politisches Bewusstsein, wozu auch die Gesellenwanderungen beitrugen. Die Gesellen organisierten sich in „Gesellenvereinen" und verbündeten sich oft mit der freiberuflichen, bürgerlichen Intelligenz.

Die **lohnabhängigen Heimgewerbetreibenden** waren die sozialen und wirtschaftlichen Absteiger, da ihre Arbeit im Rahmen des Verlagswesens immer unrentabler wurde. Sie waren in hohem Maße Opfer von Ausbeutung durch Verleger, wogegen sie sich letztlich vergebens wehrten (z. B. Weberaufstand in Schlesien 1844).

Die damals noch zahlenmäßig kleinste Gruppe bildeten die **Fabrikarbeiter** (in Preußen 4,2 %). Sie lebten am Rande des Existenzminimums, wurden ausgebeutet und waren ohne jegliche soziale Absicherung.

Insgesamt barg die **Soziale Frage** ein für das politisch-soziale System bedrohliches **Konfliktpotenzial**.

3.3 Die verschiedenen Handlungsebenen der Revolution

Die Revolution von 1848/49 war für die Zeitgenossen nicht nur eine **politische**, sondern auch eine **soziale Revolution**. Der berühmte Historiker Leopold von Ranke glaubte im März 1848, erkennen zu können, dass „aus dem Inneren der europäischen Gesellschaft eine Macht hervor [steige], die Population der Fabrik, um die Gesellschaft umzustoßen“ oder sogar – „von der Wut der roten Republik besessen“ – die Macht an sich zu reißen.

In der Tat verbanden sich 1848/49 die beiden Revolutionen miteinander, sodass die Ereignisse seit März 1848 von einem **„Pluralismus von Handlungsebenen“** (H.-U. Wehler) gekennzeichnet sind, die sich gegenseitig bedingten. Dabei richtet sich der Blick neben den wechselnden Ereignissen und Schauplätzen auch auf die Schwerpunkte und Träger der Revolution.

1. Handlungsebene – die Revolution auf dem Land („Bauernrevolution“)

In ihren Anfängen war die Revolution von 1848 vor allem eine **„agrarsoziale Revolution“**, die zum Teil auch gewaltsam war. Sie wandte sich gegen die Ausbeutung des Landproletariats (Landarbeiter, Tagelöhner) und gegen die Belastungen durch die Ablöseleistungen als Folge der Bauernbefreiung (s. S. 4).

2. Handlungsebene – die Revolution in den Städten

Träger waren hier die **städtischen Unterschichten** (Gesellen, Arbeiter) und Angehörige der **Mittelschichten** (kleine Kaufleute, Gewerbetreibende, Studenten und einige Bildungsbürger, vereinzelt auch Honoratioren). Diese Gruppen erhöhten den revolutionären Druck bis zu den Straßen- und Barrikadenkämpfen in Wien und Berlin.

3. Handlungsebene – das Vorgehen der Volksversammlungen und Vereine

Ihre Vertreter verfolgten **unterschiedliche Ziele mit friedlichen Mitteln**, aber dennoch unüberhörbar, weil es ihnen gelang, sich schnell und wirkungsvoll zu organisieren (politische Vereine, Parteien und Assoziationen). Sie waren verbunden mit den ländlichen und städtischen Revolutionen, deren Drohpotenzial sie nutzten. Sie forderten Wahlen zu einer allgemeinen Nationalversammlung und die Zulassung von politischen Parteien als Träger des öffentlichen Willens. Sie nutzten unterschiedliche Medien, um auf die Öffentlichkeit und die Herrschenden Druck auszuüben.

4. Handlungsebene – das Vorgehen der politischen Eliten

Schauplätze waren die Hauptstädte verschiedener Staaten, in denen es den Liberalen gelang, in die Regierungen einzuziehen (**„Märzminister“**) oder zumindest ihre Forderungen (**„Märzforderungen“**) durchzusetzen, und die Frankfurter Paulskirche. Das Geschehen an diesen Orten hing von zwei Faktoren ab: Einerseits von der aggressiven Kraft der Volksbewegungen auf dem Land und in den Städten sowie von der Fähigkeit der Vereine und Verbände, die Massen zu mobilisieren. Andererseits von der Haltung der einzelstaatlichen Regierungen, von ihrer Handlungsfähigkeit, ihrer Kooperationsbereitschaft und ihrem Durchsetzungsvermögen.

5. Handlungsebene – die Reaktion der konservativen und liberalen Regierungen
Die konservativen und liberalen Regierungen waren zunächst geschwächt und in der Defensive. Da die konservativen Staaten Preußen und Österreich als Führungsmächte Deutschlands ihre Handlungsfähigkeit schnell zurückgewannen, bestimmten die **konterrevolutionären Kräfte** in kurzer Zeit wieder das Geschehen. Denn die Säulen des spätabsolutistischen Staates, die Bürokratie, der Landadel und die Armee, hatten ihre Macht nicht eingebüßt. Hinzu kam angesichts der sozialen Revolution die **„Beharrungsmentalität"** in weiten Kreisen des **Bürgertums** aus Angst vor dem „Pöbel" und den radikalen Umsturzkräften. Sie suchten daher die Zusammenarbeit mit den konservativen Kräften **(liberal-konservatives Machtkartell)**.

6. Handlungsebene – die internationale Mächtekonstellation
Das Interesse der **Großmächte** am **Erhalt des Status quo** innerhalb der Pentarchie und der Wiener Ordnung bestimmte die deutsche Frage, d. h. die Frage nach der Gründung eines deutschen Nationalstaates, entscheidend mit.

3.4 Die Phasen der Revolution im Überblick

Vorrevolutionäre Entwicklungen: Offenburg und Heppenheim
Offenburger Programm (12. September 1847): 13 „Forderungen des Volkes" als programmatische Basis der **„republikanischen Demokraten"**, z. B.

- Beseitigung der Karlsbader Beschlüsse;
- Garantie der Menschenrechte;
- Garantie der politischen Freiheiten (Presse-, Gewissens-, Geistes-, Lehr- und Religionsfreiheit, Freizügigkeit auf allen Ebenen);
- Volkssouveränität;
- Demokratisierung der Justiz durch Geschworenengerichte;
- Einführung eines Volksheeres und dessen Vereidigung auf die Verfassung;
- soziale Gerechtigkeit und Beseitigung jeglicher Ausbeutung.

Heppenheimer Programm (10. Oktober 1847): Programm der Vertreter der **Liberalen** der süddeutschen Landtage; dies enthielt u. a. folgende Forderungen:
- Aktivierung der öffentlichen Meinung für eine Ausweitung des Zollvereins als Vorstufe für die notwendige nationale Einheit;
- Verfassungsstaat mit Volkssouveränität (Repräsentativsystem);
- Pressefreiheit;
- Gleichheit vor dem Gesetz und Steuergerechtigkeit;
- öffentliches und mündliches Gerichtsverfahren mit Schwurgerichten und Unabhängigkeit der Justiz von der Verwaltung;
- eigenständige Gemeindeverwaltung;
- Abschaffung noch vorhandener Feudallasten;
- Eintreten für Gespräche mit den Fürsten: Einheit und Verfassung haben Vorrang („Konstitutionelle").

Revolutionäre Entwicklungen (März bis Juni 1848)

1. Phase: die **Märzrevolution** (März bis Juni 1848)
- auf dem Land: Bauernrevolution;
- Erfolge der städtischen Volkserhebungen: Demütigung des Militär- und Obrigkeitsstaates; Einsetzung liberaler Minister **(„Märzminister")** durch die Landesherren (selbst in Preußen);
- die **Verfassungsbewegung** kanalisierte den Nationalismus und die Forderungen nach sozialen Reformen;
- die Mehrheit der Liberalen vertraute auf den fürstlichen Reformwillen und wirkte für den weiteren Verlauf der Revolution bremsend, um eine sozialistisch-jakobinische Republik zu verhindern;
- Wahl und Zusammentreten der **Nationalversammlung in der Frankfurter Paulskirche** (18. Mai 1848); Beginn der Verfassungskampagne;
- der Nationalismus wendete sich gegen äußere Kräfte (Dänemark: Schleswig-Holstein-Frage und Russland).

2. Phase: Bedrohung der liberalen Revolution **durch sozialrevolutionäre und chauvinistische Kräfte** (Juni bis November 1848)
- Enttäuschung der Volksmassen, weil die materielle Not nicht behoben und die Eigentumsfrage nicht behandelt wurde;
- Entstehung von Arbeiter- und Handwerksvereinigungen und einer, wenn auch noch kleinen, kommunistischen Bewegung, vor allem im Rheinland;
- demokratische Kongresse forderten Fortsetzung der Revolution bis zur Herstellung einer sozial-egalitären, demokratischen Republik;
- Zerbrechen der revolutionären, liberalen Bewegung;

- Beschränkung der gemäßigten Liberalen auf eine einheitliche nationale Verfassung („Konstitutionalismus") und auf die Wirtschaft;
- Fortbestand der fürstlichen Staatsgewalt (Verwaltung, Diplomatie, Armee);
- Bedrohung der deutschen Führungsmächte Preußen und Österreich durch den slawischen und ungarischen Nationalismus;
- Gefährdung des internationalen Mächtegleichgewichts durch den deutschen Nationalismus;
- Nationalversammlung (Paulskirche) ohne eigene Staats- und Exekutivgewalt, daher abhängig von den alten Mächten (z. B. Schleswig-Holstein-Frage).

3. Phase: Beginn der Konterrevolution und Ausbruch einer **zweiten Revolutionswelle** (November 1848 bis März 1849)

- Niederschlagung der revolutionären Erhebungen in Ungarn und Italien durch Österreich, z. T. mit russischer Hilfe;
- Österreich wurde zum Garanten von Partikularismus und Reaktion;
- Verkündung der demokratisch-parlamentarischen Reichsverfassung (Paulskirchenverfassung) am 28. März 1849;
- Anerkennung **Reichsverfassung** durch 28 deutsche Staaten, nicht aber durch Preußen, Österreich, Bayern, Hannover, Sachsen und Württemberg;
- deutsche Kleinstaaten (v. a. Baden) als revolutionäre Quelle des „Reichspatriotismus";
- neue Aufstandsbewegungen mit Schwerpunkt in Baden als Mischung von nationalistischen und sozialrevolutionär-demokratischen Bestrebungen.

4. Phase: Sieg der Konterrevolution (April bis Juli 1849)

- **Ablehnung der deutschen Kaiserkrone** durch den preußischen König Friedrich Wilhelm IV., da nicht von den Fürsten angeboten (3. April 1849);
- Verlegung der Nationalversammlung **(„Rumpfparlament")** nach Stuttgart (30. Mai 1849);
- Auflösung des „Rumpfparlaments" (18. Juni 1849);
- demokratische Aufstände in Baden, der Pfalz und Sachsen sowie sozialrevolutionäre Bewegungen in Thüringen und im Rheinland („Mairevolution");
- europäische Großmächte, insbesondere England, Österreich und Russland, stellten sich gegen eine deutsche Einheit;
- Preußen war aus fürstlicher Solidarität und außenpolitischer Rücksichtnahme gegen den Nationalstaatsgedanken und für die Durchsetzung des dynastisch-monarchischen Prinzips;
- Niederwerfung der badischen Revolution durch preußische Truppen: Kapitulation der Bundesfestung Rastatt (23. Juli 1849); **Ende der Revolution**;
- der alte Bundestag nahm in Frankfurt seine Arbeit wieder auf.

3.5 Revolutionäre und konterrevolutionäre Entwicklungen 1848/49

Die Märzrevolution: Sieg der Revolution in Südwestdeutschland, in Berlin und Wien

Durch moderne Kommunikations- und Transportmittel (Zeitungswesen, Telegrafie, Eisenbahn und Dampfschiffe) begünstigt, breiteten sich die revolutionären Ideen und die Nachricht von der **französischen „Februarrevolution"** rasch in ganz Europa aus. Diese **Magnetwirkung** der Ereignisse zeigte sich vor allem in Südwestdeutschland, in Baden und in der Pfalz. Hier war die liberale Verfassungstradition weiter entwickelt als in Preußen oder Österreich. Hinzu kamen die besonderen Beziehungen zu Frankreich, wodurch liberale Ideen unmittelbar im Land verbreitet wurden. Innerhalb kürzester Zeit kam es auch in den anderen Ländern des Deutschen Bundes zu Massendemonstrationen und ländlichen Unruhen. Die revolutionäre Bewegung zeichnete sich anfangs durch schichtenübergreifende Geschlossenheit und ein hohes Maß an Dynamik aus.

Ausgangspunkt der Revolution in Deutschland war das **Großherzogtum Baden**, wo bereits im Vorfeld der Märzereignisse die liberale Diskussion um eine Neugestaltung des politischen Systems am heftigsten geführt worden war. Begünstigt wurde diese Entwicklung durch die weitgehende Redefreiheit in der zweiten Kammer der badischen Ständeversammlung. Zudem war die Organisation der **liberalen Bewegung** weit fortgeschritten, sodass sich hier schon 1847 die **Spaltung in Gemäßigte** („Konstitutionelle") **und Radikale** (Demokraten, Republikaner) zeigte.

Bereits Ende Februar 1848 wurden im Südwesten **„Märzforderungen"** erhoben, die den Massenprotest bündelten. Unter Leitung von **Friedrich Hecker** (1811–1881) fand in Mannheim die erste große Volksversammlung statt, die eine an die Regierung in Karlsruhe gerichtete Eingabe **(„Mannheimer Petition")** verfasste. Nach diesem Vorbild wurden schließlich im ganzen Land Petitionen aufgesetzt, um eine durchgreifende Reform des politischen Systems zu erreichen. Alle Eingaben enthielten die bekannten liberalen Forderungen nach Pressefreiheit, gewählten Schwurgerichten, der Einberufung liberaler Minister, Volksbewaffnung statt stehender „Fürstenheere", nach Menschen- und Bürgerrechten und nicht zuletzt nach Wahlen zu einem gesamtdeutschen Parlament. Begleitet wurden diese Aktionen von **Bauernunruhen** in Baden (Odenwald, Schwarzwald), Bayern, Thüringen und Sachsen, also in den Gebieten, in denen die Bauernbefreiung entweder noch nicht oder nur unvollständig durchgeführt worden war. Der badische Großherzog nahm die Forderungen an und genehmigte ihre Umsetzung durch ein liberales Kabinett **(„Märzminister")**.

Auch im **Königreich Württemberg** kam es zu Unruhen. Um militärische Auseinandersetzungen zu verhindern, stellte König Wilhelm I. zunächst die in der Verfassung garantierte **Pressefreiheit** wieder her. Als es auf dem Land nach badischem Vorbild zu Unruhen kam, lenkte Wilhelm I. ein und berief ein liberales **„Märzministerium"**.

Bis Mitte März 1848 hatten die Monarchen im deutschen Südwesten mit der Gewährung der Pressefreiheit und der Berufung liberaler Ministerien wesentliche Forderungen der liberalen Opposition erfüllt. Hinzu kam, dass das Militär durch die Vereidigung auf die Verfassung der alleinigen Verfügungsgewalt des Monarchen entzogen wurde.

Ähnlich verlief die Entwicklung in den übrigen **Kleinstaaten:** Viele Forderungen der Demonstranten wurden durch **kalkulierte Zugeständnisse** erfüllt, um der revolutionären Bewegung den Wind aus den Segeln zu nehmen. Durch diese **geschickte Politik der Risikovermeidung** konnten die Fürsten ihre Throne bewahren.

Wichtiger für Deutschland waren die Ereignisse in den Führungsmächten **Preußen und Österreich**. Hier konnten die revolutionären Bewegungen, die wesentlich radikaler und gewaltbereiter waren, nicht so leicht beruhigt werden. In Österreich bedrohte sie zudem den Zusammenhalt des Vielvölkerstaates.

Mitte März wurde die preußische Hauptstadt **Berlin** von den revolutionären Ereignissen erfasst. König Friedrich Wilhelm IV. versuchte, durch Versprechungen die Massen zu besänftigen (u. a. Umwandlung des Deutschen Bundes von einem Staatenbund in einen Bundesstaat; Bildung einer gesamtdeutschen Volksvertretung; rasche Einberufung des Vereinigten Landtages in Preußen; eine neue, moderne Verfassung; Garantie der Pressefreiheit). Gleichzeitig rief er jedoch Truppen nach Berlin, die den Schlossplatz besetzten. Eine Demonstration vor dem Schloss schlug in Gewalt um, als aus ungeklärter Ursache zwei Schüsse fielen. Die Demonstranten errichteten **Barrikaden und Straßenkämpfe** brachen aus. Schließlich gab der König den Truppen den Befehl zum Rückzug. **Friedrich Wilhelm IV.** wurde zur **Ehrung der 230 „Märzgefallenen"** gezwungen. Er zeigte sich mit einer schwarz-rot-goldenen Binde und versprach, die Führung in einem deutschen Nationalstaat zu übernehmen und alle Forderungen zu erfüllen. Ein neues, **liberales Ministerium** wurde gebildet. Aus allgemeinen und gleichen Wahlen ging am 22. Mai 1848 eine **verfassunggebende Versammlung** hervor. Damit schien auch in Preußen die Revolution gesiegt zu haben: Preußen hatte sich dem Liberalismus geöffnet und den bisherigen Widerstand gegen einen deutschen Nationalstaat aufgegeben. Dies bedeutete nicht nur den Verzicht auf die Souveränität, sondern auch auf die Großmachtstellung. Das Nachgeben des Königs war nicht politischer Einsicht geschuldet, sondern lediglich Taktik, um die revolutionäre Bewegung zu bändigen. Als Folge der Ereignisse bildete sich in Preußen eine **konterrevolutionäre adlige Bewegung**, deren politisches Organ die von den Gebrüdern Gerlach herausgegebene „Kreuzzeitung“ war und der auch Otto von Bismarck angehörte.

Auch in **Wien**, der Hauptstadt des Habsburger Reiches, wurden liberale und nationale Forderungen erhoben. Hierzu gehörte unter anderem die Entlassung Metternichs, der für die Revolutionäre die Restauration und das monarchische Prinzip verkörperte. Doch anders als in Preußen und in den süddeutschen Staaten gab es in Österreich mehrere Konfliktebenen:

- Metternich hatte Wien zum Zentrum der antiliberalen und antinationalen Kräfte gemacht;
- Österreich war ein Vielvölkerstaat und daher vom Nationalismus, vor allem in Ungarn und Italien, in seiner Existenz bedroht;
- in Wien wie auch in Berlin waren die sozialen Probleme in den ausufernden Vororten immer drängender geworden.

Im Gegensatz zu den südwestdeutschen Entwicklungen mündeten die Massendemonstrationen in Wien in **blutigen Barrikadenkämpfen**, die zum **Sturz Metternichs** führten, der nach London ins Exil floh. Wie in Berlin versprach der österreichische Kaiser Ferdinand I. die Einberufung einer verfassunggebenden Reichsversammlung, eine Verfassung, die Abschaffung der Zensur, eine bürgerliche Nationalgarde und die Beseitigung der bäuerlichen Leibeigenschaft.

Besonders bedrohlich für den Vielvölkerstaat waren die **Entwicklungen in Italien und Ungarn**, wo Anfang März **Lajos Kossuth** (1802–1894) die politische Autonomie und die Wahl von Parlamenten für Ungarn und alle anderen Völker der Habsburgermonarchie forderte. In Venetien wurde Ende März die Republik ausgerufen und aus Mailand die österreichische Besatzung vertrieben. Im Juni brach in **Böhmen** ein national-tschechischer Aufstand aus **(„Pfingstaufstand“)**, den österreichische Truppen niederwerfen konnten. Auf einem **„Slawenkongress“** in Prag wurde die Selbstbestimmung aller slawischen Völker innerhalb der Donaumonarchie gefordert. Liberalismus und Nationalismus waren somit Bewegungen, die Österreich nicht dulden konnte, wenn es seine Existenz nicht aufgeben wollte.

Die Akteure der Märzrevolution 1848 in Deutschland

	Bürgertum	Arbeiter/Gesellen	Bauern/Landproletariat
Aktionsformen	Petitionen, Demonstrationen, Gewaltandrohung und -anwendung	Demonstrationen, Gewaltandrohung und -anwendung	Gewaltandrohung und -anwendung gegen Sachen (Urkunden, Pachtlisten etc.)
Ziele/Forderungen	konstitutionelle oder liberal-demokratische Monarchie • Beseitigung des reaktionären, absolutistischen Systems Metternichs • Menschen- und Bürgerrechte (u. a. Gewissens-, Lehr-, Versammlungs- und Pressefreiheit, Gleichheit vor dem Gesetz, Steuergerechtigkeit) • Verfassungs- und Rechtsstaat • Volksheer, vereidigt auf die Verfassung	egalitäre und soziale Republik • freies und gleiches Wahlrecht für alle • Menschen- und Bürgerrechte (u. a. Presse-, Rede-, Versammlungsfreiheit) • soziale Grundrechte (u. a. Schutz vor materieller und politischer Ausbeutung, Arbeitsschutz, gerechter Lohn) • Verstaatlichung der Produktionsmittel • Volksheer mit gewählten Führern	keine gesamtpolitischen Ziele, u. a. • Verminderung von Pachtzahlungen, Abgaben und Steuern • Verringerung der Ablöseleistungen • Verringerung der Gebühren, v. a. des Schulgeldes • Abschaffung der Jagdrechte der Standesherren • Einsetzung ortsansässiger Beamter
Grad der Radikalität	Mischung aus gemäßigtem („Konstitutionalismus") und radikalem Vorgehen	radikal-demokratisch, gewaltbereit	eigentlich nicht revolutionär, aber gewaltbereit
Bewertung	„ambivalentes" Verhalten („Doppelgesicht"): • liberal-reformerisch (Ziel: Machtgewinnung und -erhalt der Bourgeoisie) • liberal-demokratisch (Ziel: Beseitigung des alten Systems, breite Beteiligung des Bürgertums an der Macht)	kleine, gewaltbereite Bewegung: • Ziel: revolutionäre Umgestaltung aller Bereiche des öffentlichen Lebens, v. a. des Wirtschaftssystems (Demokratisierung) • antifürstlich und antibürgerlich, da Bürgertum und Kapitalismus für sie Synonyme sind	streben in der Mehrheit keine politische Revolution, sehen in den Fürsten einen Schutz gegen die Standesherren, Misstrauen gegenüber dem Bürgertum antifeudal, aber nicht antifürstlich

Die Frankfurter Paulskirche: Vorparlament und badische Revolution

Nach dem Erreichen liberaler Reformen in den Einzelstaaten sollten nun gesamtdeutsche Ziele durchgesetzt werden. Daher beschlossen die Liberalen aus Baden für Ende März eine weitere Zusammenkunft in Frankfurt am Main. Dabei ging es um die **Errichtung einer gesamtdeutschen Nationalversammlung**. Hierzu wurden die führenden Liberalen aller deutschen Länder zu einem vorbereitenden „Vorparlament" eingeladen, um auf breiter Basis die zukünftige Form eines deutschen Nationalstaates zu beschließen. Diese Versammlung tagte vom 31. März bis 3. April 1848 in Frankfurt unter der Führung des hessischen Liberalen Heinrich von Gagern. Hier zeigte sich zum ersten Mal die tiefe **Spaltung des Liberalismus:** Die **radikalen Demokraten** unter Führung Gustav Struves forderten die Errichtung einer demokratischen Republik und die Verwirklichung sozialer Rechte. Eine Wahl zu einer verfassunggebenden Nationalversammlung lehnten sie unter den gegenwärtigen Bedingungen ab (Zensuswahl statt demokratisches Wahlrecht). Sie konnten sich jedoch nicht durchsetzen. Die **gemäßigten Liberalen** hielten an der Monarchie fest, forderten aber ihre Einbindung in eine liberale Verfassung mit politischer Partizipation der Bürger. Gemeinsam war beiden Flügeln die Forderung, die deutsche Kleinstaaterei zugunsten eines **deutschen Nationalstaates** zu überwinden.

Daher unternahmen radikale Demokraten unter der Führung des Mannheimers Gustav von Struve (1805–1870) und Friedrich Heckers, Abgeordneter der Badischen Kammer, am 12. April 1848 einen bewaffneten Volkszug **(„Heckerzug")** von Konstanz in Richtung Karlsruhe. Doch der erhoffte Zulauf der Volksmassen blieb aus. Badische Truppen besiegten, unterstützt von Truppen des Deutschen Bundes, die Aufständischen am 20. April 1848 bei Kandern im Südschwarzwald. Viele Anhänger Struves und Heckers flohen in die Schweiz. Ein **zweiter Versuch einer radikalen Revolution** – Struve rief in Lörrach die „deutsche Republik" aus – **scheiterte** im September 1848. Struve wurde 1849 festgenommen und wegen Hochverrats angeklagt. Nach seiner Befreiung floh er in die USA, wo er am Bürgerkrieg auf der Seite der Nordstaaten teilnahm. 1862 kehrte er nach Deutschland zurück.

Die verfassunggebende Nationalversammlung in der Frankfurter Paulskirche

Mit der Niederschlagung der demokratisch-sozialen Revolution war der deutsche „Völkerfrühling", wie man die Freiheitsbewegung hoffnungsfroh bezeichnet hatte, eingedämmt. Dennoch blieb sie nicht ohne positive Wirkung, denn die **Wahlen zur Nationalversammlung** wurden in allen Staaten des Deutschen Bundes nach den Grundsätzen der Persönlichkeitswahl vollzogen; sie waren **frei, gleich, unmittelbar und geheim**, wenn auch nur für Männer.

Am 18. Mai 1848 wurde in der **Frankfurter Paulskirche** die Nationalversammlung als **erstes frei gewähltes gesamtdeutsches Parlament** feierlich eröffnet. Erster Präsident war Heinrich von Gagern, Teilnehmer der Freiheitskriege gegen Napoleon, aktives Mitglied der Burschenschaften und ein angesehener Liberaler. Hauptziele der Paulskirchenversammlung waren die Überwindung der partikularen Einzelstaatlichkeit, die Einsetzung einer gesamtdeutschen Regierung und die Ausarbeitung einer Verfassung für den neuen deutschen Nationalstaat.

Trotz der allgemeinen Volkswahl entstammten die Abgeordneten hauptsächlich dem Bürgertum: Zwei Drittel der Abgeordneten gehörten dem akademischen Bildungsbürgertum (Juristen, Professoren, Lehrer) an; etwa ein Siebtel stellten das Besitzbürgertum, die Bourgeoisie, und der Landadel. Daneben saß eine Handvoll Bauern und Handwerker im Parlament. Arbeiter waren dagegen nicht vertreten. Drei Viertel der Abgeordneten hatten einen Universitätsabschluss – daher der Beiname **Professoren-** oder **Honoratiorenparlament**. Die Gemäßigten besaßen eine deutliche Mehrheit, während der Anteil der Radikalen gegenüber dem „Vorparlament“ relativ gering war.

Für den Tagungsort Frankfurt sprachen seine zentrale Lage, die lange bürgerliche Tradition als „Freie Reichsstadt“ und die Tatsache, dass die Stadt seit dem 16. Jahrhundert Wahl- und Krönungsort der meisten römisch-deutschen Kaiser sowie seit 1815 Sitz der Bundesversammlung des Deutschen Bundes war.

Im Gegensatz zur Kabinettspolitik des Absolutismus und der Restaurationszeit war die **Arbeit des Parlaments öffentlich** – bis zu 2 000 Besucher nahmen an den Sitzungen teil. Über 5 000 Petitionen aus ganz Deutschland musste die Versammlung bearbeiten. Die Presse berichtete und kommentierte jede politische Entscheidung – die Politik wurde für die Menschen transparenter.

Die Zahl der anwesenden Abgeordneten schwankte zwischen 300 und 500, denn die Abgeordneten hatten in ihren Ländern auch andere Verpflichtungen und das Reisen war noch immer recht beschwerlich. In der **Diskussion über die zukünftige politische und territoriale Struktur Deutschlands** fanden sich die Abgeordneten in lockeren politischen Gruppen, kleinen Zirkeln oder Clubs zusammen, die zunächst – wie die Clubs in der Französischen Revolution – nach ihren jeweiligen Tagungsorten benannt wurden; politische Parteien im heutigen Sinn gab es nicht. Die Sitzordnung in der Nationalversammlung prägte die Bezeichnungen für die politischen Richtungen („Fraktionen“): Die Konservativen als schwächste Gruppe (ca. 40 Abgeordnete) saßen rechts, links die republikanisch gesinnten Demokraten mit etwa 140 Abgeordneten, unter ihnen die Radikalen (etwa 50 Abgeordnete) ganz links. In der Mitte saßen die Liberalen; sie hatten rechnerisch mit etwas mehr als 300 Abgeordneten die Mehrheit, waren aber gespalten in Gemäßigte, fortschrittliche Liberale und ein linkes Zentrum. (Die Zahlen beziehen sich auf die Anwesenden.)

Die **Konservativen** lehnten eine grundlegende Veränderung des Status quo ab und waren lediglich zu einer Reform des Deutschen Bundes bereit. Sie bestanden auf der Beibehaltung der Einzelstaaten und deren weitgehender Souveränität. Die **Demokraten** forderten dagegen ein Ende des Partikularismus zugunsten einer zentralistischen deutschen Republik sowie die Durchsetzung der uneingeschränkten Volkssouveränität. Die **Radikalen** verlangten darüber hinaus soziale Rechte wie das Recht auf Arbeit, soziale Gerechtigkeit und ein Ende jeglicher Ausbeutung. Das **rechte liberale Zentrum** wollte die Bundesstaaten in die konstitutionelle Ordnung einbinden (Föderalismus), während das **linke Zentrum** einen eher zentralistischen Staat anstrebte, um so die Macht des gesamtdeutschen Parlaments zu stärken.

Die Nationalversammlung wählte den Habsburger **Erzherzog Johann als Reichsverweser** zum vorläufigen deutschen Staatsoberhaupt, der ein Reichsministerium unter Heinrich von Gagern berief. Damit war in der Frage, ob sich eine föderative oder eine zentralistische Ordnung durchsetzen würde, noch keine endgültige Entscheidung gefallen, denn weder der Reichsverweser noch die ebenfalls gewählten Minister besaßen wirkliche Exekutivgewalt. Die Wahl Erzherzog Johanns war der liberalen Mehrheit zu verdanken. Demokraten und Radikale lehnten das Wahlergebnis als Verrat an der Revolution strikt ab und nannten Erzherzog Johann spöttisch „Reichsvermoderer".

Der **Reichsverweser** sollte bis zum Inkrafttreten der Verfassung die **provisorische Zentralgewalt** ausüben. Die deutschen Staaten anerkannten Erzherzog Johann und übertrugen ihm die **Befugnisse des bisherigen Bundestags**. Hauptproblem der neuen Reichsregierung war jedoch, dass sie weder über eine ihnen unterstellte Verwaltung noch über eine Armee verfügten. Diese unterstanden weiterhin den Fürsten der Einzelstaaten, sodass dem Reichsverweser und der Nationalversammlung die institutionelle Exekutivgewalt zur Durchsetzung ihrer Beschlüsse fehlte, was sich verhängnisvoll auswirken sollte.

Die Probleme zeigten sich bereits im August 1848 in der **Schleswig-Holstein-Frage**, bei der die alte, noch aus dem Mittelalter stammende Herrschaftsordnung mit dem Nationalstaatsprinzip in Gegensatz geriet. Zugleich wurde den Liberalen deutlich gemacht, dass die deutsche Revolution und die Gründung eines deutschen Nationalstaates nicht nur eine innerdeutsche Angelegenheit war, sondern auch das **Interesse der europäischen Großmächte** betraf.

3.6 Die Paulskirchenverfassung vom 28. März 1849

Verfassungsprobleme und Lösungsversuche

Die Nationalversammlung war weder eine „Quatschbude“, als die sie Karl Marx verhöhnt hat, noch ein „Parla-Parla-Parlament, das Reden nimmt kein End“, wie der revolutionäre Dichter Georg Herwegh gespottet hat. Auch der Vorwurf, sie sei ein „Professorenparlament“ mit zu wenig Bezug zur Realität gewesen, sowie die Behauptung, ihr Schaffen sei letztlich ohne Wirkung gewesen, sind nicht aufrechtzuerhalten. Die Nationalversammlung legte den Grundstein sowohl für die Menschenrechte des Grundgesetzes als auch für die Entwicklung der Demokratie in Deutschland, weshalb man die Revolution von 1848/49 auch als **„Verfassungsrevolution“** bezeichnet. Dabei sahen sich die Abgeordneten von Anfang an großen, zum Teil nur schwer überwindbaren Problemen gegenüber.

Die Regierungen der deutschen Staaten waren nur anfänglich bereit, mit der Nationalversammlung zusammenzuarbeiten. Vor allem Österreich und Preußen waren bestrebt, die Frage der nationalen Einheit für ihre jeweiligen Interessen auszunutzen und die Gruppen in der Nationalversammlung gegeneinander auszuspielen, da sie an grundlegenden Veränderungen des politischen Status quo nicht interessiert waren. Beide Mächte konnten darauf bauen, dass auch die übrigen deutschen Einzelstaaten keine gesamtdeutsche Zentralgewalt wollten.

Die Machtlosigkeit der Nationalversammlung zeigte sich bereits in der **Schleswig-Holstein-Frage**. Seit 1460 standen die Herzogtümer Schleswig und Holstein in Personalunion unter der Herrschaft des dänischen Königs und sollten im Erbfalle „ungeteilt“ bleiben. Seit 1815 gehörte Holstein dem Deutschen Bund an, das nördlich gelegene Schleswig dagegen nicht. So erhob die deutsche und die dänische Nationalbewegung Anspruch auf Schleswig, dessen Bevölkerung sich aus Deutschen und Dänen zusammensetzte. Die **dänische Regierung** entschloss sich schließlich im März 1848, die Herzogtümer Schleswig und Holstein zu trennen und **Schleswig in das Königreich Dänemark einzugliedern**. Die deutsch-nationale Opposition setzte daraufhin eine eigene provisorische Landesregierung für Schleswig und Holstein ein und lehnte sich somit offen gegen die dänische Herrschaft auf. Die Nationalversammlung anerkannte diesen Akt, war aber militärisch nicht in der Lage, die Herzogtümer vor einer drohenden dänischen Intervention zu schützen. Daher führten **preußische Truppen** im Auftrag des Deutschen Bundes und der Nationalversammlung **Krieg gegen Dänemark**, der jedoch gegen den Grundsatz der Legitimität der Wiener Ordnung verstieß. Dänemark bat daraufhin Russland und England um Hilfe. Beide Großmächte hatten kein Interesse an einem starken deutschen

Nationalstaat, der sich die Kontrolle über die Meerengen zwischen Nord- und Ostsee verschaffen konnte. Deshalb drängten sie Preußen, den Krieg zu beenden.

Am 26. August 1848 wurde in **Malmö** ein **Waffenstillstand zwischen Dänemark und Preußen** geschlossen, den die Nationalversammlung ablehnte. Allerdings fehlten dem Parlament sowohl die eigenen militärischen Mittel als auch die Fähigkeit, auf Preußen Druck auszuüben, um die Wiederaufnahme des Krieges zu erzwingen. Schließlich musste es dem Waffenstillstand zustimmen. Die Demokraten warfen der liberalen Mehrheit Verrat an der nationalen Sache und Zusammenarbeit mit den Fürsten vor. In der Paulskirche kam es zu heftigen Auseinandersetzungen, sodass preußische und österreichische Truppen eingreifen mussten. Dass es diese beiden Mächte waren, welche die Liberalen zu Hilfe rufen mussten, war symbolisch für den Charakter der deutschen Revolution.

Die Ausarbeitung der Verfassung

Die Nationalversammlung begann im Oktober 1848 mit der Ausarbeitung der Verfassung. Ihre Arbeit war begleitet vom fortschreitenden Erfolg der Gegenrevolution in Österreich und Preußen. Sie stand daher unter Zeitdruck, denn die Handlungsmöglichkeiten der Abgeordneten wurden durch die beiden deutschen Führungsmächte in zunehmendem Maße beschnitten.

Hinzu kam, dass die Interessen und Vorstellungen der Abgeordneten in der Frankfurter Nationalversammlung sehr unterschiedlich und von landsmannschaftlichen Vorurteilen geprägt waren; Kompromisse ließen sich daher nur schwer finden. So traf die Nationalversammlung die Grundsatzentscheidungen über die politische Neugestaltung Deutschlands erst, als die Kräfte der Reaktion bereits wieder auf dem Vormarsch waren.

Die wichtigste Frage war die nach der **Ausdehnung des deutschen Nationalstaates**. Hier standen sich zwei Auffassungen gegenüber: Das großdeutsche Lager befürwortete den Einschluss der mehrheitlich deutsch besiedelten Gebiete Österreichs **(großdeutsche Lösung)**. Damit hätte nur ein Drittel der Habsburger Monarchie zum Deutschen Reich gehört. Der übrige Teil hätte von den Habsburgern in Personalunion regiert werden müssen. Dazu aber war die Regierung in Wien nicht bereit.

Das kleindeutsche Lager hingegen forderte den Ausschluss des Vielvölkerstaates Österreich und trat für einen Bundesstaat unter preußischer Führung ein **(kleindeutsche Lösung)**. Damit hätte sich Österreich entweder ganz aus Deutschland zurückziehen oder seine deutschen Gebiete an Deutschland abtreten müssen. Auch diesen Plan lehnte man in Wien strikt ab, zumal dadurch der **preußisch-österreichische Dualismus** um die Führung in Deutschland zugunsten Preußens entschieden worden wäre.

Die Nationalversammlung war zunächst von einem Auseinanderbrechen des habsburgischen Vielvölkerstaates ausgegangen, doch der Sieg der Gegenrevolution in Österreich sicherte noch einmal die staatliche Einheit des Habsburgerreiches. Österreich verlangte die Aufnahme seines gesamten Staates in den Deutschen Bund. Dies aber hätte dazu geführt, dass statt eines deutschen Nationalstaates ein neuer, größerer Vielvölkerstaat entstanden wäre, was für die Nationalstaatsbewegung völlig inakzeptabel war.

Doch auch Preußen war kein rein deutscher Staat und in den Ostprovinzen, besonders in Westpreußen, bestand eine große polnisch sprechende Bevölkerungsgruppe; hinzu kamen Kaschuben und Masuren in Ostpreußen. Ihr Einbezug in einen deutschen Staat hätte gegen das von den Liberalen vertretene nationale Selbstbestimmungsrecht verstoßen.

Problematisch war schließlich die Reaktion der übrigen europäischen Großmächte, die einem deutschen Nationalstaat kritisch gegenüberstanden.

Neben diese „Schicksalsfragen" traten **Fragen nach der inneren Ordnung** des Deutschen Reiches:

- Welche **Staatsform** – Republik oder Monarchie – sollte das zukünftige Reich erhalten?
- In welchem Verhältnis sollten die Zentralgewalt und die einzelnen Bundesstaaten zueinander stehen **(zentralistische oder föderative Ordnung)**?
- Welche **Regierungsform** und welches **Wahlrecht** (allgemeines oder Zensuswahlrecht) sollten in Zukunft gelten?

Die demokratische Minderheit in der Nationalversammlung legte auf den Grundsatz der Gleichheit aller Bürger und damit auf ein allgemeines und gleiches Wahlrecht Wert. Das liberale Bürgertum dagegen trat traditionell für hierarchisch abgestufte Staatsbürgerrechte ein, die sich an Besitz und Bildung orientierten, und wollte deshalb ein Zensuswahlrecht, gebunden an die Steuerleistung, in der Verfassung verankern.

Ein nicht zu unterschätzendes Problem der Nationalversammlung war die **geringe politische Erfahrung der Abgeordneten** und bei vielen der Mangel an Realitätssinn, was ausländische Beobachter der Diskussionen kritisch anmerkten. Viele liberale Abgeordneten bemerkten gar nicht oder zu spät, in welchem Umfang es den reaktionären Kräften außerhalb der Paulskirche bereits gelungen war, wieder die Oberhand zu gewinnen. Die Liberalen fürchteten sich in zunehmendem Maße vor einer sozialen, demokratischen Revolution, die die wirtschaftliche Stellung der Bourgeoisie bedrohen würde. Die Tatsache, dass die **deutsche Frage eine gesamteuropäische** war, wurde entweder nicht gesehen oder man antwortete mit einer Kriegseuphorie. So erklärte der angesehene liberale Abgeordnete Friedrich Christoph Dahlmann unumwunden: „Wir werden ein blutiges und völliges Kriegsleben zu führen haben." Vor allem aber verrechneten sich die Abgeordneten in der Haltung ihres revolutionären Vorbilds Frankreich, das kein Interesse an einem deutschen Nationalstaat hatte und diesen zu verhindern suchte.

Angesichts der sich deutlich abzeichnenden Annäherung der Besitzbourgeoisie an die konservativen Kräfte und Regierungen verlor die demokratische Linke ihr Vertrauen auf eine Zusammenarbeit mit den Liberalen und ging auf Konfrontationskurs, was das revolutionäre Lager erheblich schwächte.

Grundzüge des Verfassungsentwurfes von 1849

Am 28. März 1849 verkündete die in der Frankfurter Paulskirche tagende Nationalversammlung die **Verfassung des Deutschen Reiches** und schuf damit die Grundlage für den deutschen Parlamentarismus. Diese erste gesamtdeutsche Verfassung war eine **Kompromisslösung:** Sie verband nationalstaatliche, liberale, rechtsstaatliche und demokratische Forderungen. Sie fand sogar einen Kompromiss zwischen dem Verlangen nach einer handlungsfähigen, die Einheit repräsentierenden Zentralgewalt und der historisch gewachsenen föderalistischen Struktur. Im April 1849 nahmen 28 deutsche Staaten die Verfassung an, nicht aber die beiden bedeutenden Großstaaten Preußen und Österreich sowie wichtige Mittelstaaten wie Bayern, Württemberg, Sachsen und Hannover.

Kernstück der Verfassung bildete der **Grundrechtskatalog**, der bereits im Dezember 1848 in einem gesonderten Gesetz verkündet worden war. Dessen rechtliche Verbindlichkeit war das Hauptanliegen der Liberalen. Die Grundrechte garantierten jedem Deutschen das Recht, „an jedem Orte des Reichsgebietes seinen Aufenthalt und Wohnsitz zu nehmen"; die Gleichheit vor dem Gesetz; die Freiheit der Person; die Abschaffung der Todesstrafe; die Unverletzlichkeit der Wohnung; das Recht, „durch Wort, Schrift, Druck und bildliche Darstellung seine Meinung frei zu äußern"; die uneingeschränkte Pressefreiheit; die Freiheit von Forschung und Lehre; das Recht auf freie Berufswahl und Ausbildung; die Unverletzlichkeit des Eigentums; die Unabhängigkeit der Justiz und den Schutz vor staatlicher Willkür.

Wesentliche Teile dieses Grundrechtskatalogs fanden 1919 Eingang in die Weimarer Verfassung und in das Grundgesetz der Bundesrepublik Deutschland von 1949.

Die Paulskirchenverfassung von 1849

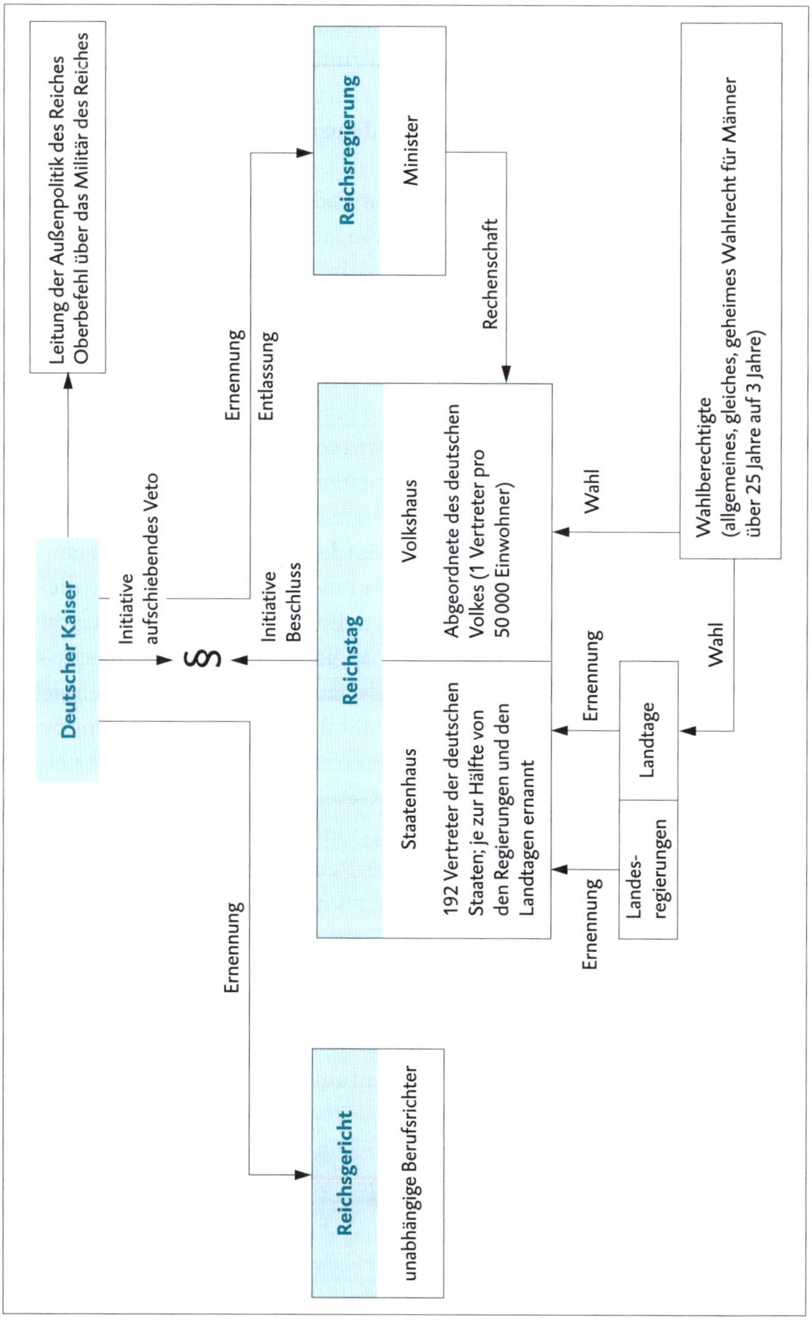

Eine knappe Mehrheit der Abgeordneten (267 gegen 263 Stimmen) entschied sich für einen **kleindeutschen Bundesstaat** mit einem von der Nationalversammlung gewählten **Erb-„Kaiser der Deutschen“**, der die Spitze der Exekutive und des Reiches bildete. Der Titel sollte ausdrücken, dass der Kaiser sein Amt nicht durch fürstliche Übereinstimmung erhalten hatte, sondern auf Wunsch und im Interesse des deutschen Volkes. Entgegen der ursprünglichen Absicht der „Kleindeutschen“ wurde die Macht des Kaisers deutlich eingeschränkt: Er erhielt nur ein **suspensives (aufschiebendes) Vetorecht** gegen Beschlüsse des Reichstages, sodass das parlamentarisch-demokratische Element deutlicher in den Vordergrund trat. Dem Kaiser verblieb aber weiterhin der **Oberbefehl** über das Heer, über die Diplomatie und das Recht, die Reichsregierung zu ernennen oder zu entlassen.

Im Zentrum der Verfassungsordnung stand, dem Grundsatz der Volkssouveränität entsprechend, der **Reichstag** als Legislative. Er bestand aus zwei Kammern, dem **„Staatenhaus“**, in dem die Vertreter der Einzelstaaten (50 % wurden von den Landtagen, 50 % von den Regierungen ernannt) saßen (Föderativorgan), und dem **„Volkshaus“**. Letzteres wurde nach dem allgemeinen, gleichen und geheimen Wahlrecht vom Volk, d. h. von allen männlichen Staatsbürgern über 25 Jahre, gewählt. Der Reichstag hatte das Recht der Gesetzgebung, der Bewilligung des Staatshaushaltes (Etatrecht) und zur Kontrolle der Reichsregierung, denn die Reichsminister waren dem Reichstag gegenüber verantwortlich.

Als erste Verfassung führte die Paulskirche das Institut der **Verfassungsbeschwerde** ein. Jeder Bürger konnte das **Reichsgericht** anrufen, wenn die Staatsgewalt gegen die durch die Verfassung gewährleisteten Rechte verstieß. Erst das Grundgesetz griff dieses Recht auf Verfassungsbeschwerde wieder auf.

Zwar verblieb die **Rechtsprechung** im Wesentlichen bei den Einzelstaaten, aber es galt der Grundsatz „Reichsrecht bricht Landesrecht“. Das Reichsgericht, dessen Richter unabhängig und nur dem Gesetz verpflichtet waren, sollte laut Verfassungsbeschluss dazu dienen, das „Verfassungsleben“ zu schützen. Es sollte dafür sorgen, dass bei Konflikten „weder Gewalt, noch Willkür, noch Sonderinteressen entscheiden, sondern das Recht“. Das Reichsgericht war ferner für Streitigkeiten zwischen den Ständen und der Regierung zuständig oder wenn es zu Konflikten zwischen einzelnen Bundesstaaten kommen sollte. Es konnte selbst gegen die „Reichsgewalt“ einschreiten, wenn diese ihre verfassungsmäßigen Befugnisse überschritt. Ferner konnte das Reichsgericht auf Antrag die Beschlüsse des Parlaments auf ihre Verfassungsmäßigkeit überprüfen. Das **Reichsgericht** sollte **„ein Hort des Rechts und der Verfassung“** sein. Seine Richter waren unabhängig und nur dem Recht und den Gesetzen verpflichtet.

Die Verfassung von 1849 war ein **Kompromiss zwischen zentralistischem** (unitarischem) **und föderalistischem Prinzip**, der die Monarchie mit den Grundsätzen einer demokratischen Ordnung **(parlamentarische Monarchie)** verband. Der starken Stellung des Kaisers in der Exekutive und dem Vorrang des Reichsrechtes vor dem einzelstaatlichen Recht stand der Einfluss der Bundesstaaten auf die Gesetzgebung über das Staatenhaus gegenüber. Die Monarchie wurde zwar durch das erbliche Kaisertum gefestigt, aber sein nur suspensives Veto erhöhte das Gewicht des Parlaments. Beide Gewalten, Exekutive und Legislative, waren an Recht und Verfassung gebunden.

3.7 Probleme der Revolution und Gründe für ihr Scheitern

Das Ende der Paulskirchenverfassung

Am 28. März 1849 wählte die Mehrheit in der Paulskirche den preußischen König Friedrich Wilhelm IV. zum „Kaiser der Deutschen". Am 3. April bot eine Delegation dem König in Berlin die Krone förmlich an. Doch zur Überraschung der Delegierten **lehnte Friedrich Wilhelm IV. die Krone ab**, die er als „Hundehalsband", als einen „imaginären Reif, aus Dreck und Letten gebacken" bezeichnete, an dem noch der „Ludergeruch der Revolution" hafte. Wenn er Kaiser werden würde, dann nur durch die Übertragung der Krone durch die deutschen Fürsten. Denn nur diese seien legitimiert, die deutsche Einigung herbeizuführen. Damit war das **Verfassungswerk der Paulskirche gescheitert**. Die bis dahin gezeigte Solidarität des preußischen Königs mit den Zielen der Revolution hatte sich als äußerer Schein entpuppt; an ihre Stelle trat eine offen reaktionäre, legitimistische Politik.

In **Österreich** bahnte sich bereits im Juni 1848 eine langsame **Konsolidierung der kaiserlichen Macht** an, als ein Aufstand der böhmischen Nationalisten und der radikalen Demokraten in Prag niedergeschlagen werden konnte. Am 31. Oktober 1848 besiegten die kaiserlichen Truppen unter General Windischgrätz schließlich die demokratischen Revolutionäre in Wien und verhalfen so der Gegenrevolution zum Sieg. Dem folgenden **Strafgericht** fiel auch der wichtigste demokratische Abgeordnete der Paulskirche **Robert Blum** zum Opfer. Mit der Ernennung des Fürsten Felix Schwarzenberg zum neuen Ministerpräsidenten im November 1848 hatten die restaurativen Kräfte endgültig gesiegt. Auf Drängen Schwarzenbergs wurde der gerade 18-jährige **Franz Joseph I. neuer Kaiser** (1848–1916). Dieser verdankte seine Stellung der Armee, was er ihr zeit seines Lebens nicht vergaß.

In **Preußen** waren die reaktionären Kräfte seit Ende Juni wieder deutlicher in Erscheinung getreten. König **Friedrich Wilhelm IV.** konnte sich dabei auf eine stärker werdende Gruppe von konservativen, monarchisch gesinnten Adligen stützen, zu denen auch Otto von Bismarck gehörte. Es gelang den Reaktionären um den Ministerpräsidenten Friedrich Wilhelm Graf von Brandenburg und General von Manteuffel, die Nationalversammlung von Berlin nach Brandenburg zu verlegen. Kaum war dies geschehen, wurde Berlin von königstreuen Truppen besetzt, der **Belagerungszustand** verhängt und die **preußische Nationalversammlung aufgelöst**.

Nachdem Wien und Berlin die Paulskirchenverfassung abgelehnt hatten, folgten die anderen deutschen Regierungen, welche die Verfassung unter dem Vorbehalt der preußischen Zustimmung angenommen hatten, dem Beispiel Preußens und zogen ihre Abgeordneten aus Frankfurt ab. Lediglich Württemberg, wo der König durch eine Volksbewegung gezwungen wurde, und Baden standen zum Verfassungswerk der Nationalversammlung. Auch die Kleindeutschen unter Führung Heinrich von Gagerns verließen die Nationalversammlung.

Die noch verbliebenen Abgeordneten der Linken, das **„Rumpfparlament"**, das zur Fortsetzung der Revolution entschlossen war, zogen sich vor den anrückenden preußischen Truppen am 30. Mai 1849 nach Stuttgart zurück, wo es am 18. Juni von württembergischen Truppen aufgelöst wurde. Das war zwar das Ende der Paulskirche, aber noch nicht der Revolution.

Das Ende der deutschen Revolution

Der Misserfolg der liberalen Paulskirche setzte neue, radikalere Kräfte frei, die bereit waren, für Einheit, Freiheit und Demokratie zu kämpfen. So brach im Mai 1849 im Zusammenhang mit der **„Reichsverfassungskampagne"** eine zweite Revolution aus **(„Mairevolution")**, bei der die Linken die gestaltenden Kräfte waren. Sie forderten die Errichtung einer deutschen Republik, wollten zugleich aber auch für die Durchsetzung der Paulskirchenverfassung eintreten. Nachdem der preußische König die Kaiserkrone abgelehnt hatte, kam die Stunde der Republikaner. In Sachsen, Baden und in der bayerischen Pfalz kam es zu demokratischen Aufständen, die von den **Märzvereinen** vorbereitet worden waren.

Auch im **Großherzogtum Baden** wehrten sich diese Vereine gegen die Regierung **(„Offenburger Versammlung")** und gegen die von Preußen ausgehende militante Reaktion; man befände sich in einer „Notwehrsituation", in der man der Reaktion mit Waffengewalt entgegentreten müsse. Am 12. Mai kam es in der Bundesfestung Rastatt zum Aufstand des Militärs. Die Führer der badischen Revolution, **Lorenz Brentano** und **Amand Goegg**, erreichten die Entlassung der Regierung und verlangten die Einberufung einer verfassunggebenden Landesversammlung mit dem Ziel einer demokratischen Ordnung Badens.

Großherzog Leopold floh mit seiner Familie erst nach Koblenz, dann nach Frankfurt. Gegen die neue Revolutionsregierung formierte sich weder vonseiten des Militärs noch vonseiten der Beamtenschaft Widerstand. Die neue Regierung führte Wahlen durch, aus der die demokratischen Kräfte als Sieger hervorgingen. Das Volk wurde auf Staatskosten bewaffnet. Baden wurde in der Folgezeit zum Sammelpunkt für Linke, Republikaner und Demokraten. Viele Emigranten kamen aus Frankreich und der Schweiz zurück. Unter den Revolutionären waren so bekannte Leute wie Carl Schurz, Friedrich Hecker, der polnische General Ludwig Mieroslawski, der das Revolutionsheer befehligte, und Friedrich Engels.

Der Großherzog von Baden, der sich unter preußischen Schutz begeben hatte, rief schließlich nach einigem Zögern preußische Truppen zu Hilfe. Unter Führung des späteren ersten deutschen Kaisers Wilhelm warfen preußische Truppen, unterstützt von „Reichstruppen", den Aufstand nieder. Am 23. Juli 1849 musste die **Bundesfestung Rastatt** nach dreiwöchiger Belagerung **kapitulieren**. Wie in der Pfalz und in Sachsen fällten preußische Standgerichte zahlreiche Todesurteile oder verhängten hohe Zuchthausstrafen, die dem moralischen Ansehen Preußens langfristig sehr schadeten. Eine Emigrationswelle suchte Deutschland heim: Allein aus Baden wanderten mehr als fünf Prozent (etwa 80 000 Menschen) der Gesamtbevölkerung aus.

Der **Sieg der Gegenrevolution** führte schließlich zur **Wiederherstellung des Deutschen Bundes**. Der alte Bundestag nahm in Frankfurt seine Arbeit wieder auf. Mit dem Sieg der vereinten österreichischen und russischen Truppen über die ungarischen Nationalisten im August 1849 hatten die alten Mächte endgültig über die Revolution gesiegt.

Gründe für das Scheitern der deutschen Revolution

Die Gründe für das Scheitern der Revolution lassen sich auf ein Geflecht von Ursachen **(Multikausalität)** zurückführen:

- Die **Abgeordneten** in der Paulskirche waren **politisch unerfahren**, sodass sie die machtpolitischen Verhältnisse in Deutschland und in Europa falsch einschätzten.
- Das scheinbare Nachgeben der Fürsten im März und April 1848 wurde zu schnell als Erfolg gewertet, sodass die Machtstrukturen nicht angetastet wurden. Die Revolutionäre hielten weiterhin an der Monarchie fest und **beließen dieser sogar die Stützen ihrer Macht**, das Beamtentum und das Militär – zumindest in den größeren Staaten wie Preußen und Österreich. Dies sollte sich zum Nachteil der Revolution erweisen.

- Die revolutionäre Bewegung war geprägt von tief greifenden **Interessengegensätzen** zwischen Liberalen und Demokraten sowie zwischen Konstitutionellen und Republikanern. Die liberale Mehrheit war gewillt, die Ziele auf dem Verhandlungsweg zu erreichen, Gewalt lehnte sie ab. Hinzu kam bei der Bourgeoisie die **Furcht vor sozialen Umwälzungen**, vor einer Gefährdung ihrer wirtschaftlichen Stellung und vor dem Terror der Volksmassen nach dem Vorbild der Jakobinerherrschaft in Frankreich 1793/94. Dies veranlasste die Liberalen zum Kompromiss mit den alten Mächten, den diese aber für sich nutzten.
- Selbst die anfänglich erfolgreiche politische Revolution bedeutete nur einen Machtwechsel und **keine Veränderung der sozialen und wirtschaftlichen Verhältnisse**, durch die den alten Eliten die Machtbasis entzogen worden wäre.
- Der **deutschen Revolution mangelte es an geeigneten politischen Führern**, die den Pathos der Revolution und die revolutionäre Kraft zu gemeinsamen Aktionen hätten bündeln können.
- Anders als Frankreich besaß Deutschland **keine zentrale Hauptstadt**, in der eine Revolution hätte entschieden werden können. Außerdem unterschätzten die Revolutionäre die Stärke des traditionellen **Partikularismus**.
- Die offenkundige **Machtlosigkeit der Paulskirche** trug viel zum Scheitern der Revolution bei. Der Nationalversammlung fehlte das Militär zur Durchsetzung ihrer Ziele. Besonders drastisch zeigte sich ihre Abhängigkeit von den Fürsten in der Schleswig-Holstein-Frage.
- Das **Wiedererstarken der reaktionären Kräfte** verhinderte die Durchsetzung der Verfassung schon in ihren Ansätzen.
- Die Nationalversammlung benötigte für die Beratung der Grundrechte zu viel Zeit, sodass das **Parlament** bei der Verabschiedung der Verfassung **viel an Autorität verloren** hatte.
- In den **Einzelstaaten**, unter anderem in Preußen, wurden 1848 **Verfassungen oktroyiert**, die mit der neuen zentralen Reichsverfassung konkurrierten. Die Fürsten akzeptierten letztlich nur die eigenen Verfassungen, die daher das reale politische Leben der Bürger bestimmten. Die Paulskirchenverfassung blieb so für die meisten Menschen eher ein abstraktes Produkt.
- Der **preußisch-österreichische Dualismus** erschwerte eine nationalstaatliche Einigung, da diese zulasten des Vielvölkerstaates Österreich gehen musste. Die nationale deutsche Einheit war nur gegen Österreich durchzusetzen.

- In diesem Zusammenhang ist auch die Haltung der europäischen Großmächte zu sehen. Die deutsche Frage war nie eine rein deutsche Angelegenheit, denn sie betraf das europäische Mächtegefüge. Mit Ausnahme Preußens waren **alle Großmächte im Interesse des europäischen Mächtegleichgewichts gegen die deutsche Einheit**.

Folgen und Wirkung der Revolution

Die unmittelbaren Folgen der Revolution waren eine **Rückkehr zur reaktionären Politik** der alten Mächte, weshalb man auch vom „Reaktions-Jahrzehnt" (1849–1859) spricht, und die Abwendung eines großen Teils des deutschen Bürgertums von der Politik. Die Bourgeoisie war von den sozialen und demokratischen Erhebungen aufgeschreckt worden und suchte verstärkt den Kontakt zu den alten Mächten, die ihnen zwar die Partizipation verweigerten, ihnen aber **Ordnung und Sicherheit** versprachen. Den Schwerpunkt der bürgerlichen Interessen bildete fortan die Entwicklung der Wirtschaft. Denn die zwei Jahrzehnte vor der Reichsgründung 1871 waren bestimmt von der Industrialisierung in Deutschland. Die Mehrheit der deutschen Liberalen sah von nun an ihr Hauptziel in der Herstellung der nationalen Einheit, weniger in der Sicherung von politischer Freiheit; wirtschaftliche Freiheit genügte vielen. In dieser Hinsicht entsprach das von Bismarck 1871 geschaffene Deutsche Reich ihren reduzierten Ansprüchen. Das Werk Bismarcks begünstigte, zunächst gestützt von den Nationalliberalen, die Festigung der Strukturen eines Obrigkeitsstaates und die „Reformen von oben", besonders auf sozialem Gebiet (s. S. 135 ff.).

Viele enttäuschte Demokraten wanderten nach **Amerika** aus, wo sie die politische Freiheit fanden, für die sie in Deutschland vergebens gekämpft hatten. Die nationalen, liberalen und demokratischen Kräfte erlebten durch **Emigration** einen erheblichen Aderlass. Anderen, nun im Untergrund arbeitenden Radikalen, diente das Scheitern der Paulskirche als Beweis für die Macht- und Erfolglosigkeit des bürgerlichen Parlamentarismus.

Da es die „Sieger" waren, die die Geschichte der Revolution nach 1848 und vor allem im späteren Kaiserreich schrieben, wurden Republik und Demokratie mit Pöbelherrschaft, Anarchie und Unordnung gleichgesetzt. Dennoch blieb die Revolution im Gedächtnis, und die Verfassungsordnung der Bundesrepublik Deutschland ruht im Wesentlichen auf dem von der Paulskirche geschaffenen Fundament. 1949 ist ohne 1849 nicht denkbar, und das gilt besonders für den Grundrechtskatalog, der damals für ganz Europa vorbildlich war.

Erstmals in der deutschen Geschichte war die Herstellung der nationalen Einheit mit einer parlamentarischen Verfassungsordnung angestrebt worden, wodurch die **Paulskirche** in Deutschland eine **neue demokratische Tradition**

begründete; die Revolution hatte die Idee von der „Einheit in Freiheit“ populär gemacht. Selbst Mächte wie Preußen oder Österreich konnten nicht mehr einfach zum Absolutismus zurückkehren. Der preußische König oktroyierte 1850 eine neue Verfassung. Diese orientierte sich zwar am monarchisch-legitimistischen Grundsatz, band aber die Regierung an eine Verfassung und an das Gesetz. Das gewählte Abgeordnetenhaus wurde an der Gesetzgebung und damit am Staatsetat beteiligt (s. S. 65 ff.).

Aufgabe 7 Nennen Sie wichtige Ursachen der Revolution von 1848/49.

Aufgabe 8 Erläutern Sie zentrale Probleme der Verfassungsdiskussion der Paulskirchenversammlung sowie deren Lösung in der Verfassung von 1849.

Aufgabe 9 Nehmen Sie Stellung zu der These, die Revolution sei an der Unfähigkeit der Nationalversammlung gescheitert.

Aufgabe 10 Stellen Sie wichtige, von der 1848er-Revolution angestoßene Entwicklungen in Deutschland dar.

4 Der Weg zur Reichsgründung (1849–1871)

20.3.–29.4.1850	Tagung des Erfurter Unionsparlaments
31.3.1850	Inkrafttreten der preußischen Verfassung
2.9.1850	Wiedereröffnung des Bundestags in Frankfurt
29.11.1850	Olmützer Punktation zwischen Preußen, Österreich und Russland
15./16.9.1859	Gründung des Deutschen Nationalvereins
6.6.1861	Gründung der Deutschen Fortschrittspartei
18.10.1861	Regierungsantritt König Wilhelms I. von Preußen
1862	Konflikt um die preußische Heeresreform
23.9.1862	Berufung Bismarcks zum preußischen Ministerpräsidenten
18.11.1863	Dänische Novemberverfassung: Annexion Schleswigs
1864	Deutsch-Dänischer Krieg
30.10.1864	Frieden von Wien zwischen Preußen, Österreich und Dänemark
14.8.1865	Vertrag von Gastein: Teilung der Verwaltung Schleswigs (Preußen) und Holsteins (Österreich)
1866	Deutscher Krieg: Entscheidung bei Königgrätz (3.7.1866)
23.8.1866	Prager Frieden: Auflösung des Deutschen Bundes
3.9.1866	Indemnitätsvorlage Bismarcks
1.7.1867	Inkrafttreten der Verfassung des Norddeutschen Bundes
1870/71	Deutsch-Französischer Krieg
13.7.1870	Emser Depesche
19.7.1870	Französische Kriegserklärung an Preußen
1./2.9.1870	Niederlage Frankreichs in der Schlacht bei Sedan; Gefangennahme Napoleons III.
18.1.1871	Gründung des Deutschen Reiches in Versailles
10.5.1871	Frieden von Frankfurt: Abtretung Elsass-Lothringens an das Deutsche Reich

4.1 Das Wiedererstarken der monarchischen Herrschaft nach 1849

Die Wiedererrichtung des Deutschen Bundes

Nach dem Ende der Revolution in Deutschland versuchten die Regierungen, wieder eine **reaktionäre „Unterdrückungs- und Stabilisierungspolitik“** (R. Rürup) durchzusetzen. Besonders **Österreich** vollzog 1851 eine Wende zum **Neoabsolutismus**. Repräsentant dieser reaktionären Politik war nach dem Tod des Fürsten Schwarzenberg der junge Kaiser Franz Joseph I. selbst. Österreich kehrte zurück zu einer **Regierung ohne Verfassung**, die allein getragen war vom Gottesgnadentum. Kennzeichen dieses Systems war ein **bürokratischer Zentralismus** ohne jede parlamentarische Beteiligung des Bürgertums oder gar des ganzen Volkes. Auch in **Preußen** war die **Reaktion** allgegenwärtig. Errungenschaften wie Presse-, Vereins- und Versammlungsfreiheit wurden drastisch eingeschränkt; das Wahlrecht wurde zugunsten der konservativen Großgrundbesitzer verändert (s. S. 66). Lediglich in den **Klein- und Mittelstaaten** fiel die Reaktionspolitik weniger hart aus: Bayern und seit 1852 auch Baden setzten sogar eine relativ liberale Gesetzgebung fort.

Das Scheitern der Nationalversammlung, einen demokratischen Nationalstaat zu schaffen, ebnete den Weg zur **Wiederherstellung des Deutschen Bundes**. Dabei wurde die weitere Entwicklung maßgeblich durch den **preußisch-österreichischen Dualismus** bestimmt. Denn die unterschiedlichen politischen Ziele der beiden deutschen Führungsmächte prallten immer wieder unvereinbar aufeinander. Auf der einen Seite stand das **liberalkonservative kleindeutsche Konzept** einer von **Preußen** betriebenen Unionspolitik, auf der anderen Seite die von den **Habsburgern** verfolgte **großdeutsche Lösung**, die eine Aufnahme des gesamten österreichischen Staatsgebietes in den Deutschen Bund vorsah.

Preußen strebte mit seinem bereits 1849 vorgelegten **Unionsplan** nach der Hegemonie in Deutschland. Es sollte ein kleindeutscher Staatenbund unter preußischer Führung und unter Ausschluss Österreichs geschaffen werden. Im März 1850 beriet ein **„Unionsparlament" in Erfurt** einen von Preußen vorgelegten Verfassungsentwurf. Doch Österreich widersetzte sich dem preußischen Vorhaben und lud im April 1850 alle deutschen Staaten zur Bildung eines neuen provisorischen Bundestags nach Frankfurt ein. An der Wiedereröffnung des Bundestags am 2. September 1850 nahmen schließlich zwölf Staaten teil. Dieser **„Rumpfbundestag"** beanspruchte alle Kompetenzen der 1848 aufgelösten Bundesversammlung. Der Konflikt zwischen Österreich und Preußen spitzte sich immer weiter zu, ein Kriegsausbruch stand unmittelbar bevor. Erst unter dem Druck der Großmächte, besonders Russlands, lenkte Preußen ein und gab im November 1850 seine Einigungspolitik auf **(„Olmützer Punktation")**. Österreich dagegen konnte den Vorsitz im Deutschen Bund beibehalten und hatte somit die österreichisch-preußische Rivalität zunächst für sich entscheiden können. Diese Entwicklung wurde von den nationalliberalen und ultrakonservativen Kräften in Preußen übereinstimmend als Schmach empfunden.

Doch der Konflikt zwischen Österreich und Preußen war nur vertagt worden. Es zeigte sich rasch, dass der politische Spielraum innerhalb des Deutschen Bundes für zwei Großmächte zu klein war, zumal sich die beiden Staaten nicht nur wirtschaftlich, sondern auch politisch unterschiedlich entwickelten. Angesichts des Ringens der beiden deutschen Großmächte gewannen die **Klein- und Mittelstaaten** an Bedeutung, denn sie versuchten, **als dritte Kraft in Deutschland** die Politik mitzugestalten und ihre partikularen Interessen zu wahren. Bayern, Württemberg und Sachsen sollten nach den Vorstellungen des bayerischen Königs Maximilian II. eine **„Trias-Politik"** zugunsten eines Mächtegleichgewichts in Deutschland betreiben. Allerdings standen die drei Staaten Österreich näher als Preußen, dessen Militarismus und Junkertum in den süddeutschen Staaten unpopulär waren. Von diesem Weg, der auf der Souveränität der Einzelstaaten beruhte, wichen Bayern, Württemberg und Sachsen erst nach der Niederlage Österreichs 1866 gegen Preußen ab, als sie erkennen mussten, dass es keine Alternative zu Preußen mehr gab. Des Weiteren wurde spätestens zu Beginn der 1860er-Jahre deutlich, dass die Wirtschaft der Klein- und Mittelstaaten von den norddeutschen Märkten und vom preußischen Kapital abhängig war. Hier war das immer wieder von Finanzkrisen heimgesuchte Österreich ebenfalls keine echte Alternative.

Die Entwicklung der liberalen Bewegung nach 1849

Im Vormärz und während der Revolution von 1848/49 war das **liberale Besitz- und Bildungsbürgertum** die gestaltende Kraft der Freiheits- und Nationalstaatsbewegung gewesen. Deren Scheitern zwang die Bourgeoisie zu einem Überdenken ihrer bisherigen Strategien und Ziele. Bei einem großen Teil der Liberalen wuchs die **Bereitschaft zur Zusammenarbeit mit dem Staat**, um so zu geeigneten Kompromisslösungen zu gelangen und einen Neoabsolutismus wie in Österreich zu verhindern. Viele hofften dadurch auf günstige staatliche Rahmenbedingungen für die immer rascher voranschreitende Industrialisierung. Denn wirtschaftlicher Fortschritt, Wirtschaftsliberalismus und nationalstaatliche Einheit gehörten für das Bürgertum notwendigerweise zusammen. Für das Zustandekommen dieser nationalen Einheit war das Bürgertum bereit, auf andere Freiheitsrechte und auf Demokratie zu verzichten. Dabei kam ihnen die Finanznot der Regierungen entgegen, die angesichts des Geldmangels auf finanzkräftige Steuerzahler angewiesen waren.

Auftrieb erhielt die nationale Bewegung in Deutschland durch die Italienischen Unabhängigkeitskriege und die Einigung Italiens 1861. Angesichts des immer stärker werdenden Frankreichs gründeten deutsche Liberale und gemäßigte Demokraten 1859 den **Deutschen Nationalverein**, der eine starke deutsche Zentralregierung und eine gewählte Nationalversammlung anstrebte. Die Anhänger des Vereins wollten die **Herstellung der nationalen Einheit** in Form der **kleindeutschen Lösung** und unter preußischer Führung verwirklichen. Für dieses Ziel waren sie zu Kompromissen in Verfassungsfragen bereit. 1861 formierte sich in Preußen die **Deutsche Fortschrittspartei**, die ebenfalls die Einheit unter preußischer Führung anstrebte. Im Gegensatz zu den Nationalliberalen bekämpfte die Fortschrittspartei alle absolutistischen und feudalen Tendenzen. Freiheit und Machtteilhabe gehörten zu ihren Hauptzielen. Anfang der 1860er Jahre waren die Liberalen zwar organisatorisch und politisch gespalten, aber der Liberalismus lebte weiter und organisierte sich in Parteien, die statt auf Revolution auf „**Realpolitik**“ setzten.

4.2 Die Entwicklung in Preußen – „Neue Ära“ und Heereskonflikt

Die oktroyierte Verfassung von 1850

In Preußen hatte **Friedrich Wilhelm IV.** im Herbst 1848 den entscheidenden Schlag gegen die Revolution gewagt: Er entließ das liberale Ministerium und ersetzte es durch ein konservatives, beorderte Truppen nach Berlin, löste die preußische Nationalversammlung auf und erließ schließlich im Dezember von sich aus eine Verfassung.

Die von Friedrich Wilhelm IV. im Dezember 1848 oktroyierte Verfassung trat am 31. Januar 1850 in revidierter Form in Kraft. Auf den ersten Blick war die Verfassung liberal, denn sie gewährte den Bürgern wesentliche **Freiheiten:** Gleichheit vor dem Gesetz, Freiheit der Person, Religionsfreiheit, das Recht auf freie Meinungsäußerung und das Versammlungsrecht. Daher fand die Verfassung bei der großen Mehrheit der Liberalen Zustimmung, aber auch bei den gemäßigten Konservativen, die das **monarchische Prinzip** bestätigt sahen, denn der König regierte weiterhin nahezu unumschränkt.

Die **Exekutivgewalt** lag ausschließlich beim **König**. Er ernannte und entließ die Minister, die allein ihm verantwortlich waren. Alle Regierungsakte des Königs bedurften zu ihrer Gültigkeit der Gegenzeichnung eines Ministers, der damit die Verantwortung übernahm. Allein der König war befugt, Notverordnungen sowie das Kriegsrecht zu erlassen. Ferner konnte er gegen jede Gesetzesvorlage sein Veto einlegen. Der König entschied über Krieg und Frieden und führte den Oberbefehl über die Armee, die auf ihn und nicht auf die Verfassung vereidigt wurde. Dadurch wurde ein **persönliches Treueverhältnis** zum König und nicht zu einer Institution wie Staat oder Verfassung hergestellt.

Die **Legislative** teilte sich der König mit den **zwei Kammern** des Landtags. In der ersten Kammer **(Herrenhaus)** saßen die volljährigen Prinzen des Königshauses, die Häupter der ehemals reichsunmittelbaren Geschlechter von Preußen, vom König erblich oder auf Lebenszeit ernannte Personen sowie 90 direkt gewählte Vertreter der höchsten Steuerklasse und 30 von den Räten der größten Städte des Landes gewählte Mitglieder. Insgesamt durften die gewählten Mitglieder in der Zahl von den anderen nicht übertroffen werden. Alle 180 Kammermitglieder hatten sich als Vertreter des ganzen Volkes und nicht eines Standes oder einer anderen Interessengruppe zu verstehen.

Die 350 Abgeordneten der zweiten Kammer **(Abgeordnetenhaus)** wurden nach dem **Dreiklassenwahlrecht** ermittelt. Es handelte sich dabei um ein **indirektes Zensuswahlrecht**. Sogenannte Urwähler bestimmten Wahlmänner und diese in einem eigenen Wahlakt erst die Abgeordneten. Zudem lag diesem Wahlrecht das Steuerprinzip zugrunde. Urwähler waren alle steuerzahlenden männlichen Bürger vom vollendeten 25. Lebensjahr an. Jeder gehörte einer der drei Wählerklassen an, die je nach einem Drittel des Gesamtsteueraufkommens und nach der Steuerleistung der Einzelbürger gebildet wurde. Durch diese Einteilung begünstigte das Wahlrecht die Wähler der ersten und zweiten Steuerklasse (die Stimmen standen etwa im Verhältnis 84 : 14 : 4). Die drei **Wählerklassen** waren **zahlenmäßig sehr unterschiedlich besetzt**, weil es für ein Drittel des Steueraufkommens relativ weniger starker, aber vieler schwacher Steuerzahler bedurfte. Da jede Wählerklasse gleich viele Wahlmänner bestimmte, hatten die Stimmen der reichen Bürger ein deutlich stärkeres Gewicht. Durch dieses Zensuswahlrecht wurde die alte adlige Elite zunehmend ergänzt durch die des Besitzbürgertums. Darüber hinaus begünstigte die **Wahldistrikteinteilung** die beiden ersten Klassen erheblich, denn durch die Größe der Wahlkreise konnten die Wahlergebnisse zusätzlich manipuliert werden – gab es viele konservative Wähler, waren die Kreise kleiner; gab es viele Arbeiter, wurden die Wahlkreise größer. Dadurch konnten die beiden ersten Klassen mehr Abgeordnete stellen, als es ihrem tatsächlichen Anteil an der Bevölkerung entsprach. Hinzu kam, dass die Wahlen öffentlich waren, also unter den Augen des Staates und, auf dem Lande, der Großgrundbesitzer stattfanden, die alles unternahmen, die Wählerschaft einzuschüchtern.

Für ein Gesetz bedurfte es der Zustimmung der beiden Kammern und des Königs. Über das **Budgetrecht** besaß das Abgeordnetenhaus ein wichtiges Mittel, die Politik im Land mitzubestimmen, da die Abgeordneten den Haushalt blockieren konnten. Nicht ausdrücklich geregelt wurde in der Verfassung die Frage, was geschehen würde, wenn die drei an der Gesetzgebung beteiligten Institutionen nicht übereinstimmten.

Fortschrittlich waren die **Unabhängigkeit und Unabsetzbarkeit der Richter**. Allerdings wurden diese vom König ernannt, was deren Unabhängigkeit wiederum einschränkte.

Die Verfassung Preußens von 1849/1850

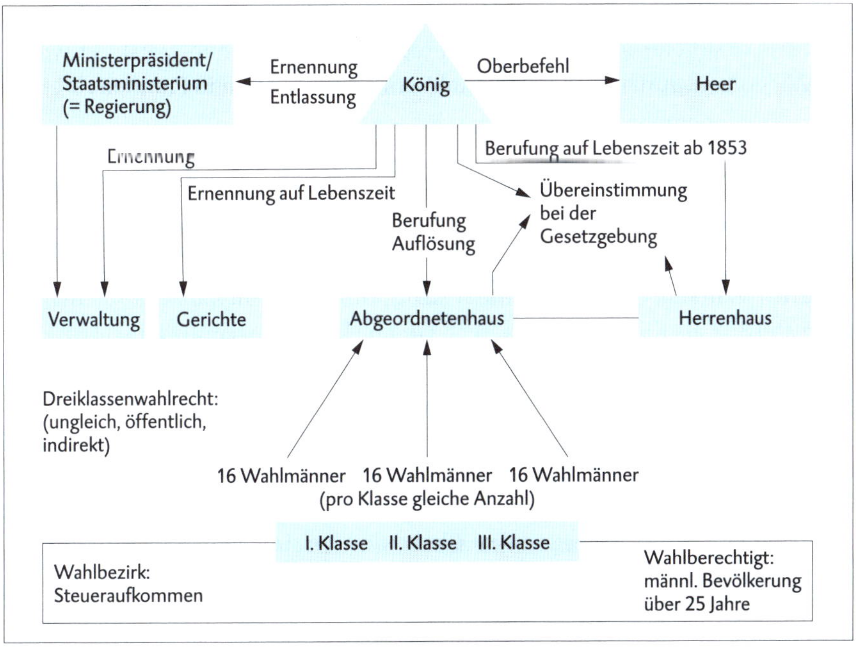

Entscheidend für die Macht des preußischen Königs und späteren Kaisers war die militärische Stellung des **Königs als oberster Kriegsherr** und seine Verfügungsgewalt über die Armee, die weitgehend der parlamentarischen Kontrolle entzogen war. Lediglich über das Budgetrecht konnte das Abgeordnetenhaus Einfluss auf die Stärke und Ausrüstung der Armee nehmen. Daneben wurde das **Gottesgnadentum als Legitimation der monarchischen Ordnung** festgeschrieben und die Verfassung selbst als „provisorisch" bezeichnet; sie war daher leicht zu ändern.

Die Verfassung von 1850 blieb in ihren wesentlichen Bestimmungen bis 1918 in Kraft. Auch wenn sie hinter den demokratischen Elementen der Paulskirchenverfassung zurückblieb und die **Herrschaft einer Elite** aus Junkern und Besitzbourgeoisie **(Plutokratie)** zementierte, sicherte sie doch der Volksvertretung weitaus mehr Rechte zu, als es die neoabsolutistischen Verfassungen in den meisten süd- und mitteldeutschen Staaten taten. Daher stieß die Verfassung auf größeren Widerstand bei den reaktionären und konservativen Kreisen, während die meisten Liberalen sie begrüßten. Ihre Hoffnungen in Hinblick auf einen deutschen Nationalstaat richteten sich auf Preußen. Allerdings war die **liberale Bewegung in ihrer Haltung zur deutschen Einheit gespalten**, denn die süddeutschen Liberalen fürchteten eine Dominanz Preußens in einem kleindeutschen Nationalstaat. Sie lehnten vor allem den preußischen Militarismus und das oft arrogante Auftreten preußischer Beamter ab. Verstärkt wurde der Widerstand durch den Heeres- und Verfassungskonflikt in Preußen ab 1861.

Heeresreform und Verfassungskonflikt

In den späten 1850er-Jahren kam neue Bewegung in die Politik in Deutschland: Im Oktober 1858 übernahm trotz des Protestes der Ultrakonservativen in **Preußen** anstelle des nach mehreren Schlaganfällen handlungsunfähigen Königs Friedrich Wilhelm IV. dessen Bruder Kronprinz Wilhelm zunächst als Regent, dann ab 1861 als König die politischen Geschicke. Im Gegensatz zu seinem Bruder ließ **Wilhelm I.** seine Regentschaft durch die vereinigten Kammern, vor denen er den **Eid auf die Verfassung** ablegte, bestätigen. Diese Geste schien in Preußen einen Politikwechsel anzukündigen. Mit der Aufnahme zweier gemäßigter Liberaler in das Kabinett glaubte man die Zeit der Reaktion überwunden; eine neue Politik **(„Neue Ära")** war eingeleitet.

Auch in **Österreich** begann eine **Phase der vorsichtigen Liberalisierung**. Am eindeutigsten war der Wandel im **Großherzogtum Baden**. Hier berief der ohnehin liberal gesonnene Großherzog Friedrich ein Ministerium aus Vertretern der liberalen Parlamentsmehrheit und folgte damit dem **Grundgedanken des parlamentarischen Prinzips**.

Anfang der 1860er-Jahre erfuhr die **preußische Innenpolitik** eine Wende, als aus den Auseinandersetzungen um die Vergrößerung und Neustrukturierung des Heeres ein tief greifender **Verfassungskonflikt** wurde, dessen Entwicklung und Ausgang die deutsche Geschichte nachhaltig beeinflusste.

Die Kriege der 1850er-Jahre, der Krimkrieg (1854–1856) und der italienische „Nationalkrieg" (1859), hatten gezeigt, dass die preußische Armee zu schwach und in ihrer Bewaffnung und Struktur nicht mehr modern genug war. Die Liberalen verlangten zudem eine größere Wehrgerechtigkeit. Die Zahl der jährlich einberufenen Rekruten betrug konstant 40 000, obgleich sich die Einwohnerzahl des Landes seit 1800 nahezu verdoppelt hatte. Die liberale Mehrheit war auch aus nationalen Erwägungen an einer Vergrößerung der militärischen Stärke Preußens interessiert. Dass eine umfassende **Heeresreform** notwendig war, war also mehrheitlich unumstritten. Dennoch war die Militärfrage brisant, denn die Regierung wollte die Armee vom parlamentarischen Einfluss unabhängig halten. Die Armee sollte ausschließliches Instrument des Königs sein. Jede Beeinflussung von außen würde die Sicherheit des Staates gefährden.

Die Vorlage des Königs sah eine **Verdoppelung der Friedensstärke des Heeres** durch eine umfassendere Einberufung und eine Verlängerung der

Dienstzeit von zwei auf drei Jahre vor. Zugleich sollte das Heer eine **neue, modernere Struktur** erhalten, die an die Stelle des bisher in „Linie“ (reguläre Truppen), „Landwehr“ und „Landsturm“ gegliederten Heeres treten sollte. Die als politisch unsicher geltende Landwehr sollte drastisch eingeschränkt werden. Die **Landwehr** war eine Art Miliz, die aus Reservisten zwischen zwanzig und dreißig Jahren bestand. Sie bildete eine **starke bürgerliche Komponente** in dem ansonsten vom Adel beherrschten Militärwesen. Die Liberalen sahen in der Landwehr ihr **Ideal von der Volksbewaffnung** („Volk in Waffen“) gegen eine „Fürstenarmee“ verwirklicht. Daher wehrten sie sich gegen den geplanten Abbau. Die liberale Mehrheit sah in der dreijährigen Dienstzeit den Versuch der Krone, die Soldaten mit konservativen und militaristischen Werten zu indoktrinieren **(Armee als „Schule der Nation“)**. Aus dem Streit darüber entwickelte sich ein grundsätzlicher Konflikt um die Rolle der Politik im militärischen Bereich sowie über die Stellung des Abgeordnetenhauses in der preußischen Staatsordnung.

Da der König kompromisslos an der Reform festhielt, verschärfte sich der Konflikt und wurde zu einer Verfassungskrise. In dieser standen sich das **Recht des Königs auf Entscheidungs- und Befehlsgewalt im militärischen Bereich** und das Budgetrecht des Landtages gegenüber. Der Konflikt drohte, das preußische Verfassungssystem lahmzulegen und den Staat handlungsunfähig zu machen. Reaktionäre Kräfte waren daher sogar zum Militärschlag gegen die Opposition bereit und der König wollte abdanken.

In dieser Situation berief Wilhelm I. **Otto von Bismarck** (1815–1898) zum neuen Ministerpräsidenten, der auch ohne Finanzbewilligung des Abgeordnetenhauses zur Durchführung der Heeresreform bereit war, selbst wenn dadurch die Rechte des Landtages verletzt werden müssten; das Funktionieren des Staates und die Rechte der Krone hatten für ihn Vorrang. Der Konflikt wurde endgültig zum **Verfassungskonflikt**. Bismarcks Ernennung und seine Einstellung als **„Konfliktminister“** war für die liberalen und demokratischen Kräfte eine offene Provokation, galt Bismarck doch als stockkonservativer Junker und Verteidiger des „monarchischen Prinzips“.

Bismarck versuchte, den Verfassungskonflikt durch die **„Lückentheorie“** zu lösen, was auf einen Verfassungsbruch hinauslief. Diese Theorie ging von der Behauptung aus, dass die Verfassung nicht durch einen Vertrag zwischen König und Volk zustande gekommen sei, sondern vom König durch Erlass „oktroyiert“ worden sei. Daher komme dem König das Recht zu, die Verfassung in ungewissen Fragen zu interpretieren. Das **Regieren ohne ein vom Parlament genehmigten Etat sei ein staatliches „Notrecht“**, damit das Staatsleben nicht zum Stillstand komme. Außerdem sage die Verfassung nichts darüber aus, was zu geschehen habe, wenn Herrenhaus und Abgeordnetenhaus in Bezug auf den Etat unterschiedlicher Auffassung seien – das Herrenhaus hatte nämlich dem Heeresetat zugestimmt. Daher müsse der König im Staatsinteresse aufgrund seines Interpretationsrechts ohne beschlossenes Budget regieren. Verhängnisvoll war, dass dem militärischen Sektor damit Priorität vor dem zivilen eingeräumt wurde.

Im Innern war Bismarcks Strategie schließlich erfolgreich: Als am Tag des Sieges von Königgrätz am 3. Juli 1866 in Preußen gewählt wurde, verschoben sich die politischen Gewichte. Die Zahl der konservativen Mandate stieg von 38 auf 142, während die der Liberalen von 253 auf 148 fiel. Der preußische Landtag nahm nach dem gewonnenen Krieg das von der Regierung eingebrachte **Indemnitätsgesetz** gegen die Stimmen der Ultrakonservativen an, die im Antrag Bismarcks eine Kapitulation der Regierung und des Königs vor dem Parlament sahen. Angesichts des großen militärischen Triumphes stimmten Abgeordneten- und Herrenhaus trotz Bedenken der Liberalen dem Antrag der Regierung zu. In diesem bestätigte Bismarck das Budgetrecht des Landtages, der dafür das Verhalten der Regierung im Verfassungskonflikt nachträglich billigte.

Die Annahme der Vorlage führte zur **Spaltung der Liberalen:** Die 1867 in Hannover neu gegründete **Nationalliberale Partei** stimmte wegen der militärischen Erfolge zu. Sie wollte mit Bismarck den deutschen Staat schaffen, nicht gegen ihn. Die 1861 gegründete bismarckfeindliche **Deutsche Fortschrittspartei** lehnte die Vorlage dagegen ab. Sie bekämpfte weiterhin Bismarcks offenkundigen Verfassungsbruch und forderte eine Parlamentarisierung. „Einheit ohne parlamentarische Mitbestimmung" war für sie nicht denkbar. Immerhin war der Verfassungskonflikt beigelegt, und Bismarcks Popularität stieg.

4.3 Die Lösung der deutschen Frage und die Einigungskriege (1864–1871)

Die Verschärfung des preußisch-österreichischen Dualismus

Die Verbindung von bürgerlicher Nationalbewegung und staatlicher Politik, die 1861 zur italienischen Einigung führte, wurde zum Vorbild für den europäischen und besonders für den deutschen Nationalismus. Mit der deutschen Frage aber trat der innerdeutsche **Dualismus zwischen Österreich und Preußen** wieder in den Vordergrund. Da Österreich 1859 im Zweiten Italienischen Unabhängigkeitskrieg dem Königreich Sardinien-Piemont und dessen Verbündeten Frankreich unterlag, war seine Position geschwächt. Preußen dagegen gelang es, unter Bismarck seine Machtstellung geschickt zugunsten einer kleindeutschen, von Preußen dominierten Einigungspolitik zu nutzen.

Die deutsche Nationalbewegung anerkannte mehrheitlich den innerdeutschen **Führungsanspruch Preußens**, das aufgrund seiner wirtschaftlichen und militärischen Stärke eher in der Lage war, Frankreich – dessen Hegemonie in Europa man fürchtete – in seine Schranken zu weisen. Jedoch schreckte der **antiliberale Kurs der Regierung Bismarck** die Liberalen und die süddeutschen Staaten ab. Dieser zeigte sich unter anderem bei der **polnischen Erhebung** gegen das Zarenreich, die von den Liberalen begeistert begrüßt wurde. Für Bismarck bedeutete diese dagegen eine Bedrohung für den Zusammenhalt des preußischen Staates, in dem es eine polnische Minderheit gab. Des Weiteren befürchtete er ein Zusammengehen der beiden europäischen Flügelmächte Russland und Frankreich, wenn sich Preußen gegen Russland stellen würde. Hier deutete sich Bismarcks Angst vor einer Preußen bzw. Deutschland bedrohenden Zangenkoalition an, die 1892/93 schließlich Wirklichkeit wurde. So bildete Bismarcks Politik 1863 die Grundlage für eine folgenreiche preußisch-russische Annäherung. Bestärkt wurde die Abneigung der Liberalen durch Bismarcks Vorgehen in der **Krise um Schleswig** von 1863, das ausschließlich von preußischer Staats- und Machträson geprägt war.

Die Auseinandersetzung mit Österreich war für Bismarck ein unausweichlicher und notwendiger **Hegemonialkampf**. Denn im **Deutschen Bund** sah er eine Organisation, die allein dazu diente, Österreich in seinem Bestand zu schützen und seine Führungsrolle zu sichern. Daher lehnte er eine von Österreich angestrebte Bundesreform, die die Exekutive des Bundes durch ein Fürstengremium stärken und darüber hinaus ein „Delegiertenparlament" (bestehend aus Vertretern der einzelstaatlichen Kammern) bilden sollte, ab. Bismarck wertete die Reform lediglich als Versuch Österreichs, die eigenen Interessen gegen Preußen zu wahren, denn die süddeutschen Staaten würden in dem Kollektivgremium eher auf der Seite Wiens stehen. Bismarck aber wollte den Rivalen Österreich aus Deutschland verdrängen. Dazu bot sich bald die Gelegenheit.

Der Deutsch-Dänische Krieg (1864)

Wie bereits 1848 stellten die **Herzogtümer Schleswig und Holstein** den Brennpunkt der nationalen Politik dar (s. S. 50 f.). Das Prinzip des europäischen Gleichgewichts war eng mit ihrer Zugehörigkeit zu Dänemark verbunden. Dieses Gleichgewichtsdenken war schon früher mit den revolutionären Forderungen der deutschen Nationalbewegung in Konflikt geraten. 1863 wurde die Erb- und Autonomiefrage der beiden Herzogtümer aktuell. König Friedrich VII. von Dänemark wollte die Sonderstellung Schleswigs aufheben und das Herzogtum von Holstein trennen. Kurz darauf starb er jedoch unerwartet ohne männlichen Erben. Sein Nachfolger, **Christian IX.** aus dem Haus Sonderburg-Glücksburg, unterschrieb im November 1863 das sogenannte Gesamtstaatsgesetz **(dänische Novemberverfassung)**, das Schleswig in den dänischen Staat eingliederte. Eine Landesversammlung beider Herzogtümer leistete dem Erbprinzen Friedrich aus der Linie Augustenburg den Treueid, was internationale Regelungen verboten. Denn die fünf europäischen Großmächte (Großbritannien, Frankreich, Russland, Preußen und Österreich) sowie Schweden und Dänemark hatten sich 1850 und 1852 auf die sogenannten **Londoner Protokolle** geeinigt. In diesen garantierte der dänische König Österreich und Preußen die Selbstständigkeit und Zusammengehörigkeit der beiden Herzogtümer.

Die nationale deutsche Öffentlichkeit wehrte sich entschieden gegen die Novemberverfassung und verlangte die Trennung der beiden Herzogtümer von Dänemark und ihren Anschluss an den Deutschen Bund. Vor allem die deutschen Mittelstaaten und die liberal-nationalistische Bewegung unterstützten diese Forderung.

Von dieser nationalen Erregung ließ sich Bismarck nicht anstecken. Er setzte sich vielmehr für die Aufrechterhaltung der Londoner Protokolle ein. Sein Ziel war es einerseits, eine Intervention der Großmächte, wie sie 1848 gedroht hatte, zu verhindern. Andererseits wollte er Österreich an Preußen binden, um gemeinsam gegen Dänemark vorgehen zu können. Auf diese Weise wollte Bismarck letztlich sein Maximalziel, die Herzogtümer Schleswig und Holstein zu annektieren, durchsetzen. Ein unabhängiges Schleswig-Holstein, d. h. ein zusätzlicher deutscher Mittelstaat, lag nicht im Interesse Bismarcks. Denn es hätte die Gefahr bestanden, dass das politische Gewicht in Deutschland vollends zugunsten Österreichs verschoben worden wäre.

Österreich durchschaute Bismarcks Spiel nicht und ließ sich für ein gemeinsames Vorgehen gewinnen. Beide Staaten stellten Dänemark am 16. Januar 1864 ein Ultimatum, das die dänische Regierung zurückwies. Im nachfolgenden **Deutsch-Dänischen Krieg** unterlagen die Dänen. Am 30. Oktober 1864 unterzeichneten Preußen, Österreich und Dänemark den **Frieden von Wien**. Dänemark musste auf die Herzogtümer Schleswig, Holstein und Lauenburg verzichten, die unter gemeinsame preußische und österreichische Herrschaft **(Kondominium)** gestellt wurden – in den Augen der Nationalbewegung ein fragwürdiges Provisorium.

Damit war das bislang internationale Problem Schleswig-Holstein zu einem innerdeutschen Problem geworden, das die preußisch-österreichischen Beziehungen in der Folgezeit schwer belastete. 1865 vereinbarten Preußen und Österreich im **Vertrag von Gastein** eine **getrennte Verwaltung der Herzogtümer:** Preußen verwaltete Schleswig, Holstein ging in österreichische Verwaltung über.

Preußen war es letztlich zwar nicht gelungen, die Herzogtümer zu annektieren, wohl aber konnte es die von der Öffentlichkeit geforderte Anerkennung des Herzogs Friedrich von Augustenburg als regierenden Fürsten verhindern. Zugleich konnte durch diese Regelung der Deutsche Bund in Bezug auf die Schleswig-Holstein-Frage ausgeschaltet werden.

Der Deutsche Krieg (1866)

Bismarcks Ziel war es in der Folgezeit, die **Mächteverhältnisse in Deutschland zugunsten Preußens zu verändern**, ohne dabei das europäische Mächtegleichgewicht zu beeinträchtigen. Dennoch zielte die preußische Politik nicht direkt auf eine kleindeutsche Lösung hin. Bismarck erwog vielmehr die unterschiedlichsten Möglichkeiten: eine Teilung Deutschlands an der Main-Linie, zeitweise sogar eine gemeinsame Herrschaft mit Österreich in Deutschland, aber auch das Hinausdrängen Österreichs aus Deutschland. Dabei war er sich im Klaren, dass eine Konfrontation unvermeidlich war. Zur Durchsetzung seiner gegen Österreich gerichteten Interessen instrumentalisierte Bismarck nicht nur die preußische Wirtschaftspolitik und die preußische Vormachtstellung im Deutschen Zollverein, sondern auch die deutsche Nationalbewegung.

Seine Politik war daher einerseits **revolutionär**, andererseits **konservativ**. Revolutionär an Bismarcks Vorgehen war die geplante Allianz mit der Nationalbewegung, die Österreichs Machtstellung beseitigen und zu einer Neugestaltung Deutschlands führen sollte. Diese Allianz war möglich, da viele Liberale wie der Historiker Heinrich von Treitschke von Bismarck die Lösung der deutschen Frage durch Annexionen oder zumindest militärisch nach italienischem Vorbild forderten. Denn für die Nationalliberalen ging es um die Frage, ob Deutschland – mithilfe Preußens – ein Nationalstaat werden konnte oder nicht. Konservativ war Bismarcks Streben, die deutsche Frage „von oben“ zu lösen, nicht durch eine aktive Beteiligung des Volkes.

Im April 1866 forderte Bismarck eine grundlegende **Änderung der Bundesverfassung**. Er stellte im Bundestag den Antrag, „eine aus direkten Wahlen und allgemeinem Stimmrecht der ganzen Nation hervorgegangene Versammlung“ einzuberufen. Aus der bisherigen Bundesversammlung sollte so ein **direkt gewähltes Parlament** werden. Österreich konnte auf diese Forderung nicht eingehen. Die Mittelstaaten standen mehrheitlich auf der Seite Österreichs.

Die Spannungen zwischen Preußen und Österreich verschärften sich weiter, als die Regierung in Wien den Deutschen Bundestag mit der Lösung der schleswig-holsteinischen Frage beauftragte. Preußen sah dies als Provokation. Es erklärte daraufhin, Österreich habe den Vertrag von Gastein gebrochen, und besetzte Teile Holsteins. Im Gegenzug mobilisierte Österreich einen Teil der

Bundesarmee (u. a. Bayern, Württemberg, Sachsen und Hannover) gegen Preußen. Preußen wiederum reagierte nicht nur mit dem rechtswidrigen Austritt aus dem Deutschen Bund, sondern erklärte diesen für aufgelöst. Damit war ein Krieg praktisch unvermeidlich geworden.

Offiziell handelte es sich zwar um einen **Krieg des Deutschen Bundes** gegen eines seiner Mitglieder, nämlich Preußen, **zur Durchsetzung von Bundesrecht**. In Wahrheit aber ging es um die gewaltsame Lösung des preußisch-österreichischen Dualismus zugunsten einer der beiden deutschen Großmächte. Aus einer Rechtsfrage (Einhaltung der internationalen Verträge von 1852) war eine Machtfrage geworden.

Auf der Seite Österreichs standen die zwölf größeren Bundesstaaten, auf der Seite Preußens 17 kleinere Staaten. Trotz der zahlenmäßigen Überlegenheit Österreichs und seiner Verbündeten entschied bereits nach zwölf Tagen die **Schlacht bei Königgrätz** in Böhmen (3. Juli 1866) den Krieg zugunsten Preußens. In der Frage, wie man mit dem besiegten Österreich umgehen sollte, konnte sich Bismarck mithilfe des Kronprinzen Friedrich Wilhelm noch einmal gegen die Militärs und den preußischen König Wilhelm I. mit maßvollen Forderungen, d. h. den Verzicht auf die Annexion österreichischer Territorien, durchsetzen – 1871 gelang ihm dies nicht mehr. Bismarck konnte dadurch Frankreich neutralisieren, das sich für sein Stillhalten Kompensationen erhoffte. Auch Russland hatte sich zur Neutralität bereit erklärt.

Am 23. August 1866 wurde in **Prag** der endgültige **Friedensvertrag** zwischen Preußen und Österreich unterzeichnet. Beide Staaten versprachen für die Zukunft einen **„beständigen Frieden"** und dauernde Freundschaft. Bismarck wollte damit den anderen Großmächten seinen Willen zur Verständigung und zum Frieden in Europa verdeutlichen.

Österreich, das außer der Abtretung Venetiens an Preußens Verbündeten Italien keine Gebiete verlor, stimmte der **Auflösung des Deutschen Bundes** und der Gründung eines Norddeutschen Bundes durch Preußen zu, der später eine Verbindung mit den süddeutschen Staaten eingehen sollte. Damit hatte Österreich die **kleindeutsche Lösung** akzeptiert und war praktisch aus Deutschland hinausgedrängt worden.

Preußen annektierte die Kriegsgegner Hannover, Kurhessen (Hessen-Kassel), Hessen-Nassau, die Freie Stadt Frankfurt sowie Schleswig-Holstein; die südlichen Kriegsgegner wurden hingegen geschont. Bei den preußischen Konservativen erregte dieser Schritt Bismarcks erbitterten Widerstand – sie nannten Bismarck sogar einen „Revolutionär und Bonapartisten" –, denn die Annexionen beraubten legitime Herrscher ihres Throns und stellten daher einen eklatanten Verstoß gegen das monarchische Prinzip und die Legitimität zugunsten eines rein machtstaatlichen Handelns dar.

1867 schlossen sich die verbliebenen Staaten nördlich des Mains (v. a. Oldenburg, Mecklenburg und die thüringischen Staaten) unter Führung Preußens zum **Norddeutschen Bund** zusammen, während die süddeutschen Staaten und Luxemburg diesem Bund nicht beitraten. Ihre Annexion oder Aufnahme in den Norddeutschen Bund verhinderte der Widerstand dieser Länder und der Einspruch Frankreichs, das an einem Nationalstaat in der Mitte Europas nicht interessiert war.

Der 1867 geschaffene Norddeutsche Bund umfasste 22 Mitgliedstaaten mit etwa 30 Millionen Einwohnern. Von diesen lebten rund 24 Millionen im erweiterten Preußen, das als Hegemonialstaat die Führung in diesem Bund innehatte, sodass man mit Recht von einem „Groß-Preußen" (E. Jäckel) sprechen kann.

Der Norddeutsche Bund

Im April 1867 nahm der Reichstag die **Verfassung** an, die in ihren wesentlichen Bestandteilen die **Verfassung des Deutschen Reiches bis 1918** war – 1871 wurde sie lediglich durch einige Sonderrechte der Länder ergänzt. Die Verfassung des Norddeutschen Bundes war eine Mischung aus Elementen der Deutschen Bundesakte von 1815 und der Frankfurter Paulskirchenverfassung von 1849, sie vereinigte sowohl feudal-konservative als auch einige liberal-bürgerliche Elemente in sich. Trotzdem wurden 1866/67 die Weichen nicht zu einem bürgerlich-liberalen Staat gestellt, sondern zu einem aristokratisch-feudalen Staat, in dem weiterhin die alten Eliten an den Schalthebeln der Macht saßen.

Rückblickend bedeuteten die **Ereignisse von 1866** eine **Niederlage des deutschen Liberalismus**. Die Nationalliberalen räumten der Einheit Vorrang vor der Freiheit ein und begnügten sich mit dem demokratischen Wahlrecht für Männer zum Norddeutschen Reichstag.

Bismarck hatte die **wirtschaftlichen und nationalen Forderungen der Liberalen erfüllte**, verweigerte aber die Umsetzung der politischen. Damit gab sich ein Teil der Bourgeoisie zufrieden, und auch die öffentliche Meinung war mehrheitlich auf Bismarcks Seite. Zwar führte der Sieg Preußens und der Ausschluss Österreichs zur Spaltung der Nation, aber die Alternative wäre der Fortbestand des ungeliebten Status quo gewesen, der nicht im Interesse der Liberalen lag. Darüber hinaus hätte die Gefahr bestanden, dass ein erneuerter Deutscher Bund in den verhängnisvollen Strudel der sich abzeichnenden Nationalitätenkonflikte in der Donaumonarchie geraten wäre.

Bismarck und die gesamteuropäische Mächtekonstellation in den 1860er-Jahren

Zu glauben, Bismarck habe die Mainlinie, die den Norddeutschen Bund von den süddeutschen Staaten trennte, nur als vorübergehend angesehen, ist falsch. Bismarck dachte angesichts des süddeutschen Partikularismus und mit Rücksicht auf die Interessen der europäischen Großmächte in langen Fristen. Vor allem musste er mit einem Eingreifen Frankreichs rechnen, das erkannt hatte, dass es 1866 nicht um eine Umverteilung der innerdeutschen Machtverhältnisse gegangen war, sondern um die Lösung der deutschen Frage.

Für den Erfolg von Bismarcks Politik und das fehlende Eingreifen des Auslands waren verschiedene Faktoren der gesamteuropäischen Mächtekonstellation verantwortlich: **Englands Blick** war **weniger auf Europa gerichtet** als auf die Vorgänge in Amerika, wo es sich im Bürgerkrieg auf die Seite der Südstaaten gestellt hatte, von deren Baumwolle die englische Textilindustrie abhängig war. Im Land selbst brach eine Ära großer Reformen an, wodurch bis 1874 fast alle politische Energie in Anspruch genommen wurde.

Russland leitete eine Politik ein, die imperiale Expansion und innere Reformen verband. Das Land verhielt sich daher **gegenüber den europäischen Entwicklungen** der 1860er-Jahre **passiv**. Die durch die Niederlage im Krimkrieg (1853–1856) eingeleiteten Reformen bewirkten einen tiefen Einschnitt in der sozialen und politischen Entwicklung Russlands (Aufhebung der Leibeigenschaft) und lenkten von den europäischen Problemen ab. Zugleich war deutlich geworden, dass mit Ausnahme Preußens alle europäischen Großmächte ein Vordringen Russlands auf dem Balkan und in Richtung der türkischen Meerengen nicht hinnehmen würden. Finanziell geriet das Zarenreich mit seinen Erwerbungen in Zentralasien und im Fernen Osten an seine Grenzen und zugleich erhöhten sich die Spannungen mit England.

Frankreich war wegen der gemeinsamen Grenze mit Deutschland von einer Veränderung der Mächtekonstellation in Mitteleuropa direkt betroffen. Ferner benötigte das Regime Napoleons III. für seine innere Stabilität außenpolitische Erfolge. Zwar wollte Frankreich diese in erster Linie auf diplomatischem Weg erringen, es schreckte letztlich jedoch auch vor Gewaltanwendungen nicht zurück. So unterstützte Frankreich Piemont 1859 im Einigungskrieg gegen Österreich und garantierte gleichzeitig Rom als Kirchenstaat. Einen **deutschen Nationalstaat lehnte Frankreich strikt ab**. Bismarck musste daher alles tun, um Frankreich von einer Parteinahme zugunsten Österreichs abzuhalten. Schließlich war Napoleon III. 1866 zur Neutralität bereit, allerdings verlangte er als Gegenleistung territoriale Kompensationen im Rheingebiet, zumindest aber das Saargebiet und Landau. Bismarck ließ den Kaiser in dieser Frage, aber auch in Bezug auf seine wirklichen Ziele im Unklaren. Ihm war jedoch bewusst, dass Frankreich gegen eine Vergrößerung der deutschen Mittelstaaten und gegen die Bildung eines unabhängigen Staates im Rheinland („Trias-Deutschland“) nichts einzuwenden hatte.

Der Deutsch-Französische Krieg 1870/71 als „deutscher Nationalkrieg“

Nach dem preußischen Sieg 1866 verweigerte Bismarck Frankreich die erhofften territorialen Gewinne. Zugleich konnte er die süddeutschen Staaten zum Abschluss eines Defensivbündnisses **(„Schutz- und Trutzbündnisse“)** mit dem Norddeutschen Bund gegen Frankreich bewegen.

Nach dem Fehlschlag seiner Bemühungen schlug Napoleon III. einen neuen Kurs zur **Eindämmung Preußens** ein. Er strebte eine Zusammenarbeit mit Österreich an, um „Preußen im Süden auszumanövrieren“ (Th. Nipperdey). 1869 wollte Napoleon III. einen antipreußischen Dreibund zwischen Frankreich, Österreich und Italien ins Leben rufen, der jedoch an den Interessengegensätzen der einzelnen Staaten scheiterte.

Die Gefahr einer feindlichen Koalition unter Führung Frankreichs war damit aber nicht gebannt. Dennoch hielt er an seinem mittelfristigen Ziel, der deutschen Einheit, fest – in diesem Sinne war der **Norddeutsche Bund** ein **Provisorium**, eine Etappe **auf dem Weg zum deutschen Nationalstaat** unter preußischer Führung. Ein Krieg aller deutschen Länder gegen einen äußeren Feind, allen voran gegen Frankreich, würde – so Bismarck – die deutsche Einigung vorantreiben. Gleichwohl arbeitete Bismarck nicht bewusst auf einen Krieg hin, denn in der Reaktion der anderen europäischen Großmächte sah er ein erhebliches Risiko.

Wieder kam Bismarck die europäische Lage zu Hilfe: England betrieb wegen seiner inneren Reformen und dem Umbau seines Empires eine Politik der „splendid isolation“. Österreich, auf das Napoleon gesetzt hatte, musste auf seine deutsche Bevölkerung Rücksicht nehmen und wandte sich unter dem Einfluss der Ungarn verstärkt dem Balkan zu, wo man auf die Interessen Russlands stieß; eine Konfrontation mit Preußen konnte man sich zu diesem Zeitpunkt nicht leisten. Russland strebte nach einem Bündnis mit Preußen und hielt sich deshalb zurück. Allein Frankreich wollte eine weitere Expansion Preußens auf keinen Fall dulden.

Anlass für den Krieg mit Frankreich war die 1869 und 1870 diskutierte **Kandidatur** des Erbprinzen Leopold von Hohenzollern-Sigmaringen, einer katholischen Seitenlinie der preußischen Hohenzollern, für den seit 1868 freien **spanischen Thron**, die auch von Bismarck unterstützt wurde. Zwar war damit keinesfalls eine Provokation Frankreichs beabsichtigt, aber angesichts der antipreußischen Stimmung in Frankreich – man sprach offen von einer preußischen Intrige – musste die Kandidatur auf den entschiedenen Widerstand Frankreichs treffen, das bewusst das Bild der habsburgisch-spanischen Umklammerung aus dem 16. Jahrhundert heraufbeschwor und mit Krieg drohte.

Um den bevorstehenden Krieg zu vermeiden, veranlasste Kaiser Wilhelm I. Leopold zum Thronverzicht, doch der französische Botschafter Benedetti drängte Wilhelm I. in Bad Ems zu einer weiteren, auch für die Zukunft gültigen Verzichtserklärung, die dieser höflich zurückwies. In einem regierungsinternen Telegramm vom 13. Juli 1870, der sogenannten **Emser Depesche**, berichtete er Bismarck über die Aufdringlichkeit des französischen Botschafters. Bismarck veröffentlichte die Depesche in verkürzter, Napoleon III. bloßstellender Form, woraufhin Frankreich Preußen am 19. Juli 1870 den Krieg erklärte.

Der Norddeutsche Bund und die süddeutschen Staaten, für die nun der Bündnisfall eintrat, kämpften auf der Seite Preußens. Aus dem preußisch-französischen Konflikt war ein **deutscher Krieg gegen den französischen Erbfeind** geworden. Frankreich dagegen fand bei den anderen europäischen Großmächten keine Verbündeten.

Am 2. September 1870 gelang den unter preußischem Oberbefehl stehenden vereinigten **deutschen Armeen bei Sedan der entscheidende Sieg** über die Armee des kaiserlichen Frankreich. Napoleon III. geriet in Gefangenschaft und dankte ab. Zwei Tage später wurde in Paris die Republik ausgerufen. Im **Frieden von Frankfurt** (Mai 1871) verpflichtete sich Frankreich zur Zahlung von fünf Milliarden Goldfrancs Kriegsentschädigung sowie zur Abtretung der Grenzgebiete Elsass und Lothringen, dessen vorwiegend deutschsprachige Bevölkerung 200 Jahre lang in den französischen Staat eingegliedert gewesen war. Deutschland hatte damit zwei Gebiete zurückerobert, die Frankreich im 16. und 17. Jahrhundert „widerrechtlich" annektiert hatte. Für Frankreich bedeutete der territoriale Verlust eine tiefe Verletzung seines nationalen Selbstbewusstseins und seiner Ehre. Dies schuf ein **Konfliktpotenzial**, das das deutsch-französische Verhältnis in der Zukunft erheblich belastete und das den **Frieden** zwischen beiden Staaten dauerhaft **gefährdete**.

Die Gründung des Deutschen Reiches

Im November 1870 verhandelte der Norddeutsche Bund mit den süddeutschen Staaten Bayern, Württemberg, Baden und Hessen über einen Beitritt zum bestehenden Bund. Am 15. November 1870 kam schließlich ein Vertrag zwischen dem Norddeutschen Bund sowie Baden und Hessen-Darmstadt zustande, der den Beitritt beider Staaten zum Bund unter Beibehaltung der Bundesverfassung vorsah. Württemberg und Bayern hatten dagegen erhebliche Vorbehalte. Der bayerische König Ludwig II. lehnte eine Preisgabe der bayerischen Souveränität strikt ab. Erst am 23. November (Bayern) und 25. November 1870 (Württemberg) konnten die Vorbehalte vertraglich beseitigt werden. Die beiden Länder setzten eine Stärkung des föderalen Elements und zahlreiche „Reservatrechte" durch, ansonsten anerkannten sie die Verfassung des Norddeutschen Bundes. Der deutsche Nationalstaat wurde somit nicht durch eine konstituierende Nationalversammlung geschaffen, sondern durch Verträge zwischen dem Norddeutschen Bund und den süddeutschen Staaten, welche dann vom Norddeutschen Reichstag und den süddeutschen Länderparlamenten ratifiziert wurden.

Ende November 1870 trug der bayerische König in einem von Bismarck initiierten Brief dem preußischen König die Kaiserwürde an **(Kaiserbrief)**. Am 18. Januar 1871 wurde der preußische König Wilhelm I. schließlich zum Kaiser ausgerufen. Um die Form der Proklamation hatte es bis zuletzt einen erbitterten Streit gegeben. Ludwig II. von Bayern hatte in „seinem" Brief den Titel „Deutscher Kaiser" gewählt. Doch Wilhelm I. lehnte diesen ab, weil dadurch das preußische Königtum in den Hintergrund treten würde. Andere Titel wie „Kaiser der Deutschen" oder „Kaiser von Deutschland" wurden von den Fürsten abgelehnt, weil sie eine Oberhoheit des Kaisers über das Reich und seine Fürsten ausgedrückt bzw. die „Nation" zum tragenden Element des Staates erklärt hätten. Daher wählte der badische Großherzog als Kompromiss die Worte:

„Seine Kaiserliche und Königliche Majestät, Kaiser Wilhelm I." Der im März 1871 gewählte erste deutsche Reichstag beschloss dann auf Vorschlag Bismarcks und auf Vorlage des Bundesrates den offiziellen Titel **„Deutscher Kaiser"** für das Oberhaupt des **„Deutschen Reiches"**.

Datum und Ort der Kaiserproklamation waren bewusst gewählt, denn der 18. Januar war der Jahrestag der Krönung des Kurfürsten Friedrichs III. zum ersten König von Preußen (1701), wodurch der preußische Charakter des neuen Reiches und seiner Monarchie herausgestellt werden sollte. Mit dem Schloss verband man in Deutschland die „Reunionspolitik" Ludwigs XIV., die den Verlust Straßburgs, des Elsass und Lothringens gebracht hatte. Dass Wilhelm I. an diesem Ort und an diesem Tag zum Kaiser erhoben wurde, sollte auch den Triumph Preußen-Deutschlands über den Erbfeind Frankreich symbolisieren.

Im In- und Ausland wurde die **Reichsgründung** mit gemischten Gefühlen aufgenommen. Natürlich war in Deutschland die **patriotische Begeisterung** groß, und die überwiegende Mehrheit der Deutschen verband die Reichsgründung mit Hoffnungen auf eine bessere Zukunft und mehr Wohlstand. Eher partikularistische Kreise vor allem in Süddeutschland empfanden den Sieg über Frankreich als Rechtfertigung für die Führerschaft Preußens.

Aber es gab auch **oppositionelle Stimmen:** Viele **Katholiken**, nicht nur in Bayern, befürchteten ein Übergewicht des protestantischen Preußen, ein „protestantisches Reich", in dem sie lediglich eine Minderheit darstellten. **Linksliberale Kreise**, vor allem in den süddeutschen Bundesstaaten, ängstigten sich vor dem preußischen Militarismus, vor der autoritären monarchistischen Staatsauffassung Preußens und seiner hegemonialen Stellung. In **Norddeutschland** kritisierte man besonders die „Reservatrechte" der süddeutschen Staaten, die der Einheit abträglich wären.

Im **Ausland** waren die kritischen Stimmen nicht zu überhörbar, und dies wirkte sich maßgeblich auf Bismarcks Außenpolitik aus. Die Herstellung der **deutschen Einheit**, eines mächtigen Staates in der Mitte Europas, hatte das **europäische Mächtegleichgewicht** und die „Wiener Ordnung" grundlegend **verändert**. An die Stelle Preußens als kleinster Großmacht war mit dem Deutschen Reich die auf dem Kontinent führende Großmacht getreten, deren militärische Stärke von enormer Schlagkraft war und dessen wirtschaftliches Potenzial auch England gefährlich werden konnte. Gefürchtet wurden eine preußisch-deutsche Hegemonie auf dem Kontinent und ein vom preußischen Militarismus und Nationalismus ausgehendes Expansionsstreben. Der Oppositionsführer im englischen Unterhaus, Benjamin Disraeli, erklärte, die „Deutsche Revolution" sei viel bedeutender als die Französische Revolution, und man werde in England die Folgen noch in 400 Jahren spüren.

ufgabe 11 Erläutern Sie die Entwicklung Preußens während der „Neuen Ära".

ufgabe 12 Stellen Sie die außenpolitische Entwicklung ab 1866 bis zur Gründung des Deutschen Reiches 1871 dar.

ufgabe 13 Beurteilen Sie die deutsche Einigung durch Preußen 1871.

ufgabe 14 (materialgestützt) Erläutern Sie die einzelnen Abschnitte des „Reichsprognostikons" (M 1) und kennzeichnen Sie die Sichtweise des Karikaturisten.

M 1: Karikatur: „Reichsprognostikon", 1866

Kladderadatsch, humoristisch-satirisches Wochenblatt vom 9. Sept. 1866, Nr. 41, S. 164

Aufgabe 15 (materialgestützt)

a) Erläutern Sie, wie in M 1 die Ereignisse der Revolution von 1848/49 in Wort und Bild dargestellt werden.

b) Überprüfen Sie die Position des Verfassers in M 1 zum Ausgang der Revolution und gehen Sie dabei auf die historische Bedeutung der Revolution ein.

M 1: Vor den Zelten

1847.

Vor den Zelten! Vor den Zelten!
Wo die Kindermädchen schelten,
Wo die Cour manch Füsiliere[1]
Machet alle Tag' um Viere,
Wo der Bettler liegt auf Lauer,
Wo die Weiße oft ist sauer,
Wo die Musik klingt so schöne
Lockt in's Auge uns die Thräne
Wo herab von der Tribüne
Oft die Polka klingt so kühne,
Wie so schön es manches Jahr
Doch vor diesen Zelten war!!

1848.

Vor den Zelten! Vor den Zelten!
Wie sie da so schön rebellten,
Wie man Abends gegen Achte
Droschken sachte fahren machte!
Wie herab von der Tribüne
Sie mit Jakobinermiene
Riefen: „Kehrt er dennoch wieder,
Nieder mit Ihm! nieder! nieder!"
Wo man mit direkten Wahlen
Dem Camphausen[2] machte Qualen,
Wie so schön es jenes Jahr
Doch vor diesen Zelten war!!

Vor den Zelten! Vor den Zelten!
Wieder Kindermädchen schelten,
alles ist wie sonst geblieben,
Essen thut man, trinken, lieben
Nur Constabler[3] statt Gensdarmen[4]
Jetzt sich mit dem Volk umarmen!
Und nur eines ist verschwunden,
Eins allein thut es bekunden,
Daß das Volk von Wrangels[5] wegen
Bajonetten unterlegen,
Vor den Zelten, welch Malheur!
Die Tribüne ist nicht mehr!

Kladderadatsch, humoristisch-satirisches Wochenblatt vom 24. Juni 1849, Nr. 24, 2. Jg., Berlin

Rechtschreibung und Zeichensetzung folgen der Vorlage

Anmerkungen:
1 wo manche Infanteristen den Kindermädchen den Hof machten
2 setzte sich als preußischer Ministerpräsident für ein eingeschränktes Wahlrecht ein
3 Mitglied der von der preußischen Regierung aufgestellten Polizeitruppe
4 reguläre Polizisten
5 Vertreibung der preußischen Nationalversammlung durch Militär unter Führung von General Wrangel

Die Entwicklung der politischen Kultur im Kaiserreich und in der Weimarer Republik

Der baden-württembergische Bildungsplan legt großen Wert auf die Verfassungswirklichkeit und die Entwicklung der politischen Kultur im Kaiserreich und in der Weimarer Republik. Hierbei gilt es insbesondere, Zeichen von Kontinuität und Wandel zu erkennen, um daraus die innen- und außenpolitischen Belastungsfaktoren der Weimarer Demokratie sowie die Gründe für den Aufstieg des Nationalsozialismus abzuleiten.

Der Begriff der politischen Kultur beschreibt, wie mit politischer Macht umgegangen, Herrschaft ausgeübt und Grundwerte einer politischen oder sozialen Ordnung vermittelt werden (Martin und Sylvia Greiffenhagen). Man umschreibt damit das Verteilungsmuster aller Orientierungen einer Bevölkerung gegenüber der herrschenden politischen und sozialen Ordnung, worunter das Zusammenspiel aller Institutionen verstanden wird. Zur politischen Orientierung zählt man persönliche und kollektive **Meinungen, Einstellungen, Verhaltensmuster** und **Werte**. Dabei wird davon ausgegangen, dass sich Meinungen rasch ändern, Einstellungen und Verhaltensmuster dagegen schon stabiler und Werte, z. B. ethische Grundüberzeugungen, noch beständiger sind. Zur „politischen Kultur" gehören auch das **politische Handeln** sowie scheinbar **unpolitische Bewusstseins- und Handlungsfelder**, wie Erziehungsziele und -stile sowie der Umgang mit anderen Menschen.

Bei der **„historisch-politischen Kultur"** geht es um die Vielfalt historischer Bedingungen für Zustände, Entwicklungen und Einstellungen. Diese beschränken sich nicht auf politische Aspekte, sondern umfassen auch **ethische und wirtschaftliche Orientierungen**, da auch sie die politischen Institutionen und ihr Handeln unmittelbar und nachhaltig beeinflussten. Der Begriff zielt damit auf die psychologischen und subjektiven Dimensionen der Politik, auf die Werte und Einstellungen der Bevölkerung, „die bestimmte Formen und Wege der Politik ermöglichen und andere erschweren oder unmöglich machen." (H. Bausinger)

Wichtig ist die Tatsache, dass die **politischen Institutionen** und das **politische Bewusstsein** der Bevölkerung **keine Einheit** bilden müssen und es häufig auch nicht tun. Dafür liefern das deutsche Kaiserreich (1871–1918) und die Weimarer Republik (1919–1933) klare Beispiele. Um dies zu verdeutlichen, wird in diesem Buch zunächst anhand der 1871 verkündeten **Verfassung**, der **Verfassungswirklichkeit** und der **politischen Kultur** die Ambivalenz, der Dualismus des **Kaiserreiches** zwischen ökonomischer Modernität und der an sich überholten Herrschaft der alten Eliten sowie der Anpassungsdrang und die zunehmende Aristokratisierung der neuen Eliten der Wirtschafts- und Besitzbourgeoisie gezeigt werden. Die Interessen dieser Eliten beeinflussten nicht nur die Innenpolitik, sondern auch die Außenpolitik der wilhelminischen Epoche, die maßgeblich für die Destabilisierung Europas und für den Ausbruch des Ersten Weltkrieges verantwortlich war.

Im Anschluss an die Untersuchung des Kaiserreiches soll dargestellt werden, wie die alten Eliten und ideologisch geprägte Gruppen (z. B. die völkischen Verbände), insbesondere deren Denken und Handeln, in der **Weimarer Republik** weiterwirkten. Vor allem in dieser Zeit klafften das noch in vergangenen, autoritären Strukturen verhaftete politische Bewusstsein der bürgerlichen Mehrheit und die neuen, demokratischen Institutionen auseinander. Die Demokratie besaß daher nicht die Zustimmung der Bevölkerungsmehrheit, wie die Wahlergebnisse seit 1920 belegen. Ihre Institutionen, besonders der Reichstag („Schwatzbude"), wurden abgelehnt, die **Parteienvielfalt** nicht als Chance, sondern **negativ** als Zeichen eines „undeutschen" **Egoismus** und eines das Reich schwächenden oder gar zerstörenden **Partikularismus** gesehen, den angeblich das Kaiserreich von 1871 überwunden und den die Revolution von 1918 wieder belebt hatte. Man vergaß dabei, dass es gerade die rückständigen, im Widerspruch zur wirtschaftlichen Modernität stehenden politisch-sozialen Strukturen des Kaiserreiches waren, welche die innere Stabilität des Kaiserreiches gefährdet hatten, und dass dieser Widerspruch nur überlagert worden war von einem an der Macht orientierten **negativen Nationalismus**. Diese Bewusstseinstradition wirkte in der Ablehnung der Weimarer Demokratie fort, in der man nur ein Zeichen von Schwäche und die Basis von Unordnung sah. Hitler und die NSDAP nutzten die **unzulängliche demokratische Tradition** und das **obrigkeitsstaatliche Denken** vor allem der alten Eliten und im Mittelstand für ihren Kampf gegen die Weimarer Demokratie und zur Errichtung einer terroristischen Diktatur.

Das deutsche Kaiserreich 1871–1918: Spannung zwischen autoritärem Nationalstaat und politischer Mobilisierung

Das zweite deutsche Kaiserreich (nach dem 1806 aufgelösten Heiligen Römischen Reich deutscher Nation) wurde 1871 gegründet und fand in der Revolution von 1918/19 sein Ende. Es umfasste als „kleindeutsche" Lösung alle deutschen Einzelstaaten mit Ausnahme Österreichs. Als Reichsgründer lässt sich der preußische Ministerpräsident und erste Reichskanzler (1871–1890) Otto von Bismarck bezeichnen, unter dessen Führung Preußen in mehreren „Einigungskriegen" gegen Dänemark (1864), Österreich (1866) und Frankreich (1870/71) die Reichsgründung militärisch „mit Eisen und Blut" erzwang.

Die gesellschaftliche Entwicklung des Kaiserreichs wurde durch den schnellen Aufstieg Deutschlands zu einem der führenden Industriestaaten der Welt bestimmt. Dieser Wandlungsprozess wurde von großen Teilen der Bevölkerung als eine tief verunsichernde **Modernisierungskrise** empfunden, auf die man mit einem tief greifenden gesellschaftlichen Wertewandel reagierte:

- Für die neue Klasse der Industriearbeiter bot sich das **marxistische Modell** der klassenlosen sozialistischen Gesellschaft an,
- in der bürgerlichen und ländlichen Bevölkerung entwickelte sich ein aggressiver, sich gegen andere Länder und Kulturen abgrenzender **Nationalismus**,
- der **Antisemitismus** wurde in einer modernen Form wiederbelebt: Die Klischees des ausbeutenden Unternehmers wurden mit den frühneuzeitlichen antijüdischen Klischees des „parasitären Schädlings" verknüpft.
- Besonders verbreitet – nicht nur in Deutschland – war der rassistische **Sozialdarwinismus**, der die Evolutionstheorie Darwins vereinfachend auf das Vorhandensein unterschiedlicher menschlicher Rassen übertrug: Diese Rassen befänden sich demnach in einem Überlebenskampf, in dem das Recht des Stärkeren gelte.

Die verfassungs- und innenpolitische Entwicklung Deutschlands konnte jedoch nicht mit dem wirtschaftlichen und gesellschaftlichen Wandlungsprozess Schritt halten: Die traditionellen Eliten in Adel, Militär, Bürokratie und Justiz verhinderten eine Demokratisierung des Reiches, die einer modernen Industriegesellschaft (wie in den westlichen Industriestaaten Großbritannien, Frankreich und USA) entsprochen hätte. In einem **„deutschen Sonderweg"** erhielt sich nach 1890 eine fast neoabsolutistische konstitutionelle Monarchie.

Zuletzt lässt sich die wilhelminische Gesellschaft in ihrem Kern als gespalten beschreiben: Einer hochmodernen, technologisch führenden Wirtschaft mit der entsprechenden gesellschaftlichen Schichtung standen ein überholtes politisches System und feudale kulturelle Muster gegenüber, die die innere Dynamik des Landes nicht kanalisieren und bändigen konnten.

1 Die Konsolidierung des Obrigkeitsstaates

18. 1. 1871	Kaiserproklamation in Versailles
3. 3. 1871	Erste Reichstagswahl
16. 4. 1871	Inkrafttreten der Verfassung des Deutschen Reiches
1873	„Gründerkrach“
7. 5. 1874	Einführung der Pressefreiheit durch das „Reichspreßgesetz“
1877–1879	Reichsjustizgesetze
11. 1. 1891	Gründung der Kaiser-Wilhelm-Gesellschaft zur Förderung der Wissenschaften
Okt. – Dez. 1913	„Zabern-Affäre“

1.1 Die Verfassung: Monarchischer Obrigkeitsstaat mit demokratischen Elementen

Die Verfassung des Deutschen Reiches von 1871 ist im Wesentlichen die leicht modifizierte Verfassung des föderalistisch organisierten Norddeutschen Bundes von 1867. Nach der **Kaiserproklamation** in Versailles am 18. Januar 1871 und der ersten Reichstagswahl am 3. März 1871 trat die neue Verfassung des **Deutschen Reiches** am 16. April 1871 in Kraft.

Schon 1871 hat der Historiker Heinrich von Sybel treffend geschrieben: „Wir haben eine konstitutionelle Monarchie, aber wir haben keine parlamentarische Regierung.“ Nach der Verfassungsurkunde war das Deutsche Reich ein **Bundesstaat**, die Staatsgewalt lag nicht bei einer „Nation“ oder beim Volk, sondern beim Bund der 22 Monarchen (vier Königreiche, sechs Großherzogtümer, fünf Herzogtümer und sieben Fürstentümer, die alle ein Recht auf eigene Gesandtschaften hatten), drei Freien Städten und dem Reichsland Elsass-Lothringen.

Die Reichsgründung war eine **„Revolution von oben“**, die von den deutschen Fürsten unter der Führung Preußens ohne Mitwirkung des Volkes vollzogen wurde; die Verfassung spiegelte dieses Machtverhältnis wider.

Das staatsrechtliche Verhältnis zwischen Reich und Bundesstaaten war **föderalistisch**. Letzteren blieben wichtige staatliche Kompetenzen erhalten: so die Staatshoheit über die eigene Verwaltung, Justiz und Kultur. Bayern und Württemberg bekamen darüber hinaus **Reservatrechte** im Militär- und Postwesen zugesprochen. Die Bundesstaaten behielten des Weiteren ihre eigene politische Ordnung. Ihre Länderverfassungen waren meist konstitutionell geprägt, mit zwei Kammern, einem gewählten Abgeordnetenhaus und einer zweiten Kammer aus berufenen Mitgliedern. Das Wahlrecht war beschränkt und ungleich, wie beim vorherrschenden Dreiklassenwahlrecht, das die Stimmengewichtung vom Einkommen der Wähler abhängig machte.

Das **Reich** hatte die Verfügungsgewalt über die Streitkräfte, das Zollwesen, den Handel, den Verkehr und das Postwesen, soweit dem nicht Reservatrechte entgegenstanden. Die daraus anfallenden Einkünfte flossen dem Reich zu. Da diese aber dessen Ausgaben, vor allem für die Streitkräfte, nicht deckten, leisteten die Bundesstaaten **„Matrikularbeiträge"**. Das Reich war deswegen finanziell von den Bundesstaaten abhängig; es war **„Kostgänger der Länder"**.

Die Verfassung wies **vier Verfassungsorgane** auf: Bundesrat, Kaiser, Reichskanzler und Reichstag.

Der Bundesrat

Entsprechend der zentralen Rolle der Bundesstaaten war der **Bundesrat** verfassungsrechtlich das **oberste Reichsorgan**. Dieser wurde von den Bundesstaaten mit weisungsgebundenen Vertretern beschickt, sodass die Länderfürsten direkten Einfluss auf die Politik des Reiches behielten. Im Sinne des föderalistischen Prinzips standen den 17 preußischen Stimmen 41 der anderen Bundesstaaten gegenüber, obwohl etwa zwei Drittel der Bevölkerung und der Landfläche des Deutschen Reiches zu Preußen gehörten. Da der Bundesrat aber mit 14 Stimmen Änderungen der Reichsverfassung ablehnen konnte, verfügte Preußen ebenso wie Bayern, Württemberg und Sachsen zusammen in diesem wichtigen Bereich über eine **Sperrminorität**.

Der Bundesrat konnte Gesetzesvorschläge beim Reichstag einbringen. Alle vom Reichstag beschlossenen Reichsgesetze bedurften der Zustimmung des Bundesrats, ebenso die Auflösung des Reichstages sowie Kriegserklärungen und Friedensschlüsse durch den Kaiser. Ferner kontrollierte der Bundesrat die Einhaltung der Reichsgesetze und der von ihm selbst beschlossenen Reichsverwaltungsvorschriften durch die Exekutive.

In der Praxis verwirklichte der Bundesrat seine starke Stellung kaum; vielmehr wurde er durch Kaiser und Reichskanzler in den Hintergrund gedrängt.

Der Kaiser

Als **Staatsoberhaupt** des Reiches fungierte der Deutsche Kaiser. Dieses Amt hatte der jeweilige König von Preußen inne. Er vertrat das Reich außenpolitisch, und er konnte ohne Zustimmung anderer Verfassungsorgane Verträge, darunter auch Bündnisse, mit anderen Staaten schließen. Er erklärte, sofern der Bundesrat zustimmte, im Namen des Reiches Krieg und Frieden. Er führte den Oberbefehl über das Bundesheer und die Reichsflotte. Ohne Mitwirkung von Bundesrat und Reichstag konnte er Offiziere und Reichsbeamte sowie den Reichskanzler ernennen und entlassen; diese Gruppen waren ihm persönlich verpflichtet.

Reichsverfassung von 1871

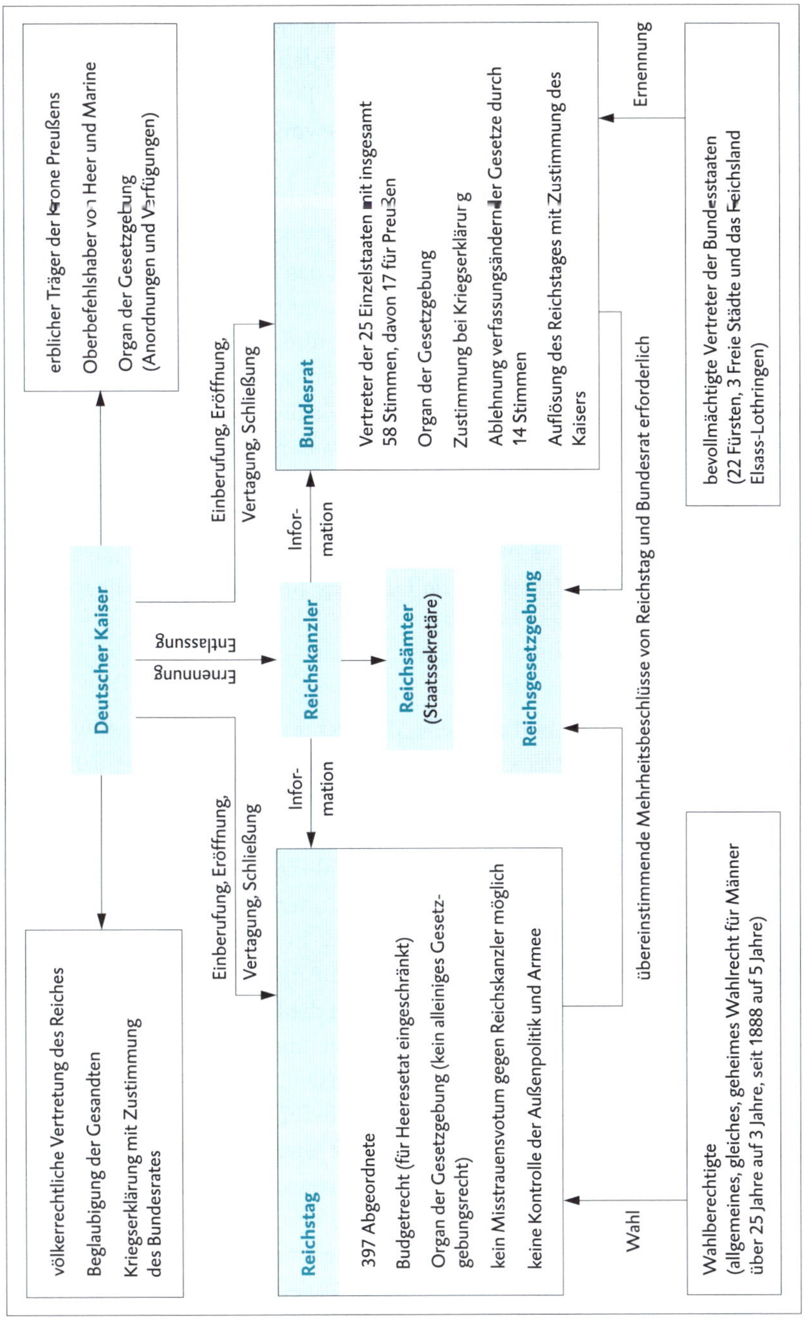

Gegenüber dem Reichstag besaß der Kaiser mit dem Recht der vorzeitigen Parlamentsauflösung mit anschließenden Neuwahlen ein wichtiges Druckmittel, um eigene Gesetze im Parlament durchzusetzen. Damit verfügte der Kaiser über die stärkste Stellung im Reich, zumal er als König von Preußen auch den mächtigsten Bundesstaat kontrollierte.

Der Reichskanzler

Der **Reichskanzler** stützte sich allein auf das Vertrauen des Kaisers. Er war weder dem Reichstag verantwortlich noch konnte er von diesem entlassen werden. Die Verfassung legte fest, dass Kaiser und Reichskanzler gemeinsam die Richtlinien der Politik bestimmten. Der Reichskanzler unterzeichnete die Regierungsakte des Kaisers und übernahm damit die **politische Verantwortung** gegenüber Reichstag und Öffentlichkeit. Da der Reichskanzler den Vorsitz im Bundesrat führte, konnte er dort unerwünschte Gesetzesvorhaben des Reichstages blockieren lassen. Gleichzeitig war er aber auch auf die Mehrheit im Reichstag angewiesen, wenn es galt, Regierungsvorlagen als Gesetz zu beschließen. Insofern war der Reichskanzler de facto das Bindeglied zwischen den einzelnen Verfassungsorganen.

Der Reichstag

Das Reich war eine konstitutionelle Monarchie, entsprechend schwach war die Stellung des Parlaments als Kontrollorgan der vom Kaiser beherrschten Exekutive. Der **Reichstag**, das demokratische Element der Reichsverfassung, wurde durch eine **allgemeine, gleiche und geheime Wahl** (Mehrheitswahl) auf drei Jahre, ab 1888 auf fünf Jahre gewählt. Wahlberechtigt waren alle deutschen Männer über 25 Jahre. Dem Reichstag standen die **Gesetzesinitiative** und Beschlussfassung über Gesetzesvorlagen zu; in Kraft traten Gesetze aber erst nach Zustimmung des Bundesrats. Alleinige Angelegenheit des Reichstages war die **Bewilligung des Staatshaushalts**, den die Reichsregierung jährlich vorlegen musste. Ausgenommen von dieser Regelung waren jedoch die Militärausgaben, die etwa vier Fünftel des Reichshaushalts ausmachten. Sie wurden bis 1887 für jeweils sieben, ab 1893 für jeweils fünf Jahre festgelegt. Dies bedeutete eine empfindliche Einschränkung des Budgetrechts. Zur Auflösung des Reichstages mit anschließenden Neuwahlen war ein Beschluss des Bundesrats unter Zustimmung des Kaisers erforderlich.

Der Reichstag war die wichtigste **Bühne der öffentlichen Meinung** und der Opposition gegenüber der Monarchie. Es gelang den Demokraten (Liberale, Zentrum, Sozialdemokraten) im Reichstag jedoch nicht, den Parlamentarismus auf dem Weg der Reform durchzusetzen, z. B. das Recht zu erkämpfen, den

Reichskanzler bzw. die Reichsregierung zu berufen und abzusetzen. Das hatte zur Folge, dass die politischen Spitzenpositionen nicht von den Parteien, sondern von der vom Kaiser abhängigen Bürokratie besetzt wurden. Daher war ein wesentliches Kennzeichen der Verfassung das **Übergewicht des monarchischen Prinzips**. Darin bestand der Hauptunterschied zwischen der Verfassung des deutschen Kaiserreiches und jener der west- und nordeuropäischen Industrieländer sowie Italiens. Man bezeichnet diese **gescheiterte Parlamentarisierung** als verfassungspolitischen „Sonderweg“ Deutschlands.

Grundrechte

Die Reichsverfassung enthielt **keine Bestimmungen über die Grundrechte**, sodass sie auch in diesem Punkt hinter der Paulskirchenverfassung und selbst hinter der 1850 oktroyierten preußischen Verfassung zurückblieb. Allerdings waren die Grundrechte in den Verfassungen der Einzelländer, die weiterhin existierten, enthalten. Bemerkenswert war, dass es ein hohes Maß an persönlicher Freiheit gab, denn es gab eine Anzahl von Einzelgesetzen, die wichtige Grundrechte sicherten. So herrschte grundsätzlich Freizügigkeit beim Reisen. Die Presse unterlag keiner Zensur („Reichspreßgesetz“ 1874). Zwar konnte die **Pressefreiheit** unter dem Deckmantel der angeblichen **Majestätsbeleidigung** eingeschränkt werden, aber es fanden sich auch viele Richter, deren für die Presse positive Urteile viele Zeitungen ermutigten, an Übergriffen des Staates Kritik zu üben, wie etwa im Zusammenhang mit der „Zabern-Affäre“ im Jahr 1913 (s. S. 106 f.). 1877 wurde die **Unabhängigkeit der Justiz** garantiert. Die **Gewerbefreiheit**, **die Glaubens- und Gewissensfreiheit**, **der Schutz der Wohnung und des Besitzes** waren ebenfalls gesichert, Eingriffe waren nur durch vom Parlament verabschiedete **Ausnahmegesetze** (so z. B. durch das Sozialistengesetz; s. S. 133 ff.) möglich.

Bewertung

Das **Deutsche Reich**, wie es 1871 geschaffen wurde, hat auch in Bezug auf seine Verfassung schon bei den Zeitgenossen eine unterschiedliche Beurteilung erfahren: Dem größten Teil des **Bürgertums** bedeutete die Reichsgründung die Erfüllung seiner alten Forderung nach der Errichtung eines Nationalstaates. Auch sah es in der Verfassung des Kaiserreiches einen bedeutenden Fortschritt gegenüber dem dynastisch-partikularistischen Prinzip des Deutschen Bundes. Aber die Verfassung erfüllte eben nicht alle Forderungen des Bürgertums und seiner liberalen Vorstellungen. Vielmehr zeigte die Verfassung deutlich, dass die Reichsgründung das Ergebnis einer **„Revolution von oben“** war, die von den deutschen Fürsten unter der Führung Preußens ohne Mitwirkung des Volkes vollzogen wurde. In diesem Sinne erscheint das Deutsche Reich als ein **Fürstenbund** mit föderalistischer Struktur, entstanden durch den souveränen Akt der deutschen Fürsten; in ihnen und dem Kaiser allein verkörperte sich das Reich.

Den **Konservativen** und vor allem den preußischen Reaktionären erschienen Reichsgründung und Reichsverfassung als **Bruch mit der Tradition** und damit als revolutionärer Rechtsbruch. Die „Altpreußen“, besonders der Kaiser selbst, sahen in der Reichsgründung das Ende des alten Preußen. In anderen Bundesländern gab es dagegen Vorbehalte gegen die offensichtliche **hegemoniale Stellung Preußens**.

Die an Bedeutung gewinnenden **Sozialdemokraten** sahen im deutschen Kaiserreich und seiner Verfassung trotz des allgemeinen Wahlrechts nur die Zementierung der bestehenden, als ungerecht erkannten „Klassenherrschaft“ von Junkertum und Großkapital, eine neue Organisation zur Ausbeutung der Arbeiterschaft. Den vom größten Teil des politischen Bürgertums erkannten Fortschritt in der verfassungsmäßigen Ordnung taten die radikale Linke und die bürgerlichen Demokraten als bloße Verdeckung des monarchischen Obrigkeitsstaates ab, der in ihren Augen beherrscht wurde von der alten junkerlichen Militär- und Beamtenkaste und durch die neue Elite aus Industrie- und Finanzbourgeoisie. Die Liberalen hatten in den Augen der Sozialdemokraten die Ideen von 1848 verraten.

Die heutige Forschung betont vor allem die Ambivalenz der Verfassung. So trafen zum einen der föderative Reichsbund der Klein- und Mittelstaaten und die preußische Hegemonie aufeinander. Durch diesen „hegemonialen Föderalismus“ (H.-P. Ullmann) gelang es Preußen, die Verfassung zu sichern und zugleich das eigene Übergewicht zu verschleiern. Zum anderen gab es trotz der Kontinuität absolutistisch-monarchischer Elemente (Militär, Bürokratie, Außenpolitik) mit dem Wahlrecht und dem Mitbestimmungsrecht des Reichstages auch demokratische Elemente, die eine autoritäre Herrschaft erschweren, wenn auch nicht ganz verhindern konnten. Daher galt die **Verfassung damals in Europa** als **vergleichsweise liberal**.

Als verhängnisvoll sollte sich aber erweisen, dass die Verfassung von 1871 im Grunde auf ein funktionierendes Wechselspiel von Kaiser und Reichskanzler zugeschnitten war. Das Fehlen von eigenverantwortlichen Reichsministern machte den Reichskanzler zu der neben dem Kaiser dominierenden Kraft, was dadurch verstärkt wurde, dass der Reichskanzler als preußischer Ministerpräsident Regierungschef des größten deutschen Bundeslandes und zugleich Vorsitzender des Bundesrates war. Der **Kanzler als Leiter der Reichspolitik** war nur dem Kaiser verantwortlich, hing aber damit von dessen politischem Willen ab. Das politische System konnte nur dann funktionieren, wenn der Kanzler einen gestaltenden Einfluss auf den Kaiser ausüben konnte und sich Letzterer den zivilen, politischen Anforderungen unterwarf; dies war bei Wilhelm II. nicht mehr der Fall. Dieser nahm vielmehr die Politik selbst in die Hand, sodass der notwendige Konsens zwischen Bismarck und dem Kaiser fehlte; Bismarck wurde entlassen, seine Nachfolger waren vom Kaiser abhängig und zu einer eigenständigen, gestaltenden Politik kaum in der Lage (**„persönliches Regiment“** des Kaisers). Während der Regierungszeit Wilhelms II. war das Kaisertum für den Regierungsapparat bestimmend, und auch große Teile des Volkes identifizierten das Reich mit dem Kaisertum und der Person des Kaisers.

1.2 Der besondere Nationalismus: Chauvinismus als Reichspatriotismus

Das Deutsche Reich war mit seiner Gründung nicht automatisch auch zu einer inneren Einheit geworden; insbesondere die **konfessionelle Spaltung** des Reiches war ein großes Hindernis. Noch 1881 sprach der Führer der Nationalliberalen im Reichstag, Rudolf von Bennigsen, von der „erbitterten Feindschaft, welche in Rom herrscht und geherrscht hat über die Errichtung eines evangelischen Kaisertums“, und Bismarck beharrte auch nach seiner Entlassung darauf, dass das deutsche Kaisertum der Hohenzollern protestantischen Charakter trage. Ziel dieser Formel vom „evangelischen“ oder **„protestantischen Kaisertum“** war es, eine neue nationale Identität zu stiften, indem sie den Unterschied zum Alten Reich vor 1806 und zugleich zum katholischen Österreich deutlich machte. Denn die Berufung auf die gemeinsame Sprache, Geschichte und Kultur reichte nicht aus, um den kleindeutschen Staat zu einem Nationalstaat zu machen, er bedurfte vielmehr einer **ideellen Legitimation**. Aber die Betonung der reformatorischen Tradition wirkte einigend und spaltend zugleich: Auf der einen Seite verband sie evangelische Liberale und evangelische Konservative, evangelische Süddeutsche und evangelische Norddeutsche, andererseits spaltete sie Katholiken und Protestanten und erklärte die Katholiken sogar zu Reichsfeinden, die es mit allen Machtmitteln des Staates in diesen zu integrieren galt (vgl. Kulturkampf ab 1871, s. S. 130 ff.).

1871 trat die Nationalstaatsbildung in ein neues Stadium: die **nationale Bewusstseinsbildung**. Aus der bisherigen deutschen **Kulturnation** sollte die **kleindeutsche Staatsnation** entstehen. Zudem sollten liberaler Nationalismus und monarchisches Prinzip des Obrigkeitsstaates miteinander verknüpft werden. Dabei wusste der Reichsgründer nur zu gut, dass der einzelstaatliche Patriotismus, dem auch die föderative Struktur der Verfassungsordnung Rechnung trug, niemals von einem Reichspatriotismus ausgeschaltet und ersetzt werden konnte.

Aber nicht nur der einzelstaatliche Patriotismus sollte durch einen **Reichspatriotismus** ergänzt werden. Auch die Konservativen mussten für das neue Reich gewonnen werden, da sie in der Einigung einen Verstoß gegen die fürstliche Souveränität sahen. Besonders die preußischen Konservativen und Reaktionäre waren entsetzt darüber, dass „ihr" Preußen nunmehr Teil eines größeren Verbundes war, dass „Preußen in Deutschland aufgegangen" war. Erst 1876, angesichts ihrer schweren Niederlage in den Reichstagswahlen, gab sich die Konservative Partei ein neues, nationales Image und einen neuen Namen: **Deutschkonservative Partei**. Jetzt sprangen große Teile des konservativen Lagers auf den nationalen Zug auf, indem sie die Sache Deutschlands mit der Sache Preußens gleichsetzten. In der Reichsgründung von 1871 sahen sie die Erfüllung einer angeblichen preußischen Mission unter dem Segen Gottes.

Bis zur Gründung des Deutschen Reiches hatte Nationalismus bedeutet, sowohl gegen den Partikularismus der Einzelstaaten als auch gegen das monarchische Prinzip und für den bürgerlichen Nationalstaat einzutreten. Doch 1870/71 war Deutschland durch einen konservativen Partikularstaat, nämlich Preußen, geschaffen worden, und nun begann in Deutschland eine Auseinandersetzung um das richtige Verständnis des Begriffs „Nation", an dem nicht nur Liberale und Konservative beteiligt waren, sondern auch erklärte Katholiken. 1874 verbot z. B. der Mainzer Erzbischof Wilhelm Emanuel von Ketteler in einem Erlass an die Geistlichen seiner Erzdiözese die kirchliche Beteiligung an den alljährlichen Sedanfeiern, weil diese nicht vom Volk, sondern allein von der Nationalliberalen Partei, der Hauptgegnerin des Katholizismus, initiiert worden seien. Für Ketteler und viele Katholiken feierten die Nationalliberalen nicht nur den Sieg über Frankreich, sondern auch den des Liberalismus über die katholische Kirche. So belastete die Auseinandersetzung zwischen Liberalismus und politischem Katholizismus die innere Entwicklung des Reiches bis in die Neunzigerjahre.

Die „Großmacht ohne Staatsidee"

Im Grunde war das Deutsche Reich eine „Großmacht ohne Staatsidee" (Helmuth Plessner, 1935). An die Stelle der auf Toleranz, Freiheit und Emanzipation beruhenden weltbürgerlichen Ideen aus der ersten Hälfte des 19. Jahrhunderts trat im Deutschen Reich ein Denken, das dem Machtstaat verpflichtet war und dem sich auch die Liberalen unterwarfen, indem sie den aggressiven Kampf Bismarcks gegen die katholische Kirche und die Sozialisten unterstützten. Das Schlagwort von der **„negativen Integration"**, das heißt, mithilfe von Feindbildern oder durch Schüren von Ängsten die innere Einheit herzustellen und zu bewahren, ist für die politische Kultur des Kaiserreiches so prägend gewesen, dass seine Definition bis in die Weimarer Republik in verhängnisvoller Weise weiterwirkte, indem Patriotismus und Vaterlandsliebe Hand in Hand gingen mit der Abgrenzung gegenüber anderen und der Ausgrenzung von anderen. Da die Sozialdemokraten nach Demokratie strebten und diese ihrer Meinung nach nur in einer Republik zu verwirklichen war, hatten sie in den Augen der Eliten kein nationales Bewusstsein und standen somit außerhalb der Nation.

Das Kaiserreich war auch in Bezug auf die **Zusammensetzung seiner Einwohnerschaft** kein wirklicher Nationalstaat. 1880 gab es neben den nahezu 42 Millionen deutschsprachigen Untertanen etwa 3,3 Millionen nicht deutschsprachige, nationale Minderheiten. Die größte Gruppe stellten die Polen und Tschechen mit 2,5 Millionen Menschen. Daneben lebten noch Sorben, Litauer, Dänen, Franzosen, Kaschuben und Wallonen innerhalb der Grenzen des Deutschen Reiches. Bismarck hat in dieser **mangelnden Homogenität** eine Gefahr für den inneren Zusammenhalt des Reiches gesehen. Vor allem die katholischen Polen galten als Bedrohung.

Daher betrieb Bismarck eine **rigorose Sprachpolitik**, die Deutsch zur einzigen Amts-, Schul- und Gerichtssprache erklärte, um dadurch die Identität der jeweiligen Minderheit zu zerstören. Diese Form einer „negativen Integration" durch Gewalt gelang aber nicht.

Zusammenfassend kann man sagen, dass sich mit der äußeren, der politischen Reichsgründung noch keine innere Reichseinheit ergeben hat, zu groß waren die traditionellen Unterschiede. Vielmehr waren die Jahre nach 1871 ein stetes Ringen um diese innere Einheit – man spricht von der sogenannten **zweiten Reichsgründung**. Wichtige Elemente dieser „zweiten Reichsgründung" waren der **Reichspatriotismus**, ein übertriebener, das Reich überhöhender und die anderen Nationen herabsetzender Nationalismus **(Chauvinismus)** und die Herausbildung von inneren und äußeren Reichsfeinden **(„negative Integration")**.

1.3 Bürokratie und Justiz als staatstragende Herrschaftsinstrumente

Bürokratie und Justiz waren bis in die Zeit der Weimarer Republik Garanten eines hohen Maßes an **politischer und ideologischer Kontinuität**, unbeschadet aller Veränderungen im wilhelminischen Reich, vor allem durch die Revolution von 1918. So war es nicht verwunderlich, dass der kaiserliche Staatsapparat im Laufe der Zeit ein spezielles **Selbstbewusstsein** entwickelte und versuchte, auch gegenüber dem Reichskanzler seinen Einfluss geltend zu machen. Den Parteipolitikern gegenüber fühlte sich die Beamtenschaft ohnehin überlegen, zumal sie vorgab, eine allein dem gesamten Reich verpflichtete Stellung und Gesinnung zu haben, während Parteien in den Augen der Beamten Träger des Partikularismus und damit Ursache für mögliche Schwächen des Reiches waren – gerade diese politische Gesinnung erschwerte nach 1918 eine Integration des Staatsapparates in die Weimarer Republik. Vor allem die **Justiz** verstand sich im Kaiserreich und in der Weimarer Republik als **„Kampfmittel" des Staates** oder des angeblichen Staatsinteresses gegen alle Reichsfeinde.

Ein besonderes Kennzeichen des deutschen Staatsapparates war, dass er nicht bloßes ausführendes Organ der Regierung war: Er war auch an der Vorbereitung und Formulierung von Regierungsentscheidungen maßgeblich beteiligt; zudem konnte er die Umsetzung von Entscheidungen auf dem Verordnungswege verzögern, verändern oder gar verhindern. Dies war umso bedeutsamer, als der Staatsapparat eng mit den herrschenden Schichten, besonders aber mit dem Adel, zusammenarbeitete. Die Bürokratie berief sich auf die bei ihr akkumulierte Sachkenntnis und auf ihre Erfahrung, was ihr Selbstbewusstsein gab und ihre Bedeutung im Staat heraushob, und das System unterstützte diese Ansicht im eigenen Interesse. Daher standen aber die meisten Beamten später der Weimarer Republik negativ gegenüber, da sie mit ihrem traditionellen Ordnungsverständnis nicht übereinzustimmen schien.

Besonders ab 1878/79 setzte mit Bismarcks **„konservativer Wende"** eine **„Säuberungswelle" innerhalb der Justiz** ein. Zahlreiche als liberal geltende Juristen wurden zur Disposition gestellt. Die Zugehörigkeit zu einer konservativen Studentenverbindung sowie das Reserveoffizierspatent wurden zu wichtigen Wegbereitern für die Karriere. Durch die Referendarsausbildung und die lange Assessorenzeit – man war noch kein Beamter auf Lebenszeit – konnte der Staat eine ihm genehme Auswahl unter den Kandidaten treffen und so zumindest ihr Verhalten in seinem Sinne beeinflussen. Materiell schwach gestellte oder aus unteren Schichten stammende Bewerber kamen für den Staatsdienst nicht infrage – man wollte unter sich bleiben. Wichtig war auch, dass der Beamte und seine Familie **unbedingte Staatstreue** bewiesen. Liberale Juristen wurden so in die Tätigkeit als freiberufliche Anwälte gedrängt, während sich im Staatsapparat eine **hochkonservative Richtergruppe** entwickelte, die extrem **obrigkeitsgläubig** war und über 1918 hinaus blieb.

Das Beamtentum

Die **Bürokratie** war eine **einseitige Interessenvertretung zugunsten der alten Eliten**, mit denen sie personell eng verbunden war. In Preußen und im Reich musste der Beamte eine „zuverlässige Gesinnung" aufweisen, die sich an konservativ-autoritären Werten orientierte. Eine Liberalisierung des Staates, wenn man sie vor 1918 gewollt hätte, wäre daher wohl am konservativen

Staatsapparat gescheitert. Graf Lerchenfeld, der bayerische Gesandte in Berlin, stellte fest, dass „im eisernen Netz“ der Bürokratie eine Liberalisierung der Politik völlig unmöglich sei, zuvor müsste man „den gesamten Beamtenorganismus“ ändern – dies haben die Revolutionäre von 1918 und die demokratischen Regierungen nach 1919 jedoch versäumt.

Nach dem „Gründerkrach“ von 1873 vollzog Bismarck die Wende vom liberalen Wirtschafts- zum **Interventionsstaat**. Dadurch wuchs der Einfluss der Bürokratie erheblich, da staatliche Hilfe und Planung zunehmend an Bedeutung gewannen. Trotz seiner Größe war der Staatsapparat im Kaiserreich bemerkenswert leistungsfähig. Dies lag zum einen an der tradierten Erfahrung und der Differenzierung der Aufgabenbereiche, zum anderen aber auch an der fachspezifischen Ausbildung von Beamten als Spezialisten.

Der Beamtenapparat stand unter ständiger Kontrolle, Selbstkontrolle und Kontrolle von außen, allerdings weniger durch den Kaiser als durch die alten Eliten. Der Beförderungsmechanismus band den Beamten zwar eng an den Staat und seine Politik, aber eine besonders ausgeprägte **konservative Gesinnung** oder **Beziehungen** zu Vertretern der alten Eliten konnten den Beförderungsvorgang entscheidend beschleunigen und damit Gehalt und Prestige erhöhen. **Privilegien** (krisensicheres Gehalt auf Lebenszeit, Beihilfen im Krankheitsfall, Pensionen) und ein besonderes **Loyalitäts- und Fürsorgeverhältnis** machten die Beamten zu willfährigen Instrumenten der Herrschaft und der sie tragenden Schichten. Eine gesonderte Gerichtsbarkeit – die Verwaltungsgerichte – grenzte die Beamten von den anderen sozialen Gruppen ab und förderte einen systemkonformen, sich vor allem von den unteren Volksschichten abgrenzenden **Korpsgeist**, der sich auch in der Weimarer Republik negativ auswirkte.

Die herrschenden Eliten waren sehr daran interessiert, die höchsten und hohen Beamtenränge möglichst allein zu besetzen, um so die Zuverlässigkeit und die Identifikation mit dem bestehenden politischen und sozialen System zu gewährleisten. Daher war der Anteil des Adels an diesem Teil der Beamtenschaft besonders groß. Die führenden Eliten konnten sich auf den Verwaltungsapparat und das Heer voll und ganz verlassen. Aber schon vor der Jahrhundertwende zeigte sich, dass es immer schwieriger wurde, geeignete Beamte für den höheren Dienst zu gewinnen. Das Kaiserreich konservierte eine überholte soziale Klassenstruktur. Für die Beamtenlaufbahn kamen Freisinnige, Sozialdemokraten, Katholiken und Juden kaum infrage, da ihre Loyalität zur Nation angezweifelt wurde.

Deutschland war vor allem in der Zeit Wilhelms II. zu einem **Beamtenstaat** geworden, gegen den sich allerdings, wie sich 1918 zeigte, wegen der Reglementierungen und des oft schikanösen Verhaltens der Beamten enormer Groll aufstaute. Politisch hat der Staatsapparat mit seiner engen Verbindung zum Adel und mit seiner konservativen Ausrichtung nach 1918 keinen Beitrag zur Demokratisierung sowie zur Stabilisierung der Demokratie beigetragen, im Gegenteil: Parlamentarisierung, Revolution, Versuch des sozialen Kompromisses 1919, der verlorene Krieg und der Verlust der Weltmachtstellung wurden als Folge von Verrat durch die Reichsfeinde, insbesondere durch die Arbeiterbewegung, nicht als Ergebnis des eigenen Versagens gewertet.

1.4 Die Rolle von Adel und Bürgertum

Das deutsche Kaiserreich war ein moderner Wirtschafts- und Wissenschaftsstaat, zugleich aber auch ein rückständiges Gebilde mit strikten gesellschaftlichen Abgrenzungen und einer schichtspezifischen Kultur. Denn trotz der **ökonomischen Modernität** des Kaiserreiches glich die Gesellschaft des wilhelminischen Deutschland eher der **alten Ständepyramide**. Wie in vorindustrieller Zeit wurde man in eine bestimmte soziale Schicht hineingeboren; soziale Mobilität gab es fast nur innerhalb dieser Schichten.

Der alte **Adel** war über seine personalen **Verflechtungen** mit dem **Offizierskorps, der Diplomatie und der Bürokratie** besonders eng mit der Macht im Reich verbunden. Allerdings blieb sein Führungsanspruch nicht unangefochten, da die Bourgeoisie ihm diese Rolle zunehmend streitig machte. Aber noch 1913 war der Adel im aktiven Offizierskorps überrepräsentiert. 52 Prozent der Offiziere vom Oberst aufwärts entstammten dem Adel. Bei der Kavallerie, der Elitetruppe des Heeres, waren es sogar 80 Prozent. Bei den Pionieren als technischer Truppe und in der Marine sah die Sache anders aus: Bei Ersteren war der adlige Anteil nur sechs, bei letzterer lediglich 13 Prozent. Vor allem in Preußen prägte der Adel die gesellschaftliche und politische Elite. Mit seinem **Standesdünkel, seinem Militarismus und hierarchischem Denken** verteidigte der Adel zäh den sozialen Status quo gegen die aufstrebende Bourgeoisie („Kofmichs“) sowie gegen alle Emanzipations- und Partizipationsbestrebungen von unten. Wirtschaftlich gesehen sank dagegen die Bedeutung des grundbesitzenden Adels. Ihm fehlte es zumeist an Kapital, um angesichts der Globalisierung der Agrarmärkte konkurrenzfähig zu bleiben; viele waren daher schon vor der Agrarkrise der späten Weimarer Republik hoch verschuldet, gar überschuldet. Der überlieferte Lebensstil war gefährdet; viele Adlige flüchteten sich daher in eine „unstandesgemäße“ Heirat mit einer reichen Bürgerstochter. Auf diese Weise verlor selbst das Offizierskorps seine Exklusivität als „Adelsklub“.

So war das 19. Jahrhundert trotz des zähen Festhaltens an adligen Privilegien auch in Deutschland ein **bürgerliches Zeitalter**. Allerdings bildete das Bürgertum keine soziale Einheit, und auch die Interessen der einzelnen Gruppen waren unterschiedlich. Nur in der Abgrenzung nach unten, vor allem zur Arbeiterschaft, und in der Furcht vor der eigenen Proletarisierung war man sich einig. **Bürgerlich** wurde im Kaiserreich zu einem **politischen Verhalten** und zu einem **Lebensstil**, der sich von dem der Arbeiter scharf abzugrenzen suchte, auch wenn dies vielen Vertretern des Kleinbürgertums materiell schwerfiel.

Wie der Adel achtete auch die bürgerliche Gesellschaft streng auf ihre **Hierarchie**. Im reich gewordenen **Großbürgertum**, bei den Großkaufleuten, den Großindustriellen und den Generaldirektoren der großen Aktiengesellschaften, wurde der Wunsch nach Aufstieg in den Adel oder Aufnahme in die Adelskreise, z. B. durch Verheiratung einer Tochter mit einem verarmten adligen Großgrundbesitzersohn, immer größer. Auch wenn der Einzug in den Adelsstand nicht gelang, so passte man doch seinen Lebensstil an; die **Aristokratisierung** wurde zu einem Kennzeichen der Bourgeoisie des Kaiserreiches. Man umgab sich mit Dienstpersonal und Luxus, man pflegte das dem höfischen Leben nachempfundene repräsentative Ritual. Der tatsächliche oder oft auch nur vorgetäuschte Reichtum und damit die Zugehörigkeit zu den „besseren Kreisen", zur nationalen Elite, sollten durch besondere Verhaltensweisen bewiesen werden. Kleinbürger oder gar Arbeiter hatten in dieser Welt keinen Platz, ebenso wenig Gleichheitstheorien, Demokratie und Sozialstaat. Vom ursprünglichen Liberalismus hatten sich große Teile des Bürgertums längst verabschiedet; nur das wirtschaftsliberale Denken blieb. Statt Liberalität und Redlichkeit dominierten Durchsetzungsvermögen und Materialismus; aber die Angst vor sozialem Abstieg, oder gar vor einer Proletarisierung, verließ das Bürgertum nie.

Dem **Bildungsbürgertum** fehlte oft der materielle Reichtum, deshalb entwickelte es einen wahren „Kult der Bildung". Man fühlte sich als **kultureller Träger der Nation** allen anderen überlegen, vor allem den Junkern, über deren häufig mangelhafte Bildung man spottete, und den Arbeitern, die sich höhere Bildung nur selten leisten konnten. Auf die industriellen Neureichen schaute man mit mildem Hochmut herab. Ideologisch gab man sich freisinnig, **linksliberal, aber streng nationalistisch**.

Auch das **Freizeitverhalten unterschied das Besitz- und Bildungsbürgertum** von den anderen sozialen Gruppen, denn Freizeit war knapp und kostete Geld. Für Arbeiter und Handwerker war Freizeit der Abschnitt zwischen den Arbeitszeiten, Zeit zum Ausruhen oder für einen Zusatzverdienst. Urlaub gab es für die Arbeiter und Angestellten kaum. Für die Bourgeoisie dagegen war die Freizeit Zeit der Zerstreuung, und wer es sich leisten konnte und gesellschaftlich oben stand, tat dies in den vielen exklusiven Bädern, und man tat alles, um andere soziale Schichten fernzuhalten (Diskriminierung).

Gesellschaftspyramide im deutschen Kaiserreich

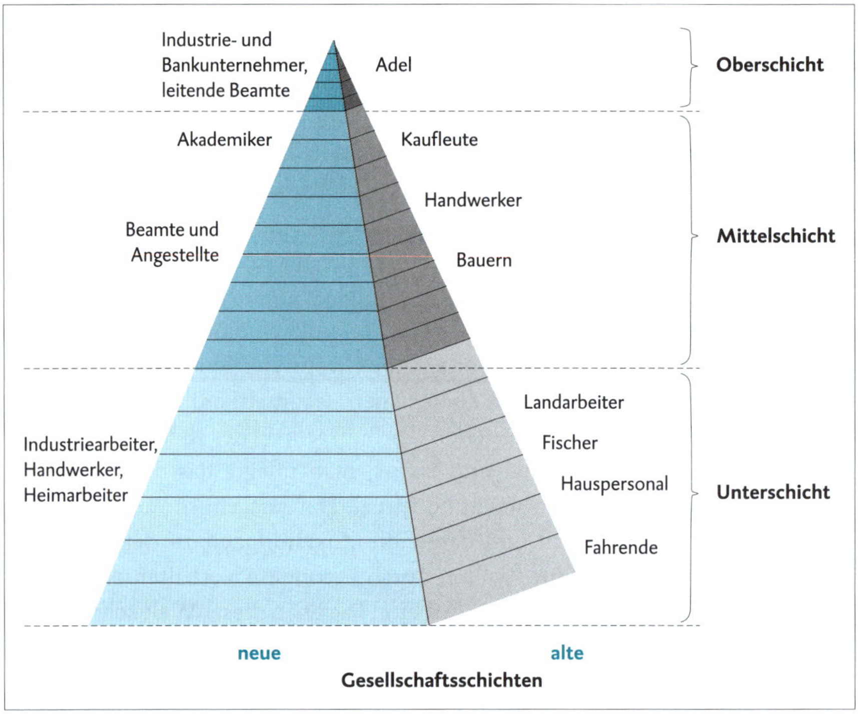

1.5 Die Militarisierung der Gesellschaft

Die **deutsche Einigung** auf militärischem Wege **stärkte das Prestige und die Stellung des Militärs**, vor allem des Offizierskorps, in der Gesellschaft des Kaiserreiches. Dies trug wesentlich dazu bei, dass der Primat der zivilen gegenüber der militärischen Führungsspitze während der Wilhelminischen Zeit (ab 1890) immer mehr schwand, bis dann ab 1916/17 die Oberste Heeresleitung de facto die Macht im Staat ausübte.

Die Militärpolitik und die enormen Rüstungsanstrengungen waren wichtige Aspekte der Außenpolitik. Sie galten als notwendige Basis für die Sicherheit des Reiches, die infolge der europäischen Mittellage und des französischen Revanchismus als bedroht galt. Unter Wilhelm II. wurde das Heer aber auch zu einem Kampfinstrument gegen innere Feinde und daher zum Garanten der bestehenden politischen und gesellschaftlichen Ordnung.

Der preußisch-deutsche **Militarismus** trug zwei besondere Charakterzüge: Zum einen beanspruchte und erhielt das Militär ein besonderes Mitspracherecht in Fragen der zivilen Reichspolitik, zum anderen wurden die maßgeblichen gesellschaftlichen Gruppen militarisiert. So entstand ein **„sozialer Militarismus“** (H.-U. Wehler). Das Militär, die höheren Offiziere, standen in ihrem Ansehen an der Spitze der Gesellschaft. Als Begleiterscheinung dieser Entwicklung strebten die führenden Schichten der Gesellschaft nach Uniformen, Titeln und Orden. Wie sehr der Bürger den Respekt vor der Uniform verinnerlicht hatte, zeigte der Fall des Schuster Voigt 1906, der als „Hauptmann von Köpenick“ die Stadtverwaltung drangsalierte, ohne dass nach einer Berechtigung seines Auftretens gefragt wurde, trotz seines an sich unmilitärischen Aussehens; es genügte die Uniform.

Wert- und Ehrvorstellungen des Militärs, vor allem Disziplin, Gehorsam, Hierarchie und Unterordnung sowie Ordnungsliebe, wurden zur Richtschnur des gesellschaftlichen Denkens und Handelns. Das „Soldatische“, mit dem man bis 1945 Tapferkeit, Opferbereitschaft, Pflichterfüllung und Treue verband, verlieh dem **Militär** eine von vielen beneidete **Sonderstellung**, wenn auch Auftreten und Sprache des preußischen Leutnants immer wieder Anlass zu Spott waren. Das Heer war im Kaiserreich die **„Schule der Nation“**.

Zusammen mit der Armee erfassten die paramilitärischen Jugendverbände 1914 etwa ein Sechstel aller deutschen Männer und erzogen sie im Geiste von Chauvinismus und Militarismus.

Von der Sonderrolle des Heeres als tragende Säule der Monarchie wurde auch die Personalpolitik bestimmt. Da der Adel trotz seines rückwärtsgewandten und egoistischen Denkens als besonders staatstragend galt, wurde er bei der Besetzung der Offizierstellen bevorzugt. Schon 1877 fassten führende Militärs den Plan, auf die allgemeine Wehrpflicht zu verzichten, um die Armee in eine berufsmäßige „Kriegerkaste“ umzuwandeln und damit zu einem bedingungslosen Instrument des Obrigkeitsstaates zu machen.

Zudem existierte im Heer auch ein **latenter Antisemitismus**, der bis ins Dritte Reich weiterwirkte.

1913 erreichte die Diskussion um die soziale Zusammensetzung des Offizierskorps einen Höhepunkt, denn es gab einen akuten Mangel an qualifizierten Offizieren. Der Generalstab verlangte angesichts dieser Tatsache und den neuen strategisch-taktischen Anforderungen die Öffnung für fähige Bürgerliche, während der preußische Kriegsminister das Heeresoffizierskorps als wichtigste Bastion des Adels mit Erfolg verteidigte. So unterblieb die als notwendig erachtete Vergrößerung des Heeres, was sich in der Marneschlacht als Fehler erwies – hier fehlten drei Armeekorps. Es ist ein Kuriosum: Nicht der Reichstag verhinderte die Vergrößerung des Heeres, sondern die Adelsclique aus standespolitischen Gründen. Auch die allgemeine Wehrpflicht wurde vom Adel unterlaufen.

Die „Zabern-Affäre“

Die Sonderstellung der Armee wird besonders in der „Zabern-Affäre“ des Jahres 1913 deutlich. Nirgendwo im Reich war so viel Militär stationiert wie im **Reichsland Elsass-Lothringen**, das von preußischen Beamten verwaltet wurde und an dessen Spitze ein direkt dem Kaiser unterstellter Statthalter stand. Die meisten Offiziere und Beamten ließen die Bevölkerung spüren, dass sie Repräsentanten einer Besatzungsmacht waren. Am 6. November berichtete der „Zaberner Anzeiger“ über einen Vorfall, der sich Ende Oktober zugetragen hatte.

Ein gerade zwanzigjähriger Leutnant hatte seine Soldaten über das Verhalten gegenüber der Zivilbevölkerung belehrt und dabei erklärt: Sollten die Soldaten bei einem ihrer Ausgänge einmal von Zivilisten belästigt oder gar angegriffen werden, sollten sie die „Wackes“ einfach mit der Waffe „niederstrecken“. Er hatte damit gegen einen Regimentsbefehl aus dem Jahr 1903 verstoßen, nach dem die Bezeichnung „Wackes“, was etwa „Strolch“ bedeutete, auf die Bevölkerung nicht angewendet werden durfte. Hätten die Vorgesetzten des jungen Leutnants vernünftig gehandelt und ihn wegen Missachtung eines Befehls strafversetzt und hätten sie dies über die Presse mitteilen lassen, wären die Wogen geglättet worden. Doch der kommandierende, stockkonservative General von Deimling lehnte schroff ab; er wollte es den „schlaffen Zivilisten“ zeigen und patriotische Stärke demonstrieren. Daher wurde der Leutnant sehr milde mit sechs Tagen Stubenarrest bestraft, was als innere Angelegenheit des Heeres geheim gehalten wurde. Der Leutnant war der meistgehasste Mann in Zabern und Gegenstand von Spott und Hohn geworden. Seine Vorgesetzten sahen dadurch das Militär verunglimpft. Die Spannungen verschärften sich zusehends. Ende November **ging das Militär mit Gewalt gegen jugendliche Demonstranten vor**; die Soldaten nahmen sogar einen zufällig vorbeikommenden Landgerichtsrat fest und sperrten ihn sowie einige Demonstranten ein. Damit hatte das Militär aber **Rechtsbruch** begangen, denn nur die Polizei hatte das Recht, Personen zu verhaften und festzusetzen, und dies auch nur auf richterlichen Befehl hin. Doch Oberst von Reuter lehnte die Freilassung mit der Bemerkung ab, er habe das Kommando, und er sei es der Armee schuldig, ihr „Respekt zu verschaffen“. Ein weiterer Zwischenfall verschärfte die Lage. Nun erregte sich auch die deutsche Presse, und die Angelegenheit wurde im Reichstag verhandelt. Linksliberale und Sozialdemokraten erklärten, im Reichsland Elsass-Lothringen herrsche wohl eine **„Militärdiktatur“**. Ein Abgeordneter des Zentrums rief aus: „Auch das Militär untersteht dem Gesetz und dem Recht!“ Eine überwältigende **Mehrheit im Reichstag** (293 : 54 Stimmen) **missbilligte das Vorgehen des Militärs** und des Reichskanzlers Bethmann Hollweg, der sich auf die Seite des Militärs gestellt hatte. Das Votum hatte jedoch keinerlei Auswirkungen. Das

Oberkriegsgericht sprach den Leutnant und auch seine Vorgesetzten frei, wobei sich die Gerichte auf eine preußische Kabinettsorder aus dem Jahr 1820 beriefen, deren Inhalt insgeheim 1899 in die Dienstvorschriften des Militärs aufgenommen worden war, obgleich sie verfassungswidrig war.

Die Zabern-Affäre zeigte zum einen, dass die **Zivilbehörden gegenüber dem Militär** auch dann **machtlos** waren, wenn das Handeln des Militärs eindeutig rechts-, ja sogar verfassungswidrig war – das Militär war ein **„Staat im Staate"**. Zum andern wurden die wahren Machtverhältnisse im wilhelminischen Deutschland deutlich sichtbar. Zwar hatte der Reichstag das Verhalten von Militär und Reichskanzler missbilligt, doch vor einer echten Machtprobe mit der Regierung war er zurückgeschreckt und hatte damit eine Chance vertan, das System in Richtung auf eine parlamentarische Regierung umzugestalten. Aber auch die **Schwäche der zivilen Führung** war deutlich geworden, denn Reichskanzler Bethmann Hollweg musste sich wider besseres Wissen dem allmächtigen Militärapparat beugen und dessen Verhalten verteidigen. Das Kriegsgericht, so die „Frankfurter Zeitung" damals, habe „das Recht der unbeschränkten Herrschaft [der Militärgewalt] gegenüber dem Bürgertum statuiert", aber auch gegenüber der zivilen Reichsführung.

1.6 Schule, Wissenschaft und Forschung

Das Schulwesen

Das Schulwesen spiegelte die gesellschaftliche Ungleichheit im Kaiserreich wider. Es war geprägt von einer scharfen Trennung von höherer und niederer Bildung, die den Unterschichten kaum Aufstiegschancen bot. Die **Volksschule** war die Schule des einfachen Volkes. Knapp 90 % der schulpflichtigen Kinder besuchten diese, sodass die Zahl der Analphabeten auf ein Minimum schrumpfte. Dadurch nahm Deutschland auch international einen Spitzenplatz ein.

Was den Leistungsstand und die Einteilung in Klassen anging, herrschte ein deutliches Stadt-Land-Gefälle, denn noch 1911 war die Mehrzahl der ländlichen Volksschulen einklassig. Die **Rückständigkeit der Landschulen** lag vor allem an der Haltung der dortigen Machteliten, die kein großes Interesse hatten, dass den Schülern außer den Elementarkenntnissen weiteres Wissen vermittelt wurde. Auch unterstanden die Landschulen der **kirchlichen Schulaufsicht**, die auf die Lehrpläne erheblichen Einfluss nahm. Vom höheren, modernen Bildungswesen blieben die Volksschulen weitgehend abgekoppelt, da sie nur Arbeiter heranbilden sollten. Daher war auch die Ausbildung der Volksschullehrer nicht akademisch, und der Beruf war wenig angesehen und zudem schlecht bezahlt. Deshalb herrschte an den Volksschulen ein chronischer Lehrermangel, dem auch mit der Einstellung von Lehrerinnen nicht abgeholfen werden konnte. Diese durften zudem in der Regel nur die unteren Klassen unterrichten und mussten sich verpflichten, nicht zu heiraten. Erst nach 1900 vollzog sich eine grundlegende Änderung, sodass der Lehrerberuf wegen des gesicherten Beamtenstatus auch für Angehörige des Mittelstandes attraktiv wurde. Verstärkten Wert legte man auf die naturwissenschaftliche Bildung.

Politisch bildete die Gruppe der Volksschullehrer trotz ihres Beamtenstatus keine Einheit. Auf dem Land waren sie dem erheblichen Druck der konservativen Grundbesitzer ausgeliefert und mussten sich entsprechend verhalten; in den Städten dagegen tendierte die Mehrzahl zum Linksliberalismus, und in Großstädten mit einer ausgeprägten Arbeiterschaft gab es auch SPD-Anhänger unter den Volksschullehrern. Dies durfte aber nicht offen gezeigt werden, da sonst die Entlassung aus dem Dienst drohte. Der Staat gab der Volksschule die „vaterländische Erziehung“ als Leitbild, um so ein einheitliches Reichsgefühl zu fördern. In der Schule wurde daher auf **national-monarchische Gesinnung** Wert gelegt. Es wurden militärische Werte wie Gehorsam, Disziplin und Respekt vor der Obrigkeit vermittelt. Vor allem seit den 1890er-Jahren wuchs unter den Volksschullehrern die Tendenz, sich den neuen „völkisch-rassistischen“ Gruppen anzuschließen, da diese ihnen eine höhere Wertschätzung versprachen.

Das **Gymnasium** war die „älteste und traditionsreichste höhere Schule“ (V. Ullrich). Es war dem **klassischen humanistischen Bildungsgut** verpflichtet, das den Vorstellungen der bürgerlichen Eliten entsprach. Die Bildungsabschlüsse öffneten die Türen zum Studium sowie zum mittleren oder höheren Staatsdienst. Allerdings geriet das traditionelle Gymnasium schon in den 1870er-Jahren in die Kritik, da das vermittelte Bildungsgut (Alte Sprachen dominierten) nicht mehr den Anforderungen einer expandierenden, modernen Industriegesellschaft zu entsprechen schien. So entstanden **Realgymnasien** (mit Latein und ohne Griechisch) und **Realschulen** (ohne Alte Sprachen), die ihren Schwerpunkt auf die mathematisch-naturwissenschaftlichen Fächer legten. Erst 1900 wurden die Abschlüsse der drei höheren Schulen als gleichwertig anerkannt. Dennoch behielt das Gymnasium seine Stellung als prestigeträchtige Eliteschule, von der Arbeiterkinder nahezu ausgeschlossen waren.

Das Gymnasium wurde vor allem von Schülern aus dem Bildungsbürgertum besucht, während Realgymnasium und Oberrealschule ihre Schüler aus dem Wirtschaftsbürgertum und dem Mittelstand rekrutierten.

An den höheren Schulen entstand bis zum Beginn des 20. Jahrhunderts mit dem **Oberlehrer** ein akademisch gebildeter Berufsstand, der sich selbst zur Elite der Nation zählte und sich arrogant von den Volksschullehrern abgrenzte. Die

Oberlehrer bildeten eine angepasste Gruppe, die sich nahezu vorbehaltslos mit dem monarchischen Obrigkeitsstaat identifizierte und in seinem Sinne die Schüler erzog. Ein großer Teil der Oberlehrer gehörte daher auch nationalistischen Verbänden an, vor allem dem Alldeutschen Verband oder dem Flottenverein. Reformpädagogische Bewegungen spielten für das Bildungswesens vor 1918 keine Rolle, von Privatschulen abgesehen.

Wissenschaft und Forschung

In keinem Bereich kam der Zwiespalt von Modernität und konservativem Staat so stark zum Ausdruck wie in der Wissenschaft und Forschung. Auf diesem Gebiet war das Kaiserreich innerhalb und außerhalb der Universitäten in der Welt führend und stand an der Spitze. Das deutsche Universitätswesen mit seiner Mischung aus Forschung und Lehre war damals für viele Länder Vorbild, denn an den deutschen Universitäten galten – und gelten bis heute – die **Freiheit von Forschung und Lehre** sowie die **Einheit von Forschung und Lehre** als Grundprinzipien (erstmals 1810 für die Berliner Universität aufgestellt).

Hatten an den Universitäten noch bis ins letzte Drittel des 19. Jahrhunderts die Geisteswissenschaften dominiert, führte die Gründung und der Ausbau von acht anwendungsorientierten **Technischen Hochschulen** dazu, dass die Naturwissenschaften auch an den Universitäten an Bedeutung gewannen. So brachten die Forschungsergebnisse, z. B. in der Chemie, die deutsche **Chemieindustrie** an die Weltspitze. Zwischen 1901 und 1918 erhielten sieben deutsche Wissenschaftler den Nobelpreis für Chemie. In der **elektrotechnischen Industrie** verschaffte die enge Zusammenarbeit von Industrie und Forschung dem Kaiserreich einen deutlichen Vorsprung vor den anderen Nationen. Bei der Entwicklung synthetischer Farben besaß die deutsche **Farbstoffindustrie** sogar eine weltweite Monopolstellung.

Zwischen 1890 und 1914 entstanden zahlreiche **Großforschungseinrichtungen** wie das „Königlich Preußische Institut für Infektionskrankheiten" (1891), das heutige „Robert-Koch-Institut", ferner das „Königliche Institut für Serumforschung und Serumprüfung" (1896), seit 1899 „Institut für experimentelle Therapie", und vor allem die weltberühmte „Kaiser-Wilhelm-Gesellschaft zur Förderung der Wissenschaften" (1910/11), das heutige „Max-Planck-Institut", mit verschiedenen fachspezifischen Instituten.

Neben den Naturwissenschaften stand die **Medizin** im Mittelpunkt der Forschung, die sich das Ziel setzte, Seuchen wie Cholera und Diphtherie oder Infektionskrankheiten wie Tetanus zu bekämpfen. **Robert Koch** entdeckte 1882 den Tuberkelbazillus und 1883 den Choleraerreger, in dessen Folge **Paul Ehrlich** Medikamente und Impfstoffe entwickelte. 1901 erhielt **Wilhelm**

Conrad Röntgen den Nobelpreis für Physik, weil er 1895 die Röntgenstrahlung entdeckt hatte, wodurch die Diagnostik und die Therapiemöglichkeiten revolutioniert wurden.

Aufgabe 16 Im Ausland wurde nach dem Zweiten Weltkrieg der preußisch-deutsche Militarismus für die Kriege und die Hitler-Diktatur verantwortlich gemacht. Erläutern Sie die Merkmale dieser Form des Militarismus. Gehen Sie dabei auch darauf ein, inwiefern dieser das politische Verhalten der Deutschen geprägt hat.

Aufgabe 17 Begründen Sie anhand eines Beispiels die Behauptung, das deutsche Militär habe im Kaiserreich eine Sonderstellung eingenommen.

2 Die Formierung politischer Interessen

6.6.1861	Gründung der Deutschen Fortschrittspartei
23.5.1863	Gründung des Allgemeinen Deutschen Arbeitervereins (ADAV)
Okt. 1865	Gründung des Allgemeinen Deutschen Frauenvereins (ADF)
1866	Entstehung der Freikonservativen Partei durch Abspaltung von der preußischen Konservativen Partei (ab 1871 Deutsche Reichspartei)
1867	Entstehung der Nationalliberalen Partei durch Abspaltung von der Deutschen Fortschrittspartei
1869	Gründung der Hirsch-Dunckerschen Gewerkvereine
8.8.1869	Gründung der Sozialdemokratischen Arbeiterpartei Deutschlands
13.12.1870	Gründung der katholischen Zentrumspartei
22.–27.5.1875	Gothaer Kongress: Bildung der Sozialistischen Arbeiterpartei (SAP)
1876	Gründung des Centralverbandes deutscher Industrieller (CDI)
7.6.1876	Gründung der Deutschkonservativen Partei
5.3.1884	Gründung der Deutsch-Freisinnigen Partei
19.12.1887	Bildung der Deutschen Kolonialgesellschaft
1890	Umbenennung der SAP in Sozialdemokratische Partei Deutschlands
9.4.1891	Gründung des Alldeutschen Verbandes
18.2.1893	Gründung des Bundes der Landwirte (BdL)
28./29.3.1894	Gründung des Bundes Deutscher Frauenvereine (BDF)
30.4.1898	Gründung des Deutschen Flottenvereins
1902	Gründung des Vereins für Frauenstimmrecht
6.3.1910	Gründung der Fortschrittlichen Volkspartei
28.1.1912	Gründung des Deutschen Wehrvereins
Juli 1919	Bildung des Allgemeinen Deutschen Gewerkschaftsbundes (ADGB)

In der Verfassung des Deutschen Reiches waren die Interessenvertreter des Volkes, die **Parteien**, nicht erwähnt. Die grundlegenden Fragen der deutschen Politik vor 1914 wurden nicht im Reichstag und nur in geringem Maß von Parteien und Interessenverbänden entschieden, sondern vor allem in den von Preußen beherrschten zivilen und militärischen Gremien um Reichskanzler und Kaiser, häufig ohne das Parlament einzubeziehen. Dennoch spielten Parteien zusammen mit den **Verbänden als „pressure groups"** eine beachtliche Rolle in der Reichspolitik. Diese war durch den Versuch Bismarcks gekennzeichnet, die konservativen und liberalen Parteien des Bürgertums zu rein wirtschafts- und sozialpolitischen Interessenvertretungen zu degradieren und sie durch einen Wechsel zwischen Regierungsbeteiligung und Opposition zu spalten oder existenziell zu gefährden. Immer aber drohte die Regierung mit dem „Gespenst" des Sozialismus, um Konservative und Nationalliberale auf Kurs zu halten.

Negativ wirksam war die Tatsache, dass die Parteien nie gezwungen waren, ihre Programme in aktive Regierungspolitik umzusetzen, und dass sie nie zu

Koalitionen mit der notwendigen Kompromissfindung genötigt waren. Die kaiserliche Verfassungsrealität hielt sie mit voller Absicht **„im Vorhof der Macht“** (H.-U. Wehler) gefangen. So entwickelte sich in Deutschland keine für Demokratien kennzeichnende und notwendige produktive Streitkultur mit einem abschließenden Kompromiss, der die Interessen aller Beteiligten berücksichtigte. Hinzu kam, dass es im Kaiserreich **keine verfassungsmäßige Opposition** gab. Damit wurden parlamentarische Veränderungs- und Reformwünsche nur dann als legitim anerkannt, wenn sie dem Interesse der Regierung nicht widersprachen. Die Fraktionen im Reichstag konnten die Regierung nur unterstützen oder, zum Beispiel in der Haushaltsfrage, gegen sie opponieren. Doch Letzteres war vor allem für die Liberalen und die Konservativen schwierig, da Opposition unablässig als Beweis dafür galt, dass man zu den Reichsfeinden gehörte. Die **Diskriminierung jeglicher Opposition** als Reichsfeinde gehörte zu den wesentlichen Merkmalen der politischen Kultur des Kaiserreiches.

Man hat den bürgerlichen Parteien des Kaiserreiches vorgeworfen, sie hätten auch in der Weimarer Republik ein schwieriges Verhältnis zur politischen Macht gehabt und sich gegen ihre Ohnmacht nicht wirklich gewehrt. Eine Ursache dafür war die mangelnde innerparteiliche Polarisierung, die Mischung aus Prinzipientreue und Doktrinarismus einerseits sowie Anpassungsbereitschaft und Opportunismus andererseits. Eine zweite Ursache liegt in der historischen Prägung der Parteien durch den Partikularismus vor der Einigung 1871, der dazu geführt hatte, dass auch noch im Kaiserreich Liberale und Konservative ein Konglomerat aus z. T. divergierenden Gruppen darstellten; Parteien waren daher hauptsächlich **Gesinnungsgemeinschaften**.

Durch ihre Entfernung von den Schalthebeln der Macht waren die Parteien keine Motoren des politischen Systems, und als sie ab Oktober 1918 diese Funktion und die Macht übernahmen, lag dies weniger an ihnen selbst als an der Abdankung der alten Mächte.

2.1 Die politischen Parteien

Das bis in die 20er-Jahre des 20. Jahrhunderts bestehende **„Fünfersystem“** (H.-U. Wehler) der politischen Parteien in Deutschland (Konservative, Katholiken, Rechtsliberale, Linksliberale, Sozialisten), das sich zu drei Lagern gruppieren konnte, hatte sich schon während der Revolution 1848/49 herausgebildet. Zwischen den Konservativen auf der rechten und den Sozialisten auf der linken Seite, wozu allmählich auch radikale Kräfte des bürgerlichen Lagers stießen, befand sich das katholische Zentrum.

Auf der rechten Seite standen die **Konservativen**, die auch nach 1871 an den Schalthebeln der Macht in Armee und Bürokratie saßen. Sie waren loyal gegenüber Kaiser und evangelischer Kirche. Aber sie bildeten längst keine Einheit mehr. In der Auseinandersetzung mit Bismarck und seiner Politik hatten sie sich gespalten. So hatte sich die **Freikonservative Partei** schon 1866 von den reaktionären Altkonservativen getrennt. 1871 änderte sie ihren Namen in **Deutsche Reichspartei**, um der neuen politischen Entwicklung Rechnung zu tragen. In ihr waren vor allem evangelische Geistliche, höhere Beamte und Offiziere sowie Großindustrielle und Großagrarier vertreten. Sie wollte den Protestantismus in Preußen und im Reich stärken – im Kulturkampf stand die Partei daher vorbehaltlos auf der Seite Bismarcks – und diente den ostelbischen Agrariern als „pressure group". Den Konstitutionalismus betrachtete sie mit Misstrauen, da ihre Mitglieder überzeugte Anhänger der preußischen Monarchie und des mit ihr verbundenen **„monarchischen Prinzips"** waren. In Bezug auf die immer drängendere Soziale Frage vertrat die Partei einen christlich geprägten Patriarchalismus; das Recht auf Eigentum verband die Partei mit der Pflicht, das Eigentum verantwortlich zu verwenden.

1876 wurde die **Deutschkonservative Partei** gegründet. Ihre Mitglieder rekrutierte die Partei hauptsächlich aus dem ostelbischen Junkertum, aber auch aus der Bourgeoisie des Ostens. Besonders stark vertreten war die Partei bei den Landräten und bei Berufspolitikern, welche die Parteiarbeit als Honoratioren übernahmen. Hinzu kam eine enge Verbindung zum 1893 gegründeten Bund der Landwirte (BdL) (s. S. 118 f.), der von da an die Basis der Deutschkonservativen bildete. Selbstverständnis und Ziele deckten sich weitgehend mit denen der Freikonservativen, doch in ihrem **Partikularismus** und ihrem Misstrauen gegenüber der Reichseinigung sowie ihrer Furcht vor einem „Aufgehen Preußens" in Deutschland, verbunden mit dem Verlust einer preußischen Identität, unterschieden sie sich stark von den Freikonservativen; Bismarck wurde von ihnen als vermeintlicher „Überläufer" zu den Liberalen stets mit Vorbehalt betrachtet.

Die **Mitte** des Parteienspektrums bildete das katholische **Zentrum**. Diese konfessionell gebundene Partei war im Dezember 1870 im preußischen Landtag als Zusammenschluss der katholischen Abgeordneten unter Führung des ehemaligen hannoverschen Justizministers **Ludwig Windthorst** (1812–1891) gegründet worden und vertrat bewusst eine Minderheit im protestantisch-preußisch geprägten Kaiserreich. Um die katholischen Interessen wirksam vertreten zu können, schuf sich die Partei eine straffe Organisation, die sich auf ein Netz von katholischen Vereinen stützte, die zumeist von Geistlichen geleitet wurden. Hauptziel der Partei war die „unversehrte Aufrechterhaltung der durch die preußische Verfassungsurkunde gewährleisteten **Selbstständigkeit der**

[katholischen] Kirche", wie es im Programm vom Februar 1871 heißt. Die Partei sprach sich gegen Liberalismus und Sozialismus – von der katholischen Kirche als „Irrtümer" diffamiert (s. „Syllabus errorum", S. 44 f.) – aus, forderte aber den Staat zur Beseitigung der sozialen Missstände auf. In Bezug auf Erziehung und Bildung verlangte das Zentrum eine „gesunde christliche" Einstellung. Damit wurde die Partei zu einer „Abwehrorganisation" gegenüber einer als feindlich definierten Umwelt. Lange Zeit prägte **ein latenter Antisemitismus** die Partei, der auf kirchlichen Vorurteilen gegenüber den Juden beruhte. Anders als die evangelische Deutschkonservative Partei nahm das Zentrum den Antisemitismus aber nicht in ihr politisches Programm auf und lehnte auch die Forderung nach einer Rücknahme der Judenemanzipation ab. Gegenüber dem rassistisch fundierten Antisemitismus blieb das Zentrum meist auf Abstand.

Im Reichstag verfügte das Zentrum bis in die 1880er-Jahre über etwa ein Drittel der Mandate; der Anteil der Partei sank aber bis 1912 auf 16 Prozent, was auch daran lag, dass vor allem in den großen Städten die Bindung der Menschen an die Kirche und ihre Sozialmoral deutlich abnahm.

Ende des 19. Jahrhunderts vollzog auch das Zentrum eine **Wende zur Nation**. 1898 stimmte die Partei dem ersten Flottengesetz zu. Sie erhoffte sich durch ein regierungsfreundliches Verhalten in Fragen des nationalen Prestiges, die Anerkennung der deutschen Katholiken zu erhalten.

Der bürgerliche **Liberalismus** hatte in den 1860er-Jahren des 19. Jahrhunderts bereits viel an Kraft verloren; seine Honoratiorenkomitees waren für die Volksmassen ebenso wenig attraktiv wie der von ihm vertretene Wirtschaftsliberalismus; der Sozialliberalismus blieb eine Randerscheinung. Mit Beginn der 1860er-Jahre führten inhaltliche Differenzen zur Spaltung des politischen Liberalismus. Mit dem linken Flügel der Fortschrittlichen, der jungen politischen Arbeiterbewegung, hatte der Liberalismus ein Wählerreservoir verloren, durch das er eine im Volk verankerte Massenbewegung hätte werden können. So war der Liberalismus auf eine soziale Schicht begrenzt, das **Bürgertum**.

1861 war von Berliner Liberalen die **Deutsche Fortschrittspartei** gegründet worden, die nach 1871 vor allem die Interessen von Besitz- und Bildungsbürgertum vertrat. Sie begrüßte zwar die kleindeutsche Lösung von 1871 und die Einführung des allgemeinen, gleichen, direkten und geheimen Reichstagswahlrechts für Männer, forderte dies aber auch für die Länder. Darüber hinaus trat sie für eine parlamentarische Kontrolle der Regierung und für einen „**verfassungsmäßigen Rechtsstaat**" (Wahlprogramm 1861) ein, wie sie in England existierten. Sie war ein Gegner der Politik Bismarcks. Gegen staatliche Eingriffe in die Wirtschaft wehrte sich die Partei.

1867 hatten sich die **Nationalliberalen** von der Fortschrittspartei abgespalten und eine eigene Partei gegründet. Diese vertrat vor allem die Interessen der Bankiers, des Handelskapitals und der Großindustrie sowie des protestantischen Bildungsbürgertums. Getragen von der Euphorie der Reichseinigung und dem folgenden wirtschaftlichen „Gründerboom" wurde die Partei unter Führung von **Rudolf von Bennigsen** zu der im Bürgertum dominierenden Kraft. Sie war eine Sammelpartei, welche die **Einheit über Freiheit** stellte. Sie lehnte aber staatliche Eingriffe in die Wirtschaft, vor allem die von den Konservativen verlangten und nach 1879 durchgesetzten Schutzzölle, ab. Bismarcks „negative Integrationspolitik" gegen Zentrum und Arbeiterbewegung unterstützte die Partei. 1880 aber entstand durch Abspaltung des linken Flügels die Liberale Vereinigung, die sich 1884 mit der Fortschrittspartei zur **Deutsch-Freisinnigen Partei** vereinigte.

1881 errangen die Linksliberalen in Deutschland ihren letzten großen Wahlerfolg: Sie gewannen 23 Prozent der Stimmen und 115 von 397 Reichstagsmandaten. Danach begann ein unaufhaltsamer Niedergang: Bis 1887 sank die Zahl der Mandate auf 37. Während sich aber der Nationalliberalismus auf seinem geschrumpften Niveau bis 1918 hielt, zerfiel der Linksliberalismus 1893 in die **Freisinnige Volkspartei und die Freisinnige Vereinigung**. Erst 1910 konnte die **Fortschrittliche Volkspartei** beide Flügel des Linksliberalismus wieder zusammenführen. Aber im Kaiserreich fehlte eine geschlossene liberale Partei, die zwischen Konservatismus und Sozialismus das Bürgertum hätte sammeln können. Unter diesem Dilemma litt auch die Weimarer Republik.

In den 1860er-Jahren hatte sich mit der Arbeiterbewegung eine echte Emanzipationsbewegung gebildet, der es nicht nur um politische Partizipation wie den Liberalen ging, sondern auch um die Umgestaltung des gesamten sozioökonomischen Systems. Demokratie hieß für die Sozialdemokratie von Anfang an auch wirtschaftliche Demokratie durch Beseitigung des Privatbesitzes an den Produktionsmitteln.

Die Vorläufer der SPD als sozialistischer Arbeiterpartei waren die 1869 von Wilhelm Liebknecht und August Bebel in Eisenach („Eisenacher Programm") gegründete **Sozialdemokratische Arbeiterpartei Deutschlands** und der **Allgemeine Deutsche Arbeiterverein** (ADAV), gegründet bereits 1863 durch Ferdinand Lassalle. 1875 schlossen sich beide Parteien in Gotha („Gothaer Programm") zur **Sozialistischen Arbeiterpartei Deutschlands** (SAP) zusammen. Die Partei vereinigte strenge Marxisten mit revolutionärem Anspruch und Reformer. Allerdings wurde die Partei während der zwölfjährigen Verfolgung durch Bismarcks Sozialistengesetze (1878–1890) zunehmend marxistisch-revolutionär, forderte sie doch die Abschaffung des Privateigentums an den

Produktionsmitteln und deren Überführung in gesellschaftliches – nicht staatliches – Eigentum und letztlich die Errichtung einer republikanischen „klassenlosen Gesellschaft" ohne Ausbeutung.

Trotz der Unterdrückungsmaßnahmen durch den Staat wurde die **SAP** schon **1878 zur viertstärksten Partei** im Reichstag. Spätestens seitdem fürchtete sich das Bürgertum vor dem „roten Gespenst" (A. Schäffle). Vor allem Bismarck hat die „Kommunistenfurcht" in Adel und Bürgertum skrupellos instrumentalisiert. Für Konservative und Bürgerliche blieben Sozialisten / Sozialdemokraten „vaterlandslose Gesellen", weil sie den chauvinistischen Nationalismus (s. S. 97 f.), die Staatsidee des wilhelminischen Kaiserreiches, ablehnten und die bestehende Staats- und Gesellschaftsordnung umstürzen wollten.

Nach 1890 entwickelte sich schließlich die SPD unter dem Zeichen des **Revisionismus** angesichts der verbesserten sozialen Bedingungen zu einer **„legalistischen" Reformpartei**. Dennoch blieb der Partei die Anerkennung als gleichberechtigte politische Kraft versagt, blieben ihre Mitglieder gesellschaftlich geächtet. Daher entwickelte die Arbeiterbewegung eine eigene **Subkultur**, eine „Parallelkultur" zur bürgerlichen. Zahlreiche Arbeitervereine (Gesangs-, Turn- und Sportvereine) entstanden ebenso wie Parteischulen, Arbeiterbibliotheken und eine Konsumgesellschaft zur Versorgung der Arbeiter. Aber die Außenseiterstellung von SPD und Freien Gewerkschaften blieb bestehen und wurde durch diese eigene Kultur noch verstärkt, trotz der enormen Leistungen, die innerhalb dieser Subkultur vollbracht wurden.

Die dauernde Anfeindung und die Ausgrenzung, welche die Sozialdemokratie im Kaiserreich erfuhr, führte innerhalb der SPD zu einer Überschätzung des inneren Aufbaus der Partei, der als Basis effektiver Opposition für absolut notwendig angesehen und der alles andere untergeordnet wurde. Am Ende der Weimarer Demokratie erwies es sich dabei als verhängnisvoll, dass dieses hierarchische Denken die SPD im Kampf gegen Hitler lähmte.

Das von den herrschenden Eliten an die Wand gemalte „rote Gespenst" eignete sich dafür, notwendige Reformen zu verzögern, um nur nicht in die Nähe der sozialdemokratischen Reichsfeinde zu geraten. Daran scheiterte auch bis Oktober 1918 eine Allianz von Linksliberalen und SPD, eine sozial-liberale Koalition, für die sich unter anderem der berühmte Historiker Theodor Mommsen vehement eingesetzt hatte – auch die Linksliberalen wollten sich nicht dem Vorwurf einer antinationalen Gesinnung aussetzen; die Sozialdemokraten gehörten bis 1914 eben nicht zur deutschen Reichsnation. Erst mit ihrer Zustimmung zu den Kriegskrediten wurden sie in diese notgedrungen aufgenommen, allerdings weiterhin misstrauisch beäugt, und die Zugehörigkeit von Beamten zur SPD war undenkbar.

Die politischen Parteien

Parteiname	Politische Zielsetzung	Anhängerschaft
Freikonservative Partei (1866)	• monarchisch gesinnt • Stärkung der nationalen Einheit unter preußischer Führung • verstärkte Berücksichtigung agrarischer und industrieller Interessen in der Politik	• adlige und „aristokratisierte" Bürger, vor allem in der Bürokratie
Deutsch-konservative Partei (1876)	• monarchisch gesinnt • Wahrung bzw. Ausbau der preußischen Eigenständigkeit im Reich • Beibehaltung des preußischen Dreiklassenwahlrechts • Einschränkung des demokratischen Wahlrechts im Reich • Stärkung der Armee • Schutzzölle und Schutz der Landwirtschaft • Stärkung der Stellung der Großagrarier • Antisemitismus	• zunächst ostelbischer Adel (Junker), • dann Vorstoß in die anderen agrarischen Schichten mithilfe des BdL („Bund der Landwirte")
Zentrum (1870)	• Vertretung des politischen Katholizismus gegen protestantische Vorherrschaft • gegen Liberalismus und Sozialismus • für soziale Reformen zugunsten der Arbeiter, für Minderheiten	• akademisch gebildete kath. Bürger • katholischer Adel
Deutsche Fortschrittspartei (1861; ab 1884: Deutsch-Freisinnige Partei)	• für eine parlamentarische Monarchie • für Wirtschaftsliberalismus mit sozialer Komponente • politische Freiheit und Rechtsstaatlichkeit • gegen hohe Militärausgaben	• Freiberufler • Handwerker • Intellektuelle
Nationalliberale Partei (1867)	• für nationale Einheit unter preußischer Führung • für Ausbau parlamentarischer Rechte • Stärkung der Armee • für Kolonien, Weltmachtpolitik, konstitutionelle Monarchie, Wirtschaftsliberalismus	• industrielles Großbürgertum • protestantisches Bildungsbürgertum
SPD (1890)	• volle Demokratisierung von Staat und Gesellschaft, Armee und Wirtschaft • demokratisches Wahlrecht, auch in den Ländern Parlamentarismus • soziale Gerechtigkeit • Abbau des Militarismus, Antiimperialismus • Völkerverständigung	• Proletariat • Intellektuelle (Klassenpartei des Proletariats)

2.2 Interessenorganisationen der Landwirtschaft und Industrie

Heute zählen Verbände selbstverständlich zu unserer demokratisch-pluralistischen Gesellschaft und sind an der sozialen oder politischen Gestaltung unseres Staatswesens legal und legitim beteiligt. Im Kaiserreich waren die Verbände und ihre Tätigkeit ebenso wenig erfasst wie die Parteien, in deren Gefolge sich die meisten Verbände zu neuen „organisierten gesellschaftlichen Mächten" entwickelten (Th. Nipperdey). In ihrer Einflussnahme auf die Politik waren Parteien und Verbände gleichwertig, und seit 1878 bildeten sich verbandspolitisch orientierte „Überfraktionen" im Reichstag, wodurch eine **Verfilzung von Parteien und Verbänden** immer deutlicher wurde.

Die Verbände im Kaiserreich waren jedoch kein Anzeichen für einen modernen Pluralismus oder gar für eine einsetzende Demokratisierung. Vielmehr stützten sie das bestehende soziale System. Das galt nicht nur für den **Bund deutscher Landwirte** oder für die zahlreichen Verbände der Rechten, für den **Kolonial-, den Flotten- oder den Wehrverein**. Die Verbände verkörperten den reinen **Gruppenegoismus**, zu dem es lange Zeit kein wirksames Gegengewicht gab, da sie mit den staatstragenden Eliten verflochten waren.

Ein wesentlicher Grund für die verstärkte Gründung von Verbänden nach 1871 waren die großen Wirtschaftskrisen zwischen 1873 und 1896. Die Verbände verschafften sich durch ihren Lobbyismus direkten Zugang zu den Entscheidungsträgern im Staat, sodass deren **informelle Machtausübung** zunahm. Besonders deutlich wurde dies, als das Reich zur Schutzzollpolitik überging.

Unter den zahlreichen Verbänden war der **Bund der Landwirte (BdL)** besonders erfolgreich. Seine Gründung 1893 war die Folge einer andauernden Strukturkrise der deutschen, besonders der preußischen Landwirtschaft. Der BdL war zudem eine konservative Antwort auf die Umschichtungsprozesse während der Hochindustrialisierung, die zu einem erheblichen **Bedeutungsverlust** der Landwirtschaft führten. Ziel des Bundes war es deshalb, die führende Stellung der Landwirtschaft in Wirtschaft und Politik zu bewahren. In enger Verflechtung mit dem Militär, der Bürokratie und den Deutschkonservativen stand der BdL in radikaler Opposition zu Liberalismus, Demokratie und Sozialismus. Er vertrat vor allem die Interessen der adligen ostelbischen Großgrundbesitzer, forderte **Schutzzölle** zugunsten der deutschen Landwirtschaft und **staatliche Subventionen** zur Stützung der Agrarpreise. Der Staat sollte die Landwirte auch gegenüber der Industrie, den Banken und dem Großhandel schützen; letztlich verlangte der BdL den Übergang zur landwirtschaftlichen Autarkie. Sein militanter Nationalismus und sein Antisemitismus lassen einen

„Präfaschismus“ (H.-J. Puhle) erkennen, der die Grundlage für die spätere „Blut-und-Boden-Ideologie“ des Nationalsozialismus bildete.

1876 wurde der **Centralverband deutscher Industrieller (CDI)** gegründet, um die Interessen der Großindustrie zu vertreten und durchzusetzen. 1895 entstand der **Bund der Industriellen (BdI)**, dessen Hauptziel es war, die klein- und mittelständischen Unternehmen, die sich vom CDI nicht genügend vertreten sahen, politisch aufzuwerten. Der BdI setzte sich vor allem für die Exportwirtschaft ein und lehnte daher die vom CDI mitgetragene Schutzzollpolitik strikt ab. Auch in der Preispolitik gab es zwischen den beiden liberalen Verbänden Unterschiede, da der BdI an günstigen Preisen für Kohle und andere Rohstoffe interessiert war.

1913 schlossen sich CDI und BdI zur **Vereinigung Deutscher Arbeitgeberverbände** zusammen. Dennoch war die Einflussnahme der **liberalen und industriellen Verbände** auf die Politik schwieriger als die durch den BdL.

Die strukturelle Agrarkrise und ihre Folgen

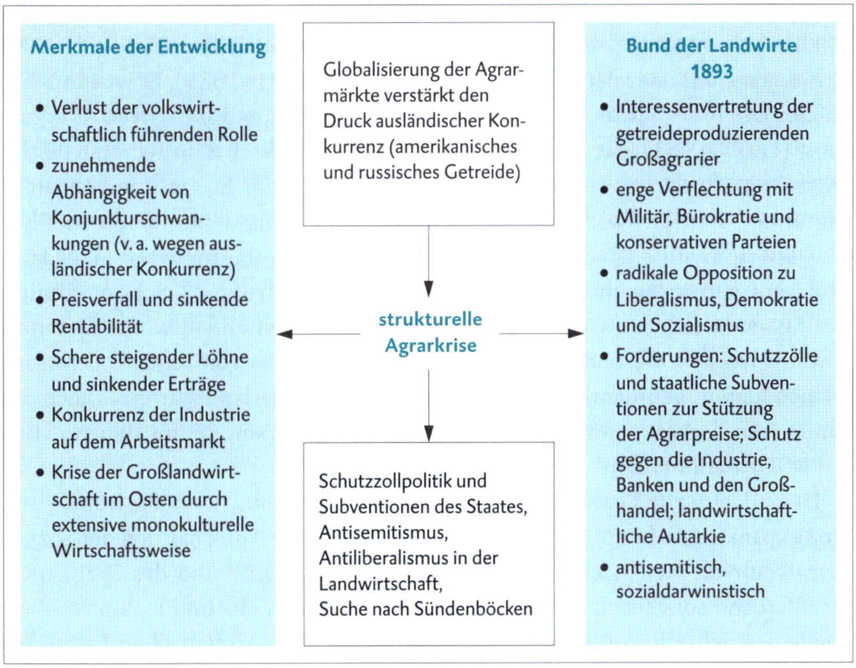

2.3 Politische Interessenverbände

Andere Verbände dienten der Durchsetzung konkreter politischer Ziele, z. B. der Mobilisierung plebiszitärer Zustimmungen für bestimmte reichspolitische Entscheidungen. Der **Deutsche Flottenverein** (1898–1934) wurde 1898 unter tatkräftiger Mithilfe des Alldeutschen Verbandes und mit kräftiger Finanzhilfe von Friedrich Alfred Krupp gegründet. Er warb für den Flottenbau, durch den nicht nur die Weltgeltung des Reiches gestärkt, sondern auch die schlechte Wirtschaftslage der Achtziger- und Neunzigerjahre überwunden werden sollte. Es gelang dem Verein, den Flottenbau in der Bevölkerung populär zu machen. Im Bürgertum bestand zeitweise geradezu eine Flottenschwärmerei, sodass der Matrosenanzug zum beliebtesten Kleidungsstück, vor allem der Knaben, wurde. Viele Mitglieder des Vereins zog es später in die NSDAP, wo sie den „Kolonialflügel" bildeten.

Auch die **Deutsche Kolonialgesellschaft** (1887–1936) war eine bedeutende und einflussreiche „pressure group", die den Zusammenbruch des Kaiserreiches überlebte und nach 1919 gegen die Weimarer Republik agitierte.

Eine Vereinigung, die später direkt oder indirekt auf Hitler und die NSDAP einwirken sollte, war der **Alldeutsche Verband** (1891–1939). Er wurde 1891 auf Initiative des späteren Krupp-Direktors und Medienzars **Alfred Hugenberg** (1865–1951), der ab 1933 als Wirtschaftsminister dem Kabinett Hitler angehörte, angesichts des politischen Wandels nach der Entlassung Bismarcks gegründet. Sein Ziel war „die Pflege und Unterstützung deutschnationaler Bestrebungen in allen Ländern", in denen es Deutsche gab, um deren „Eigenart" und Deutschtum zu schützen, wie es im Gründungsaufruf hieß. Schon während des Ersten Weltkrieges war München als Zentrum der alldeutschen Agitation gewählt worden. Besonders das Münchner Verlagshaus von Julius F. Lehmann tat sich hervor. Lehmann war sowohl Mitglied der Vaterlandspartei als auch der Thule-Gesellschaft. Hier traf er mit Männern zusammen, die für den Aufstieg der NSDAP und Hitlers von großer Bedeutung waren.

Der Alldeutsche Verband verlangte unter anderem eine nationale Innen- und eine expansive Außenpolitik. Vor allem forderte er die Ausschaltung der Sozialdemokratie als Reichsfeinde und „undeutsche Gesellen" und des Pazifismus. Der Verband setzte sich besonders für die deutsche Welt- und Kolonialpolitik sowie den Schlachtflottenbau ein. 1894 forderten die Alldeutschen **Raum im Osten** und Südosten Europas, „um der germanischen Rasse diejenigen Lebensbedingungen zu sichern, deren sie zur vollen Entwicklung ihrer Kräfte bedarf, selbst wenn darüber solch minderwertige Völkchen wie Tschechen, Slowenen und Slowaken ihr für die Zivilisation nutzloses Dasein einbüßen sollten. Nur den großen Kulturvölkern kann das Recht auf Nationalität zugestanden werden". Deshalb lehnten die Alldeutschen Juden und Slawen aus rassischen Gründen ab. Selbst Wilhelm II. blieb von Kritik nicht verschont, nicht nur wegen der Entlassung Bismarcks. Vor allem nach dem Fehlschlag der deutschen Marokkopolitik auf der Konferenz von Algeciras 1906 und dem Wahlsieg der SPD 1912 radikalisierte sich der Verband. **Heinrich Claß** (1868–1953), der Verbandsvorsitzende und späteres Mitglied der NSDAP, warnte offen vor einer „undeutschen" Demokratisierung. Er forderte die Stärkung des gewerblichen Mittelstandes und der Bauernschaft als tragende Säulen eines gesunden Staates – von hier war es nicht mehr weit bis zur „Blut-und-Boden-Ideologie" der Nationalsozialisten; er verlangte eine streng nationalistische Erziehungspolitik, die Ausschaltung der Juden auf allen Gebieten und die Ausweisung aller „volksfremden" Einwanderer. Claß wollte dies sogar durch einen Staatsstreich oder eine nationale Diktatur erreichen; der Krieg war für ihn ein Mittel zur Durchsetzung dieser Ziele. Der Staat habe für die „körperliche Gesundheit der deutschen Rasse" zu sorgen und alles zu tun, ein gesundes Bauerntum zu erhalten. Frauen seien von der Politik fernzuhalten und auf ihre Aufgaben in der Familie hin zu erziehen. Claß drückte auch die Sehnsucht nach einem starken Führer aus, denn nur durch ihn könne der Krieg – er galt den Alldeutschen als „heilig" – siegreich beendet werden. Er entwickelte erstmals die Idee eines autoritären Führerstaates, wie ihn sich später auch Hitler vorstellte. Dem Verband gehörten in den ersten Jahren nach seiner Gründung 1890/91 rund 20 000 Personen an; 1914 zählten sich immerhin 60 Reichstagsabgeordnete zu den 18 000 Alldeutschen.

1912 entstand der **Deutsche Wehrverein**, der sich innenpolitisch aggressiv gegen die Sozialdemokraten verhielt, deren Internationalismus man als Verrat an der Nation diffamierte. Gemäß der Bismarck'schen These, dass „die großen Fragen der Zeit durch Blut und Eisen entschieden" würden, verlangte der Wehrverein die erhöhte Wehrbereitschaft des Volkes und eine noch **stärkere Militarisierung der Gesellschaft**, vor allem des Erziehungswesens. Der Verein entsprach dem Wunsch der nationalistischen Kreise nach einer stärkeren Beeinflussung der Jugend, die sonst in die Hände der SPD fallen und so für die Nation verloren gehen würde. Daher bemühte sich der Verein besonders um die Lehrer an den Realoberschulen und Gymnasien und fand dort nachhaltigen Anklang.

Selbst die **Pfadfinderbewegung**, 1907 in England von Robert Baden-Powell gegründet, war in Deutschland streng nationalistisch, und sie bekannte sich zum Militarismus. Wie die „Bündische Jugend" waren auch die Pfadfinder eine Jugendbewegung, die der Vermassung in den großen Industriezentren ein alternatives Leben gegenüberstellte. Wandern ohne die sonst übliche Geschlechtertrennung „aus grauer Städte Mauern" in die scheinbare Freiheit der Natur,

Körperertüchtigung und gesunde, natürliche Ernährung sowie die Überwindung der Klassengrenzen sollten eine positive Gegenwelt zu den verkrusteten, spießigen bürgerlichen Strukturen schaffen, aber auch zur Arbeiterbewegung, der man fehlendes Nationalbewusstsein vorwarf.

Jugendbünde und die Erziehung an den Schulen haben erheblich zur Militarisierung und Nationalisierung der bürgerlichen deutschen Jugend beigetragen.

Daneben entwickelten sich unzählige Organisationen, die sich unter dem Oberbegriff **völkische Radikale** zusammenfassen lassen und die in verhängnisvoller Weise bis in die Weimarer Republik hineinwirkten und so den Boden für Hitler und den Nationalsozialismus ideologisch und personell bereiteten.

2.4 Die Gewerkschaften als Interessenverbände der Arbeiter

Auch die Arbeiterbewegung hatte ihre Verbände, die Gewerkschaften. Schon 1848 waren in Deutschland in unmittelbarem Zusammenhang mit der Industrialisierung und den durch diese veränderten Lebens- und Arbeitsbedingungen Interessenverbände der Arbeiter entstanden. Deren Wirksamkeit im Kampf gegen die Arbeitgeber war jedoch gering gewesen, da die Formierung von Gewerkschaften über die Vereinsgesetzgebung durch das Verbot von Koalitionen und Streiks massiv behindert wurde. 1854 waren sie auf dem Gebiet des Deutschen Bundes verboten worden. Erst mit der Aufhebung des Koalitionsverbots Mitte der 1860er-Jahre begann die Gründung wirksamer Interessenvertretungen der Arbeiterschaft, die durch die Gründung der Arbeiterparteien ab 1863 starke Impulse bekamen.

Um den Sozialisten nicht alleine das Feld zu überlassen, entstanden 1869 nach englischem Vorbild auf Anregung der linksliberalen Deutschen Fortschrittspartei die nach ihren Gründern Max Hirsch und Franz Gustav Duncker genannten **Hirsch-Dunckerschen Gewerkvereine**, die mit liberalen Mitteln den Staat und das kapitalistische System reformieren wollten.

Im September 1869 entstand unter Federführung des von Lassalle gegründeten **Allgemeinen Deutschen Arbeitervereins der Allgemeine Deutsche Arbeiterverband**, der allerdings nur Instrument des Arbeitervereins zur Mobilisierung und Organisation der Arbeiter sein sollte und der sich schon 1874 wieder auflöste.

Anders war die Lage bei den **revolutionären Sozialisten**. Hier entwarf **August Bebel** 1868 „Musterstatuten für Deutsche Gewerkschaften". Im Gegensatz zu den Anhängern Lassalles wollte Bebel einen **Gewerkschaftsbund**, eine Union, die zwar auch politisch, aber doch weitgehend von der Partei unabhängig sein sollte. Da Bebel mit der Verfolgung durch den Staat rechnete, sollte der

Gewerkschaftsbund dezentral organisiert sein. Doch durch die Verfolgung der SAP während der Zeit des Sozialistengesetzes (1878–1890) wurden Partei und Gewerkschaften gleichberechtigt und eng miteinander verbunden. Erst nach Aufhebung des Sozialistengesetzes 1890 und begünstigt durch den innerparteilichen Richtungsstreit entwickelte die neu gegründete Generalkommission der Gewerkschaften Deutschlands unter **Carl Legien** (1861–1920) wieder Bestrebungen nach mehr Autonomie von der Partei. Unter Führung von Legien schlossen sich die sozialistischen Einzelgewerkschaften unter dem Dach der **Freien Gewerkschaften** zusammen, die streng zwischen politischer – sie sollte der Partei überlassen bleiben – und gewerkschaftlicher Tätigkeit unterschieden. Die Freien Gewerkschaften wollten sich um Lohnpolitik, Arbeitsrecht und die allgemeine Verbesserung der Arbeitsbedingungen kümmern sowie um die Integration der Arbeiterjugend in die Arbeiterbewegung. Der Gewerkschaftsbund war nicht revolutionär, sondern **reformistisch**. Innerhalb der SPD bildeten ihre Vertreter das Rückgrat der „Revisionisten".

Die Freien Gewerkschaften waren in zentralen Berufsverbänden organisiert, die sich in einem Spitzenverband, zunächst Generalkommission, nach 1919 dann **Allgemeiner Deutscher Gewerkschaftsbund** (ADGB) genannt, organisierten. Daneben aber gab es noch lange Zeit Unabhängige Gewerkschaften. 1890 hatten die Freien Gewerkschaften etwa 50 000 Mitglieder; 1900 waren es bereits 680 000 und 1912 über 2,6 Millionen. 1913 waren mehr als 40 Prozent aller Industriearbeiter Mitglied in einer Gewerkschaft, davon 84 Prozent in den Freien Gewerkschaften.

Wichtig war den Gewerkschaften die **Hilfe zur Selbsthilfe**. Das meiste Geld gaben sie für soziale Unterstützung, Streikgelder, Rechtsschutz, Reise- und Umzugshilfen sowie Jugenderziehung aus. Hauptbetätigungsfeld aber war der Kampf um höhere Löhne und Gehälter, um einheitliche Tarifverträge und vor allem um den **Acht-Stunden-Tag**. So erreichten die Gewerkschaften zwischen 1885 und 1910 eine Steigerung der Reallöhne um fast 100 Prozent; den Acht-Stunden-Tag konnten sie aber erst mit der Novemberrevolution durchsetzen.

Die Bedeutung der Gewerkschaften als politischer und sozialer Faktor stieg nach 1890 stark an. In enger personeller und finanzieller Verbindung mit den Freien Gewerkschaften stand die sozialistische Genossenschaftsbewegung, die sich 1903 im **Zentralverband deutscher Konsumvereine** organisierte. Die Konsumvereine waren Teil der Selbsthilfe der deutschen Arbeiterschaft, durch die die Versorgung der Arbeiter mit preiswerten Waren, vor allem Lebensmitteln, gesichert werden sollte. 1911 gab es bereits 1 142 lokale Konsumvereine mit über einer Million Mitgliedern und einem Umsatz von 335 Millionen Mark.

2.5 Antisemitismus und Rassismus im Kaiserreich

Der „Gründerkrach" von 1873 führte nicht nur zum Erstarken der Arbeiterbewegung, sondern förderte auch den Antisemitismus, der sich nach der Aufhebung des Sozialistengesetzes 1890 weiter verstärkte. Teile des Adels und des einflussreichen Offizierskorps, der Beamtenschaft, der protestantischen Geistlichkeit und vor allem des alten Mittelstandes betrieben eine zunehmend antisemitische und nationalistische Propaganda, da sie die Wirtschaftskrise vor allem der Bereicherungssucht der Juden zuschrieben und den Einfluss der Juden in Staat, Gesellschaft und Wirtschaft zurückdrängen wollten. Zudem sollte eine bewusst aggressive Außenpolitik eine parteiübergreifende nationale Identität schaffen. In diesem Umfeld entstanden zahlreiche Organisationen, die sich fast alle das Ziel setzten, eine **nationale und soziale Erneuerung des deutschen Volkes** herbeizuführen. Zwar waren die Mitgliederzahlen dieser Verbände und Vereine nicht sehr groß, aber durch ihren Aktionismus trugen sie ihre Ideen, insbesondere den Antisemitismus, in die großen bürgerlichen Verbände und in das deutsche Bildungswesen hinein.

Ferner entstanden im letzten Drittel des 19. Jahrhunderts Ideen zur **„Rassenhygiene"**, das heißt Pläne zur Aussonderung körperlich und geistig Kranker. Radikale verlangten die Sterilisierung oder sogar die Tötung von Erbkranken. Selbst Himmlers späteres Projekt „Lebensborn" und die geplante „Züchtung" von „rassereinen" Menschen wurden schon im kaiserlichen Deutschland propagiert. Willibald Hentschel wollte ländliche Siedlungen gründen, in denen Frauen und Männer zeitlich begrenzte Ehegemeinschaften allein zur Zeugung von Kindern, vor allem von Söhnen, eingehen sollten. Körperliche Ertüchtigung sollte oberstes Erziehungsziel sein. Mit seinen Ideen beeinflusste Hentschel unter anderem Heinrich Himmler, den späteren Reichsführer-SS. Paul de Lagarde (eigentlich Paul Bötticher) ging sogar so weit, alle nichtdeutschen Völker als bloßes „Menschenmaterial" zu diffamieren. Er forderte die Deutschen auf, anstatt nach Amerika auszuwandern, im von slawischen „Untermenschen" besiedelten Osten ihren Lebensraum zu suchen, der ihnen zustände. Vor allem die Juden galten ihm und seinen zahlreichen Anhängern, insbesondere in der deutschen Lehrerschaft, nicht als Menschen, sondern als „Trichinen und Bazillen", die man zur Rettung des deutschen Volkes vernichten müsse. Der auf dem Sozialdarwinismus basierende **Rassenantisemitismus**, der das **Leben als permanenten Rassenkampf** definierte, entstand im Kaiserreich. Die Rassenantisemiten forderten die Deportation, einige sogar die Vernichtung der Juden. Zahlreiche **antisemitische Vereinigungen** wie die 1886 gegründete Deutsche Antisemitische Vereinigung oder die Deutsch-Soziale Antisemitische Partei

(1889) entstanden. Sie zerfielen zwar meistens rasch wieder, fanden aber immer wieder Nachfolgeorganisationen, deren führende Köpfe später Hitler zu seinen geistigen Vätern zählte. Besonders wirksam war der 1912 gegründete **Germanenorden**, der eng verbunden war mit dem Deutsch-Nationalen Handlungsgehilfen-Verband und viele Anhänger unter der Beamtenschaft besaß.

Nach dem Ersten Weltkrieg verschmolzen die völkischen Gruppen im **Deutsch-völkischen Schutz- und Trutzbund**, mit dessen aktiver Beteiligung 1919 auch die DAP/NSDAP gegründet wurde.

Alle diese **chauvinistischen und antisemitischen Vereinigungen** traten auch nach 1918, wenn auch unter anderen Namen, wieder in Erscheinung, jetzt aber viel radikaler.

2.6 Organisationen der Frauenbewegung

Die Gesellschaft des Kaiserreiches war eine **Männergesellschaft**, von einer Gleichberechtigung der Frauen war man weit entfernt. Vielmehr wurde die **Ungleichheit** im Bürgerlichen Gesetzbuch, das 1900 in Kraft trat, festgeschrieben. Zwar hatten die Frauen einen vollgültigen Rechtsstatus, dennoch genoss der Ehemann als Haupt der Familie gewichtige Vorrechte: So entschied er laut BGB allein „in allen das gemeinschaftliche eheliche Leben betreffenden Angelegenheiten“; juristisch war er der Vormund der gemeinsamen Kinder, und daher gab er in allen Erziehungsfragen den Ausschlag. Auch verfügte er über das Vermögen, selbst über das, welches die Frau in die Ehe eingebracht hatte, und er konnte seiner Frau jegliche Erwerbstätigkeit untersagen, wenn dadurch die „ehelichen Interessen“ verletzt würden. Das **Scheidungsrecht** war rückständig und ging hinter die Bestimmungen des „Preußischen Allgemeinen Landrechts“ von 1794 zurück, denn es wurde vom **Verschuldungsprinzip** ausgegangen; eine Zerrüttung der Ehe wurde nur in Ausnahmefällen anerkannt. Die Unterhaltsregelungen waren für Frauen ungünstig. Letztlich stand die Frau, wie die Kinder, unter der Vormundschaft des Mannes.

Von der Politik waren Frauen ausgeschlossen. Die Betätigung in Parteien oder Vereinen war ihnen untersagt – Ausnahmen gab es lediglich im Großherzogtum Baden und seit 1893 in der Freien Hansestadt Hamburg. Damit herrschte im Reich ein „männliches Politikmonopol“ (V. Ullrich), denn man verweigerte den Frauen auch das aktive und passive Wahlrecht.

Der **Zugang zum Studium** wurde Frauen ebenfalls **lange Zeit verweigert**, und erst allmählich vollzog sich hier ein Umdenken. Allerdings sprach sich nur eine Minderheit von deutschen Hochschulprofessoren für die Zulassung von Frauen zum Studium aus. Dazu gehörte unter anderem der Physiker Max Planck.

Bis zur Jahrhundertwende erhielten Frauen aber lediglich den Status von Gasthörerinnen. 1899 wurde Frauen in Baden das Studium an den Universitäten Heidelberg und Freiburg erlaubt; 1903 folgten Bayern, 1904 Württemberg, 1906 Sachsen und 1908 Preußen. 1914 betrug der Frauenanteil an den Studierenden etwa 6,7 Prozent. Doch noch lange blieb den Frauen nach Abschluss ihres Studiums der Zugang zu vielen akademischen Berufen versagt, woran nicht selten die Ehemänner schuld waren.

Charakteristisch für das **Familienleben im gehobenen Bürgertum** war eine strikte **Rollenteilung** zwischen Mann und Frau, die Ernst Werner von Siemens so beschrieb: „Im Hause soll die Frau gebieten, im Geschäft = Null sein, sonst ist es ein Pantoffelregiment, was weder ihr noch dem Manne Ehre macht." Besonders im Bürgertum hatte die Frau für den berufstätigen Mann zu Hause für eine entspannende Atmosphäre der Geborgenheit, Gemütlichkeit und Harmonie zu sorgen, sich aber von geschäftlichen Dingen fernzuhalten.

In der adligen und auch in der bürgerlichen Gesellschaft spielten bei der Eheschließung ökonomische oder soziale Gründe eine weitaus größere Rolle als die Liebe. Erst um die Jahrhundertwende begannen auch die Töchter, bei der Eheschließung mitzusprechen. Ein Bürgersohn heiratete in der Regel erst nach Abschluss seiner Berufsausbildung, wenn er eine Familie ernähren konnte. Dies war frühestens mit Ende 20, Anfang 30 der Fall. Die Bräute waren jedoch zumeist wesentlich jünger; zehn oder fünfzehn Jahre Altersunterschied waren keine Seltenheit.

Der Mann widmete sich seinem Beruf, fand Anerkennung als Offizier oder Reserveoffizier und entwickelte daraus sein Selbstbewusstsein; seiner Frau blieb dagegen kaum etwas anderes übrig, „als sich mit dem Beruf des Mannes zu identifizieren. Sie durfte [seinen] Titel und Rang in ihrem Namen führen" (V. Ullrich). Ansonsten hatte sie die Rolle als **Hausfrau und Mutter** zu spielen, wobei Letztere besonders wichtig war.

Die **Erziehung** war in der Regel nicht nur in der Schule **autoritär**. Auch in der Familie standen **militärische Werte** wie Gehorsam, Pflichterfüllung, Ehre, Pünktlichkeit an erster Stelle.

In der **Arbeiterschaft** wurde früher geheiratet als im Bürgertum oder im Adel, da die jungen Männer früher im Berufsleben standen. In der Regel blieb man auch unter sich; ein Milieuwechsel oder ein sozialer Aufstieg kam nur selten vor. Besitz und Mitgift spielten keine so große Rolle wie im Bürgertum oder im Adel, wohl aber waren ungewollte Schwangerschaften wichtigstes Heiratsmotiv.

Wie in den bürgerlichen Familien herrschte auch in den Arbeiterfamilien theoretisch das **Patriarchat**. Es ging autoritär zu, und die Bedürfnisse des Mannes hatten Vorrang vor allen anderen. So hieß es 1908 in einer Gewerkschaftsschrift: „In einer Arbeiterfamilie ist es nun einmal so: Der Mann, der ja arbeiten muss, bekommt von der Nahrung den größten Anteil, auch die Kinder erhalten so viel wie möglich. Übrig bleibt in den meisten Fällen die Mutter; sie begnügt sich mit Schmecken, wenn zu wenig da ist, und lebt von Brot, Kaffee [-ersatz] und Kartoffeln. Die Frau des Arbeiters bringt sich der Familie täglich zum Opfer."

Auch in der Arbeiterfamilie kümmerte sich der Familienvater um den Erwerb und die Politik, der Haushalt, die Kindeserziehung und die Geburtenplanung waren Sache der Frau. Selbst in diesen Kreisen sahen es die Männer nur ungern, wenn die Frau einem Broterwerb nachging. Aber meistens waren die Familien auf den Zuverdienst der Frauen angewiesen. Sie machten Heimarbeit, arbeiteten als Putzfrauen oder Wäscherinnen in den „besseren Kreisen" oder als schlecht bezahlte Arbeitskraft in der Fabrik. Überbeanspruchung war die Folge: Angesicht s der Mehrbelastung und der häufigen Geburten. Der starke Zuzug vom Lande verschärfte besonders die Lage der Dienstmädchen, die bis zu 16 Stunden am Tag für zumeist kargen Lohn arbeiten mussten.

Der Anteil der Frauen in der Arbeitswelt stieg zwischen 1882 (5,52 Millionen) und dem ersten Jahrzehnt des 20. Jahrhunderts stark an (1907: 9,49 Millionen). Fast die Hälfte von ihnen war in der Landwirtschaft tätig, mehr als ein Fünftel in der Industrie, etwa zehn Prozent im Handel und Dienstleistungsgewerbe, z. B. als Sekretärinnen oder Verkäuferinnen, über 13 Prozent arbeitete in häuslichen Diensten, vor allem als Köchinnen und Dienstmädchen – in Berlin zählte man um 1900 mehr als 100 000 Dienstmädchen –, drei Prozent waren in freien Berufen und im öffentlichen Dienst tätig, z. B. als Kindergärtnerinnen und Lehrerinnen, denen das Heiraten untersagt war.

Seit den 60er-Jahren des 19. Jahrhunderts begann sich, nach ersten Versuchen in der 48er-Revolution, eine bürgerliche **Frauenbewegung** zu organisieren, deren Ziel die Verbesserung von Bildung und Berufstätigkeit war. So entstand in Leipzig 1865 der **Allgemeine Deutsche Frauenverein (ADF)** unter der Leitung von **Louise Otto-Peters**, dem bald weitere Vereine folgten. Allerdings waren diese Vereine an einer „Emanzipation der Frauen auf sozialem oder gar politischem Gebiet" nicht interessiert, wie es in einem Rechenschaftsbericht hieß. Doch rasch änderte sich dies. Hauptsächlich Lehrerinnen waren hier aktiv, unter anderem **Helene Lange**. 1890 entstand der Allgemeine Deutsche Lehrerinnenverband, und 1894 schlossen sich die verschiedenen Vereine und Organisationen im **Bund Deutscher Frauenvereine (BDF)** zusammen, der 1914 mehr als 2 000 Vereine mit fast 500 000 Mitgliedern umfasste. Allerdings bildete die Frauenbewegung keine Einheit: Die Mehrheit der Frauen war wie die Männer vom Unterschied im Wesen zwischen Mann und Frau überzeugt und betonte die Mutterrolle sowie die von ihr ausgehende zivilisatorische und friedliche Kraft. Diesen Frauen ging es nicht um politische Emanzipation, sondern um die Anerkennung der weiblichen Tätigkeit und der Frauenrolle als gleichwertig. Auch wollten sie die Rechtsgleichheit, vor allem beim Scheidungsrecht. Letztlich setzte man auf die Einsicht der Männer.

Eine radikale, lautstarke Minderheit (Verein Volkswohl, Verband Fortschrittlicher Frauenvereine) forderte dagegen die volle politische, rechtliche und soziale Emanzipation der Frauen. 1902 gründeten sie den **Verein für Frauenstimmrecht**, der das aktive und passive Wahlrecht auch für die Frauen forderte. Allerdings war diese politische Frauenbewegung trotz zahlreicher Aktionen nicht so militant wie die englische Bewegung der Suffragetten.

Auch in der Arbeiterschaft entwickelte sich eine **sozialdemokratische Frauenbewegung**. **August Bebel** hatte dafür den Weg gewiesen. Er erklärte 1879, die Frauen seien in der kapitalistischen Gesellschaft gleich zweimal unterdrückt: durch das Patriarchat und durch die ökonomische Abhängigkeit des Proletariats. Die Lösung der Frauenfrage sei daher nur im Rahmen der allgemeinen Lösung der Sozialen Frage und durch Beseitigung des Kapitalismus möglich. 1891 nahm die SPD das Wahlrecht auch für Frauen in ihr Erfurter Programm auf, ohne diese Forderung aber offensiv zu vertreten.

Schwierig war es für die Arbeiterfrauen, eigene Vereine zu gründen, denn sie unterlagen besonderen Schikanen durch die Polizei. Dennoch gelang es in den 1890er-Jahren, eine proletarische Frauenbewegung aufzubauen, zu deren herausragenden Vertreterinnen **Clara Zetkin und Rosa Luxemburg** gehörten. Die sozialistische Frauenbewegung lehnte eine Zusammenarbeit mit der bürgerlichen ab. Erst nach 1908 wurde diese Haltung aufgeweicht. Aber das Eintreten für die Frauenemanzipation war in der Arbeiterklasse eine Sache, eine andere die harte Realität des Familienlebens.

Aufgabe 18 Parteien und Verbände sind wesentliche Elemente einer pluralistischen Gesellschaft. Erläutern Sie Funktion, Zielsetzungen und Möglichkeiten von Parteien und Verbänden im deutschen Kaiserreich.

Aufgabe 19 Das 19. Jahrhundert war das Zeitalter des Nationalismus. Stellen Sie den spezifisch deutschen Nationalismus im Kaiserreich dar.

Aufgabe 20 Erläutern Sie die Stellung der Frau in der Gesellschaft im kaiserlichen Deutschland und stellen Sie dar, wie Frauen auf diese Stellung reagierten.

3 Konflikte und politische Kultur

23.5.1863	Gründung des Allgemeinen Deutschen Arbeitervereins (ADAV)
8.12.1864	Veröffentlichung der Enzyklika „Syllabus errorum“ Papst Pius’ IX.
1870	Verkündung des Unfehlbarkeitsdogmas durch Papst Pius IX.
10.12.1871	Erlass des „Kanzelparagraphen“
11.3.1872	Einführung der staatlichen Schulaufsicht
4.7.1872	„Jesuitengesetz“
Mai 1873	„Maigesetze“
6.2.1875	Einführung der Zivilehe
22.4.1875	„Brotkorbgesetz“
22.–27.5.1875	Gothaer Kongress: Bildung der Sozialistischen Arbeiterpartei (SAP)
21.10.1878	Gesetz gegen die gemeingefährlichen Bestrebungen der Sozialdemokratie
15.6.1883	Krankenversicherungsgesetz
27.6.1884	Unfallversicherungsgesetz
24.5.1889	Gesetz über die Invaliditäts- und Altersversicherung
1890	Umbenennung der SAP in Sozialdemokratische Partei Deutschlands

Die Reichsgründung war v. a. ein Ergebnis der Strategie und Ziele Bismarcks:

- Als preußischer Patriot wollte er die latente Schwäche Preußens als kleinste europäische Großmacht durch die Schaffung eines preußisch geführten Deutschen Reiches überwinden.
- Als Monarchist versuchte er, den strukturellen inneren Konflikt zwischen Monarchie und wirtschaftlich erstarkendem Bürgertum durch ein nationales Kaisertum zugunsten des monarchischen Prinzips zu lösen.
- Als dem protestantischen Pietismus nahe stehender Politiker bewegte er sich in den Vorstellungen eines protestantischen Kaisertums.

Das neu gegründete Reich erschien Bismarck als instabiles Gebilde, dessen Festigung **(„innere Reichsgründung“)** zum Hauptziel seiner Innenpolitik wurde. Seine wichtigste Methode zur inneren Stabilisierung war die Definition einzelner politischer oder gesellschaftlicher Gruppen als **Reichsfeinde**, gegen die Bündnisse im Reichstag geschmiedet wurden, um sie verfassungsgemäß mit rechtlichen Mitteln bekämpfen zu können. Diese systematische Ausgrenzungspolitik gegen missliebige Gruppen nennt man **„negative Integration“**.

Bismarck arbeitete in der ersten Phase seiner Innenpolitik eng mit den bürgerlichen Liberalen zusammen, der zunächst stärksten politischen Gruppe im neuen Reichstag. Die Liberalen sahen mit der Reichseinheit eine ihrer wesentlichen Anliegen erfüllt und glaubten an eine Demokratisierung des Reiches durch Reformen. Bismarck kam ihnen aber nur auf der wirtschaftspolitischen Ebene entgegen: Es wurde ein an liberalen Prinzipien (Vereinheitlichung der Währung, Schaffung einer Zentralbank, Abbau der Außenzölle, einheitliches Strafgesetzbuch und -ordnung) orientiertes Wirtschaftssystem eingeführt.

3.1 Der Kulturkampf gegen die katholische Kirche und den politischen Katholizismus

Für Bismarck persönlich spielte der konfessionelle Gegensatz zwischen Protestanten und Katholiken bei seiner antikatholischen Politik keine Rolle. Ausschlaggebend war vielmehr die Gründung der **Zentrumspartei**, die im Reichstag zur zweitstärksten Kraft geworden war. Bismarck sah in diesem Sammelbecken des politischen Katholizismus einen Reichsfeind, der eine **Gefahr für die innere Stabilität des Reiches** darstellte, auch weil diese Partei nicht nur bei vielen süddeutschen Katholiken, sondern auch bei Polen, Elsässern und Welfen Anklang fand. Bismarcks politisches Konzept orientierte sich allein am **Primat des staatlichen Machtinteresses**; an einer Integration durch Beteiligung am Staatswesen waren weder er noch die Eliten in Staat und Gesellschaft interessiert.

In der Auseinandersetzung mit Aufklärung und Liberalismus im 19. Jahrhundert orientierten sich viele aktive Katholiken am Papsttum in Rom; man nannte diese politische Bewegung deshalb **Ultramontanismus** („ultra montes").

1864 hatte **Papst Pius IX.** (1846–1877) in seiner Enzyklika „Syllabus errorum", in einem Verzeichnis von Irrtümern, vor denen die katholische Kirche warnte, unter anderem auch den Nationalismus und den Liberalismus zu „Irrlehren" erklärt und die **Unterordnung von Staat und Wissenschaft** unter die Kirche gefordert. Die offenkundige Säkularisierung von Staat und Gesellschaft sowie die Moderne lehnte der Papst entschieden ab. Auf dem Vatikanischen Konzil 1870 wurde diese Politik durch die Verkündung des Dogmas der **Unfehlbarkeit** des Papstes, auch wenn es nur in geistlichen Fragen galt, noch verschärft. Doch selbst innerhalb der katholischen Kirche war dieses Dogma heftig umstritten, bekräftigte es doch die strenge Kirchenhierarchie mit dem Papst an der Spitze, in dem nicht nur die Liberalen, sondern auch viele Katholiken Zeichen eines rückständigen absolutistischen Regiments sahen, dessen Anspruch mit wesentlichen Hoheitsrechten des Staates kollidieren konnte. Viele Katholiken trennten sich daher von der offiziellen **„Papstkirche"** und vereinten sich in der „Altkatholischen Kirche". Die katholischen Behörden entzogen daraufhin „altkatholischen" Geistlichen die kirchliche Lehrerlaubnis, und sie forderten vom Staat die Entlassung „altkatholischer" Universitätsprofessoren, Religionslehrer und Militärgeistlicher. Darin sah Bismarck einen unzulässigen Eingriff der Kirche in allein dem weltlichen Staat vorbehaltene Hoheitsrechte. Die Liberalen hat besonders das **Unfehlbarkeitsdogma** herausgefordert. Für sie war allein die **Nation** das Maß aller Dinge; eine übernationale Bindung, und sei es eine religiöse, konnte es für sie nicht geben.

Das Zentrum war damit zu einer die Reichseinheit gefährdenden Partei geworden, die viel dazu beitrug, dass dieses Gefühl der Bedrohung bei Bismarck, den Liberalen und den Protestanten zu Gegenmaßnahmen führte, wie sie im Übrigen auch in anderen europäischen Staaten ergriffen wurden. Die Forderung des Zentrums nach mehr Föderalismus gegen die preußisch-protestantische Führungsmacht im Reich schien zu beweisen, dass den deutschen Katholiken an einer Einheit des deutschen Nationalstaates nichts gelegen war.

Dennoch wurde der **Kulturkampf** nicht auf Reichsebene, sondern nur in einzelnen Bundesländern, vor allem in **Preußen** und **Baden**, ausgetragen, wenn auch einzelne Regelungen zu Reichsgesetzen wurden.

- 1871 wurde im Bundesrat auf Vorschlag Bayerns eine Gesetzesvorlage, der sogenannte **Kanzelparagraph**, eingebracht. Das Reichsgesetz war ein **Ausnahmegesetz** und verbot Geistlichen, „Angelegenheiten des Staates" in einer „den öffentlichen Frieden gefährdenden Weise zum Gegenstand einer Verkündigung oder Erörterung" zu machen. Damit war es den Geistlichen praktisch untersagt, sich über Politik kritisch zu äußern. Das Gesetz entsprach der Auffassung Bismarcks und der Nationalliberalen von der strikten **Trennung von Staat und Kirche**.
- 1872 wurde mit dem **„Jesuitengesetz"** der **Jesuitenorden**, wiederum auf bayerische Initiative, im Reich **verboten** und alle seine Einrichtungen, Schulen und Hochschulen, eingezogen; seine Mitglieder wurden ausgewiesen. Im selben Jahr wurden die **Schulen** zur Verminderung des kirchlichen Einflusses **unter staatliche Aufsicht** gestellt.
- 1873 griff der Staat mit den **„Maigesetzen"** unmittelbar in kirchliche Belange ein: Er schrieb für das Priesteramt das Gymnasium und ein Hochschulstudium vor. Zudem mussten die angehenden Priester ein Zusatzstudium („Kulturexamen") in Philosophie, Geschichte und deutscher Literatur absolvieren (Baden hatte dies schon 1867 eingeführt). Ohne die Zustimmung des Staates durfte kein Geistlicher mehr eingestellt werden. Auch konnten unbotmäßige Geistliche ausgewiesen werden („Expatriisierungsgesetz").
- 1874/75 wurde die **Zivilehe** als für die Rechtsgültigkeit einer Eheschließung obligatorisch eingeführt.
- Den Höhepunkt stellte das **„Brotkorbgesetz"** von 1875 dar, das die Einstellung aller finanziellen Zuwendungen an die Kirche vorsah, sollte sie die Anerkennung der staatlichen Gesetze – auch der „Kampfgesetze" – verweigern.

Eine Welle von Verhaftungen unbotmäßiger Geistlicher durchzog das Land, sodass die liberale Frankfurter Zeitung befürchtete, Deutschland werde bald „ein einziges großes Gefängnis". Bis 1876 wurden alle katholischen Bischöfe in Preußen entweder verhaftet oder ausgewiesen, und ein Viertel aller katholischen Gemeinden war ohne Priester. Doch der Widerstand der Katholiken war unerwartet stark:

- Der Papst antwortete mit dem Kirchenbann für alle, welche die Gesetze durchsetzten und befolgten; in den zum Reich gehörenden polnischen Gebieten verschärfte sich der antideutsche Nationalismus;
- die Katholiken im Reich schlossen sich enger zusammen und entwickelten ein Zusammengehörigkeitsgefühl, das später auch für die Nazis zum Problem wurde. Bei den Wahlen 1873 zum preußischen Abgeordnetenhaus konnte das Zentrum seinen Stimmenanteil stark erhöhen (von 52 auf 88 Mandate), ebenso bei den Reichstagswahlen 1874 (von 63 auf 91). Zahlreiche Vereine und kulturelle Organisationen entstanden.

Angesichts des **Fehlschlags seiner Politik** musste Bismarck nach Wegen zur Entspannung suchen. 1878/79 beendete Bismarck seine Zusammenarbeit mit den Liberalen und näherte sich den Konservativen an; zur Bildung einer neuen Reichstagsmehrheit benötigte er aber das Zentrum. Mit dem versöhnlichen Papst Leo XIII. (1878–1903) einigte sich das Reich deswegen auf die Zurücknahme der meisten „Kampfgesetze" bis auf den „Kanzelparagraphen", die staatliche Schulaufsicht, die Zivilehe und das „Jesuitengesetz". In Süddeutschland wurden kirchlich geführte Bekenntnisschulen erlaubt.

Doch der Kulturkampf hatte erheblichen Schaden angerichtet und die **innere Reichseinheit eher gefährdet** als gefestigt:

- Das Verhältnis zwischen Protestantismus und katholischer Kirche belastete das innenpolitische Klima über das Ende des Kaiserreiches hinaus;
- noch lange fühlten sich Katholiken als Bürger zweiter Klasse; sie entwickelten daher ein eigenes Bewusstsein, das sie einerseits vom Protestantismus abgrenzte, andererseits aber totalitären Machtansprüchen des Staates gegenüber weitaus weniger anfällig machte als die deutschen Protestanten; dennoch: Nach den Erfahrungen der Ausgrenzung in den 70er-Jahren des 19. Jahrhunderts wandte sich auch der deutsche Katholizismus hin zum Nationalismus.
- Für die **Liberalen** bedeutete die Abwendung Bismarcks von ihren wirtschaftspolitischen Prinzipien einen entscheidenden Machtverlust, der zu einer **Spaltung der Bewegung in Linksliberale und Nationalliberale**

führte: In der Folge lehnten die Linksliberalen die Sozialistengesetze ab und bemühten sich verstärkt um eine Demokratisierung des Reiches, die Nationalliberalen unterstützten weiter Bismarck und versuchten so, die Interessen der Industrie gegen Arbeiterbewegung und konservative Landwirtschaft zu sichern. Diese Spaltung in einen linksliberalen und einen wirtschaftsliberalen Flügel schwächte die liberale Bewegung in der Folge; der Gegensatz dieser Parteiflügel ist bis heute ein Kennzeichen der Liberalen.

3.2 Der Kampf gegen die deutsche Sozialdemokratie (Sozialistengesetze)

Fast zeitgleich mit der Deeskalation im Kulturkampf begann Bismarck einen anderen innenpolitischen Konflikt anzuheizen und eine andere Bevölkerungsgruppe als Reichsfeinde zu stigmatisieren, um eine **Stabilisierung des Reiches im konservativen Sinne** zu erreichen: Die Sozialdemokraten, die in den Augen des Adels und des nationalen Bürgertums ohnehin „vaterlandslose Gesellen" waren, nicht nur wegen der internationalen Ausrichtung der Arbeiterbewegung, sondern auch deshalb, weil sie gegen die Annexion von Elsass-Lothringen gewesen waren und weil sie gegenüber der französischen Republik, besonders gegenüber der Arbeiterbewegung dort, Sympathien zeigten.

Die Entstehung der Arbeiterbewegung

Die sich dynamisch beschleunigende Industrialisierung Deutschlands ließ auch die Arbeiterbewegung als Interessenvertretung der neuen Klasse der Industriearbeiter erstarken; sie wurde von allen etablierten Gesellschaftsgruppen wegen ihres revolutionären Charakters zunehmend als Bedrohung empfunden.

- 1863 gründete Ferdinand Lassalle (1825–1865) den **Allgemeinen Deutschen Arbeiterverein (ADAV)**
- 1875 erfolgte der Zusammenschluss mit der Sozialdemokratischen Arbeiterpartei in Gotha unter Wilhelm Liebknecht (1826–1900) und August Bebel (1840–1913) zur **Sozialistischen Arbeiterpartei (SAP)**; 1890 wurde sie in Sozialdemokratische Partei Deutschlands (SPD) umbenannt.

In ihrem **„Gothaer Programm"** von 1875 formulierten die Sozialisten marxistische, revolutionäre Grundsätze. Die Partei erklärte, sie wolle den freien Volksstaat und die sozialistische Gesellschaft durch Vergesellschaftung erreichen. Damit standen die Sozialdemokraten zu allen anderen politischen Kräften im Reich im Widerspruch:

- zu den Liberalen wegen der Forderung nach sozialistischen Produktionsgenossenschaften und der Propagierung des Klassenkampfes gegen die bürgerlichen Unternehmer;
- zu den Konservativen und den Monarchisten wegen der revolutionären (marxistischen) und radikaldemokratischen Ausrichtung der Partei;
- zu den nationalen Kreisen wegen des von der Partei vertretenen „proletarischen Internationalismus“, in dem sich die Arbeiter aller Länder zur bestimmenden politischen Kraft vereinigen sollten;
- zu den religiösen Kräften, vor allem zum Zentrum, wegen der im Marxismus verankerten Religionsfeindlichkeit („Religion ist Opium für das Volk“).

Angesichts des Widerspruchs der SAP zu den anderen politischen Parteien eignete sich gerade der Kampf gegen die Sozialdemokratie besonders für Bismarcks Politik der **„negativen Integration“**. Diese wirkte bis in die Weimarer Republik nach und erschwerte dort eine dauerhafte Zusammenarbeit zwischen der SPD und den demokratischen bürgerlichen Parteien.

Obgleich die neue Partei mit gerade 30 000 Mitgliedern relativ schwach war, gingen die staatlichen Behörden gegen sie vor – 1876 wurde die SAP in Preußen verboten, die Parteiführung musste nach Hamburg ausweichen, wo ein liberaleres Klima herrschte.

Als die SAP 1877 zwölf Reichstagsmandate gewann, nahm Bismarck zwei Attentate auf Kaiser Wilhelm I., mit denen die Partei nachweislich nichts zu tun hatte, zum Anlass, den Druck auf die SAP durch eine schon längere Zeit vorbereitete Gesetzgebung zu verschärfen. Durch das **„Gesetz gegen die gemeingefährlichen Bestrebungen der Sozialdemokratie“**, das am 21. Oktober 1878 in Kraft trat, wurden alle sozialdemokratischen, sozialistischen oder kommunistischen Versammlungen und Vereinigungen ebenso verboten wie sozialistische Druckschriften. Den Behörden wurde die Möglichkeit eingeräumt, sozialistische Agitatoren aus Ortschaften, Kreisen oder Bezirken auszuweisen, und die einzelnen Bundesstaaten konnten bei angeblicher Gefährdung der öffentlichen Sicherheit den Belagerungszustand ausrufen. Betroffen waren von dem Gesetz auch die Freien Gewerkschaften. Damit war die ganze **Arbeiterbewegung** der **Willkür von Justiz und Polizei** ausgeliefert. Die Partei- und Gewerkschaftsarbeit wurde so lahmgelegt, ohne die Sozialdemokratie als Ganzes zu verbieten. Die Partei durfte sich auch weiterhin an den Reichstagswahlen beteiligen, aber ohne Möglichkeit des Wahlkampfes; weiterhin durften ihre Abgeordneten in den Parlamenten reden, nur ihre Schriften waren verboten. Dadurch bestand bis 1890 ein **„Zustand der Halblegalität“** (V. Ullrich) mit weitgehender **Entrechtung** der Arbeiterbewegung. Die Parteiführung ging in den **Untergrund**, um den zahlreichen Verhaftungen und Ausweisungen zu entgehen – hier lernte die Partei die Bedeutung einer selbst im Untergrund gut funktionierenden Parteiorganisation, auf die sie nach 1933 bauen konnte.

Auf sozialdemokratischer Seite führte die **Repressionspolitik** zu einem engen Zusammenhalt und zu einer starken **Solidarität** zugunsten der von staatlichen oder betrieblichen Maßnahmen Betroffenen. Auch entwickelte man Gegenstrategien: Ausflüge ins Grüne wurden ebenso zu politischen Aktionen wie Beerdigungen. In Zürich, unerreichbar von polizeilichem Zugriff, wurde eine Parteizeitung geschaffen, der „Sozialdemokrat“, dessen erste Nummer am 28. September 1879 erschien. Mithilfe eines engen, geheimen Vertriebsnetzes („Rote Feldpost“) wurde die Zeitung im Reich verteilt. Die aggressive, revolutionäre Sprache zeigte die angesichts der staatlichen Unterdrückung zunehmende **Radikalisierung der Partei**, die im Gegensatz zur notgedrungen vorsichtig taktierenden Haltung der Reichstagsfraktion stand. Ende 1880 mussten die Behörden feststellen, dass der „Mut der deutschen Sozialdemokratie noch immer ungebrochen ist, dass die Bewegung [...] einen neuen Aufschwung genommen hat“. Damit schien **Bismarcks Strategie gescheitert** zu sein.

3.3 Bismarcks Sozialgesetzgebung

Bismarck reagierte auf die Wirkungslosigkeit der Repression gegen die Sozialdemokratie mit einer staatlichen Sozialpolitik. Zudem erhoffte sich Bismarck, durch eine **Sozialgesetzgebung** die Arbeiter an den Staat heranzuführen und zu loyalen Untertanen zu machen und so Arbeiterschaft und Arbeiterpartei zu trennen. Die 1883 einsetzende staatliche Sozialgesetzgebung war so nicht nur Ergebnis des konservativ-patriarchalischen Verantwortungsgefühls, sondern hauptsächlich wichtiger Bestandteil der **„konservativen Stabilisierungspolitik“** des Kanzlers.

Das erste staatliche Sicherungssystem der Welt umfasste folgende Bereiche:

- 1883 die **gesetzliche Krankenversicherung:** Zwei Drittel der Beiträge brachten die Versicherten auf, ein Drittel die Unternehmer. Neben die bestehenden Betriebskrankenkassen trat als neue Einrichtung die Ortskrankenkasse mit genossenschaftlicher Selbstverwaltung durch die Arbeitnehmer.
- 1884 folgte die **Unfallversicherung**, deren Beiträge die Unternehmer allein aufbringen mussten.
- Seit 1889 sah die **Alters- und Invaliditätsversicherung** eine Rente für Arbeitnehmer nach dem 70. Lebensjahr und im Fall der Arbeitsunfähigkeit

eine Invalidenrente vor, deren Höhe sich nach dem vorangegangenen Arbeitseinkommen und der Versicherungsdauer richtete. Den größten Teil der Versicherungslasten trugen Arbeitgeber und Arbeitnehmer zu gleichen Teilen; der Staat gewährte Zuschüsse.

Diese Sozialgesetze galten trotz ihrer relativ geringen Leistungen als richtungsweisend für jede staatliche Sozialpolitik; ihr politisches Ziel, den Einfluss der Sozialdemokratie zu mindern, konnte Bismarck aber nicht erreichen. Das politische Selbstbewusstsein der Arbeiter war schon zu stark.

Zwischen 1877 und 1890 konnte die SAP ihren Stimmenanteil trotz aller Unterdrückung und Verfolgung verdreifachen. Die Sozialdemokratie hatte trotz der Sozialgesetzgebung ihre Anziehungskraft für die Arbeiter nicht verloren, im Gegenteil: Der Verstoß gegen die Grundrechte der Versammlungs- und Meinungsfreiheit während des „Ausnahmezustands" wurde zunehmend auch von den liberalen Kräften, selbst von den Nationalliberalen, abgelehnt.

Bestimmend für die Zukunft der Sozialdemokratie war,

- dass in der Arbeiterbewegung eine **„Parallelkultur"** entstand, verbunden mit einer eigenen Abgrenzungsmentalität gegenüber dem Bürgertum;
- dass der Staat als **„Klassenherrschaft"** gesehen wurde, in der sich Junkertum und Kapitalismus gegen die Arbeiterschaft verbunden hatten;
- dass die Partei eine **„Oppositionskultur"** entwickelte, die sie in der Weimarer Republik in der eigenen Regierungsarbeit behinderte; man war Opposition gewöhnt, nicht aber das Regieren;
- dass die Partei eine Vorliebe für den **inneren Aufbau und die Untergrundarbeit** gewann, die vor und nach Hitlers Machtübernahme den Widerstand der Sozialdemokratie nachteilig beeinflusste.

Aufgabe 21 Erklären Sie die wichtigsten Ziele Bismarcks nach 1871 und leiten Sie davon den Begriff „negative Integration" ab.

Aufgabe 22 Ein Problem des Bismarck-Reiches war die mangelnde innere Einheit als Basis der inneren Stabilität. Erläutern Sie anhand von zwei Beispielen, wie Bismarck versuchte, diese „innere Reichsgründung" durchzusetzen.

Aufgabe 23 (materialgestützt)

a) Erschließen Sie die wesentlichen Inhalte, die historischen Bezüge, die Aussageabsicht und die politische Position der Karikatur (M 1)!

b) Beurteilen Sie – auch im Blick auf die Entwicklung der deutschen Sozialpolitik nach Bismarck (bis heute) –, ob die Einschätzung der Karikatur zutrifft!

M 1: Karikatur aus der Zeitschrift „Der wahre Jakob“, 1891

Merkwürdige Frage.

Engländer: Was ist das?
Der wahre Jacob: Das ist Bismarck's Sozialreform.

Deutsche Außenpolitik 1871–1914: Europäische Großmachtpolitik und imperialistische Expansion

Das Deutsche Reich von 1871 war das **Ergebnis dreier Kriege** und das Produkt sich zum Teil widersprechender, aber auch ergänzender politischer Traditionen des 19. Jahrhunderts, die in der Auseinandersetzung mit der Französischen Revolution entstanden waren. Das preußisch-deutsche Kaiserreich war zudem unter den europäischen Großmächten einer der jüngsten und ein relativ spät entstandener Nationalstaat, dessen Existenz vor allem durch seine geostrategische Lage niemals ausschließlich ein Problem der deutschen Teilstaaten, sondern stets eine **gesamteuropäische Angelegenheit** war.

Dem hatte die „**Wiener Ordnung**" nach 1815 Rechnung getragen, denn es war ein „**antinationales**" **System** gewesen (s. S. 6 ff.). Durch die Reichsgründung war dieses endgültig aufgelöst worden und das ihr zugrunde liegende Mächtegleichgewicht der alten Pentarchie (Russland, England, Frankreich, Österreich, Preußen) nicht nur militärisch empfindlich gestört. Preußen war bislang unter diesen Mächten die schwächste gewesen. Das neue **preußisch-deutsche Reich** galt dagegen als die auf dem Kontinent **dominierende Großmacht**, zumal Frankreich geschwächt war, Österreich-Ungarn durch innere Probleme zunehmend schwächer wurde und auch das russische Zarenreich durch seine politische, soziale und wirtschaftliche Rückständigkeit kein wirkliches Gegengewicht zum neuen Deutschen Reich sein konnte.

Das Bewusstsein darüber prägte in Deutschland schon bald, besonders aber unter Wilhelm II., die politische Kultur nachhaltig. Auch daran mag der Parteiführer der Konservativen im englischen Unterhaus, Benjamin Disraeli, gedacht haben, als er in Bezug auf die deutsche Reichsgründung erklärte, sie sei eine größere Revolution gewesen als die Französische von 1789, denn nun sei das Gleichgewicht der Kräfte in Europa völlig zerstört worden, und das Land, das am meisten darunter leiden werde, sei England. Disraeli urteilte zwar auch von der militärisch-politischen Seite aus – das Gleichgewicht, bisher die Grundlage des europäischen Friedens, war gestört und damit der Frieden bedroht –, vor allem aber sah er im **Deutschen Reich** einen heranwachsenden **ökonomischen Konkurrenten in Europa**, der unberechenbar war.

Zunächst konnte sich England mit der „halbhegemonialen Stellung des Bismarckreiches auf dem Festland" (L. Dehio) abfinden, doch mit der Hinwendung des wilhelminischen Deutschland zur „**Weltpolitik**" und mit dem Aufstieg des Kaiserreiches zur **führenden Wirtschaftsmacht** wandte sich England den deutschen Gegnern Frankreich und Russland zu, um das Gleichgewicht nicht völlig zu zerstören und, wenn möglich, wieder herzustellen.

1 Die Außenpolitik Bismarcks (1871–1890)

22.10.1873	Dreikaiserabkommen (Deutschland, Österreich-Ungarn und Russland)
1875	„Krieg-in-Sicht-Krise“: Ausdruck deutsch-französischer Spannungen
1875–1878	Orientkrise
15.1.1877	Vertrag von Budapest zwischen Österreich-Ungarn und Russland
15.6.1877	„Kissinger Diktat“
Juni/Juli 1878	Berliner Kongress zur Regelung der Balkanfrage
15.8.1879	„Ohrfeigenbrief“ Zar Alexanders II. an Kaiser Wilhelm I.
7.10.1879	Zweibund zwischen Deutschland und Österreich-Ungarn
18.6.1881	Dreikaiservertrag (Deutschland, Österreich-Ungarn und Russland)
20.5.1882	Dreibund zwischen Deutschland, Österreich-Ungarn und Italien
22.2.1887	Orient-Dreibund zwischen Großbritannien, Österreich-Ungarn, Italien
18.6.1887	Deutsch-russischer Rückversicherungsvertrag
20.3.1890	Entlassung Bismarcks
4.1.1894	Defensivvertrag zwischen Russland und Frankreich

1.1 Die Ausgangssituation

Die Reichsgründung von 1871 hatte das europäische Mächtesystem des Wiener Kongresses, die Pentarchie (Preußen, Großbritannien, Frankreich, Russland und Österreich), nachhaltig verändert: Der Aufstieg des **Deutschen Reiches zur stärksten Macht auf dem Kontinent** wurde von den anderen Großmächten mit Misstrauen beobachtet, die in diesem einen unerwünschten Konkurrenten und möglichen Rivalen sahen.

Bismarck musste sich daher in den ersten Jahren darauf konzentrieren, bei den übrigen Mächten der alten Pentarchie Vertrauen in den jungen deutschen Staat zu erzeugen und Besitzstandswahrung zu betreiben. Aus diesem Grund verfolgte er eine Außenpolitik, die den Status quo unbedingt anerkannte und an dem friedenssichernden Kräftegleichgewicht in Europa festhielt.
So erklärte Bismarck 1874, das **Reich sei territorial „saturiert“** (gesättigt) und betreibe eine **„Sicherheitspolitik“**, die den Frieden in Europa erhalte. Kernpunkt der deutschen Außenpolitik war die **Elsass-Lothringen-Frage**. Bismarck musste mit einem französischen Revanchekrieg rechnen, der die territoriale Veränderung von 1871 wieder rückgängig machen sollte. Bismarcks Hauptziel war deshalb die **Isolierung Frankreichs, um eine Zweifrontenbedrohung zu vermeiden**.

Die **„Krieg-in-Sicht-Krise“** des Jahres 1875, ausgelöst durch die Überschätzung von Aufrüstungsmaßnahmen Frankreichs durch den deutschen Generalstab, der in den französischen Pferdekäufen im In- und Ausland die Vorbereitung einer französischen Mobilmachung zu sehen glaubte und daher auf einen Präventivkrieg drängte, zeigte Bismarck, dass ein europäisches Interesse am Fortbestand **Frankreichs als europäische Großmacht und als Gegengewicht** zu Deutschland bestand. Weder England noch Russland waren bereit, einen Präventivschlag gegen Frankreich zu unterstützen; sie stellten sich vielmehr auf die Seite Frankreichs; die verhängnisvolle Konstellation, wie sie dann vor dem Ersten Weltkrieg entstand, deutete sich hier wie ein Menetekel an.

Zudem wurde Bismarcks Friedenspolitik nach 1875 durch panslawistische Kreise Russlands gefährdet, die auf ein Bündnis mit Frankreich drängten, um neben der Türkei auch Österreich-Ungarn vom Balkan zu verdrängen und alle Slawen unter russischer Führung in einem Reich zu vereinen. Russland war damit ein unberechenbarer Partner für Deutschland, und diese Erkenntnis bahnte, erleichtert durch die flexible Politik des österreichisch-ungarischen Außenministers Graf Andrassy, eine verstärkte **deutsch-österreichische Annäherung** an. Hier zeigte sich, wie wertvoll der Ausgleichsfriede 1866/67 mit Wien gewesen war.

Als Idealziel seiner Außenpolitik nannte Bismarck 1877 im **„Kissinger Diktat“** eine Situation in Europa, in der „alle Mächte außer Frankreich unser bedürfen und von Koalitionen durch ihre (gespannten) Beziehungen zueinander nach Möglichkeit abgehalten werden“. Spannungen sollten an die Peripherie Europas abgelenkt, Kriege zwischen Großmächten, die auf Mitteleuropa übergreifen konnten, verhindert werden, um den für Deutschland günstigen Status quo nicht zu gefährden.

1.2 Bismarcks Bündnispolitik

Bismarck bestimmte bis 1890 die deutsche Außenpolitik praktisch allein. Um die instabile Lage auszutarieren, wählte er eine Bündnispolitik mit vielen Partnern. Das Problem war, dass sich die **wesentlichen Bündnisse in ihrer Zielrichtung widersprachen:** Zentraler Faktor im Denken Bismarcks war Russland als starker östlicher Nachbar Deutschlands, dessen Bündnis mit Frankreich das Reich vor einen Zweifrontenkrieg gestellt hätte. Ausdruck von Bismarcks Politik war der Abschluss des **Dreikaiserabkommens** zwischen Deutschland, Österreich-Ungarn und Russland 1873. Dieses enthielt aber nur die Verpflichtung zu gegenseitiger Konsultation in außenpolitischen Krisenfällen. Damit war für Bismarck vorerst die Gefahr eines österreichisch-russischen Balkankonflikts sowie ein Zusammengehen Russlands und Frankreichs ausgeräumt.

Die **Orientkrise** (1875–1878) brachte schließlich das gesamte europäische Mächtesystem in Bewegung und bedrohte die Politik Bismarcks. Sie brachte eine Koppelung des großrussischen **Panslawismus** mit den nationalstaatlichen Bestrebungen der Balkanvölker und dem traditionellen russischen Streben nach Beherrschung der Meerengen am Bosporus. Russland musste so zwangsläufig in Konflikt mit England, das Russland vom Mittelmeer fernhalten wollte, und mit Österreich-Ungarn kommen, dessen eigene Balkaninteressen mit denen Russlands kollidierten. Vor allem der russische Zar Alexander II. forderte 1876 die Unterstützung des Reiches für seine Balkanpläne, auch gegen den Rivalen Österreich-Ungarn. Bismarck enthielt sich aber jeder Einmischung, musste eine solche doch die Sicherheit und den Frieden in Europa gefährden und die jeweils andere Partei an die Seite Frankreichs bringen. Dadurch wäre das Reich eingekreist worden, zumindest aber drohte ein Zweifrontenkrieg.

Zwar stimmte der Zar 1877 im **Vertrag von Budapest** einer Ost-West-Teilung des Balkans zu. Doch der russisch-österreichische Gegensatz dort blieb bestehen. Auf russischen Wunsch berief Bismarck einen Kongress der europäischen Mächte in Berlin ein. Auf dem **Berliner Kongress** von 1878, der die Orientkrise und den russisch-türkischen Krieg von 1877/78 beendete, rettete Bismarck den Frieden in Europa und gewann als neutraler „ehrlicher Makler" das Vertrauen der europäischen Mächte. Diese Rolle übernahm er nicht ganz uneigennützig: Für ihn war der **europäische Friede Garant für den Erhalt der deutschen Großmachtstellung**, ja des Reiches überhaupt. Durch die Aufrechterhaltung gewisser Spannungen zwischen den übrigen Großmächten sollte eine gegen Deutschland gerichtete Mächtekonstellation verhindert werden.

Bismarcks Politik wurde aber von Russland bedroht, das von den Ergebnissen des Berliner Kongresses enttäuscht war, da es seine Ordnungsvorstellungen auf dem Balkan und den direkten Zugang zum Mittelmeer nicht durchsetzen konnte. Im August 1879 sandte Zar Alexander II. einen Brief an Kaiser Wilhelm I. nach Berlin („Ohrfeigenbrief"). In diesem verlangte der Zar geradezu ultimativ Dankbarkeit für die russische Neutralität in den Kriegen von 1866 und 1870/71. Er warf Bismarck vor, sich einseitig zugunsten der Interessen Österreichs und Englands in der Balkanfrage zu engagieren. Gleichzeitig kündigte er das Dreikaiserabkommen von 1873 offiziell auf.

Infolge der russischen Verstimmung glaubte Bismarck nun, durch ein festes Bündnis mit Österreich-Ungarn die geostrategischen Nachteile in Mitteleuropa ausgleichen zu müssen. Gegen den Willen des Kaisers schloss Bismarck 1879 den **Zweibund** mit Österreich-Ungarn, in dem sich beide Staaten gegenseitigen militärischen Beistand für den Fall eines russischen Angriffs zusicherten; im Falle eines Angriffs durch eine dritte Macht vereinbarte man wohlwollende Neutralität. Sollte Russland den Angriff einer anderen Macht auf einen der Vertragspartner unterstützen, sollte der Bündnisfall ebenfalls eintreten. Diese gegen

Frankreich gerichtete Klausel war vor allem für Deutschland wichtig, das so einen mit russischer Hilfe geführten französischen Angriff verhindern wollte.

Russland gegenüber forcierte Bismarck den Abschluss des **Dreikaiservertrages** (1881). In diesem verpflichteten sich Deutschland, Russland und Österreich-Ungarn zu wohlwollender Neutralität, falls einer von ihnen von einer vierten Macht angegriffen werden sollte – daher auch **Neutralitätsabkommen** genannt. Für Deutschland war dies im Hinblick auf Frankreich, für Russland in Bezug auf England wichtig. Bei Angelegenheiten, die das Osmanische Reich oder den Balkan betrafen, bestand eine gegenseitige Konsultationspflicht.

1882 entstand durch den Beitritt Italiens zum Zweibund, der als separates Vertragswerk fortbestand, der **Dreibund**. In diesem verpflichteten sich Deutschland und Österreich-Ungarn zum militärischen Beistand im Falle eines unprovozierten Angriffs Frankreichs auf Italien; die gleiche Verpflichtung übernahm Italien gegenüber Deutschland für den Fall eines französischen Angriffs. Falls einer der Partner zu einem Präventivkrieg gezwungen werden sollte, galt für die anderen wohlwollende Neutralität. Nur im Falle eines Krieges mit mehreren Mächten bestand Bündnispflicht. Der Vertrag wurde 1887 verlängert und durch zwei Separatabkommen ergänzt:

- Im **deutsch-italienischen Zusatzabkommen** verpflichteten sich die Staaten zur Aufrechterhaltung des Status quo im Orient; Deutschland versprach Italien Hilfe, sollte Frankreich in Tripolis und in Marokko aktiv werden.
- Im **italienisch-österreichischen Abkommen** einigten sich die Vertragspartner, sich über eigene Aktionen auf dem Balkan sofort zu informieren und Gebiete dort nur nach gegenseitiger Übereinkunft zu besetzen.

Der Rückversicherungsvertrag

1886 trat ein entscheidender **Wandel in der französischen Politik** ein. Die radikalen Chauvinisten und Revanchisten unter **Clemenceau** übernahmen die Regierung und schürten vehement die antideutsche Stimmung. Dies und vor allem die österreichisch-russischen Spannungen auf dem Balkan, die sich dadurch verschärften, dass die Donaumonarchie ihren Einfluss auf Bulgarien ausdehnen wollte – Folge war die Nichtverlängerung des Dreikaiservertrages von 1881 –, veranlassten Bismarck, eine engere Bindung mit Russland zu suchen, ohne aber die an Österreich-Ungarn aufzugeben. 1887 kam es daher zum **deutsch-russischen Rückversicherungsvertrag**. Dieses Geheimabkommen verpflichtete beide Mächte im Kriegsfall zur Neutralität; ausgenommen waren Angriffskriege Deutschlands gegen Frankreich und Russlands gegen Österreich-Ungarn. Außerdem versprach ein „ganz geheimes Zusatzprotokoll" den Russen deutsche Unterstützung in der Frage der Meerengen.

Bismarck glaubte, nur der Rückversicherungsvertrag könne ein französisch-russisches Bündnis verhindern. Und als der Vertrag 1890 nach der Entlassung Bismarcks nicht verlängert wurde, trat genau das ein, was Bismarck befürchtet hatte: Die Annäherung Frankreichs und Russlands, die im Bündnis von 1894 ihren Höhepunkt fand und Deutschland mit einem Zweifrontenkrieg bedrohte.

Der Rückversicherungsvertrag wandte sich inhaltlich gegen den ebenfalls 1887 auf Bismarcks Veranlassung von England, Italien und Österreich-Ungarn geschlossenen **Orient-Dreibund**. Denn dieses Abkommen, dem später auch Spanien beitrat, diente der Aufrechterhaltung des Status quo im gesamten Mittelmeerraum und im Schwarzen Meer sowie der Erhaltung der Türkei.

Die beiden Bündnisse von 1887 waren der **Höhepunkt von Bismarcks Diplomatie**, sie zeigten aber auch den Grundwiderspruch in seinem Bündnissystem: Bismarck versprach einerseits Russland bei einer Besitzergreifung der Meerengen Neutralität und diplomatische Unterstützung, andererseits gehörte die Verhinderung des russischen Vordringens aber zu den Zielen der von Bismarck geförderten Mittelmeer-Entente. Beide Bündnisse widersprachen sich, das System war also darauf ausgerichtet, dass der Bündnisfall nicht eintrat.

Bismarcks Bündnissystem

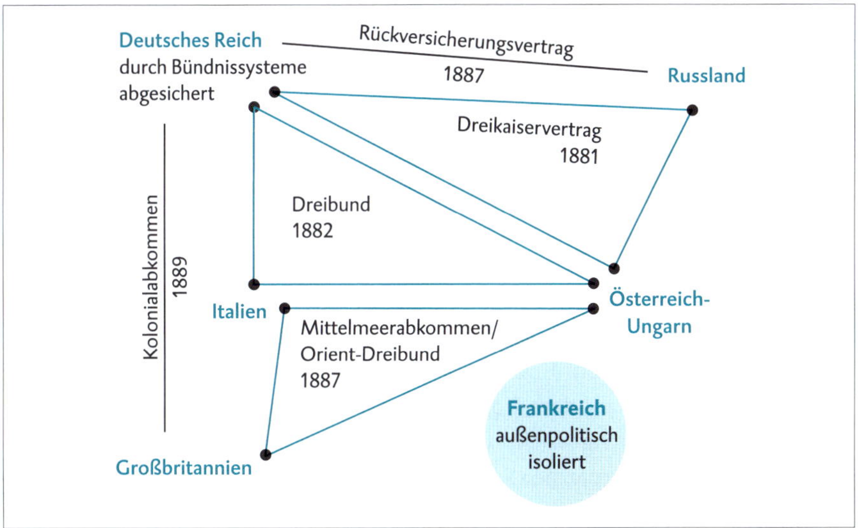

Fazit

Folgende **Hauptprinzipien der Außenpolitik Bismarcks** werden deutlich:

- die Erhaltung des europäischen Friedens zur Sicherung der deutschen Großmachtstellung;

- die Isolierung Frankreichs, mit dessen Revanchedenken Deutschland rechnen musste (Elsass-Lothringen);
- ein geschicktes Ausnutzen und Fördern der Gegensätze und Spannungen zwischen den übrigen europäischen Großmächten, auch in Bezug auf Kolonialfragen, ohne dass es zu einem Krieg kommen durfte;
- Aufbau eines defensiven Bündnis- und Vertragssystems ohne starre Bindung an nur einen Partner;
- Wahrung der strikten deutschen Neutralität auf dem Balkan;
- eine stark eingeschränkte Kolonialpolitik, die sich den europäischen Interessen der deutschen Politik unterzuordnen hatte;
- Aufbau und Erhalt einer starken Armee ohne großes Interesse an einer starken Flotte;
- Aufrechterhaltung des sozialen Status quo in Deutschland, Bewahrung der alten monarchischen Strukturen und der traditionellen Machtverhältnisse.

Bismarcks Nachfolger mussten bald die Belastungen des auf die Person Bismarcks zentrierten außenpolitischen Bündnissystems erkennen:

Die **enge Bindung an Österreich-Ungarn**, durch den Nationalismus und das „**Alldeutschtum**", eine Art „Pangermanismus", verstärkt, belastete die deutsche Politik mit den Problemen des habsburgischen Vielvölkerstaates. Spätestens seit der Bosnienkrise 1908 waren Deutschland und Österreich-Ungarn auf Gedeih und Verderb aneinander gebunden („Nibelungentreue").

Der **Konflikt zwischen Österreich-Ungarn und Russland** „schlug auf die Mitte Europas zurück" (E. Zechlin). Der **Panslawismus** russischer Prägung, der vor allem nach der Niederlage im russisch-japanischen Krieg 1904/05 die Politik des Zarenreiches bestimmte, musste zwangsläufig das Friedenskonzept des Bismarck'schen Modells zerstören. In Deutschland wäre eine Politik zugunsten Russlands und gegen die verwandte Donaumonarchie auf die Dauer nicht durchsetzbar gewesen. Ein Erfolg Russlands auf dem Balkan hätte zudem eine russische Hegemonie auf dem Kontinent begründet, so sah man dies damals in Deutschland; das Gleichgewicht wäre endgültig zerstört und Deutschland möglicherweise zum Juniorpartner Russlands geworden, was für die meisten Deutschen unannehmbar gewesen wäre.

Hinzu kam der **Wechsel** in der deutschen Wirtschaftspolitik **vom liberalen Freihandel zur Schutzzollpolitik** im Jahre 1879. Diese Schutzzölle schädigten die Getreideexporte des Zarenreiches nach Deutschland und belasteten daher das deutsch-russische Verhältnis erheblich. Als dann auch noch auf Druck der deutschen Militärs die Kredite an Russland drastisch reduziert wurden, um den Aufbau einer militärisch nutzbaren Infrastruktur in den Westprovinzen des russischen Reiches zu verhindern, sprangen vor allem französische Kreditgeber bereitwillig ein und verstärkten so den französischen Einfluss in Russland. Schon Bismarck hatte erkannt, dass der Rückversicherungsvertrag Russland nicht dauerhaft von einem Krieg mit Deutschland abhalten würde. Er hatte daher eine grundlegende Neuregelung der Beziehungen für notwendig gehalten, zu der es wegen seiner Entlassung 1890 nicht mehr kam. Da eine Verständigung Deutschlands mit Frankreich weder angestrebt wurde und wegen des französischen Revanchismus auch nicht denkbar war, waren der Friede in Europa und die Sicherheit des Reiches abhängig vom Verhältnis zu Russland. Dies aber erkannten die Reichskanzler nach 1890 nicht.

fgabe 24 Charakterisieren Sie Bismarcks Außenpolitik 1871–1890. Berücksichtigen Sie dabei Zielsetzungen, Methoden und Mittel.

fgabe 25 Geben Sie mögliche Probleme an, die mit dieser Politik verbunden waren.

2 Die Außenpolitik unter Wilhelm II. (1890–1914)

1888–1918	Regierungszeit Kaiser Wilhelms II.
1890–1897	„Neuer Kurs“ Kaiser Wilhelms II.
1890–1894	Amtszeit des Reichskanzlers Leo von Caprivi
April 1892	Französisch-russische Militärkonvention
3. 1. 1896	„Krüger-Depesche“ Wilhelms II.
1902	Britisch-japanisches Bündnis
1904/05	Russisch-japanischer Krieg
8. 4. 1904	Entente Cordiale zwischen Großbritannien und Frankreich
1905/06/11	Marokkokrisen
16. 1.–7. 3. 1906	Konferenz von Algeciras
1907	Erweiterung der Entente Cordiale um Russland zur Triple-Entente
1908/09	Bosnische Annexionskrise
28. 10. 1908	„Daily-Telegraph-Affäre“
1912/13	1. und 2. Balkankrieg

Nach Bismarcks Entlassung 1890 kam es zu einem Bruch in der deutschen Außenpolitik: Unter Wilhelm II. wollte das Deutsche Reich zur Weltmacht aufsteigen und forcierte seine **Kolonial- und Flottenpolitik**. Das Kaiserreich gab Bismarcks Zurückhaltung und Bündnissystem auf und drängte mit aggressiver Diplomatie ungewollt die Großmächte Frankreich, Großbritannien und Russland zu einem Bündnis gegen Deutschland. Nur Österreich-Ungarn blieb als wichtigster Partner im Zweibund. Deutschlands als Einkreisung angesehene Isolation und der Gegensatz der beiden Bündnisse ließen die gespannte Situation am Vorabend des Ersten Weltkrieges entstehen.

2.1 Der „Neue Kurs“ Wilhelms II. (1890–1897)

Veränderungen im Deutschen Reich nach 1890

Kristallisationspunkt der deutschen Außenpolitik nach 1890 waren die Persönlichkeit und die politische Macht Kaiser Wilhelms II. (1888–1918); er zog nach dem Rücktritt Bismarcks 1890 auch die Außenpolitik – im Zusammenspiel mit dem neuen Reichskanzler **Leo von Caprivi** (1890–1904) – weitgehend an sich.

Wilhelms II. pompöses Auftreten, sein ungehemmter Machtanspruch und seine grundlegenden Ansichten entsprachen der neuen Zeit des sich radikal wandelnden Deutschen Reiches: Unter Bismarck noch weitgehend agrarisch bestimmt, entwickelte es sich in wenigen Jahrzehnten neben Großbritannien und den USA zu einer der drei wichtigsten industrialisierten Wirtschaftsmächte mit einer Führungsrolle bei den neuen Zukunftstechnologien Chemie und Elektrotechnik.

Der industrielle Aufstieg war verbunden mit einem enormen **Konzentrationsprozess** in der Wirtschaft, einer immer dringlicher werdenden Suche nach neuen Rohstoff- und Absatzmärkten (wachsende Rivalität mit England) und einem stürmischen **Bevölkerungswachstum** zwischen 1871 und 1910 um 58 Prozent auf 65 Millionen.

Damit verschob sich das Gewicht Deutschlands in Europa: Seine nach der Reichsgründung bereits halbhegemoniale Stellung verstärkte sich zusehends; das Deutsche Reich wurde dadurch aus der Sicht seiner Nachbarn zu einer Bedrohung. Der **Rücktritt des Stabilitäts-Garanten Bismarck** war vor diesem Hintergrund ein bedeutsames Ereignis. Es war unklar, auf welchem Kurs sich das Deutsche Reich in Zukunft bewegen würde; die Person des neuen Kaisers bot in diesem Zusammenhang eine wenig beruhigende Perspektive.

Das deutsche Verhältnis zu Russland und England

Die wilhelminische Außenpolitik des **„Neuen Kurses"** setzte die ersten eigenständigen Akzente beim Verhältnis zu Russland: Der neue Reichskanzler **Leo von Caprivi** (1890–1894) machte kurz nach seinem Amtsantritt einen letztlich für das Reich verhängnisvollen Schritt: Er ließ, beraten von entschiedenen Russlandgegnern, den Rückversicherungsvertrag mit Russland 1890 nicht verlängern. Stattdessen versuchte er mithilfe des Abschlusses eines für Russland günstigen Handels- und Zollvertrages 1894 die Einbindung des Zarenreiches in den deutsch dominierten mitteleuropäischen Wirtschaftsraum zu erreichen. Allerdings darf man die deutsch-russische Entfremdung und die daraus resultierende französisch-russische Annäherung nicht allein der neuen Politik anlasten, denn – wie oben gezeigt – war das Verhältnis zu Russland schon seit dem Berliner Kongress und erst recht seit der 1879 eingeleiteten Schutzzollpolitik Bismarcks getrübt.

Damit waren in Europa „die Weichen gestellt für weitreichende Veränderungen im gesamten Beziehungsgefüge der Großmächte" (G. F. Kennan). An die Stelle der bisherigen Gleichgewichtspolitik Bismarcks, die das militärische Potenzial des Reiches hinter die politischen Interessen gestellt und das Reich in ein gesamteuropäisches Sicherheitssystem eingebunden hatte, traten nun **militärische Blockbildung, Rüstungswettlauf** und deutsches Streben nach **Welt- und Kolonialpolitik**.

Die deutsche Führung unter Reichskanzler Caprivi glaubte an die Möglichkeit, durch eine **Politik der „freien Hand"** die eigene Machtstellung am besten vergrößern zu können. Caprivis auf friedliche Koexistenz mit Russland und die wirtschaftliche Hegemonie Deutschlands in Europa ausgerichtete Konzeption scheiterte aber schnell sowohl außenpolitisch als auch innenpolitisch. Im April

1892 schloss Russland eine **Militärkonvention** mit Frankreich, die 1893 in Kraft trat, weil es ein antirussisches Bündnis zwischen Deutschland, Großbritannien und Österreich-Ungarn befürchtete. Frankreich befreite sich so aus der durch Bismarcks System bewirkten Isolation; für Deutschland hatte sich aber Bismarcks Alptraum einer Zwei-Fronten-Konstellation realisiert. Doch die Reichsregierung nahm diese Gefahr nicht wahr, zumal man immer noch glaubte, zwischen England und Russland wählen zu können, denn man hielt die imperialen Gegensätze zwischen diesen beiden Mächten für zu groß, als dass beide sich verständigen könnten.

Nach 1894 verschlechterte sich das deutsch-britische Verhältnis zusehends, und die deutsche Außenpolitik begann einen **„Zick-Zack-Kurs“** zwischen England und Russland. Höhepunkt war ein Telegramm Kaiser Wilhelms II. an den Präsidenten der Republik Transvaal (Südafrika), Krüger, in dem er diesen 1896 zu seinem militärischen Erfolg gegen ein britisches Vordringen beglückwünschte **(„Krüger-Depesche“)**. Das Telegramm war antibritisch formuliert und führte zu einer nachhaltigen Verstimmung in London. Erstmals zeigte sich in negativer Weise das impulsive Eingreifen des Kaisers in die Außenpolitik.

2.2 Die wilhelminische „Weltpolitik“

1897 begann eine neue Phase in der deutschen Außenpolitik: Aus dem „Neuen Kurs“ wurde „Weltpolitik“ mit der Erweiterung der deutschen Machtinteressen im globalen Rahmen. Zeichen für den Wandel war die Ernennung Bernhard von Bülows zum Staatssekretär im Auswärtigen Amt und die des Konteradmirals **Alfred von Tirpitz** zum Staatssekretär im Reichsmarineamt. Bülow war von 1900 bis 1909 auch als Reichskanzler führender Protagonist der neuen Richtung.

Am 6. Dezember 1897 erklärte Bülow im Reichstag: „Die Zeiten, wo der Deutsche dem einen seiner Nachbarn die Erde überließ, dem anderen das Meer und sich selbst den Himmel reservierte [...] – diese Zeiten sind vorüber. [...] Mit einem Worte: Wir wollen niemanden in den Schatten stellen, aber wir verlangen auch unseren **Platz an der Sonne**.“

Diese Rede war der programmatische Ausgangspunkt der expansiven Neuorientierung in der deutschen Außenpolitik und bedeutete eine Wende von der **Kontinentalpolitik zur Welt- und Kolonialpolitik**. Diese ist nur im Blick auf den **Imperialismus** richtig zu verstehen, dem Wettlauf der führenden europäischen Industriemächte, der USA, Russlands und Japans, um Kolonien und Einflusszonen in der ganzen Welt, vor allem in Asien und Afrika. Im Kampf um Handels- und Absatzmärkte, Rohstoffe und Siedlungsplätze bemaß man die Größe und Macht einer Nation am Umfang ihres Kolonialreiches.

Die neue „Weltpolitik" beinhaltete die Erweiterung und die innere Organisation des deutschen Kolonialreiches in Afrika, in Asien (Enklave Tsingtau 1898 in China) und im Pazifik, eine ehrgeizige **Flottenaufrüstung** (nicht zuletzt, um das Kolonialreich zu schützen), die Ausweitung der eigenen Interessensphäre auf das Osmanische Reich (Türkei) durch den Bau der „Bagdad-Bahn" und umfassende Militärhilfen für die Türkei. Beibehalten wurde dagegen die **Politik der freien Hand**, die ohne feste Bündnisse zwischen den europäischen „Flügelmächten" Russland und Großbritannien lavierte.

Dabei blieb die deutsche Außenpolitik in der konkreten Aktion ziellos, unstet und für die anderen Mächte unberechenbar, wodurch tiefes Misstrauen geschürt wurde. Diese Entwicklung zeigt exemplarisch die **Daily-Telegraph-Affäre** von 1908, die dem Verhältnis zu England weiteren Schaden zufügte. Am 28. Oktober veröffentlichte die englische Zeitung „Daily Telegraph" die Zusammenfassung von Gesprächen eines englischen Oberst mit Wilhelm II. Darin äußerte sich der Kaiser sich vor allem gegenüber England außergewöhnlich taktlos. In England erhob sich daraufhin ein Sturm der Entrüstung.

Deutsche Flottenpolitik

Verbunden war die Wende zur „Weltpolitik" mit dem Bau einer großen deutschen **Schlachtflotte**, die insbesondere das **deutsch-britische Verhältnis** nachhaltig störte. Wilhelm II. war der Überzeugung, dass nur eine große Flotte dem Reich Weltgeltung verschaffen konnte. Unterstützt wurde er in dieser Ansicht von **Alfred von Tirpitz** (1849–1930), seit 1897 Staatssekretär des Marineamtes und zusammen mit Reichskanzler Bülow hauptverantwortlich für die Neubestimmung des außenpolitischen Kurses des Reiches.

Tirpitz war von den in der damaligen „Weltpolitik" sehr einflussreichen Thesen des Amerikaners Alfred T. Mahan („Influence of Sea-Power upon History") überzeugt, der eine starke Kriegsflotte als Voraussetzung einer Weltmachtstellung ansah. Diese Theorie war das Argument für ein kostspieliges deutsches Flottenbauprogramm, durch das Deutschland zur Weltmacht Großbritannien aufschließen und deren gleichwertiger Gegenspieler in der „Weltpolitik" werden wollte. Tirpitz' Ansatz war langfristig angelegt:

In der ersten Phase sollte die allmählich wachsende deutsche Flotte durch eine zurückhaltende Außenpolitik geschützt werden. Für die zweite Phase formulierte Tirpitz seine **Risiko-Theorie:** Die deutsche Flotte **(Risikoflotte)** sollte in dieser Phase so stark sein (zwei Drittel der britischen Flotte), dass ein Angriff für Großbritannien ein Risiko darstelle, sodass Großbritannien entweder zum Ausgleich mit Deutschland oder zur Zurückhaltung gegenüber der deutschen Hegemonie in Europa gezwungen werde. Zudem erhoffte sich Tirpitz durch sein Flottenbauprogramm auch günstige innenpolitische Folgen für die Akzeptanz der „Weltpolitik". Die staatlichen Investitionen in den Bau von Kriegsschiffen sollten neue Arbeitsplätze schaffen und so die Arbeiter gewinnen, um die wachsende politische Macht der Sozialdemokratie einzudämmen.

Das von ihm im Marineamt eingerichtete „Nachrichtenbureau" überflutete bald das Land mit Propagandaschriften und Flugblättern. 1898 gründete ein von der Flotte begeisterter Lebertranfabrikant den **Deutschen Flottenverein**, finanziell unterstützt von Friedrich Alfred Krupp, dessen Stahl und Geschütze die Flotte ermöglichten. 1914 hatte der Verein und die ihm angeschlossenen kleinen Gruppen über eine Million Mitglieder. Mit dem Flottenverein hatte Tirpitz einen „lärmenden, rabiaten Verbündeten" (C. Rademacher) gewonnen, der einen beträchtlichen Einfluss besonders auf das Bürgertum hatte. Trotzdem erfüllten sich Tirpitz' Pläne nicht: Weder änderten die Flottenbauprogramme etwas an den Wahlerfolgen der SPD noch gelang es, an Großbritannien aufzuschließen oder es an Deutschlands Seite zu zwingen.

Im Gegenteil: Vor allem die deutsche Flottenpolitik führte dazu, dass Großbritannien die Beilegung seiner Konflikte mit Frankreich und Russland beschleunigte. Des Weiteren wurde die deutsche Flottenrüstung seit 1906 durch ein **englisches Gegenprogramm** abgefangen: dem steuerfinanzierten Bau von übergroßen Kriegsschiffen neuen Typs, den sogenannten **Dreadnoughts**, dem das Deutsche Reich finanziell nicht mehr folgen konnte.

England stellte mit der Dreadnought einen völlig neuen Kriegsschifftyp in Dienst, ein geradezu revolutionäres Schiff, schneller als alle bisherigen Großkampfschiffe, mit größerer Reichweite, dazu noch besser gepanzert und mit einer viel stärkeren Bewaffnung. Damit waren mit einem Schlag alle vorher gebauten Schlachtkreuzer und Linienschiffe veraltet – die Tirpitz'sche Flotte war praktisch wertlos geworden.

Tirpitz reagierte sofort. In drei Flottenvorlagen 1906, 1908 und 1912 verschärfte er das Wettrüsten durch den Bau eigener Dreadnoughts, wie die neuen Schlachtkreuzer nach dem Typschiff hießen. Doch das Wettrüsten geriet außer Kontrolle, und in Deutschland verschlang der Flottenbau zeitweise über 50 Prozent des gesamten Rüstungsetats. Dennoch gelang es nicht, England einzuholen.

Trotz dieses Rückstandes wies die uneinsichtige deutsche Führung britische Vorschläge zur Rüstungsbegrenzung beim Flottenbau mehrfach zurück und verschlechterte so das Verhältnis zu Großbritannien weiter.

1910 musste jedem Verantwortlichen in Deutschland eigentlich klar sein, dass die **Tirpitz'sche Politik gescheitert** war und dass sie schuld war an der Isolation Deutschlands, und dies angesichts seiner gefährlichen Mittellage. Dennoch riss niemand das Ruder herum: Der Kaiser und das Bürgertum, verführt von der Propaganda, von der Agitation des Flottenvereins, begeisterten sich weiterhin an der Flotte.

Während des Krieges erwies sich die Flotte als nutzlos. Zumeist lag sie vor Wilhelmshaven oder in der Kieler Förde vor Anker. 1914/15 kam es zu kleineren, für die Deutschen verlustreichen Gefechten bei Helgoland und auf der Doggerbank. Bei den Falkland-Inseln verlor die deutsche Flotte am 8. Dezember 1914 ihre Handlungsfähigkeit im Südatlantik und im Indischen Ozean; die Kolonien waren abgeschnitten.

Die Skagerrak-Schlacht („Battle of Juteland") brachte für die deutsche und die englische Flotte hohe Verluste an Menschen und Material, aber nicht die von der deutschen Flottenführung angestrebte Entscheidung; die Blockade durch die Royal Navy konnte nicht durchbrochen werden. Von nun an verlagerte sich die deutsche Seekriegsführung auf einen erbarmungslosen Handelskrieg mit Hilfskreuzern und vor allem U-Booten.

Im Oktober (Wilhelmshaven) und November 1918 (Kiel) **meuterten die Matrosen und leiteten damit die Revolution in Deutschland ein**, die im Reich und in den Bundesstaaten die Monarchien beendeten (s. S. 186 ff.).

Fazit

Angesichts des technologischen Wandels und der industriellen Kapazitäten Großbritanniens war die **Vorstellung einer überlegenen deutschen Schlachtflotte realitätsfremd**. Aber der **Flottenbau** war in Deutschland auch ein **„innenpolitisches Kampfinstrument"** (V. Ullrich), denn durch ihn wurde das Budgetrecht des Reichstages geschwächt: Seit 1898 war der Flotte automatisch das Recht eingeräumt worden, auch ohne besondere Genehmigung durch den Reichstag alle 15 bis 25 Jahre alte Schiffe durch moderne zu ersetzen. Populär war der Flottenbau auch deshalb, weil sich Tirpitz und seine Anhänger wirtschaftlichen Gewinn versprachen.

Die Flotten- und Kolonialpolitik brachte das Deutsche Reich nicht nur in Gegensatz zu Großbritannien, sondern auch zu Russland und den USA in China und im pazifischen Raum; sie war, im Nachhinein gesehen, ein großer Fehler, auch deshalb, weil sie den Reichhaushalt stark belastete.

2.3 Internationale Krisen

Die Orientreise Kaiser Wilhelms II. 1898

Auch das Auftreten Wilhelms II. im Orient brachte dem Reich erhebliche Probleme, vor allem mit England. 1898 unternahm der Kaiser eine Orientreise ins Osmanische Reich, hinter der hauptsächlich wirtschaftliche Interessen standen.

Durch den Ausbau der anatolischen Eisenbahn bis zum Persischen Golf (Bagdad-Bahn) wollte Deutschland zur wirtschaftlich dominierenden Kraft im Osmanischen Reich werden.

Doch mit diesem Engagement wurde das Reich in alle Spannungen dieser empfindlichen Krisenregion hineingezogen: Russland und England fühlten sich von den Deutschen herausgefordert. Russland sah seinen Anspruch auf die Meerengen und die Oberhoheit über die Christen im Orient gefährdet; England sah seine für den Seeweg nach Indien so wichtige strategische Position am Persischen Golf bedroht. Damit trug der Bau der Bagdad-Bahn wesentlich zur Annäherung Russlands und Englands bei, zumal die deutsche Regierung 1898 auf ein englisches Bündnisangebot, das England angesichts des damals eskalierenden Kolonialkonflikts mit Frankreich gemacht hatte, nicht eingegangen war, weil man in Verkennung der Lage in Berlin geglaubt hatte, dass man in der Außenpolitik immer noch freie Hand habe.

Außenpolitische Selbstisolation Deutschlands

Ab 1901 verschlechterte sich die außenpolitische Lage des Reiches zusehends. Dennoch erklärte der bis 1906 für die Außenpolitik zuständige Staatssekretär Friedrich von Holstein (die „graue Eminenz") 1902, dass es für das Reich keinen Grund gebe, die **Politik der freien Hand** aufzugeben. Doch in der Außenpolitik bahnte sich bereits die Isolierung des Reiches und seines engsten Verbündeten Österreich-Ungarn an.

Der Dreibund wurde durch die Einigung Italiens mit Frankreich über die Abgrenzung der beiderseitigen kolonialen Interessengebiete in Nordafrika geschwächt, denn Italien hatte sich zur Neutralität verpflichtet, „wenn Frankreich zur Verteidigung seiner Ehre oder seiner Sicherheit als Folge einer direkten Provokation die Initiative zu einer Kriegserklärung ergreift". Diese Abmachung verstieß gegen den Dreibund und zeigte, dass dieser im Grunde wertlos geworden war. Von nun an spielten die **österreichisch-italienischen Gegensätze** wieder eine vorrangige Rolle im Verhältnis der drei Bündnispartner.

Auch **Großbritannien** begann nach der Ablehnung des Bündnisangebots durch Deutschland eine **Neuorientierung** in der Außenpolitik. 1902 schloss man einen Vertrag mit dem Kaiserreich Japan, in dem sich beide Staaten zu wohlwollender Neutralität verpflichteten, wenn einer von beiden von einer dritten Macht in Ostasien angegriffen werden sollte. In Deutschland wurde dies als ein Bündnis gegen Russland und dessen Asienpolitik verstanden. Man verkannte aber, dass diese englisch-japanische Defensivallianz nur der Anfang einer grundlegenden Neuorientierung der britischen Außenpolitik bedeutete. Angesichts des deutschen Flottenbaus versuchte die englische Regierung, bisher eher in einer „**splendid isolation**“ verharrend, das Empire und die imperiale Position durch bilaterale Abkommen zu sichern. Vor allem aber wollte man das Deutsche Reich, dessen Politik als aggressiv empfunden wurde und dessen Kaiser man für unberechenbar hielt, im Interesse des für den Bestand des Empires wichtigen Friedens in seine Schranken weisen.

Die Marokkokrisen (1905/06, 1911)

Die beiden Marokkokrisen sind ein gutes Beispiel für die diplomatisch verheerende Praxis der deutschen „Weltpolitik“. Ausgangspunkt war die britisch-französische **Entente cordiale** von 1904, welche den Ausgleich zwischen den beiden Kolonialmächten brachte. Frankreich und Großbritannien bereinigten in diesem Abkommen ihre kolonialen Differenzen: Frankreich erkannte Großbritanniens Machtstellung in Ägypten und im Sudan an, dafür billigte Großbritannien die französischen Interessen in Marokko. In Berlin erkannte man, dass sich hinter diesem Abkommen nicht nur die Bereinigung kolonialer Gegensätze verbarg, sondern vielmehr die Isolierung Deutschlands.

Im Herbst 1904 sah die deutsche Führung eine Chance, mithilfe der Marokkofrage die bedrohliche Bündniskonstellation zwischen Frankreich und Großbritannien zu sprengen: Die empfindliche Schwächung Russlands durch seine Niederlage im russisch-japanischen Krieg 1904/05 schien die Lage Deutschlands wieder zu verbessern. Deutschland bot Russland ein Defensivbündnis an, dem später Frankreich auf russischen Druck hin beitreten sollte. Das Gelingen dieses Plans hätte die Weichen für eine gegen Großbritannien gerichtete Kontinentalliga zwischen Russland, Deutschland und Frankreich und damit zu einem grundlegenden Wandel der europäischen Bündniskonstellation gestellt. Doch sowohl Reichskanzler von Bülow als auch Admiral Tirpitz wandten sich gegen diese Pläne, da sie einen englischen Präventivschlag gegen die sich noch im Aufbau befindliche deutsche Flotte fürchteten.

Als Frankreich Schritte unternahm, Marokko zu einem französischen Protektorat zu machen, reiste Kaiser Wilhelm II. im März 1905 demonstrativ in die marokkanische Hafenstadt Tanger. Diese Reise war kein Alleingang des Kaisers, kein Ausdruck seiner Impulsivität, sie entsprach vielmehr dem Plan der Reichsregierung, „die Gegenwart Deutschlands im Weltkonzert“ zu beweisen. Es ging der Reichsregierung um ihr internationales und nationales Prestige, um eine Demütigung Frankreichs und um den Beweis, dass die britisch-französische Entente ohne machtpolitische Bedeutung sei.

Deutschland verlangte von Frankreich die Zustimmung zu einer Konferenz, auf der über Marokko entschieden werden sollte. Auf der **Konferenz** im spanischen **Algeciras** 1906 wurde zwar die Selbstständigkeit des Sultanats Marokko bestätigt, aber auch der französische Einfluss im Land anerkannt. Frankreich erhielt so eine Sonderstellung, die ihm eine weitere Durchdringung Marokkos erlaubte. Entgegen den Erwartungen erlitt aber nicht Frankreich eine Niederlage, sondern das Deutsche Reich, das sich völlig isoliert sah.

Anstatt zu einer Lockerung der Entente Cordiale kam es durch das aggressive Auftreten Deutschlands zu einer weiteren Festigung. Die 1905 aufgenommenen britisch-französischen Militärberatungen wurden intensiviert, und die Militärs vereinbarten für den Kriegsfall eine enge Zusammenarbeit.

Als Folge der deutschen Machtpolitik entstand die defensiv ausgerichtete **Triple-Entente** (1907) aus Russland, Frankreich und England. Die deutsche Führung verstand das Abkommen als bewusste Einkreisung und reagierte mit der Festigung des Zweibundes mit Österreich-Ungarn („Nibelungentreue").

Frankreich konnte nach Ende der 1. Marokkokrise im Jahr 1906 seine Position in Marokko stärken. 1911 verlangte Deutschland als Entschädigung für die Einbindung Marokkos in das französische Kolonialreich das französische Kongogebiet. Um dieser Forderung Nachdruck zu verleihen, wurde das Kanonenboot „Panther" zum marokkanischen Hafen Agadir entsandt, und Teile der deutschen Presse entfachten eine Kriegsstimmung. Dieser **„Panthersprung"** löste die **2. Marokkokrise** aus, die mit einem für Deutschland ungünstigen Kompromiss endete. Es erkannte die Besitzergreifung Marokkos durch Frankreich an und erhielt dafür nur einen wertlosen Teil Französisch-Kongos. Großbritannien und Frankreich arbeiteten nun – irritiert durch das deutsche Vorpreschen in der Marokkofrage – konkrete militärische Pläne für den möglichen Kriegsfall mit Deutschland aus. Trotz dieser bedrohlichen Lage schlug Deutschland 1912 das Angebot eines deutsch-britischen Ausgleichs in der Flottenfrage aus – London hatte versprochen, neutral zu bleiben, wenn Deutschland angegriffen würde; dafür sollte das Reich seinen Flottenbau einschränken.

Europäische Bündnissysteme

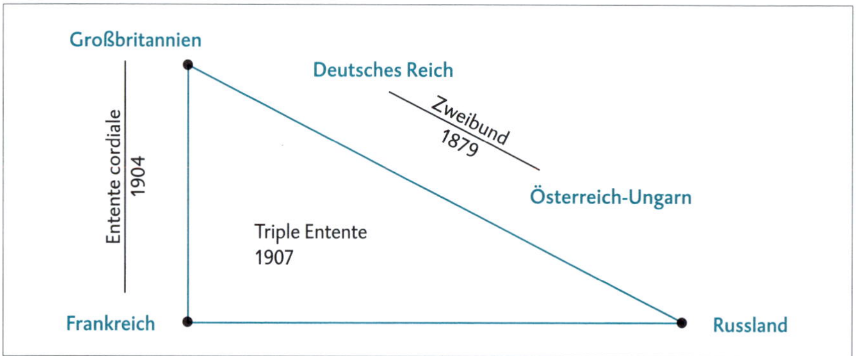

Die Balkankrisen (1908/09, 1912/13)

Die deutsche Außenpolitik verlagerte ihren Schwerpunkt seit dem französisch-russischen Bündnis auf den verbliebenen Partner Österreich-Ungarn **(Zweibund)**. Das Verhältnis entwickelte sich nach 1897 mit der zunehmenden Isolation des Deutschen Reiches in der Phase der „Weltpolitik" zur **„Nibelungentreue"**. Damit verlor das Reich aber außenpolitische Handlungsmöglichkeiten. Das Beispiel der Balkanpolitik zeigt diese Folge am deutlichsten.

Nach 1900 verstärkte sich die innere Schwäche des Osmanischen Reiches („Kranker Mann vom Bosporus"), die schließlich zum Verlust der europäischen Gebiete führte. Gegen den Widerstand Russlands und Serbiens annektierte Österreich-Ungarn die von ihm seit 1878 verwalteten Gebiete Bosnien und Herzegowina (**Bosnische Annexionskrise**, 1908/09). Serbien sah seine Großmachtpläne gefährdet und rief zur Mobilmachung auf. Im Streit um die Beute eskalierten die Konflikte zwischen den Balkanstaaten und den mit ihnen verbündeten Großmächten: Russland als Schutzmacht Serbiens auf der einen Seite und Österreich-Ungarn im Bündnis mit Deutschland auf der anderen. Dennoch unternahm Deutschlands nichts, um auf seinen Partner mäßigend einzuwirken, im Gegenteil: Die Reichsregierung stellte Wien sogar im September 1908 einen **„Blankoscheck"** aus. Bülow nahm einen europäischen Krieg in Kauf.

Der Balkan als europäische Krisenregion

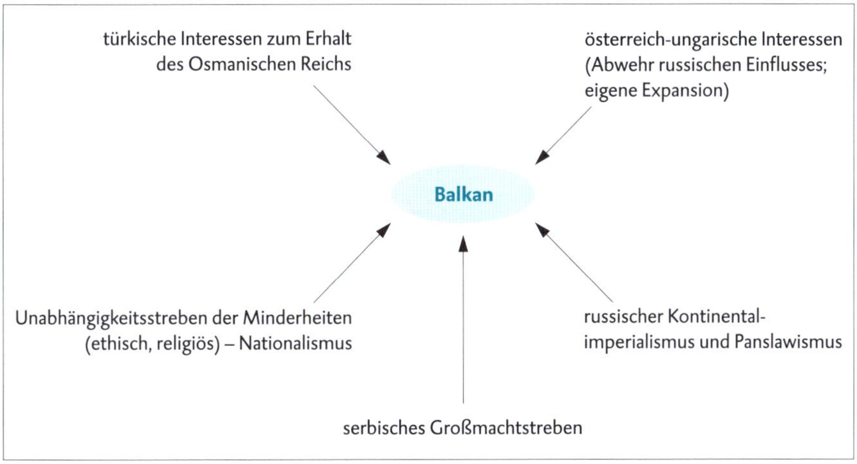

1911 besetzten italienische Truppen Tripolis und gliederten „Tripolitanien", das heutige Libyen, dem italienischen Königreich als Kolonie ein. Das Osmanische Reich unternahm nur einen schwachen Versuch der militärischen Reaktion. Dies nutzten Serbien, Montenegro, Bulgarien und Griechenland zum Angriff auf die europäischen Besitzungen des Osmanischen Reiches bis fast vor Istanbul aus (**1. Balkankrieg**, 1912). Im folgenden Jahr zerstritten sich die ehemaligen Verbündeten über die Verteilung der Kriegsbeute: Serbien, Montenegro, Rumänien und Griechenland verbündeten sich mit der Türkei gegen Bulgarien (**2. Balkankrieg**, 1913), das den größten Teil seiner Kriegsbeute verlor.

Die **Bilanz** der Kriege war für Deutschland und Österreich-Ungarn negativ: Im 1. Balkankrieg wurde die mit Deutschland befreundete Türkei, im 2. Balkankrieg das mit der Donaumonarchie befreundete Bulgarien besiegt. Serbien, das durch die großserbische Propaganda den Bestand des Habsburgerstaats infrage stellte, verdoppelte sein Territorium und arbeitete eng mit Russland zusammen.

Aufgabe 26 Stellen Sie die Merkmale der „Weltpolitik“ Wilhelms II. dar. Gehen Sie in diesem Zusammenhang auch auf die deutsche Flottenpolitik vor 1914 ein.

Aufgabe 27 Erläutern Sie die Folgen der wilhelminischen Außenpolitik für Deutschland und Europa.

3 Imperialismus

1880–1914	Hochimperialismus
1884	Deutsche Kolonialerwerbungen in Afrika
1885	Erwerb von Deutsch-Ostafrika und Deutsch-Neuguinea
1898	Deutscher Kolonialerwerb in China (Kiautschou mit Tsingtau)
1899–1900	Deutsche Kolonialerwerbungen im Pazifik

Der Begriff „Imperialismus" leitet sich vom lateinischen „imperium" (Befehlsgewalt, Herrschaftsbereich) ab. Nach 1870 bekam Imperialismus die Bedeutung von **„Großreichpolitik"**. Sie bezeichnet das Vorgehen bereits industrialisierter Großmächte, die aus ihrer Perspektive zivilisatorisch und wirtschaftlich unterentwickelten Regionen von sich abhängig zu machen und sie als **Kolonien** dem eigenen Großreich oder „Empire" einzugliedern. Die Großmächte gingen dabei militärisch vor, benutzten wirtschaftliche Druckmittel und suchten die Bevölkerung des fremden Landes kulturell und ideologisch zu beeinflussen.
Entsprechend folgenreich war die imperialistische Herrschaft für die beherrschten und ausgebeuteten Völker, die in ihrer wirtschaftlichen und kulturellen Entwicklung zurückgeworfen wurden. Die von den Kolonialmächten gezogenen Grenzen, die wirtschaftlichen Strukturen und die Verkehrsstrukturen dienten vor allem dem Rohstoffexport und erhielten die Abhängigkeit der später selbstständigen Kolonien von der industrialisierten Welt. Von den eingeführten Zivilisations- und Bildungsstandards der Kolonialmächte profitierten fast nur die indigenen (einheimischen) Eliten; sie übernahmen in der Dekolonisation die Herrschaftspositionen der Kolonialherren, demokratische Strukturen konnten sich nur in wenigen Fällen (vor allem in Indien) entwickeln.

Imperialistische Herrschaftsformen

Imperialistische Herrschaft gab es in verschiedenen Formen: Man unterscheidet

- **formellen Imperialismus** (militärische und politische Herrschaft über Gebiete mit einer an das Mutterland geknüpften Kolonialverwaltung);
- **informellen Imperialismus** (Verbindung von einheimischer Selbstverwaltung mit einer Kontrolle durch europäische/amerikanische „Berater".
- **Wirtschaftsimperialismus** (wirtschaftliche Durchdringung und Ausbeutung offiziell selbstständiger Staaten, wie zum Beispiel durch die USA in Lateinamerika oder durch die europäischen Mächte im Osmanischen Reich und durch alle imperialistischen Mächte in China) und
- **Kulturimperialismus** (Durchsetzung der eigenen religiösen und kulturellen Vorstellungen in den Kolonien durch die Kolonialherren).

Imperialismus war **Weltmachtpolitik** und stand damit im Gegensatz zum traditionellen Nationalstaatsgedanken des 19. Jahrhunderts. Manche Historiker bezeichnen den Imperialismus als eine „aggressive, rassistische Variante" des Nationalismus. Als **klassische Phase des Imperialismus** gelten die Jahre **1880 bis 1914/18** (Hochimperialismus).

Imperialismus-Theorien

Auf dem Höhepunkt des Kolonialismus entstanden aus der kritischen Diskussion über Ursachen und Motive unterschiedliche Imperialismus-Theorien. Die Wirklichkeit dürfte sich jedoch am ehesten im Zusammenspiel aller Ansätze spiegeln, man spricht dann von einem **multikausalen Erklärungs-Modell:**

- Die schon **zeitgenössischen ökonomischen Imperialismus-Theorien** (Hobson, Hilferding, Lenin, Schumpeter) erklärten die Expansion mit wirtschaftlichen Motiven wie der Suche nach Rohstoffen und Absatzmärkten für die Industrie und profitablen Investitionsmöglichkeiten für das Großkapital.
- **Sozial-ökonomische Theorien** mit dem Hauptvertreter Wehler und seinem Entwurf des Sozialimperialismus sehen die Absicht, innere Spannungen nach außen abzulenken, als Hauptmotiv des Imperialismus und nennen die deutsche „Weltpolitik" als Beispiel: Sie sei eine Möglichkeit gewesen, das Bürgertum für die Monarchie und gegen den Einfluss der Sozialdemokratie und ihren Wunsch nach einer Demokratisierung des Reiches zu mobilisieren.
- Die **Theorie des „peripheren Imperialismus"** spricht den Interessen der unmittelbar „vor Ort" Handelnden (Kaufleute, Siedler, Missionare, Militärs, Beamte) eine entscheidende Rolle bei der Erweiterung und Durchdringung der Kolonien zu; diese Gruppen hätten die jeweiligen Regierungen angetrieben, um eigene wirtschaftliche Ziele oder Machtziele durchzusetzen.
- Imperialistisches Handeln ist aber nicht alleine durch ökonomische oder politische Strukturen und Prozesse zu erklären. Hinzu kamen auch pseudowissenschaftliche Theorien, die der Rechtfertigung imperialistischer Politik dienten. Zu diesen Denkweisen gehören der **Sozialdarwinismus** (Recht des Stärkeren als Ersatz für das traditionelle Völkerrecht), **Rassismus** und **männlicher Chauvinismus** der Kolonisten.
- Eine imperialistische Denkform war auch das **zivilisatorische Überlegenheitsgefühl** gegenüber den „wilden" Kulturen Afrikas oder Asiens, deren jahrhundertealten Traditionen (z. B. die 3 000-jährige Geschichte Chinas) dabei übersehen oder gering geschätzt wurden. Eine wichtige Rolle spielte auch das religiöse und kulturelle Sendungsbewusstsein, mit dem ein Überlegenheitsgefühl entwickelt und die Europäisierung der Welt begründet wurde.

Deutsche Kolonialpolitik

Bismarck hatte lange Zeit Kolonialpläne aus Sorge um Interessenkonflikte mit Großbritannien oder Frankreich abgelehnt. Dennoch wurde der größte Teil des deutschen Kolonialreiches in der Bismarck-Ära erworben. Allerdings sollte die „Flagge dem Kaufmann folgen“, nicht umgekehrt:

- 1884 erhielten Deutsch-Südwestafrika, Kamerun und Togo,
- 1885 Deutsch-Ostafrika und Deutsch-Neuguinea den Status von **„Schutzgebieten“**, das heißt, der Staat übernahm zunächst nur den Schutz der privaten Interessen in diesen Gebieten, ohne selbst Herrschaft auszuüben. Doch schon bald wurden daraus echte Kolonien.

Dieses Ausgreifen über Europa hinaus entsprach im Grunde nicht Bismarcks außenpolitischen Vorstellungen. Kolonialpolitik war für Bismarck Teil seiner Friedenspolitik mit Ablenkungsfunktion und Mittel zum Abreagieren nationalistischer Triebe.

Die wilhelminische Kolonialpolitik nutzte diese Anfänge zu einer forcierten, aggressiven **„Weltpolitik“**. Das afrikanische Kolonialreich wurde ausgebaut und in China und der Südsee um einige kleinere Gebiete erweitert:

- 1898 erwarb das Reich in China Kiautschou mit Tsingtau (Qingdau) als „Pachtgebiet“,
- 1899 kamen im Pazifik zumeist durch Kauf die Karolinen-, die Marianen- und die Palau-Inseln dazu,
- 1899/1900 wurde als letztes Gebiet Samoa erworben.

Die Kolonien dienten auch der Legitimation für eine intensive Flottenpolitik und der Neudefinition der deutschen Stellung in der Welt. Diese erworbenen Gebiete waren jedoch wirtschaftlich Zuschussgebiete. Nur Kiautschou verfügte über Bodenschätze und war als Handels- und Rohstoffkolonie gedacht. Togo war eine Plantagenkolonie, Südwestafrika sollte als Siedlungskolonie dienen.

fgabe 28 Erläutern Sie Begriff und Motive des Imperialismus.

4 Der Ausbruch des Ersten Weltkrieges

28.6.1914	Tödliches Attentat auf den Thronfolger Franz Ferdinand und seine Frau in Sarajewo
5.7.1914	Zusicherung der uneingeschränkten Bündnistreue Deutschlands gegenüber Österreich-Ungarn („Blankoscheck")
23.7.1914	Ultimatum Österreich-Ungarns an Serbien
25.7.1914	Teilmobilmachung Österreich-Ungarns; Abbruch der diplomatischen Beziehungen zu Serbien
28.7.1914	Kriegserklärung Österreich-Ungarns an Serbien
30.7.1914	Russische Gesamtmobilmachung
1./3.8.1914	Kriegserklärung Deutschlands an Russland und Frankreich
4.8.1914	Kriegserklärung Großbritanniens an Deutschland

4.1 Die Julikrise 1914

Am 28. Juni 1914 wurden im bosnischen Sarajewo der österreichische Thronfolger **Erzherzog Ferdinand** und seine Gemahlin von dem serbischen Nationalisten Gavrilo Princip ermordet. Die österreichisch-ungarische Regierung war von Anfang an überzeugt, dass Serbien Drahtzieher des Attentats gewesen sei. In Wien wollte man die Gelegenheit beim Schopf packen und Serbien in einem regional begrenzten Krieg als Rivalen auf dem Balkan ausschalten und dadurch auch Russlands Position schwächen. Doch dazu brauchte die Donaumonarchie die Unterstützung durch Deutschland.

Nach langen Beratungen entschloss sich die deutsche Reichsleitung, Österreich-Ungarn in seiner Politik gegenüber Serbien bedingungslos zu unterstützen **(„Blankovollmacht")**, auch wenn Russland zugunsten seines Verbündeten Serbien eingreifen sollte. Die deutsche Regierung unternahm in den folgenden Tagen nichts, um seinen Verbündeten zur Mäßigung aufzufordern oder in dem sich anbahnenden Konflikt zu vermitteln. Dadurch ermuntert, hielt die Regierung in Wien eine diplomatische Lösung für unangemessen und strebte eine militärische „Abrechnung" mit den verhassten Serben an. Man beschloss daher, an die Regierung in Belgrad Forderungen zu stellen, die für Belgrad unannehmbar seien. Davon ließ sich Wien auch nicht abbringen, als der französische Ministerpräsident Poincaré am 21. Juli seinem russischen Verbündeten erklärte, Frankreich werde im Falle eines Angriffs auf Serbien auf dessen Seite stehen, und auch Russland bekräftigte gegenüber Serbien seine Bündnistreue.

Angesichts der sich zuspitzenden Lage riet die Regierung in London Serbien, ein etwaiges Ultimatum Wiens anzunehmen, „falls dieses gemäßigt sei". In London befürchtete man den **„Bündnisautomatismus"** für den Fall einer weiteren Verschärfung der Krise.

Die Regierung in Wien stellte am 23. Juli das **Ultimatum an Serbien**. Es war auf 48 Stunden begrenzt, verlangte die strenge Verfolgung aller antiösterreichischen Umtriebe unter Beteiligung österreichisch-ungarischer Behörden. Da dies einen massiven Eingriff in die Souveränität Serbiens bedeutet hätte, stieß das Ultimatum in St. Petersburg, Paris und London auf Ablehnung. Serbien akzeptierte aber am 25. Juli die Wiener Forderungen wider Erwarten, wenn auch mit Vorbehalten bezüglich der Frist. Dennoch erklärte die Wiener Regierung die serbische Antwort für unzureichend und brach die diplomatischen Beziehungen mit Belgrad ab. Zugleich verkündete Österreich-Ungarn die Teilmobilmachung, worauf Serbien die Mobilmachung der Armee verkündete – die von London befürchtete Eskalation nahm ihren Lauf, denn der russische Kronrat beschloss ostentativ, Serbien im Falle eines österreichisch-ungarischen Angriffs militärisch zu helfen. Trotz britischer und deutscher Vermittlungsversuche **erklärte die Regierung in Wien** am 28. Juli 1914 **Serbien den Krieg**.

Einen Tag später ordnete Russland die Teilmobilmachung an, worauf Deutschland den Russen ebenfalls mit Teilmobilmachung drohte. Zugleich forderte der Chef des deutschen Generalstabs die Wiener Regierung zur Generalmobilmachung auf, und er sicherte Österreich-Ungarn unter Überschreitung seiner Kompetenzen die unbedingte Unterstützung durch Deutschland zu, deutlicher Hinweis dafür, dass sich in Deutschland die militärische Führung und ihre Planungen immer mehr verselbstständigten. Dennoch hätte die Möglichkeit einer Deeskalation bestanden, denn Wilhelm II., der vor den Konsequenzen der aggressiven Politik Wiens und seiner Militärs zurückschreckte, wandte sich direkt an den Zaren und bat ihn um Rücknahme des Befehls zur Mobilmachung (29. Juli). Doch der Zar musste dem Druck der panslawistischen Kräfte am Hofe nachgeben und erteilte am 30. Juli endgültig den Befehl zur Generalmobilmachung – eine Chance, den Frieden zu retten, war vertan. Am 31. Juli begann die Generalmobilmachung in Österreich-Ungarn, und um 13 Uhr wurde in Deutschland der **„Zustand drohender Kriegsgefahr“** ausgerufen. Die deutsche Regierung verlangte von der russischen Regierung ultimativ die Rücknahme der Mobilmachung und forderte zugleich Frankreich auf, im Falle eines deutsch-russischen Konflikts neutral zu bleiben; als Pfand verlangte Berlin die Übergabe der Festungen Verdun und Toul, was für Frankreich unannehmbar war, und das wusste man in Berlin natürlich.

Am Spätnachmittag des 1. August 1914 ordnete Deutschland die Generalmobilmachung an; nur wenig später folgten Frankreich und Großbritannien. Noch am selben Tag **erklärte Deutschland Russland den Krieg**, und der Bündnisautomatismus zog die anderen Mächte mit in den Krieg.

Am 3. August erklärte die deutsche Regierung Frankreich den Krieg, und deutsche Truppen marschierten gemäß dem Schlieffen-Plan ins neutrale Belgien ein. Da Deutschland einem britischen Ultimatum zur Zurücknahme des Einmarschs nicht nachkam, bestand seit dem 4. August der Kriegszustand zwischen Deutschland und Großbritannien. Bis zum 12. August waren alle Verbündeten im Krieg.

4.2 Die Bedeutung des Ersten Weltkrieges

Im Rahmen der europäischen und der Weltgeschichte stellt der Erste Weltkrieg eine **„historische Zäsur“** (G. Schöllgen) dar, da in seinem Gefolge die politischen Verhältnisse grundlegend verändert wurden.

- In der **„Urkatastrophe“ Europas** schwächten sich die Großmächte gegenseitig, die europäische Dominanz in der Welt begann zu bröckeln. Die „Flügelmächte“ Europas, die 1917 entstandene „Russische Sowjetrepublik“ und die USA, betraten jetzt mit Macht die weltpolitische Bühne und wurden in den folgenden Jahrzehnten zu *den* Weltmächten der zweiten Hälfte des 20. Jahrhunderts. Die Welt begann sich in ideologisch gegensätzliche Lager zu spalten, die erst 1990 mit dem Zusammenbruch des kommunistischen Ostblocks beseitigt werden konnten.
- Folgenreich waren auch die innenpolitischen und gesellschaftlichen Wirkungen des Krieges in Europa: Er zerstörte die alte aristokratisch-bürgerliche Vorkriegsordnung mit ihren starren, aber stabilen Normen. Die alte Gesellschaft hatte sich in den Augen der jungen Generation als Irrweg erwiesen, neue Wege in Staat und Gesellschaft mussten gefunden werden. In Deutschland, Österreich-Ungarn und Russland stürzten die Monarchien; sie hatten in der Niederlage und durch die massiven Belastungen der Bevölkerung ihre Herrschaftslegitimation verloren. Aus dem politischen und moralischen **Zusammenbruch der alten Ordnung** entstanden in Europa, vor allem aber in Deutschland und Italien, „radikale Alternativen“ (U. Herbert), deren Höhepunkte der deutsche Nationalsozialismus und der italienische Faschismus waren.
- Der Erste Weltkrieg war der **erste technisierte und industrialisierte Krieg**. Eingesetzt wurden Millionenheere mit modernen Waffen wie Panzern, schwerer Artillerie, Flugzeugen, U-Booten, Maschinengewehren und Giftgas. So entstand eine Materialschlacht mit hohen Menschenverlusten.

- Er war der erste **„totale Krieg“** der Geschichte, denn auch die **Zivilbevölkerung** der beteiligten Länder war direkt betroffen. Der „Krieg gegen alle“ wurde bewusst eingeplant: durch die Zerstörungen im Kriegsgebiet, die Zwangsverpflichtung von Arbeitskräften in der Kriegswirtschaft, aber auch durch den deutschen U-Boot-Krieg und die britische Seeblockade, die vor allem bei den Mittelmächten zu schweren Hungerkrisen und Hunderttausenden von Hungertoten führten.
- Der Krieg wurde **ideologisiert, Feindbilder** wurden entwickelt, die den jeweils anderen entmenschlichten, den Sieg über ihn zu einer „humanitären“ Aufgabe machten – aus Gegnern wurden unmenschliche Feinde.
- Im Gefolge des Krieges entstanden **wirtschaftliche Krisen**, die zu politisch-gesellschaftlichen Systemkrisen wurden.

fgabe 29 Beurteilen Sie den Anteil der deutschen Führung am Ausbruch des Ersten Weltkrieges. Begründen Sie Ihr Urteil aus dem Verhalten der deutschen Regierung in der Julikrise.

fgabe 30 Begründen Sie, warum man den Ersten Weltkrieg als eine „historische Zäsur“ bezeichnen kann.

fgabe 31 naterial- gestützt)

a) Arbeiten Sie aus dem Text (M 1) die Aussagen Bismarcks heraus, die sich auf das Verhältnis Deutschlands zu Frankreich beziehen. Erklären Sie knapp, welche Rolle Frankreich in Bismarcks außenpolitischem Konzept spielte.
b) Verdeutlichen Sie, welche Absichten Bismarck mit seiner Rede verfolgte.
c) Überprüfen Sie in Bezug auf England die Aussage Bismarcks, es liege kein Grund vor, „gegenseitig nicht das größte Wohlwollen“ (Z. 32 f.) zu empfinden, und zeichnen Sie im Überblick die weitere Entwicklung des Verhältnisses zwischen dem Deutschen Reich und England bis 1914 nach.

M 1: Reichskanzler Otto von Bismarck vor dem Reichstag anlässlich der „Boulangerkrise“, 11. Januar 1887 (Auszüge)

Die Budgetberatung im Reichstag über die Stärke des deutschen Heeres benutzte der Kanzler zu grundsätzlichen außenpolitischen Betrachtungen, nachdem der Führer der revanchistischen Bewegung in Frankreich, General Boulanger, das Kriegsministerium in Paris übernommen hatte, was dort eine Kriegspsychose und in Deutschland Präventivkriegsgedanken auslöste. Außerdem stand der Wahlkampf zu den Reichstagswahlen bevor.

„[...] Ein glaublicheres Motiv, dass die Regierungen und namentlich die Vertreter des Kaisers ihre Pläne nicht eingestehen, könnte in der Richtung gesucht werden, dass eine Verstärkung des deutschen Heeres etwa gewollt werde aus denselben Gründen, aus denen mancher eroberungs- oder kriegslustige Monarch eine starke Armee erstrebt hat, nämlich der Absicht, demnächst einen Krieg zu führen, sei es um bestimmte Zwecke durchzusetzen, sei es um irgend etwas zu erobern, sei es des Prestiges und des Bedürfnisses wegen, sich in die Angelegenheiten anderer Mächte vorwiegend einzumischen, also zum Beispiel die orientalische Frage von hier aus zu regulieren. Ich glaube aber, auch dies wird als vollständig unbegründet gefunden werden von jedem, der darüber nachdenkt, wie friedliebend die Politik Sr. Majestät des Kaisers bisher seit sechzehn Jahren gewesen ist. Es ist ja wahr, der Kaiser hat sich genötigt gesehen, zwei große Kriege zu führen, aber diese beiden Kriege waren ein uns überkommenes zwingendes historisches Ergebnis früherer Jahrhunderte. Sie werden die Tatsache nicht bestreiten, dass der Gordische Knoten, unter dessen Verschluss die nationalen Rechte der Deutschen lagen, das Recht, als große Nation zu leben und zu atmen, nur durch das Schwert gelöst werden konnte –
(Zustimmung.)

leider, und dass auch der französische Krieg nur eine Vervollständigung der kriegerischen Kämpfe bildete, durch welche die Herstellung der deutschen Einheit, das nationale Leben der Deutschen geschaffen und sichergestellt werden musste. Also man kann daraus nicht auf kriegerische Gelüste schließen. Wir haben keine kriegerischen Bedürfnisse, wir gehören zu den – was der alte Fürst Metternich nannte:

saturierten Staaten, wir haben keine Bedürfnisse, die wir durch das Schwert erkämpfen könnten; und außerdem wenn das der Fall wäre, so blicken Sie doch auf die friedliebende Tätigkeit – und ich sage das ebenso gut nach dem Auslande wie hier ...

Die Frage, wie wir mit Frankreich in der Zukunft stehen werden, ist für mich eine minder sichere. Ich habe nicht das Bedürfnis, alle europäischen Mächte durchzugehen; ich spreche von Italien und England gar nicht, weil gar kein Grund vorliegt, dass wir für beide Regierungen und sie für uns gegenseitig nicht das größte Wohlwollen haben sollten. Unsere Beziehungen zu den beiden sind der Art, dass ich sie hier nicht mit in Betracht ziehe bei der Vermehrung unserer Streitkräfte, – sie sind in jeder Hinsicht freundschaftlich. Zwischen uns und Frankreich ist das Friedenswerk deshalb schwer, weil da eben ein langwieriger historischer Prozess in der Mitte zwischen beiden Ländern liegt: Das ist die Ziehung der Grenze, die ja zweifelhaft und streitig geworden ist von dem Zeitpunkt an, wo Frankreich seine volle innere Einigkeit und Königliche Macht, ein abgeschlossenes Königtum, erreicht hat. [...]

Aber seitdem hat doch kaum eine Generation in Deutschland gelebt, die nicht genötigt gewesen ist, den Degen gegen Frankreich zu ziehen. Und ist diese Epoche des Grenzkampfes mit der französischen Nation nun heute definitiv abgeschlossen, oder ist sie es nicht? Das können Sie so wenig wissen wie ich; es müssten sich der ganze französische Charakter und die ganzen Grenzverhältnisse ändern.

Wir haben unsererseits alles getan, um die Franzosen zum Vergessen des Geschehens zu bewegen. [...]

Mein Rat wird nie dahin gehen, einen Krieg zu führen deshalb, weil er später vielleicht doch geführt werden muss. Er kann vielleicht nach Gottes Willen, wenn er später geführt wird, unter für uns günstigeren Verhältnissen geführt werden, wie das mit Frankreich der Fall gewesen ist. [...]"

Zitiert nach: Schweitzer; Carl Christoph: Die deutsche Nation. Aussagen von Bismarck bis Honecker. Verlag Wissenschaft und Politik, Köln 1976, S. 72 f.

Der Erste Weltkrieg und seine innenpolitischen Rückwirkungen

1 Der „Burgfrieden"

4.8.1914	Bewilligung von Kriegskrediten durch den Reichstag („Burgfrieden")
9.9.1914	„Septemberprogramm" des Reichskanzlers Bethmann Hollweg
6.4.1917	Gründung der USPD

1.1 Das „Augusterlebnis"

Als der Kriegsbeginn verkündet wurde, erfasste eine **ungeheure Begeisterung** die Hauptstädte Europas. In Deutschland ergriff dieses „Augusterlebnis" breite Bevölkerungsschichten. Es war wie ein Rausch. Besonders die Jugend empfand den Krieg als einen Aufbruch aus der bürgerlichen Beengung ihrer Lebensverhältnisse und als die große Chance zur Erneuerung.

Der Schwerpunkt dieser **Massenbegeisterung lag in den großen Städten**. Die Menschen in ländlichen Gebieten dachten anders über den Krieg. Dem Bauern, dessen Sohn eingezogen wurde, fehlte seine Arbeitskraft auf dem Hof. Und auch die Industriearbeiterschaft, durch eigene Alltagssorgen belastet, interessierte sich wenig für den ermordeten österreichischen Erzherzog und die Verteidigung von Elsass-Lothringen. Ende Juli 1914 versammelten sich nach Aufruf der SPD Hunderttausende von Arbeitern in Deutschland zu **Antikriegskundgebungen**. Anschließend kam es nicht selten zu Straßendemonstrationen und gewalttätigen Auseinandersetzungen mit der Polizei.

Das vaterländische Ereignis priesen vor allem **Angehörige des Bildungsbürgertums**. Hochschulprofessoren und Gymnasiallehrer erklärten ihren Studenten und Schülern die reinigende Kraft der „Stahlgewitter". Und mancher junge Kriegsfreiwillige, der an die Front ging, gab damit dem gesellschaftlichen Druck der patriotischen Vätergeneration auf die Jugend nach. Intellektuelle, Künstler und Schriftsteller trugen zur **„geistigen Mobilmachung"** bei, wie es Thomas Mann, einer ihrer Wortführer, nannte.

Wenn die **Regierung** ein geschlossenes, kampffähiges und kriegsbegeistertes Volk hinter sich bringen wollte, musste sie die oppositionellen Sozialdemokraten an ihrer Seite wissen; sie musste sich der **Reichstagsmehrheit der SPD** sicher sein können. Dies gelang schließlich nach der Mobilmachung Russlands (31. Juli 1914). Alle Parteien unterstützten nun die Regierung und ihr offensives Vorgehen. Die **patriotische Aufbruchstimmung** reichte bis in die Reihen der SPD, die den zur Kriegführung nötigen Krediten in der Reichstagssitzung am 4. August 1914 geschlossen zustimmte, um den Krieg – er wurde als dem Reich aufgezwungener „Schicksalskampf" bezeichnet – siegreich zu bestehen.

Der Ausspruch Kaiser Wilhelms II. „Ich kenne keine Parteien mehr, ich kenne nur noch Deutsche" symbolisierte den innenpolitischen „Burgfrieden".

Endlich schien die bis dahin nicht erreichte innere Einheit geschaffen zu sein. Die Konflikte zwischen Parteien, Verbänden, Klassen und Konfessionen wurden nun zugunsten der Einheit der Nation zurückgestellt; es entstand ein wesentlicher Aspekt des später sogenannten **„Geistes von 1914“**, der die Weimarer Republik mit ihrem angeblichen „Parteiengezänk“ und ihrer „undeutschen Verzichtspolitik“ stark belastete.

1.2 Die Rolle der Sozialdemokraten

Auch die bislang als „vaterlandslose Gesellen“ diffamierte SPD wollte da, trotz ihres Friedensbekenntnisses noch unmittelbar vor dem Krieg, nicht abseits stehen. Der Parteivorsitzende Hugo Haase erklärte im Namen der Reichstagsfraktion: „Da machen wir wahr, was wir immer betont haben: Wir lassen in der Stunde der Gefahr das eigene Vaterland nicht im Stich.“ Allen internationalistischen Bekenntnissen von der „sozialistischen Solidarität der internationalen Arbeiterklasse“ zum Trotz bekannte sich die SPD wie auch die anderen sozialistischen Parteien Europas zu ihrer angeblichen **nationalen Verantwortung für den Verteidigungsfall**.

Die Reichsregierung nutzte vor allem die **antizaristische Stimmung** in der SPD – das autokratische Zarenreich galt den Sozialdemokraten in ganz Europa als Hort der Unterdrückung und der Barbarei. Daher tat die deutsche Regierung alles, um das Zarenreich zum Aggressor zu machen, der das Deutsche Reich und seine Verbündeten bedrohte. Der Reichskanzler hatte Erfolg: Am 4. August stimmte die SPD-Fraktion im Reichstag den geforderten Kriegskrediten zu, obgleich die preußische Regierung am 31. Juli den auch gegen die SPD gerichteten **Belagerungszustand** verhängt hatte, der die Exekutive auf die Militärs übertrug und das Vereins- und Versammlungsrecht weitgehend außer Kraft setzte.

Die **SPD-Führung** wollte mit dieser Entscheidung ihre **Reichstreue** beweisen, um dadurch für die Partei die politische und für die Arbeiterschaft die gesellschaftliche Gleichberechtigung zu erlangen.

„Verständigungsfrieden“ oder „Siegfrieden“

Doch die Reichsleitung dachte nicht an eine Änderung des politischen Systems; sie war aber zu begrenzten sozialen Reformen bereit, um die SPD dauerhaft in das Staatsgefüge zu integrieren und so die konservative preußisch-deutsche Monarchie zu sichern. Doch schon die Andeutung von Reformen weckte die konservative Gegenwehr. Die **nationalistischen Verbände** (Alldeutscher Verband, Kolonial- und Flottenverein, seit 1917 die Deutsche Vaterlandspartei unter Tirpitz und Kapp) setzten sich – im Interesse von Adel und Großbürgertum – vehement gegen soziale und politische Reformen ein und verlangten den **„Siegfrieden“** mit weitgehenden Annexionen.

Diese Forderungen übertrafen die Kriegsziele der Regierung, die in Bethmann Hollwegs **inoffiziellem „Septemberprogramm“** (1914) festgelegt waren: Dieses sah die Annexion Luxemburgs und der lothringischen Industriegebiete und ein von Deutschland als europäische Hegemonialmacht beherrschtes Mitteleuropa vor, dem auch Frankreich, Polen und Österreich-Ungarn zugeordnet sein sollten; Russland sollte durch die Bildung neuer Pufferstaaten weiter in den Osten abgedrängt werden.

Mit zunehmendem Zweifel an einem militärischen Sieg Deutschlands formierte sich eine **politische Opposition** gegen die Regierungspolitik: Die liberalen Parteien, das Zentrum und die SPD richteten 1916 im Reichstag einen ständigen Hauptausschuss, später den „interfraktionellen Ausschuss“, ein, in dem die Parlamentsmehrheit 1917 zuletzt eine – allerdings durch die Regierung abgelehnte – Friedensresolution erließ. Der linke Flügel der SPD forderte einen schnellen **Verständigungsfrieden ohne Annexionen**.

Die Spaltung der SPD

Nach der russischen Februarrevolution und dem Sturz des Zaren Nikolaus II. 1917 sowie aufgrund des Ausbleibens politischer Reformen im Inneren verstärkten sich die Spannungen zwischen der Führung der SPD und ihrem linken Flügel, der den Krieg sofort beenden wollte. Diese innerparteilichen Auseinandersetzungen führten schließlich zur Spaltung der Arbeiterbewegung und der SPD in eine oppositionelle Minderheit und eine regierungstreue Mehrheit.

Im März 1916 wurden 18 oppositionelle Abgeordnete wegen ihrer Gegnerschaft zur Kriegspolitik, wie schon zuvor Karl Liebknecht, aus der SPD-Fraktion ausgeschlossen. Diese Minderheit bildete zunächst eine eigene Fraktion, die Sozialdemokratische Arbeitsgemeinschaft (SAG). Im April 1917 folgte in Gotha die Gründung der **Unabhängigen Sozialdemokratischen Partei Deutschlands (USPD)**, die in zunehmendem Maße bei der kriegsmüden Industriearbeiterschaft eine große Anhängerschaft gewann.

Zugleich formierte sich der noch weiter links stehende **Spartakusbund** um **Rosa Luxemburg** (1870–1919, ermordet) und **Karl Liebknecht** (1871–1919, ermordet), der mithilfe von Revolution und Klassenkampf den Krieg beenden und die „sozialistische Demokratie“ schaffen wollte. Die für die Weimarer Republik folgenreiche Spaltung der Arbeiterschaft in eine gemäßigte Mehrheit und eine radikal-sozialistische Minderheit war damit vollzogen.

1.3 Das Scheitern der inneren Reichseinheit

Die Behauptung vom „Burgfrieden“ war schon von Anfang an eine Fiktion. Der Versuch, die nationale Begeisterung zu nutzen, die politischen Gegensätze zu überwinden und die innere Reichseinheit herzustellen, musste angesichts der **ungelösten sozialen und innenpolitischen Spannungen und des Reformunwillens** der den Staat beherrschenden Eliten scheitern. Solange man an den Fronten siegte oder ein „Siegfrieden“ möglich schien, wurde dies überdeckt.

Die Forderung des Bürgertums nach einer weiteren Liberalisierung erwies sich vor und nach 1914 zunächst als Lippenbekenntnis und als „modischer Zeitgeist“ und wurde nicht konsequent verfolgt. So blieb das antiliberale und antidemokratische preußische Dreiklassenwahlrecht bis 1918 bestehen. Dies hatte verschiedene Gründe:

- der wilhelminische „Beamtenstaat“ arbeitete in den Augen des Bürgertums exakt, effizient, und er war, von Ausnahmen abgesehen, nicht korrupt;
- die bürgerlichen Rechte, vor allem das Recht auf Meinungsäußerung und das Eigentumsrecht, waren weitgehend gesichert;
- die unternehmerische Freiheit war nur geringfügig eingeschränkt;
- der Bürger hatte seinen festen Platz in der Gesellschaft, die nach bürgerlichen Werten (Ordnung, Pflichterfüllung, Anstand) funktionierte; vom Arbeiterstand war das Bürgertum streng geschieden; in der Abwehr einer sozial gerechten Umgestaltung der Gesellschaft verband sich das Bürgertum mit den alten Eliten;
- im nationalen Interesse war das Bürgertum in seiner Mehrheit an einer Opposition gegenüber der Reichsleitung nicht interessiert.

fgabe 32 Kennzeichnen Sie die innenpolitischen Verhältnisse in Deutschland zu Beginn des Ersten Weltkrieges.

2 Die Kriegswirtschaft und ihre Auswirkungen

Jan. 1915	Einführung der „Brotkarte"
22.5.1916	Gründung des Kriegsernährungsamtes
Aug. 1916	„Hindenburg-Programm"
Nov. 1916	Gründung des Kriegsamtes
2.12.1916	Gesetz über den vaterländischen Hilfsdienst

2.1 Die Struktur der Wirtschaft

Die neue Form des lange dauernden technisierten Krieges mit Massenheeren, massivem Materialeinsatz und Handelsblockaden hatte auch entscheidende Auswirkungen auf die Wirtschaft und Gesellschaft der Krieg führenden Staaten: Der Krieg wurde zum „totalen Krieg", der jeden einzelnen Bürger direkt betraf.

In Deutschland besaß die Kriegswirtschaft folgende Struktur:

- Die deutsche Wirtschaft wurde schon seit August 1914 zentral aus Berlin gelenkt, um dem Rohstoff- und Lebensmittelmangel zu begegnen. Die **Kriegsrohstoffabteilung (KRA)** im preußischen Kriegsministerium entwickelte sich dabei zur zentralen Schaltstelle, die vor allem chemische Ersatzstoffe für die Salpetergewinnung (Munition, Düngemittel) beschaffen musste.
- Die marktorientierte Wirtschaft blieb im System der bürokratischen Wirtschaftslenkung jedoch bestehen, sodass vor allem die deutsche Rüstungsindustrie riesige Gewinne einstreichen konnte.
- **Sozialpolitische Begrenzungen** wurden dagegen **aufgehoben:** der Zehn-Stunden-Tag bei einer 60-Stunden-Woche eingeführt, die Einschränkung für Überstunden und Nachtarbeit aufgehoben. Frauen und Jugendliche ersetzten die Männer teilweise als Arbeitskräfte; am Kriegsende betrug der Frauenanteil in den Gewerkschaften 35 Prozent. Ein Gesetz über den Vaterländischen Hilfsdienst verpflichtete alle männlichen Deutschen zwischen 17 und 60 Jahren ab Dezember 1916 zur Arbeit. Arbeiter durften nur mit Genehmigung ihre Stellung wechseln.

Die Versorgungslage

Trotz der Wirtschaftslenkung zeigten sich schon rasch die Auswirkungen der von Großbritannien verhängten **Blockade** der deutschen Nordseeküste, durch die Deutschland von seinen überseeischen Märkten abgeschnitten wurde. Dies war angesichts der weitgehenden Importabhängigkeit des Reiches bei Rohstoffen mittel- und langfristig bedrohlich. Vor allem die **Nahrungsmittelversor-**

gung wurde mit Fortdauer des Krieges immer schwieriger, die neben der Blockade auch durch Arbeitskräfte-, Maschinen-, Futter- und Düngemittelmangel beeinträchtigt wurde. Die landwirtschaftliche sank im Vergleich zu 1913 stark: bei Kartoffeln – immerhin wichtigstes Grundnahrungsmittel – und bei Futtergetreide auf knapp die Hälfte und bei Brotgetreide auf etwa zwei Drittel.

Auf die zunehmende Verknappung der Lebensmittel reagierte der Staat zunächst mit der Festsetzung von **Höchstpreisen** und seit Januar 1915 mit der „Bewirtschaftung" der Lebensmittel mithilfe der **„Brotkarte"**, die jedem Bürger einen bestimmten Anteil im Bereich des Existenzminimums zusprach. Seit Mai 1916 bemühte sich das zentrale Kriegsernährungsamt um die Verwaltung des Mangels.

Als „zweite Ökonomie" entwickelte sich immer stärker ein **Schwarzmarkt**, auf dem zu überhöhten Preisen alles zu haben war. Dieser schloss die sozial Schwächeren aus und konnte durch die Regierung nicht eingedämmt werden. Davon profitierten vor allem die grundbesitzenden Bauern und die wohlhabenderen Schichten: Die soziale Schere in der deutschen Gesellschaft vergrößerte sich immer mehr. Die Nationalsozialisten zogen aus dieser Erfahrung für „ihren" Krieg die Konsequenzen, indem sie zur Ernährung des eigenen Volkes die eroberten Gebiete rücksichtslos ausplünderten.

Große Auswirkungen hatte die Kriegswirtschaft mit ihren riesigen **unproduktiven Kriegskosten** auch auf die Währungen. In Deutschland verzichtete die Regierung auf Steuererhöhungen und nahm Kredite auf, die nach dem erwarteten Sieg durch die Kriegsgegner zurückbezahlt werden sollten. Die Geldmenge wurde trotz der sinkenden Produktivität erhöht, das führte zu einer Inflation, die Mark verlor die Hälfte ihres Wertes. Nach der Niederlage und den daraufhin durch Deutschland zu zahlenden Kriegsentschädigungen beschleunigte sich die Geldentwertung bis zur **Hyperinflation** 1923.

Das Kaiserreich hinterließ nach 1918 der jungen Republik mit einer Staatsschuld von 156 Milliarden Mark eine Hypothek, durch die die wirtschaftliche Entwicklung nachhaltig negativ beeinflusst wurde.

Das „Hindenburg-Programm"

Anfang September 1916 verlangte die neue Oberste Heeresleitung (OHL) unter Hindenburg und Ludendorff die Erfassung aller Arbeitskräfte und deren Einsatz, sofern möglich, für die Rüstung („Hindenburg-Programm"). Ziel war eine Produktionssteigerung um jeden Preis. Dazu wurde im November 1916 auf Wunsch der OHL eine zentrale Lenkungsbehörde unter General Wilhelm Groener geschaffen, das **Kriegsamt**. Der Reichstag verabschiedete am 2. Dezember 1916 ein **Gesetz über den Vaterländischen Hilfsdienst**, durch das alle männlichen Deutschen zwischen dem 17. und dem 60. Lebensjahr, sofern sie nicht an der Front oder sonst in der Armee Dienst taten, für dienstpflichtig erklärt wurden; die freie Wahl des Arbeitsplatzes wurde mit diesem Gesetz aufgehoben und von der Genehmigung durch einen **Schlichtungsausschuss** abhängig gemacht, der durch Arbeitnehmer- und Arbeitgebervertreter paritätisch besetzt war. Für die Geschichte der deutschen Arbeiterbewegung bedeutete dies eine Wende, denn erstmals wurden die **Gewerkschaften als Vertreter der Arbeiterschaft als gleichberechtigt anerkannt**.

Der Preis dafür war hoch: Die Gewerkschaften wurden in die Kriegsmaschinerie des Kaiserreiches eingebunden und damit auch mit der Kriegsverlängerung identifiziert. Dadurch büßten sie zusehends an Einfluss bei den Arbeitern ein, besonders die radikalisierende Arbeiterschaft machte gegen den Krieg mobil (vgl. Massenstreiks April 1917 und Januar 1918).

Letztlich erfüllten sich die Hoffnungen, die vor allem die Militärs an das „Hindenburg-Programm" geknüpft hatten, nicht. Der Mangel an Facharbeitern konnte nicht behoben werden. Hinzu kam, dass die Reichsbahn den gestiegenen Anforderungen nicht nachkommen konnte; eine schwere **Transportkrise** bedrohte besonders die Kohleversorgung, deren Engpass nicht nur das tägliche Leben erschwerte, sondern die Industrieproduktion massiv bedrohte.

2.2 Gesellschaftliche Auswirkungen

Gesellschaftlich war der **Krieg ein riesiger Umverteilungsprozess mit** wenigen Gewinnern und **vielen Verlierern**. Zu Letzteren zählten die **Arbeiter**, deren Lohnerhöhungen von den Preissteigerungen weit übertroffen wurden, in Teilen der Arbeiterschaft näherten sich die Lebensverhältnisse wieder der Verelendung in der zweiten Hälfte des 19. Jahrhunderts an.

Auch die **Angestellten** zählten zu den Kriegsverlierern. Ihre Gehälter lagen weit unter denen der Vorkriegszeit und der Inflationsrate. Während sich die Gehälter der Angestellten zwischen 1914 und 1917 um etwa 18 Prozent erhöhten, stieg der Lebenshaltungsindex im selben Zeitraum um 185 Prozent. Dem „neuen Mittelstand" drohte eine Proletarisierung, was ihn besonders hart treffen musste, hatte er doch vor dem Krieg seinen „sozialen Status vor allem über die scharfe Abgrenzung vom Proletariat definiert" (V. Ullrich). Eine Minderheit orientierte sich daher nach links, diskutierte sogar Streiks als Kampfmittel, das bislang nur die Arbeiterschaft gekannt hatte. Die Mehrheit aber betonte den Abstand zum Proletariat immer verbissener, je mehr die tatsächliche eigene Proletarisierung fortschritt. Allerdings widersetzten sich die Angestellten 1918 dem Umsturz nicht; sehr viele unterstützten ihn sogar.

Zu den Verlierern gehörten auch die Beamten. Für höhere Beamte sanken die Gehälter bis 1917 auf 42,9, für mittlere Beamte auf 48,8 und für untere Beamte auf 53,6 Prozent der Vorkriegsgehälter. Die sich abzeichnende **soziale Deklassierung der Beamten** bedrohte das politische System des wilhelminischen Deutschland, denn die Beamten waren die zuverlässigste Stütze des monarchischen Obrigkeitsstaates gewesen. Durch den dramatischen Einkommensverlust drohte diese Loyalitätsbindung zu zerbrechen. Daher war es verständlich, dass im November 1918 auch die Beamtenschaft kaum bereit war, die staatliche Ordnung zu verteidigen, auf die sie ihren Diensteid geleistet hatte.

Die **Lage der ländlichen Gesellschaft und der Landwirtschaft** war ambivalent: **Bauern** als Selbstversorger litten während des Krieges keinen Hunger. Sie profitierten zudem vom Schwarzmarkt und den Preissteigerungen für Lebensmittel, die trotz der behördlich festgelegten Höchstpreise nicht verhindert werden konnten. Insgesamt beklagte die **Landwirtschaft** jedoch einen erheblichen **Mangel an Arbeitskräften**. Immer mehr Landarbeiter wurden eingezogen oder wanderten in die Industrie ab. Es mangelte an Zugtieren und Ersatzteilen. Bürokratische Eingriffe in die Produktion verbitterten viele Bauern, was dadurch verstärkt wurde, dass die Klein- und Mittelbauern das Gefühl hatten, dass die Großgrundbesitzer, eng verbunden mit der staatlichen Bürokratie, von staatlichen Kontrollen und Beschlagnahmungen (Pferde, Fuhrwerke) weniger betroffen waren als sie selbst. Hier machte sich eine gefährliche **Staatsverdrossenheit** breit, und schon während des Krieges war unter den Bauern die Parole „Das nächste Mal wähle ich rot“ weit verbreitet.

Kleinbetriebe von **Handwerkern und Händlern** hatten in zunehmendem Maße unter Rohstoffmangel zu leiden und waren seit Ende 1916 von Betriebsstilllegung bedroht. Hinzu kamen der Verlust der Massenkaufkraft sowie Rationierungsmaßnahmen und Preisfestsetzungen der Behörden. Lediglich die Handwerksbetriebe, die für die Rüstung tätig waren oder für den sonstigen Heeresbedarf produzierten (z. B. Zaumzeug, Sättel), profitierten vom Krieg.

3 Antisemitismus

Verhängnisvollerweise radikalisierte sich während des Krieges der Antisemitismus, obgleich etwa 12 000 deutsche Juden an der Front kämpften, von denen viele hohe und höchste Auszeichnungen erhielten. Ausgangspunkt war die **Anordnung des Preußischen Kriegsministeriums** vom 11. Oktober 1916 zur „Nachweisung der beim Heere befindlichen [...] wehrfähigen Juden", damals kurz „Judenzählung" genannt. Diese markierte eine Zäsur in der Geschichte der Juden in Deutschland, denn in den Augen gerade der patriotisch gesinnten Juden wurde durch ihn die Emanzipation seit 1812 revidiert, und die deutschen Juden, die sich als „Deutsche jüdischen Bekenntnisses" empfanden, einer staatlich angeordneten Sonderbehandlung unterworfen. Der Traum von der Assimilation war offenkundig ausgeträumt.

Bei Kriegsbeginn hatte sich die antisemitische Agitation zwar gemildert, doch schon wenig später begann sie erneut; und je länger der Krieg dauerte, je größer die Notlage und die sozialen Spannungen wurden, desto radikaler äußerten sich die Vertreter des Antisemitismus im Reich. Man sprach den Juden angesichts ihres angeblichen „Internationalismus" (Bild vom herumwandernden, heimatlosen „ewigen Juden") den Wehrwillen ab; in den Offizierskasinos gehörte es bald zum guten Ton, „Judenwitze" zu erzählen.

Der „Reichshammerbund", einer der radikalsten antisemitisch-völkischen Verbände, aus dem später viele Mitglieder des NSDAP kamen, und der „Alldeutsche Verband" sprachen den deutschen Juden ihre patriotische Gesinnung ab und erklärten sie zu den eigentlichen „Kriegsgewinnlern", die zudem an allen Problemen des Reiches schuldig seien **(„Sündenbocktheorie")**.

Als sich im Herbst 1918 die deutsche Niederlage immer deutlicher abzeichnete, verschärfte sich die antisemitische Hetze. Dabei verbanden sich die alten Vorwürfe „Drückeberger" und „Kriegsgewinnler" mit einem viel bösartigeren Vorwurf, den später Hitler und die Nazis aufgriffen: Die Linke und die Juden hätten die Kraft des deutschen Heeres durch das von ihnen ausgestreute „Gift der Zersetzung" entscheidend geschwächt und so um den Sieg gebracht.

Diese **„Dolchstoßlegende"**, die nach 1918 durch Hindenburg populär gemacht wurde, sollte die Eliten des Kaiserreiches, die Deutschland in sein Verderben gestürzt hatten, entlasten und die Schuld an der Niederlage den Sozialisten und den Juden aufbürden. Die **Alldeutschen** verlangten offen, „die Juden als Blitzableiter für alles Unrecht zu benutzen". Ganz offen forderten sie die **Vertreibung und sogar die Ermordung der Juden**. Der Boden für Hitlers Rassenpolitik war bereitet.

4 Die Parlamentarisierung der Reichsverfassung 1918

8.1.1918	14-Punkte-Programm Wilsons
29.9.1918	OHL verlangt sofortigen Waffenstillstand und Demokratisierung
Okt. 1918	Deutsche Niederlage im Ersten Weltkrieg; Legitimitätsverlust der wilhelminischen Monarchie
3.10.1918	Ernennung des Prinzen Max von Baden zum Reichskanzler
28.10.1918	Parlamentarisierung der deutschen Reichsverfassung

4.1 Gesellschaftliche Spannungen

Als im Frühjahr 1918 die letzte große Offensive des deutschen Heeres im Westen scheiterte, kam es unter den deutschen Soldaten vermehrt zu **Disziplinverstößen und Befehlsverweigerungen**. An der Front forderten die meisten Soldaten ein Ende des sinnlosen Sterbens. Auch in den Garnisonen in der Heimat gärte es; an vielen Orten kam es zu **Soldatenkrawallen**. Ganze Einheiten verweigerten den Gehorsam, wenn sie als Hilfstruppen für den Polizeieinsatz herangezogen wurden. Immer häufiger kam es zu Demonstrationen von Soldatenfrauen, mit denen sich die noch in der Heimat befindlichen Soldaten solidarisierten. Seit dem Sommer 1918 zeichnete sich zudem ab, dass die Armee im Falle einer Revolution nicht eingreifen würde.

Besonders Wilhelm II. stand im Mittelpunkt der Kritik. Man wollte nicht länger „Schlachtvieh für Wilhelm und seine Söhne“ sein, obgleich der Kaiser von der OHL längst entmachtet worden war **(Militärherrschaft)**.

Das Scheitern der Frühjahrsoffensive führte aber auch zu einem Autoritätsverlust der Heeresführung. Dieser und der Zerfall der monarchischen Loyalität der Beamtenschaft entzogen dem wilhelminischen Herrschaftssystem seine beiden Hauptstützen. Der Ruf nach Frieden wurde immer lauter und mit der sich verschlechternden Versorgungslage beschleunigte sich der Stimmungsverfall zunehmend. Paradoxerweise wollten viele die Niederlage nach den Leiden und Opfern, die man auf sich genommen hatte, nicht akzeptieren und suchten nach **Sündenböcken**, die ihnen von den völkisch Gesinnten bereitwillig geliefert wurden: **Linke und Juden**. Andere verwiesen auf den Kaiser und das monarchische System als Schuldige. So war es nicht verwunderlich, dass „das Spielen mit der Revolution“ selbst in bürgerlichen Kreisen aufkam, wie es in einem Stimmungsbericht hieß.

Es bestand ein enger Zusammenhang zwischen der Verweigerungshaltung der Soldaten an der Front und der Revolutionsbereitschaft in der Heimat. Einerseits verbreiteten sich schlechte Nachrichten von der Front, etwa nach dem Durchbruch britischer Einheiten bei Amiens am 8. August 1918, in der Heimat in Windeseile und verstärkten die **Systemkritik**. Andererseits wurden noch kampfwillige Soldaten beim Heimaturlaub mit der negativen Stimmung konfrontiert und von dieser beeinflusst. So wurde mit dem Zusammenbruch der militärischen Disziplin und der Loyalität der Bürokratie das Ende des wilhelminischen Herrschaftssystems eingeläutet.

4.2 Verspätete Reformen

Unter dem Eindruck der sich abzeichnenden Niederlage forderte die Oberste Heeresleitung (Ludendorff, Hindenburg) am 29. September 1918 einen sofortigen Waffenstillstand und eine **Demokratisierung der Reichsverfassung**. Ludendorff verlangte

- die Ersetzung des Dreiklassenwahlrechts in Preußen durch ein allgemeines, gleiches und freies Wahlrecht,
- eine neue Reichsregierung aus Vertretern der wichtigsten Parteien
- und das Recht zur Ein- und Absetzung des Reichskanzlers für den Reichstag.

Die politische Führung um den Kaiser gab den Forderungen nach und zeigte sich zur Durchführung innerer Reformen bereit. Mit dieser **„Revolution von oben“** wollte man einer immer wahrscheinlicher werdenden „Revolution von unten“ zuvorkommen. Am 3. Oktober 1918 ernannte Wilhelm II. den liberal gesinnten Prinz Max von Baden zum neuen Reichskanzler; seinem Kabinett gehörten wichtige Politiker des Zentrums (Matthias Erzberger) und der Mehrheitssozialdemokraten (Philipp Scheidemann) an.

Am 28. Oktober wurde der Übergang vom konstitutionellen Obrigkeitsstaat zur parlamentarischen Monarchie vollzogen **(„Oktoberverfassung“)**. Von nun an bedurfte der Reichskanzler des Vertrauens der Reichstagsmehrheit, die kaiserliche Befehlsgewalt über die Armee wurde der parlamentarischen Kontrolle unterstellt – die Sonderstellung des Militärs, Kernstück der Verfassung von 1871, war damit aufgehoben. Das Kaisertum sollte im Konsens der wichtigen bürgerlichen und sozialdemokratischen Führer erhalten werden.

Man kam damit den Forderungen des **US-Präsidenten Wilson** entgegen, der mit seinem **14-Punkte-Programm** die Hoffnung der deutschen Führung auf einen maßvollen Friedensschluss ohne Annexionen geweckt hatte. Wilson hatte im Wesentlichen Folgendes verlangt:

- Freiheit des Handels und der Meere,
- Rüstungsbegrenzung,
- Gründung eines Völkerbundes zur Friedenssicherung,
- Räumung aller von den Mittelmächten besetzten Länder,

- Rückgabe Elsass-Lothringens an Frankreich,
- Abtretung der von Italienern bewohnten Gebiete Österreich-Ungarns an Italien,
- Autonomie für die Völker Österreich-Ungarns und der Türkei,
- ein selbstständiges Polen mit eigenem Zugang zum Meer.

Damit verbunden war die Forderung nach einer durchgreifenden Demokratisierung Deutschlands und nach der Abdankung des Kaisers, in dem Wilson den Hort des preußischen Militarismus sah.

Gründe für das Waffenstillstandsgesuch der OHL

Ludendorff ging es vor allem darum, die noch intakte Armee vor dem Zusammenbruch zu bewahren. Auch glaubte er, dass man zu diesem Zeitpunkt, da das deutsche Heer noch auf feindlichem Boden stand, **günstigere Konditionen für einen Waffenstillstand** und den nachfolgenden Frieden herausholen könnte. Vor allem aber ging es ihm darum, die Reichstagsmehrheit aus Freisinnigen, SPD und Zentrum mit der Niederlage und ihren Folgen zu belasten – das Militär, das bislang nahezu diktatorisch geherrscht hatte, wollte sich aus seiner Verantwortung stehlen und diese einer noch nicht einmal gebildeten parlamentarischen Regierung aufbürden.

In ihrer Propaganda machte sich die OHL zum Opfer eines heimtückischen „Dolchstoßes“ der unzuverlässigen und von Vaterlandsverrätern beherrschten Heimat. Da der deutschen Öffentlichkeit die wahren Hintergründe des Waffenstillstandsgesuches verborgen blieben, wurden in der Folgezeit die neue Reichsregierung und die Mehrheitsparteien allein damit in Verbindung gebracht, nicht aber die eigentlich Verantwortlichen: die deutschen Militärs.

Damit war die **„Dolchstoßlegende“** endgültig geboren, die ebenso wie die **„Kriegsschuldlüge“** nach 1918 das politische Leben in Deutschland negativ beeinflusste und das politische Klima nachhaltig vergiftete.

gabe 33 Erläutern Sie die politische Entwicklung von der konstitutionellen zur parlamentarischen Monarchie im Oktober 1918.

Die Weimarer Republik zwischen Schwarz-Weiß-Rot und Schwarz-Rot-Gold

Als Weimarer Republik wird die **erste „echte“ demokratische Epoche deutscher Staatlichkeit** bezeichnet. Sie entstand aus der Revolution von 1918/19 und endete am 30. Januar 1933 mit der Machtübertragung an die Nationalsozialisten unter Adolf Hitler.

Drei Etappen der Weimarer Republik werden unterschieden:

- Gründung und Nachkriegskrise 1919–1923,
- Stabilisierung 1923–1929 („Goldene Zwanzigerjahre“),
- Weltwirtschaftskrise und Scheitern 1929–1933.

Die erste deutsche Republik wurde nach der Stadt Weimar benannt, weil dort die **Nationalversammlung** am 6. Februar 1919 zusammentrat, um den bürgerkriegsähnlichen Kämpfen zwischen regierungstreuen Reichswehreinheiten und linksrevolutionären Milizen in Berlin auszuweichen.

Die Weimarer Republik ist in der deutschen Geschichte deshalb so bedeutsam, weil sie Bezugspunkt der 1949 geschaffenen demokratischen Bundesrepublik ist. Zudem finden sich viele direkte verfassungsmäßige, politische und personelle Kontinuitäten zu „Weimar“. So war zum Beispiel der erste deutsche Bundeskanzler (1949–1963), Konrad Adenauer, ein wichtiger Politiker der katholischen Zentrumspartei in der Weimarer Republik.

Bedeutend war auch die kulturelle Modernisierung Deutschlands in dieser Zeit; auf fast allen kulturellen Feldern (z. B. Bauhaus-Architektur, Malerei der Neuen Sachlichkeit, episches Theater Brechts, Design als neue Kunstform) setzten sich Künstler und Intellektuelle an die Spitze einer zeitgemäßen Auseinandersetzung mit der industrialisierten Moderne. Kulturelles Zentrum war die pulsierende Weltmetropole Berlin mit ihrer besten Zeit in den „Goldenen Zwanzigerjahren“ bis zur Weltwirtschaftskrise 1929.

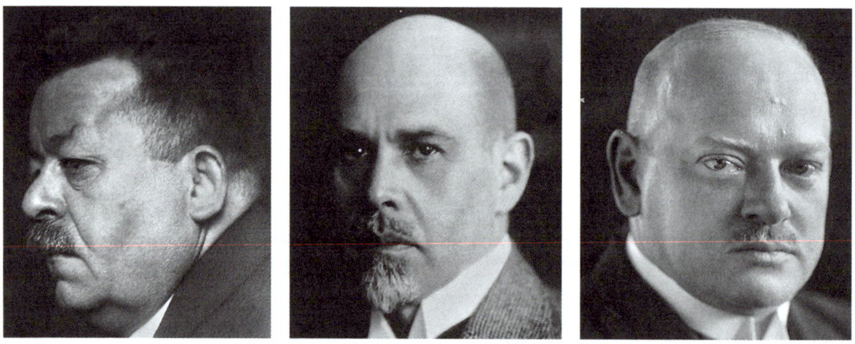

Drei wichtige Repräsentanten der Weimarer Demokratie (von links): Friedrich Ebert, der erste Reichspräsident, Reichsaußenminister Walther Rathenau sowie Gustav Stresemann, der als Reichskanzler und Reichsaußenminister Deutschland aus der Isolation geführt hat.

1 Vom Obrigkeitsstaat zur Demokratie

28.10.1918	Parlamentarisierung der deutschen Reichsverfassung
Nov. 1918	Matrosenaufstand in Kiel
3.–9.11.1918	Ausbreitung der Revolution der Arbeiter und Soldaten im Reich
9.11.1918	Ausrufung der Republik in Berlin; Bekanntgabe der Abdankung Wilhelms II. durch Prinz Max von Baden
10.11.1918	Bildung des Rates der Volksbeauftragten; „Ebert-Groener-Abkommen"
11.11.1918	Unterzeichnung des Waffenstillstandes mit der Entente in Compiègne
28.11.1918	Offizielle Abdankung Kaiser Wilhelms II.
16.–21.12.1918	1. Reichskongress der Arbeiter- und Soldatenräte in Berlin
28.12.1918	Austritt der USPD-Vertreter aus dem Rat der Volksbeauftragten
1.1.1919	Gründungsparteitag der Kommunistischen Partei Deutschlands (KPD)
5.–12.1.1919	Spartakusaufstand in Berlin
15.1.1919	Ermordung Karl Liebknechts und Rosa Luxemburgs
18.1.1919	Eröffnung der Friedenskonferenz in Paris
19.1.1919	Wahl zur Nationalversammlung; Weimarer Verfassung
6.2.1919	Eröffnung der Nationalversammlung in Weimar
7.5.1919	Übergabe des Friedensvertrages an die deutsche Delegation
28.6.1919	Unterzeichnung des Friedensvertrages zwischen dem Deutschen Reich und den Alliierten in Versailles
10.1.1920	Inkrafttreten des Versailler Vertrages
Juni 1920	Konferenz von Boulogne: Festlegung der Reparationszahlungen auf 269 Milliarden Goldmark in 42 Jahresraten

Die Weimarer Republik war das **Ergebnis einer Revolution**, deren Ursachen im politischen und sozialen System des Kaiserreiches lagen. Zugleich standen am Anfang der Weimarer Republik **zwei Hypotheken**, die die weitere Entwicklung der Demokratie schwer belasteten:

- die **Kriegsniederlage**, die die Militärs wider besseres Wissen den demokratischen Parteien und vor allem der Arbeiterbewegung (SPD, Gewerkschaften) in die Schuhe schoben **(„Dolchstoßlegende")**, und
- die von außen erzwungene Änderung des politischen Systems, ohne die ein Waffenstillstand und ein Frieden nicht möglich waren.

Durch die **„Revolution von oben"** am 28. Oktober 1918 war aus der bisherigen konstitutionellen eine **parlamentarische Monarchie** geworden, der Wilhelminismus mit seinem „persönlichen Regiment" des Kaisers war zu Ende. Der Reichskanzler und mit ihm die ganze Regierung bedurften nun des Vertrauens durch den Reichstag („Oktoberverfassung"). An eine Abschaffung der Monarchie dachten aber auch die neuen, die Politik gestaltenden Parteien SPD, Zentrum und Fortschrittspartei nicht.

Mit einem bloßen Systemwechsel war es jedoch nicht getan, denn der Obrigkeitsstaat war mehr als nur eine undemokratische, autoritäre Monarchie. Diesen Staat kennzeichnete eine strenge Hierarchie, bestimmt und gelenkt von einer privilegierten Elite mihilfe eines hierarchischen, auf Befehl und Gehorsam aufgebauten Staatsapparates. Ihn prägte aber auch ein Militarismus, der sich nicht nur auf das Militär selbst beschränkte, sondern auch die Zivilgesellschaft und Schulen mit Werten wie Gehorsam, Unterordnung, Pflichterfüllung durchdrang. Diese inneren Merkmale des wilhelminischen Obrigkeitsstaates galt es zu überwinden. Dass die von oben durchgeführte Parlamentarisierung („Revolution von oben“) zu keiner innenpolitischen Stabilität führte, vielmehr von einer **„Revolution von unten“** überrollt wurde, die schließlich den Weg in eine demokratische Republik öffnete, zeigte, dass die Menschen an eine wirkliche Umgestaltung des Systems „von oben“ nicht glaubten, und die „Admiralsrevolte“ schien diesen Eindruck zu bestätigen. Die Mehrheit der Deutschen wollte einen **gerechten Frieden und einen innenpolitischen Neuanfang**.

1.1 Die Novemberereignisse

Die Verhandlungen der neuen Regierung mit den USA seit dem 3. Oktober ließen erkennen, dass die Person des Kaisers einem Waffenstillstand im Wege stand, da Wilhelm II. als Verkörperung des preußisch-deutschen Militarismus und Expansionismus galt. Doch Wilhelm II. wollte nicht zugunsten des Kronprinzen abdanken. In dieser Situation kam es Ende Oktober zu einer **„Admiralsrevolte“** gegen die legale Regierung. Die Seekriegsleitung befahl ohne Wissen der Regierung einen Vorstoß der Flotte in Richtung englischer Küste. Um nicht „ehrlos“ kapitulieren zu müssen, wollte man in einer „heroischen“ Schlacht den deutschen Widerstandwillen demonstrieren. Doch die Matrosen verweigerten den Gehorsam. In Wilhelmshaven und Kiel begann ihr Widerstand, der sich schnell auf die Garnisonen und die Industrie der deutschen Großstädte ausdehnte. Nach russischem Vorbild wurden **Arbeiter- und Soldatenräte** gewählt. Man forderte die Freilassung sämtlicher Inhaftierten, die Aufhebung der Zensur, die menschengerechte Behandlung der Soldaten durch die Offiziere, Straffreiheit für die Meuterer und das Nichtauslaufen der Flotte.

Angesichts der allgemeinen Kriegsmüdigkeit, der schlechten Versorgungs- und Ernährungslage sowie der überlangen Arbeitszeiten war der Wunsch nach einem Kriegsende übermächtig, und immer lauter wurden Parolen wie „Fort mit dem Kaiser!“ Aus der **Meuterei der Matrosen** gegen einen sinnlosen, die Bemühungen der Regierung um Waffenstillstand unterlaufenden Befehl wurde eine allgemeine **revolutionäre Bewegung**, die sich nicht mehr aufhalten ließ.

Ursachen für die Novemberrevolution 1918

Klassenstruktur des Kaiserreiches

strikte soziale Trennung:
- adlige Grundbesitzer
- Besitz- und Bildungsbürgertum
- Mittel- und Kleinbürgertum
- Arbeiterschaft

wachsender Wohlstand beim Besitzbürgertum, wachsende Not bei Arbeitern, Angestellten und Beamten im Krieg

zunehmende Kapitalismuskritik

Diskrepanz zwischen moderner Industrie und Wissenschaft und der rückständigen Gesellschaft

Militarisierung der Gesellschaft

Scheinkonstitutionalismus des Kaiserreiches

keine wirksame Gewaltenkontrolle

kontrollfreie Diplomatie und Armee

Kaiser nahezu unkontrollierbar

kein Parteien- bzw. Volksstaat

Dreiklassenwahlrecht, z. B. in Preußen

Dualismus in der Reichsleitung wird im Krieg zugunsten der OHL entschieden

Bündnis der sozialen Eliten mit der Beamtenschaft und der Justiz (Klassenjustiz)

Novemberrevolution 1918

Sozioökonomische Krise im Krieg

Militarisierte Gesellschaft mit hohem Ansehen der Uniform und mit militärischen Erziehungsidealen wird vom Kriegsalltag ad absurdum geführt

zunehmende Diskrepanz zwischen den sozialen Gruppen bei der Ernährung

Versorgungskrise und ungleiche Verteilung der Kriegslasten, die v. a. auf dem Mittelstand und den Arbeitern ruhen

starke Arbeitsbelastung durch Verlängerung der Arbeitszeit

zunehmende Frauenarbeit, die zu großer Doppelbelastung führt

Verelendung eines großen Teils der Bevölkerung

Militärische Niederlage 1918

Niederlage zeigt das Scheitern des Militarismus und des Weltmachtstrebens

Militärdiktatur der OHL (Hindenburg/Ludendorff) ist an der Kriegsverlängerung schuld

Niederlage zeigt die Schwäche des wilhelminischen Systems

Schock der Niederlage als Folge der euphorischen Kriegspropaganda

Niederlage raubt u. a. dem Mittelstand einen großen Teil seiner materiellen Existenzgrundlage

Beamtenschaft verliert den Glauben an den Obrigkeitsstaat

Am 9. November 1918 erreichte die revolutionäre Welle Berlin. In **Massendemonstrationen** wurde die Abdankung des Königs und Kaisers verlangt, doch Wilhelm II. widersetzte sich allen Rücktrittsforderungen. Daraufhin riefen die revolutionären Obleute, ein radikaler Flügel der USPD, zur Revolution auf und forderten die Errichtung einer sozialistischen Räterepublik nach russischem Vorbild. Um dies zu verhindern und die Monarchie zu retten, gab Prinz Max von Baden gegen Mittag des 9. Novembers eigenmächtig die Abdankung Wilhelms II. bekannt und übertrug, unter Bruch der geltenden Verfassung, sein Amt als **Reichskanzler** an **Friedrich Ebert**, den Parteivorsitzenden der MSPD.

Auch **Philipp Scheidemann** (MSPD) handelte eigenmächtig und rief kurz danach gegen den Willen Eberts vom Fenster des Reichstages die **Deutsche Republik** aus. Zwei Stunden später zeigte sich die tiefe Spaltung der deutschen Arbeiterbewegung: **Karl Liebknecht**, Mitbegründer des ultralinken Spartakusbundes, proklamierte am Berliner Stadtschloss der Hohenzollern die **Freie Sozialistische Republik Deutschland**. Die Führungen von MSPD und USPD einigten sich, um die Kontrolle über das Geschehen zu behalten, am 10. November auf die Bildung einer aus je drei Vertretern beider Parteien bestehenden provisorischen Regierung, den **Rat der Volksbeauftragten**. Dieser setzte sich paritätisch aus je drei Mitgliedern der MSPD (Friedrich Ebert, Philipp Scheidemann und Otto Landsberg) und der USPD (Wilhelm Dittmann, Hugo Haase und Emil Barth) zusammen. Von Anfang an lag die tatsächliche Leitung des Rates aber in den Händen Eberts, der auch durchsetzte, dass bürgerliche Fachminister als „technische Gehilfen" den Rat bei seinen Regierungsgeschäften unterstützen sollten, denn angesichts der wirtschaftlichen Probleme glaubte man, deren Fachwissen zu benötigen. Am selben Tag bestätigten 3 000 Berliner Arbeiter- und Soldatenräte (Vollversammlung) den Rat im Amt. Zugleich wählten sie einen **Vollzugsrat**, der die Volksbeauftragten kontrollieren sollte. Das Reich hatte eine revolutionäre sozialistische Regierung.

Mit der Übernahme der Regierungsgewalt durch den Rat der Volksbeauftragten waren Ruhe und Ordnung noch nicht hergestellt. Reichskanzler Ebert wollte einen Bürgerkrieg vermeiden, da in einem solchen Fall der Einmarsch der Siegermächte gedroht hätte. So suchte die MSPD eine Annäherung an den alten, noch immer im Amt befindlichen Staatsapparat, vor allem an die Militärs. Da die Oberste Heeresleitung einen geordneten Rückzug der Truppen gewährleisten musste, war es trotz der revolutionären Stimmung unerlässlich, die Kommandogewalt der Offiziere aufrechtzuerhalten. Deshalb war General Wilhelm Groener zu einer Zusammenarbeit mit dem Rat der Volksbeauftragten bereit: Die Heeresführung sollte die Regierung absichern, die Regierung als Gegenleistung eine ordnungsgemäße Rückführung der Fronttruppen gewährleisten.

Wilhelm II. verließ auf Druck der OHL am 9. November 1918 das Hauptquartier in Spa und ging nach Holland ins Exil; am 28. November verzichtete er offiziell auf die Krone Preußens und die deutsche Kaiserkrone. Am 11. November wurde mit der **Unterzeichnung des Waffenstillstandsabkommens** der Krieg beendet.

Die politische Landschaft 1918

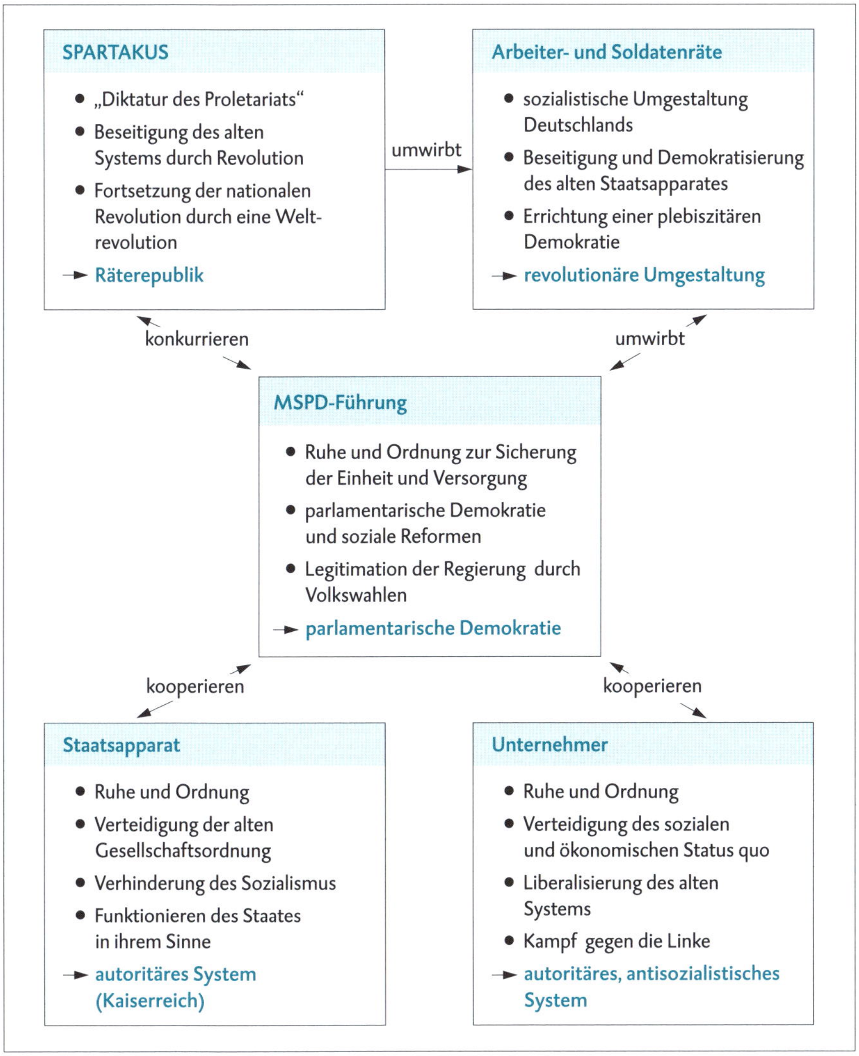

1.2 Der Weg zur Nationalversammlung

Innerhalb der revolutionären Bewegung gab es äußerst **unterschiedliche Vorstellungen** über die Neugestaltung des Staates und seiner politischen, sozialen und wirtschaftlichen Strukturen. Die **MSPD** wollte durch eine demokratisch gewählte verfassunggebende Nationalversammlung unter der Parole „Demokratie oder Bolschewismus" eine parlamentarisch-demokratische Neuordnung herbeiführen und so den gefürchteten Bolschewismus abwenden.

Die **USPD** war in dieser Frage uneins. Der **rechte Flügel** wollte die Räteherrschaft möglichst lange ausdehnen und diese Frist dazu nutzen, vor allem die Sozialisierung wichtiger Teile der Industrie und der Finanzwirtschaft voranzutreiben. Ansonsten waren auch seine Vertreter der Meinung, dass danach eine gewählte Nationalversammlung, begleitet von den Räten, über die weiteren Geschicke entscheiden sollte. Der **linke Flügel** der USPD, im Bunde mit den „Revolutionären Obleuten" und dem linksradikalen Spartakusbund (Karl Liebknecht, Rosa Luxemburg, Franz Mehring), wollte dagegen die Fortsetzung der Revolution und die Errichtung einer „proletarischen Räteherrschaft". Arbeiter- und Soldatenräte sollten die Regierung wählen („Diktatur des Proletariats").

Der Reichskongress der Arbeiter- und Soldatenräte

Die Frage, ob eine Nationalversammlung oder ein Rätesystem die Zukunft Deutschlands bestimmen sollte, wurde auf dem Reichskongress der Arbeiter- und Soldatenräte mit überwältigender Mehrheit zugunsten einer **verfassunggebenden Nationalversammlung** entschieden.

Forderungen des Reichskongresses nach einer Demokratisierung der Armee wurden von der MSPD wegen ihres Bündnisses mit der Armee hintertrieben, was viele Soldaten und Arbeiter verbitterte. Auch die vom Reichskongress geforderte Sozialisierung der wichtigsten Industrien, vor allem des Kohlebergbaus, wurde von der MSPD und den von ihre bestimmten Gewerkschaften verzögert, da sie einen Zusammenbruch der Versorgung befürchteten. Angesichts dieser Entwicklung verließen die USPD-Vertreter am 28. Dezember den Rat der Volksbeauftragten, der Spartakusbund und die radikalen Linken in der USPD gründeten am 1. Januar 1919 die **Kommunistische Partei Deutschlands (KPD)**.

Vor der **Wahl zur Nationalversammlung**, die auf den 19. Januar 1919 angesetzt war, rief die KPD zum Sturz der MSPD-Regierung auf. Dies führte in Berlin zu einem Generalstreik, zu Massendemonstrationen und zum **Spartakusaufstand** linker Milizen (5.–12. Januar 1919). Die kritische Lage konnte der Volksbeauftragte Gustav Noske (MSPD) nur mithilfe von rechtsgesinnten Freiwilligenverbänden (Freikorps) in schweren Kämpfen meistern.

Bei diesen Kämpfen wurden die KPD-Führer **Karl Liebknecht und Rosa Luxemburg** von Soldaten ermordet. Dieses Verbrechen vertiefte die Spaltung in der deutschen Arbeiterschaft, da die Linken die MSPD-Regierung dafür verantwortlich machten. Die rechten Freikorps wurden in der Folge zu einem für die Republik gefährlichen Machtfaktor, da sie reaktionär waren und die Demokratie strikt ablehnten. In der schwierigen Situation Anfang 1919 sicherten sie aber die Wahlen und das Zusammentreten der neuen Nationalversammlung ab.

1.3 Der Vertrag von Versailles mit Deutschland 1919

Die **Friedenskonferenz der 32 Siegerstaaten des Ersten Weltkrieges** trat am 18. Januar 1919 in Paris unter französischem Vorsitz zusammen. Neben der politischen Neuordnung Europas und der Gebiete des Osmanischen Reiches stellte das Deutsche Reich ein zentrales Thema der Verhandlungen dar.

Für Deutschland hatte die Konferenz gravierende Folgen. Da die deutsche Delegation nicht an den Verhandlungen teilnehmen durfte, bezeichnete man den Friedensvertrag in Deutschland als **„Diktatfrieden"**. Der Vertrag wurde der deutschen Delegation am 7. Mai 1919 übergeben und am 28. Juni 1919 im Spiegelsaal des Schlosses von Versailles unterzeichnet, also als Revanche dort, wo 1871 das Deutsche Reich proklamiert worden war. Am 10. Januar 1920 trat der Vertrag in Kraft.

Die Interessen der wichtigsten Siegermächte

Die wichtigsten Entscheidungen der Konferenzen wurden im **exklusiven Rat der Hauptmächte** USA (Wilson), Großbritannien (Lloyd George) und Frankreich (Clemenceau) gefällt. Die besiegten Staaten blieben von den Verhandlungen ausgeschlossen. Die strategischen Interessen Großbritanniens und vor allem Frankreichs bestimmten den Vertragsinhalt.

US-Präsident Wilson wollte der Welt eine neue Ordnung geben, um die politischen, wirtschaftlichen und territorialen Probleme friedlich und dauerhaft zu lösen. Deshalb drängte er auf die **Errichtung eines Völkerbundes zur Regelung internationaler Streitigkeiten**; Wilson konnte aber seine während des Krieges verkündeten Prinzipien („14 Punkte") nicht durchsetzen, vor allem nicht das Selbstbestimmungsrecht aller Völker.

Frankreichs wichtigstes Ziel war der zukünftige Schutz vor Deutschland, das dauerhaft geschwächt werden sollte. Man wollte Revanche für die 1870/71 erlittene Schmach und eine Wiedergutmachung für die Kriegsschäden. Großbritannien vertrat die traditionelle europäische Gleichgewichtspolitik **(„Balance of Power")** und wollte vor allem eine Vorherrschaft Frankreichs auf dem Kontinent verhindern. Die USA und Großbritannien sahen im revolutionären Russland eine größere Gefahr als in Deutschland und wollten Deutschland deshalb als Mittelmacht und als Gegengewicht zu Russland erhalten.

Territoriale Bestimmungen

Das Deutsche Reich verlor im **Westen**

- Eupen-Malmédy an Belgien
- und das 1871 gewonnene Elsass-Lothringen an Frankreich.
- Das Saargebiet unterstellte man 15 Jahre lang dem Völkerbund, wobei Frankreich seine Kohlengruben ausbeuten durfte. Anschließend sollte die saarländische Bevölkerung über eine Rückkehr ins Deutsche Reich entscheiden.

Im **Norden** fiel durch eine Volksabstimmung Nordschleswig an Dänemark.

Im **Osten**

- gingen der größte Teil Posens und Westpreußens sowie Teile von Ostpreußen und Hinterpommern an Polen, wodurch Ostpreußen durch einen polnischen „Korridor" vom Reich getrennt wurde.
- Entgegen den ethnischen Mehrheitsverhältnissen fiel nach einem Gutachten des Völkerbundes der Osten Oberschlesiens mit dem größten Teil der Kohlelagerstätten und der Industrie nachträglich an Polen (Oktober 1921).
- Das Memelgebiet wurde ohne Abstimmung dem Völkerbund bzw. der französischen Besatzung unterstellt, 1923 von Litauen annektiert und erhielt im Jahre 1924 einen Autonomiestatus.
- Die bedeutende Hafenstadt Danzig mit dem Mündungsgebiet der Weichsel übergaben die Sieger als Freie Stadt" der Aufsicht des Völkerbundes, wobei man Polen weitgehende Nutzungsrechte zugestand.
- Das Hultschiner Ländchen ging an die Tschechoslowakei.

Außerdem hatte Deutschland sämtliche Kolonien, die der Völkerbund als Mandatsgebiete an alliierte Staaten weitergab, abzutreten. Deutschland verlor durch den Vertrag ein Siebtel seines Gebiets und ein Zehntel seiner Bevölkerung. Es büßte ein Drittel seiner Kohlen- und drei Viertel seiner Erzvorkommen ein.

Die unerwarteten Gebietsabtretungen stießen in Deutschland auf heftigen Widerstand. Besonders die Abtretungen zugunsten Polens führten zu einer radikalen antipolnischen Haltung, die von nun an die deutsche Politik wesentlich mitbestimmte. Zugleich sah man in den territorialen Verlusten eine erhebliche wirtschaftliche Schwächung – die rechte Propaganda sprach gar davon, dass der Lebensnerv Deutschlands getroffen worden sei.

Mitteleuropa nach dem Versailler Vertrag

Entmilitarisierung

Dem Ziel der **militärischen Schwächung Deutschlands** diente die Auslieferung des gesamten „schweren“ Kriegsmaterials (Kriegsschiffe, Flugzeuge, Panzer, Artillerie), die Kontrolle der Abrüstung durch interalliierte Kommissionen, die Reduzierung der Reichswehr auf 100 000 Mann und die Auflösung des Großen Generalstabs. Diese erheblichen Eingriffe in die staatliche Souveränität trafen den nationalen Stolz und das Rückgrat der bisherigen preußisch-deutschen Großmachtstellung. Die Weimarer Republik wurde militärisch zu einer unbedeutenden Macht, kaum fähig, sich selbst zu verteidigen. Besonders skandalös für die national gesinnte deutsche Öffentlichkeit war die Verpflichtung zur

Auslieferung deutscher Kriegsverbrecher, worunter die Alliierten auch Wilhelm II. zählten. Diese Forderungen wurden aber nie erfüllt.

Reparationen

Für die Deutschen besonders folgenschwer waren die von Deutschland zu erbringenden **Entschädigungsleistungen** (Reparationen). Dazu zählten

- Sachleistungen (Handelsschiffe, ein Viertel der Fischfangflotte, Vieh, Kohle, Lokomotiven, Maschinen usw.) und
- Geldzahlungen, die 1920 zunächst auf der Konferenz von Boulogne auf 269 Milliarden Goldmark in 42 Jahresraten festgelegt wurden. Die Höhe der jeweiligen Zahlungen wurde in mehreren Abkommen geändert, 1932 wurden die Reparationen ganz aufgehoben.

Die von den Alliierten geforderten Reparationen und die anderen wirtschaftlichen Bestimmungen erschienen in Deutschland als „sklavische Fron" mit dem Ziel, die ungeliebte deutsche Wirtschaftskonkurrenz dauerhaft auszuschalten und die Wirtschaft in den Siegerstaaten allein auf Kosten Deutschlands wieder aufzubauen und zu entwickeln.

„Kriegsschuldartikel" 231

Legitimiert wurden die umfangreichen Reparationsleistungen durch die Feststellung der **alleinigen Kriegsschuld Deutschlands und seiner Verbündeten** (Art. 231). Der Artikel verlangte die umfangreichen Reparationen als Entschädigung für die von Deutschland zu verantwortenden Zerstörungen und Verluste der siegreichen Kriegsgegner. Die Feststellung der deutschen Kriegsschuld wurde von allen deutschen Parteien zurückgewiesen und emotionalisierte die Diskussion um den Vertrag in der deutschen Öffentlichkeit nachhaltig.

Folgen des Versailler Vertrages

Im Konsens der Geschichtswissenschaft wird dem Versailler Vertrag eine große Rolle als belastendes Moment der Weimarer Republik zugesprochen: Das als **„Diktatfrieden" und „Schande"** empfundene Vertragswerk – vor allem der „Kriegsschuldartikel" – erzeugte bei den Deutschen ein kollektives Gefühl ungerechter Behandlung, das eine realistische Einschätzung des Vertrages und seiner Hintergründe verhinderte. Der Versailler Vertrag bot auch ein **Ventil für die inneren Spannungen** angesichts des Zusammenbruchs der gewohnten Ordnung und der neuen Orientierungslosigkeit verbunden mit der Suche nach einer neuen politischen und ökonomischen Kultur. Nach dem furchtbaren Krieg und seinem Elend, nach den revolutionären Umwälzungen, die vor allem den alten Eliten und dem Bürgertum als anarchisch erschienen, schien für viele nun die wirtschaftliche und politische Vernichtung des Reiches zu drohen. Die antidemokratische Rechte fand darin einen wichtigen und wirksamen Angriffspunkt, denn die Mehrheit der Deutschen machte, beeinflusst von der rechten Propaganda, zunehmend die **demokratischen Regierungen** für die alternativlose Erfüllung des Vertrages (**„Erfüllungspolitiker"**) verantwortlich.

Mit dem Versailler Vertrag geht ein belastendes Dilemma der Demokraten in der Weimarer Republik einher: Den demokratischen Politikern gelang es nicht, der deutschen Öffentlichkeit klar zu machen, wer die Verantwortlichen für die Kriegsniederlage und die damit verbundenen sozialen und wirtschaftlichen Probleme der Nachkriegszeit waren: Nämlich die Eliten des Kaiserreiches, die an führender Stelle die junge Demokratie diffamierten und bekämpften. Ihnen gelang es, die neue Demokratie für das verantwortlich zu machen, was sie selbst verschuldet hatten.

fgabe 34 Beschreiben Sie Ursachen der Novemberrevolution in Deutschland.

fgabe 35 Vergleichen Sie die beiden während der Revolution diskutierten Demokratiemodelle.

fgabe 36 Erläutern Sie die wichtigsten Folgen des Versailler Vertrages für Deutschland.

2 Verfassung und Verfassungswirklichkeit

12.11.1918	Gründung der Bayerischen Volkspartei (BVP)
16.11.1918	Gründung der Deutschen Demokratischen Partei (DDP)
22.11.1918	Gründung der Deutschen Volkspartei (DVP)
24.11.1918	Gründung der Deutschnationalen Volkspartei (DNVP)
1.1.1919	Gründung der Kommunistischen Partei Deutschlands (KPD)
19.1.1919	Wahl zur Nationalversammlung
6.2.1919	Eröffnung der Nationalversammlung in Weimar
11.2.1919	Wahl Friedrich Eberts (MSPD) zum ersten Reichspräsidenten
28.2.1919	Gründung des Deutschvölkischen Schutz- und Trutzbundes
11.8.1919	Unterzeichung der Weimarer Verfassung durch Reichspräsident Ebert

Am 6. Februar 1919 trat die **neu gewählte Nationalversammlung** erstmals zusammen. Wegen der Nachwehen des Januaraufstandes tagte sie nicht in Berlin, sondern in der Stadt Weimar. Man hatte diesen Ort bewusst gewählt, denn Weimar galt als Zentrum der deutschen „Kulturnation", mit dem sich nahezu alle Deutschen identifizieren konnten, im Gegensatz zum preußischen Berlin. Nicht der „Geist von Potsdam", das preußisch-deutsche obrigkeitsstaatliche Denken, sondern der „Geist von Weimar", der Humanismus, sollte die neue Republik prägen. Doch war die Weimarer Republik letztlich nicht nur das Abklingen der Wilhelminischen Epoche?

Am 11. Februar wählte die Nationalversammlung den MSPD-Führer **Friedrich Ebert** (SPD) zum ersten Reichspräsidenten, der seinen Parteifreund **Philipp Scheidemann** mit der Regierungsbildung beauftragte. Zwei Tage später hatte sich eine Regierung aus SPD, Zentrum und DDP **(Weimarer Koalition)** gebildet. Sie trat allerdings schon Ende Juni 1919 wieder zurück, da sich die Parteien nicht über die Haltung zu den Friedensbedingungen einigen konnten. An die Stelle der Weimarer Koalition trat eine „Kleine Koalition" aus SPD und Zentrum unter Reichskanzler **Gustav Bauer** (SPD); die DDP war, unterstützt von Scheidemann, aus der Regierung ausgetreten, weil sie auf einer Ablehnung des Friedensvertrages bestand.

Neben der Unterzeichnung des Versailler Friedensvertrages war die Verabschiedung einer neuen **Reichsverfassung** wichtigste Aufgabe der Nationalversammlung. Nach Entwürfen des liberalen Staatsrechtlers **Hugo Preuß** wurde eine Verfassung ausgearbeitet, die Reichspräsident Ebert am 11. August 1919 unterzeichnete, wodurch sie noch am selben Tag rechtsgültig wurde. 262 Abgeordnete hatten für die Verfassung gestimmt, nur 75 (DNVP, DVP, USPD) dagegen.

2.1 Die Weimarer Reichsverfassung

Die Weimarer Reichsverfassung war die **erste demokratische Verfassung Deutschlands** und stand in der Tradition des gescheiterten Verfassungsentwurfs der Paulskirchenversammlung von 1849. Sie beruhte auf dem Grundsatz der Volkssouveränität und war nicht Folge einer Entscheidung von oben wie 1871. Zugleich war sie ein Kompromiss zwischen bürgerlichen und sozialistischen Demokratievorstellungen.

Die Weimarer Reichsverfassung

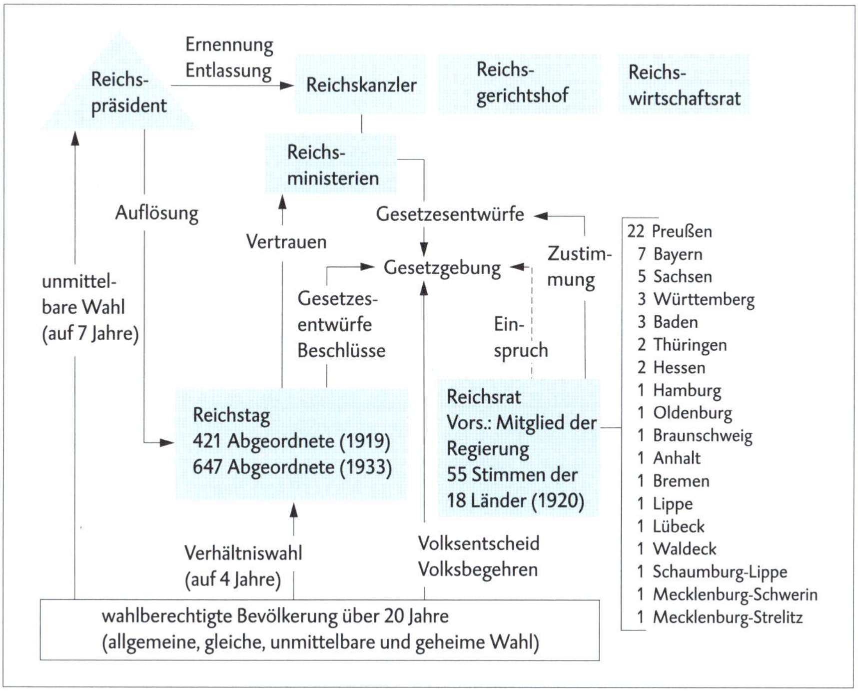

Zentralismus und Föderalismus

Die Versammlung einigte sich nach heftigem Widerstand der Länder gegen einen dezentralisierten Einheitsstaat auf einen **bundesstaatlichen Charakter** des Reiches: Aus den deutschen Staaten wurden gemäß Artikel 2 der Weimarer Reichsverfassung **deutsche Länder**. Der Bundesrat als die entsprechende Institution des Kaiserreiches wurde als **Reichsrat** beibehalten und wie bisher mit weisungsgebundenen Vertretern der einzelnen Landesregierungen besetzt. Die Ländervertretung aber verlor ihren Rang als oberstes Reichsorgan und war eher auf eine **beratende Mitwirkung** bei der Gesetzgebung beschränkt.

Der Reichsrat besaß zwar ein „suspensives Vetorecht", aber dieses konnte im Reichstag mit einer Zweidrittelmehrheit überstimmt werden. Entsprechend brach nun Reichsrecht Landesrecht. Um dem Übergewicht Preußens entgegenzuwirken, wurden die Stimmen Preußens im Reichsrat mit einer komplizierten Regelung deutlich verringert. Selbst die Polizeigewalt war nicht ausschließliches Recht der Länder, da der Reichspräsident gemäß **Artikel 48** der Weimarer Reichsverfassung politisch und militärisch eingreifen konnte, wenn ein Land nicht mehr in der Lage sein sollte, Gesetzmäßigkeit, Sicherheit und Ordnung zu gewährleisten **(Reichsexekution)**.

Da die **Finanzhoheit zukünftig beim Reich** lag („Erzbergersche Reichsfinanzreform") und alle direkten Steuern nunmehr ausschließlich Reichssteuern waren, wurden die Länder zu „Kostgängern des Reiches". Zudem bedeutete diese grundsätzliche Veränderung gegenüber der Praxis im Kaiserreich einen erheblichen Eingriff in die bisherige Eigenstaatlichkeit der Länder sowie in die materielle Ausstattung der Städte und Gemeinden, wodurch deren Handlungsspielräume verringert wurden.

Wahlsystem und plebiszitäre Elemente

Anders als im obrigkeitsstaatlichen Kaiserreich besaß der vom Volk gewählte **Reichstag als zentrale legislative Kraft** einen großen Stellenwert. Das Parlament wurde für jeweils vier Jahre durch allgemeines, unmittelbares und geheimes Wahlrecht von allen über 20 Jahre alten Männern und Frauen nach den Grundsätzen der **absoluten Verhältniswahl** gewählt (dem wohl demokratischsten Wahlprinzip, da der Anteil an Parlamentsmandaten dem Anteil an den Wählerstimmen entsprach). Zum ersten Mal in der deutschen Geschichte durften auch Frauen wählen.

Zu den Aufgaben des Reichstages gehörten
- die Gesetzgebung,
- das Haushaltsrecht (Budgetrecht),
- die Kontrolle der Reichsregierung (einfaches Misstrauensvotum, Artikel 54),
- die Bestätigung des Reichskanzlers und der Reichsminister,
- die Ratifizierung von Staatsverträgen,
- die Bestätigung von Notverordnungen gemäß Artikel 48.

Elemente der Demokratie

Elemente der direkten, plebiszitären Demokratie	Elemente der repräsentativen, parlamentarischen Demokratie	Elemente der präsidiellen Demokratie
Art. 22: demokratisches Wahlrecht für Männer und Frauen über 20 Jahren **Art. 41:** Wahl des Reichspräsidenten auf 7 Jahre direkt durch das Volk **Art. 73:** Recht auf Volksbegehren und Volksentscheid **Art. 74:** Staatsbürger als Schiedsrichter bei Konflikt zwischen Reichstag und Reichsrat	**Art. 21:** Abgeordnete sind Vertreter des ganzen Volkes und nur ihrem Gewissen unterworfen **Art. 22:** demokratische Wahl des Reichstages **Art. 54:** Reichskanzler und jeder einzelne Minister bedürfen des Vertrauens des Reichstages („destruktives Misstrauensvotum“) **Art. 25:** Periodizität von Neuwahlen spätestens 60 Tage nach RT-Auflösung **Art. 48:** Recht des RT, Notverordnungen außer Kraft zu setzen **Art. 68:** Gesetzgebungsrecht des Reichstages	**Art. 25:** Recht des RP zur Auflösung des RTs **Art. 41:** direkte Wahl des RP durch das Volk auf 7 Jahre → plebiszitäre, überparteiliche Stellung **Art. 47:** RP ist Oberbefehlshaber der Reichswehr **Art. 48:** RP hat das Notverordnungsrecht, kann die Grundrechte einschränken oder aufheben, die Reichsexekution durchführen **Art. 53:** RP ernennt und entlässt den Reichskanzler und die Reichsminister **Art. 73:** RP kann Volksentscheid herbeiführen
↓	↓	↓
Kombination von demokratischen Befugnissen (Wahl, Legislative, Schiedsrichterrolle) → **Begrenzung des parlamentarischen Systems**	**demokratische Befugnisse des Reichstages (Kontrollrecht, Misstrauensvotum, Gesetzgebung)** → **Beschränkung der Macht der Exekutive**	**Kumulierung von Kompetenzen machen RP zum „Ersatzkaiser“; die Kombination der Art. 25, 53 und 48 schafft die Möglichkeit, den RT auszuschalten**

Der Reichspräsident

Die Reichsverfassung räumte dem **Reichspräsidenten** eine starke, in der politischen Realität sogar dominierende Stellung ein, sodass man von einem **„Ersatzkaiser“** spricht. Schon seine **Direktwahl** durch die Stimmberechtigten auf sieben Jahre statt auf vier wie beim Reichstag hob ihn über die Parteien **(plebiszitäre Stellung)**. Als „personale Reichsspitze“ sollte er eine neutrale Institution sein, über den Parteigegensätzen stehend und nur dem Ganzen verpflichtet sein („Hüter der Verfassung“). Im Gegensatz zu den Parteien konnte er sich stets darauf berufen, dass die Mehrheit der Bürger hinter ihm stand, was seine Position angesichts der Wahlergebnisse nach 1920 zusätzlich stärkte.

Die **weitreichenden Befugnisse** des Reichspräsidenten waren:

- die völkerrechtliche Vertretung des Reiches,
- die Ernennung der Beamten und Offiziere, deren Oberbefehlshaber er war,
- das Begnadigungsrecht und
- die Ernennung des Reichskanzlers und auf dessen Vorschlag der Reichsminister (Art. 53). Die Reichsregierung war zwar zu ihrer Amtsführung an das Vertrauen des Reichstages gebunden (Art. 54), aber die Initiative zur Ernennung des Reichskanzlers lag allein beim Reichspräsidenten und nicht beim Reichstag, der auch keine Vorschläge unterbreiten durfte.
- Der Reichspräsident hatte den Oberbefehl über die Reichswehr.
- **Artikel 48** der Verfassung regelte ein **Notverordnungsrecht**, das dem Reichspräsidenten erlaubte, Notverordnungen zur Aufrechterhaltung der öffentlichen Sicherheit und Ordnung, gegebenenfalls auch mit militärischen Mitteln, durchzusetzen **(Diktaturgewalt)**. In solchen Fällen durfte er die Grundrechte ganz oder zum Teil außer Kraft setzen. Nach Artikel 48 konnte der Reichspräsident ferner mithilfe der Reichswehr gegen ein Land vorgehen, falls es seinen Pflichten gemäß der Reichsverfassung oder den Reichsgesetzen nicht nachkam (Reichsexekution). Der Reichstag konnte jedoch gegen solche Maßnahmen ein Veto einlegen und sie so rückgängig machen.
- **Artikel 25** bestimmte das Recht des Präsidenten, den **Reichstag aufzulösen**. Dadurch konnte Artikel 48 leicht zum Instrument einer präsidialen Alleinregierung werden, wenn der Präsident auf ein Veto des Reichstages gegen eine Notverordnung mit dessen Auflösung des reagierte oder damit drohte. Dann lag die gesamte Macht bis zu Neuwahlen (innerhalb von 60 Tagen) direkt beim Reichspräsidenten. Die Präsidialkabinette nach 1930 funktionierten nach diesem System, das so deren „autoritäre Wende" ermöglichte.

Das Bonner Grundgesetz hat die starke Position des Präsidenten aufgrund der praktischen Erfahrung der Weimarer Republik beseitigt und den Bundespräsidenten im Wesentlichen auf repräsentative Funktionen beschränkt. Auch die sogenannte Notstandsverfassung gibt in unserem Staat keinem Verfassungsorgan die umfangreichen Befugnisse des Artikels 48.

Die Reichsregierung

Die Regierung hatte eine **schwache Position**, da sie einerseits vom Reichstag mit einfacher Mehrheit und „destruktivem Misstrauensvotum" gestürzt werden konnte, andererseits vom Vertrauen des Reichspräsidenten abhängig war und allein von diesem ihr Amt erhielt (**doppelte Abhängigkeit** der Regierung).

Nach der Verfassung bestimmte der Reichskanzler die Richtlinien der Politik und schlug dem Reichspräsidenten die Minister zur Ernennung vor. Ein Misstrauensvotum des Reichtages gegen den Kanzler stürzte automatisch die ganze Regierung; doch auch einzelne Minister konnten zum Rücktritt gezwungen werden; in der Regel trat dann das ganze Kabinett zurück, da in diesem Fall das Gleichgewicht der Parteien in der Koalition gestört war.

Das Grundgesetz ersetzte nach den Erfahrungen mit der Weimarer Demokratie das „destruktive" durch ein „konstruktives Misstrauensvotum", wonach der Bundeskanzler nur bei gleichzeitiger Wahl eines Nachfolgers gestürzt werden kann. Auf diese Weise besteht stets eine parlamentarisch legitimierte Regierung.

Grundrechte und Grundpflichten

Im Gegensatz zum Grundgesetz standen die Grundrechte nicht am Anfang der Verfassung, quasi als Richtschnur für alle anderen Artikel. Einen unveränderbaren Verfassungskern, wie ihn das Grundgesetz mit den Artikeln 1 und 20 vorsieht, kannte die Weimarer Reichsverfassung nicht.

Die Weimarer Reichsverfassung gewährleistete die **traditionellen liberalen Grundrechte**, wie sie schon in der Verfassung von 1849 enthalten waren: Die Gleichheit aller vor dem Gesetz, die Freiheit der Person, das Recht der freien Meinungsäußerung, die Glaubens- und Gewissensfreiheit, das Recht der freien Religionsausübung, das Petitionsrecht, die Vereins- und Versammlungsfreiheit sowie die Unverletzlichkeit der Wohnung und des Briefgeheimnisses wurden hier garantiert. Ferner stellte die Verfassung bürgerliche Gesellschaftseinrichtungen wie Familie, Vereine, Gemeinden und das Berufsbeamtentum unter den besonderen Schutz des Staates.

Daneben enthielt die Weimarer Reichsverfassung aber auch einen Katalog von **Grundpflichten**. Dazu gehörte nach Artikel 133 die Verpflichtung, „nach Maßgabe der Gesetze persönliche Dienste für den Staat und die Gemeinde zu leisten." Vor allem bestand die **Wehrpflicht**, obwohl diese den Bestimmungen des Versailler Vertrages widersprach und bis 1935 nicht eingefordert wurde.

Der Abschnitt über das **Wirtschaftsleben** kam in der Nationalversammlung als hart umkämpfter Kompromiss zwischen bürgerlichen und sozialdemokratischen Parteien zustande. Sie verpflichteten die Wirtschaft zu Gerechtigkeit und zur Sicherung eines menschenwürdigen Daseins für jedermann. Nur in diesem Rahmen war die Wirtschaftsfreiheit garantiert (Art. 151). Das Eigentum wurde geschützt, zugleich aber der Sozialbindung unterworfen. Zudem war es möglich, wirtschaftliche Unternehmen zu verstaatlichen, was einer sozialistischen Grundforderung entsprach. In der Praxis blieb dieser Artikel bedeutungslos.

Verfassungen im Vergleich

	Paulskirche 1849	Kaiserreich 1871	Weimarer Republik 1919	Grundgesetz der BRD 1949
Staatsoberhaupt	erbliches Kaisertum mit aufschiebendem Veto; löst Volkshaus auf; erklärt Krieg und Frieden; schließt Verträge; Oberbefehl	erbliches Kaisertum (König v. Preußen); ernennt Reichskanzler (preußischer Ministerpräsident); Präsident des Bundesrates; Oberbefehl	vom Volk gewählter Reichspräsident, ernennt, entlässt die Regierung; löst Reichstag auf; Art. 48 Notverordnung; Volksbefragung, entscheidet über Gesetze; Oberbefehl	von Bundesversammlung (aus Bundestag und Ländervertretern) gewählter Bundespräsident; ernennt Minister auf Vorschlag des Kanzlers
Ländervertretung	*Staatenhaus* Mitwirkung bei Gesetzgebung, Kultur- und Rechtsfragen	*Bundesrat (Fürsten)* beschließt mit Reichstag Gesetze; Träger der Regierungsgewalt; (Preußen stellt Bundespräsidenten, Kanzler, Kriegsminister)	*Reichsrat* beratende Funktion; eingeschränkte Mitwirkung bei Gesetzgebung	*Bundesrat* beteiligt an Gesetzgebung: volles Veto bei Gesetzen, die die Belange der Länder betreffen, z. B. Bildungswesen
Volksvertretung	*Volkshaus* beschließt Gesetze, Haushalt und Verträge; Ministerverantwortlichkeit	*Reichstag* beschließt mit dem Bundesrat Gesetze und Haushalt	*Reichstag* Ministerverantwortlichkeit; Gesetzgebung; Haushalt; Ministeranklage; Mitwirkung bei Krieg und Frieden	*Bundestag* bestellt aus seiner Mitte den Kanzler; an Präsidentenwahl beteiligt (50 %); Gesetzgebung; Haushalt; Kanzlerverantwortlichkeit; konstruktives Misstrauensvotum
Wahlbürger	wählen Volkshaus	wählen Reichstag	wählen Reichstag und Reichspräsidenten; Volksbegehren (Gesetzesinitiative); Volksentscheid auf Antrag des Präsidenten über Gesetze	wählen Bundestag
Wahlrecht	allgemein, gleich, geheim	allgemein, gleich, geheim (Reich); Dreiklassenwahlrecht (Preußen)	allgemein (auch Frauen), gleich, geheim	allgemein (auch Frauen), gleich, geheim

Beurteilung der Weimarer Verfassung

Die Weimarer Reichsverfassung wird oft negativ bewertet. Es wird bemängelt, sie habe sich in der Stunde der Gefährdung durch antidemokratische Kräfte nicht bewährt; sie habe **Strukturfehler** aufgewiesen, die es den Nationalsozialisten ermöglichten, an die Macht zu kommen und den Staat in ihrem Sinne umzugestalten. Aber sie galt nicht von Anfang an als misslungen, und im Ausland wurde sie damals sogar „als Muster einer modernen, auf die Bedürfnisse des zwanzigsten Jahrhunderts zugeschnittenen demokratischen Verfassung" (D. Grimm) gewürdigt.

Auch muss man berücksichtigen, dass Verfassungen Regeln für die politische Herrschaft aufstellen, ihr Spielraum und Grenzen setzen und das Verfahren bestimmen, nach dem gemeinschaftlich gültige Entscheidungen getroffen werden. Eine **Verfassung** ist aber nur der **Rahmen für die Politik**, innerhalb dessen sie handeln darf. Wie die Politik dann diesen Rahmen ausfüllt, entzieht sich den Regelungen der Verfassung weitgehend. Dies hängt letztlich von der Akzeptanz ihrer Bestimmungen und des hinter ihr stehenden Geistes ab.

Die Weimarer Reichsverfassung spiegelte den **unvollkommenen Kompromiss** der politischen Gruppen 1918/19 wider:

- SPD und Gewerkschaften fanden ihre Forderungen nach Durchsetzung der Volkssouveränität (demokratisches Wahlrecht und Wahlsystem, Möglichkeit von Plebisziten), parlamentarischer Kontrolle der Regierung, Sozialbindung des Eigentums und der Möglichkeit von Sozialisierungen erfüllt;
- Konservative und Rechtsliberale begrüßten die starke Stellung des Reichspräsidenten sowie die Verhinderung von Wirtschaftsräten zur Kontrolle der Wirtschaft durch die Gewerkschaften.

Trotz dieser Kompromisse hatten beide Flügel die Interessen ihrer Anhänger nicht ausreichend befriedigen können. Dies wurde zu einer Belastung für die Demokratie, da sich radikale Kräfte dieser angeblichen Versäumnisse annahmen.

Die Weimarer Reichsverfassung wies darüber hinaus eine Reihe von **Strukturschwächen** auf, die zwar nur begrenzt für das Scheitern der Demokratie verantwortlich sind, dieses aber erleichterten, zumal sie den größten Mangel, nämlich die nicht vollzogene Gesellschafts- und Verwaltungsreform, verstärkten:

- Aus Zweifel an der Koalitions- und Regierungsfähigkeit der Parteien wurde das Amt des **Reichspräsidenten als zentralistisches Gegengewicht** zu den partikularen Interessen mit einer Fülle von Befugnissen (Art. 25, 48, 53) versehen. Diese Kumulierung führte zu einer **antiparlamentarischen Stellung** des Reichspräsidenten – zumindest aber war das Kräftegleichgewicht zwischen Reichspräsident und Parlament zugunsten des Ersteren gestört – und konnte gegen die demokratische Ordnung missbraucht werden. Die Weimarer Demokratie stand zwischen Parlamentarismus und obrigkeitsstaatlichem „Ersatzkaisertum“ einer präsidentiellen Staatsordnung. Zudem ermöglichte die **direkte Wahl des Reichspräsidenten** durch das stimmberechtigte Volk die Wahl eines populären, aber nicht demokratisch denkenden Reichspräsidenten, wie es Hindenburg war.

- Die Macht des vom Volk gewählten **Reichstages** war erheblich eingeschränkt: Das „zählgerechte“ **Verhältniswahlrecht** erschwerte und verhinderte zunehmend parlamentarische Regierungen mit Mehrheiten im Reichstag. Das **Fehlen einer Prozenthürde für Kleinparteien** im Wahlrecht wie im Grundgesetz der Bundesrepublik, erlaubte es zudem, dass auch kleine Parteien in den Reichstag kamen, was zu einer parteipolitischen Zersplitterung führte. Dies zwang zu Mehrparteienkoalitionen und behinderte die Regierungsbildung erheblich. Die **strukturelle Instabilität** der politischen Praxis zeigte sich deutlich in den häufigen Koalitions- und Regierungswechseln ab 1920, wodurch das demokratische System in der Bevölkerung immer mehr an Glaubwürdigkeit verlor.
  Das starke plebiszitäre Element, also die Möglichkeit, wichtige politische Entscheidungen durch eine **Volksabstimmung** herbeizuführen, schwächte die Stellung des Reichstages zusätzlich.
- Auch **fehlte** der Weimarer Republik ein **verfassungsrechtlicher Schutz gegen antidemokratische Parteien**, wie er im bundesrepublikanischen Grundgesetz gegeben ist. So konnten nach 1930 die Rechts- und Linksextremen das Parlament praktisch lahm legen. Das **uneingeschränkte demokratische Prinzip** führte in dem Moment zur Krise der Demokratie, als die parlamentarische Mehrheit von Parteien (NSDAP, KPD seit 1930) gebildet wurde, die das Weimarer System zerstören wollten.
- Eine Verfassungsänderung war an eine Zweidrittelmehrheit gebunden. Dabei war eine Modifikation inhaltlich aber nicht durch einen unveränderbaren Verfassungskern, der wie im Grundgesetz den Fortbestand der demokratischen Grundordnung garantiert, begrenzt. Dadurch ergab sich die Möglichkeit einer Zerstörung der Demokratie, wie dies nach 1933 auch geschah; Kritiker sprechen daher von einer **„Selbstpreisgabe der Demokratie“**.
- Die **Grundrechte** waren zwar in die Verfassung aufgenommen worden, aber ihre Einhaltung durch den Staat war nicht einklagbar; sie waren **kein positives, also geltendes Recht**, und konnten aufgehoben werden. Ein gesicherter Schutz gegen staatliche Willkür bestand anders als heute nicht.

- **Wesentliche soziale Bestimmungen** der Verfassung wurden **nicht realisiert**. Artikel 165 legte zwar die Mitwirkungsrechte der Arbeiter und Angestellten bei Lohn- und Arbeitsbedingungen sowie bei der Entwicklung der „produktiven Kräfte" über Betriebs- und Bezirksräte fest, aber aufgrund des Stinnes-Legien-Abkommens von 1920 wurden nur Betriebsräte eingerichtet, sodass dem vorläufigen Reichswirtschaftsrat der notwendige Unterbau fehlte. Auch das in Artikel 157 angekündigte einheitliche Arbeitsrecht wurde nie verwirklicht.

Die **Gründe für das Scheitern** der Weimarer Demokratie dürfen trotz der genannten Schwächen **nicht monokausal** bei der Verfassung gesucht werden; vielmehr müssen auch die **Akteure** des politischen, sozialen und wirtschaftlichen Systems sowie ihre Traditionen und Denkweisen mit einbezogen werden.

2.2 Die Parteien zwischen Kontinuität und Neuorientierung

Angesichts des veränderten Wahlrechtes (Verhältniswahl- und Frauenwahlrecht) ist die **Kontinuität** erstaunlich, welche die parteipolitische Zusammensetzung des Reichstages am Vorabend des Ersten Weltkrieges und das Ergebnis der ersten Reichstagswahlen der Weimarer Republik im Jahr 1920 zeigt. Die großen Parteilager, die den kaiserlichen Reichstag geprägt hatten, bestanden auch 1920 fast unverändert fort; Gleiches galt für die aus dem Kaiserreich tradierten Strukturprobleme des deutschen Parteiensystems.

Die Parlamentarisierung der Verfassung machte die Weimarer Republik zudem zu einem **„Parteienstaat", ohne die Parteien jedoch verfassungsmäßig zu verankern**. Lediglich im Artikel 130 werden sie im negativen Sinne erwähnt, wenn es heißt: „Die Beamten sind Diener der Gesamtheit, nicht einer Partei." Die Verfassungsväter standen den Parteien somit weiterhin äußerst kritisch gegenüber, denn im Vorkriegsdeutschland galten die Parteien als Ausdruck des Partikularismus, der Spaltung der Nation, der Eigensucht, und sie bedrohten die nationale Einheit.

Durch die Verfassung und die parteifeindliche Politik Bismarcks, der die Parteien grundsätzlich für unfähig hielt, Regierungsverantwortung zu übernehmen, waren die Parteien im Kaiserreich in die Rolle von Ja- oder Neinsagern gedrängt worden, sie hatten **nie gelernt, ihre politischen Vorstellungen in reale Regierungspolitik umzusetzen** – sie waren daher geborene **Oppositionsparteien**. Nun aber mussten sie erstmals Regierungsverantwortung übernehmen, was ihnen während der ganzen Weimarer Republik schwerfiel. Man hat auch aus diesem Grund den Parteien, besonders der SPD, später vorgeworfen, dass ihre häufige Flucht in die Opposition ein Grund für die Instabilität der Weimarer Demokratie gewesen sei; auch wäre es ihnen nie gelungen, die Demokratie mit Leben zu erfüllen und so ein demokratisches Bewusstsein in der Bevölkerung zu schaffen.

Die **Kontinuität des Parteiensystems** darf aber nicht darüber hinwegtäuschen, dass es, vor allem in der Arbeiterbewegung, deutliche Verschiebungen gegeben hat. Sie war gespalten in SPD, USPD und KPD, wobei sich SPD und KPD bis zum Ende der Demokratie erbittert bekämpften. Dies erwies sich für die Selbstbehauptung der Demokratie am Ende als besonders verhängnisvoll.

Die Kommunistische Partei Deutschlands

Die Kommunistische Partei Deutschlands (KPD) war Ende 1918 aus dem Spartakusbund (Rosa Luxemburg, Karl Liebknecht) entstanden, zu dem intellektuelle, antikapitalistische, antibürgerliche Gruppen traten. 1920 kam der linke Flügel der USPD dazu, sodass die Partei rasch zu einer Massenpartei anwuchs. Die KPD verstand sich als „die“ **Klassenpartei der Arbeiter**. Während der Zwanzigerjahre wurde die Partei zum verlängerten Arm der russischen Bolschewiki und führte in deren Auftrag zwischen 1919 und 1923 Aufstände durch, die Teil der Weltrevolution sein sollten. Das Scheitern dieser Politik hatte einen Rückgang der Anhängerschaft von ca. 360 000 (1920) auf etwa 140 000 (1927) zur Folge; erst ab 1930 kam es aufgrund der Weltwirtschaftskrise und der damit verbundenen Radikalisierung zu einem erneuten Stimmenzuwachs.

Die KPD baute ihre Parteiorganisation streng nach dem Prinzip des **demokratischen Zentralismus** auf (Befehl von oben und Gehorsam von unten). Gemäß Stalins Anweisungen war die SPD, der man Verrat an den Interessen der Arbeiter vorwarf („Sozialfaschisten“), der Hauptgegner der KPD. Doch erst ab 1930 gelangen der Partei Einbrüche in das Wählerreservoir der SPD.

Die KPD stellte keine unmittelbare Gefahr für die Weimarer Demokratie dar, aber ihre Obstruktionspolitik, bisweilen sogar im Bunde mit der NSDAP, erschwerte die parlamentarische Arbeit nachhaltig. Zudem beeinträchtigte die von Stalin bestimmte Fehleinschätzung des Nationalsozialismus – der Faschismus werde von selbst zusammenbrechen – und der erbitterte Kampf gegen die SPD einen wirkungsvollen Widerstand gegen Hitlers Machtergreifung.

Die Sozialdemokratie

Die Sozialdemokratische Partei Deutschlands (SPD) – zwischen 1917 und 1919 unter dem Namen **Mehrheits-SPD (MSPD)** in Abgrenzung zur Unabhängigen Sozialdemokratischen Partei (USPD) – stellte sich auf den Boden der demokratischen Republik und blieb bis zu ihrem Ende ihr entschiedenster Verteidiger.

Jedoch hielt sie an ihrem Ziel, die inneren Verhältnisse durch eine Demokratisierung aller sozialen und politischen Bereiche – auch der Wirtschaft – im Sinne eines **„demokratischen Sozialismus"** zu erreichen, fest. Sie war pazifistisch, antimilitaristisch und verteidigte den Staat gegen alle monarchistischen und diktatorischen Bestrebungen, blieb aber in ihrer Werteorientierung relativ konservativ (Ordnung, Disziplin, Legalität). Die Spaltung der Arbeiterbewegung und die linke Konkurrenz durch die KPD machten der Sozialdemokratie zu schaffen.

Die **USPD**, die von 1917 bis 1922 als Massenpartei, danach bis zu ihrer Auflösung 1931 als Splittergruppe existierte, wollte dagegen am **Rätesystem** im Sinne einer unteilbaren Volkssouveränität festhalten und verlangte die **sozialistische Umgestaltung** von Staat, Wirtschaft und Gesellschaft.

Der politische Katholizismus

Als einzige Partei des Kaiserreiches war 1918 das **Zentrum**, die Interessenvertretung des deutschen Katholizismus, stabil geblieben. Allerdings hatte sich der Arbeitnehmerflügel verstärkt, und die Partei war nun bereit, Vertreter anderer Konfessionen aufzunehmen, wenn auch nicht in die Parteiführung.

Das Zentrum war eine **staatstragende Partei**, wollte den Staat mit christlichem „Geist" durchdringen und stand damit im Gegensatz zur SPD, die z. B. auf weltliche Schulen pochte. Obwohl die Partei sich aus religiös-kirchlichen Gründen eher an die Monarchie gebunden fühlte und die **Revolution** als **ungerechtfertigten** Aufstand gegen die rechtmäßige Ordnung ansah, blieb das Zentrum zumindest bis Ende der 1920er-Jahre eine Partei, die auf dem Boden der Weimarer Verfassung stand – zwischen 1919 und 1933 stellte das Zentrum neun der achtzehn Reichskanzler. Die Demokratie war für das Zentrum jedoch vor allem ein Instrument zur Verhinderung des „antichristlichen" Sozialismus. Dennoch forderte die Partei auch die Achtung und Sicherung der bürgerlichen Freiheitsrechte gegen bürokratische Bevormundung und Einschränkungen durch den Staat. Vom Staat wurde das Eintreten für soziale Gerechtigkeit erwartet, von der Wirtschaft die Unterordnung unter das Gemeinwohl.

Da die Partei sowohl **antikapitalistisch** als auch **antisozialistisch** war, bildete das Zentrum zunächst eine ausgleichende Kraft zwischen Sozialdemokratie und Liberalismus. Wie im deutschen Bürgertum gab es seit Mitte der 1920er-Jahre auch im Zentrum eine zunehmende Orientierung nach rechts. Grund dafür war die Haltung der Christlichen Gewerkschaften, die sich von den sozialistischen immer stärker bedroht fühlten und daher ein Zusammengehen des Zentrums mit der rechten DNVP befürworteten. Verstärkt wurde diese Annäherung an die politische Rechte durch die antimarxistische und antibolschewistische Politik des Vatikans.

In Bayern ging der politische Katholizismus mit der Gründung der **Bayerischen Volkspartei (BVP)** im November 1918 einen Sonderweg. Sie verstand sich wie das Zentrum als katholische Sammlungspartei; sie war strikt **föderalistisch**, zuweilen **partikularistisch-bayerisch**. Ein Zusammengehen mit der SPD lehnte sie strikt ab, vielmehr sah sie sich als Rechtspartei zwischen DVP und DNVP. Daher entschied sie sich bei der Reichspräsidentenwahl 1925 gegen den Vorsitzenden des Zentrums, Wilhelm Marx, und für den Kandidaten der Rechten, Paul von Hindenburg.

Die liberalen Parteien

1918/19 versuchte das **liberale Lager**, die seit der Bismarckzeit bestehende Spaltung zu überwinden und eine einheitliche liberale Partei als Gegengewicht zu Konservativen und Arbeiterbewegung zu gründen. Dies scheiterte an Gustav Stresemann, dem die Linksliberalen sein Eintreten für ein weitgehendes Annexionsprogramm während der Kriegsjahre nicht verzeihen konnten. Stresemann war ein Vertreter des „liberal-imperialistischen Lagers“, der Deutschland nach dem Krieg wieder zur alten Großmachtstellung führen wollte (A. Hillgruber).

So entstanden zwei liberale Parteien, die **Deutsche Demokratische Partei (DDP) und die Deutsche Volkspartei (DVP)**, wobei in beiden Parteien auch einige Vertreter des jeweils anderen Lagers waren. Die Sozialstruktur beider Parteien wurde vom Bildungsbürgertum bestimmt. Vor allem für höhere Beamte und Freiberufler waren sie attraktiv. Der entscheidende Unterschied zwischen den beiden liberalen Parteien war die Einstellung zur Republik und zur Sozialdemokratie.

Die **DDP**, die im November 1918 aus der ehemaligen linksliberalen Fortschrittspartei und einem Teil der Nationalliberalen hervorgegangen war, stand im Gegensatz zur DVP in der Tradition des **Linksliberalismus**. Sie war strikt **demokratisch und republikanisch**. Ihre Vertreter, allen voran Hugo Preuß, hatten an der Ausarbeitung der Weimarer Verfassung einen erheblichen Anteil – nicht umsonst galt die DDP als „die“ Weimarer Partei schlechthin. Anders als die übrigen bürgerlichen Parteien, anders auch als SPD und Zentrum, ihre häufigen Koalitionspartner, hatte sie keine Vorbehalte gegenüber der Weimarer Republik. Sie bejahte von Beginn an den demokratischen Neuanfang und war auch zu einer sozialen Umgestaltung bereit. Allerdings gelang es ihr nur kurzzeitig, große Massen zu mobilisieren; bereits 1920 hatte die DDP die Hälfte ihrer 1919 gewonnenen Mitglieder wieder verloren; sie blieb eine kleine Partei, die in ihrer Struktur einer **„Honoratiorenpartei“** entsprach.

In ihrem Parteiprogramm verlangte die DDP zwar die Revision der Pariser Verträge sowie die Gleichberechtigung Deutschlands, doch sie war dabei eine **pazifistische Partei**, was damals den meisten Deutschen unverständlich war. Innenpolitisch wollte sie eine Erziehung des ganzen Volkes zur Demokratie und die Bildung eines „Volksstaates", in dem es weder Klassen noch Stände geben sollte. Dieser Staat sollte bestimmt sein von Volkssouveränität, individueller Freiheit, Gerechtigkeit und Rechtsgleichheit sowie der Ablehnung jeglicher Diskriminierung.

Die **DVP**, von **Gustav Stresemann** (1878–1929) aus Teilen der Nationalliberalen gegründet, verstand sich als Bewahrerin des nationalliberalen Erbes. Neben Vertretern des Mittelstandes hatte sie eine starken großindustriellen Flügel. In ihrem Parteiprogramm sprach sich die **rechtsliberale Partei** für die Erhaltung der Reichseinheit, eine Vereinigung mit Deutsch-Österreich („Großdeutschland"), die Erhaltung und den Ausbau der bürgerlichen Freiheiten, die Wahrung der Menschenrechte sowie das Selbstbestimmungsrecht der Nation aus. Reaktionäre Bestrebungen, wie sie auch in der Reichswehr und großen Teilen der Beamtenschaft deutlich wurden, lehnte die DVP ebenso ab wie alle Bestrebungen nach einer Vermögens- oder Besitzumschichtung sowie jede Form des Sozialismus.

1919 stimmte die DVP **gegen die Weimarer Verfassung**, denn sie stand in der preußischen Tradition und trat für eine verfassungsmäßige Monarchie ein (Stresemann bezeichnete sich selbst als „Herzensmonarchist"). Sie wollte einen starken Staat, der Ordnung und Eigentum wahren, aber auch Freiheit und politische Partizipation gewährleisten sollte.

In ihrer Einstellung zur Weimarer Republik war die Partei gespalten: Der rechte Parteiflügel, der von den ehemaligen Nationalliberalen und der Industrie geprägt wurde, war zwar für die revisionistische Außenpolitik der Weimarer Republik, weil sie den Interessen der Großindustrie entsprach, einen Ausbau der Demokratie und soziale Reformen lehnte er jedoch ab. Einem Bündnis mit der SPD stand dieser Flügel skeptisch gegenüber. Sein gesellschaftspolitisches Ziel war es, „Fremdstämmige" fernzuhalten, die Familie zu stärken und eine „Volksgemeinschaft", basierend auf dem „Augusterlebnis 1914", zu errichten.

Der linke Flügel wurde dagegen von ehemaligen Vertretern der Fortschrittlichen Volkspartei bestimmt. Er akzeptierte die Demokratie und lehnte den Plan einer neuen „Volksgemeinschaft" ab. Wirtschaftlich verlangte er eine Stärkung des Mittelstandes und der Landwirtschaft.

Die Parteien bei den Wahlen zur Nationalversammlung

	KPD	USPD	SPD
Zusammensetzung der Anhängerschaft	Linke aus USPD/SPD, internationale Kommunisten, spontan mobilisierte Massen	linker Flügel der SPD, rechter Flügel der KPD, spontan Mobilisierte	Arbeiterschaft, insbesondere Facharbeiter, freie Gewerkschaften
Programm	Sozialisierung, Diktatur des Proletariats, Volksbildung	Sozialisierung, internationale Friedenssicherung, Volksbildung	wirtschaftliche und politische Stabilitätspolitik, Bündnis mit Reichswehr/kaiserlicher Verwaltung, Sozialpolitik, Volksbildung
erstrebte Staatsform	Räterepublik	z. T. Räterepublik	liberale demokratische Republik
Vertreter	Karl Liebknecht, Rosa Luxemburg	Kurt Eisner	Friedrich Ebert, Philipp Scheidemann
Wahlergebnis	Wahlboykott	7,6 %	37,9 %

Dass die Partei nicht auseinanderbrach, war im Wesentlichen das Verdienst **Gustav Stresemanns**, und solange er lebte, warb die DVP nur mit seiner Person und seiner Leistung um die Gunst der Wähler („Was geh'n Dich die andern an, Du wählst wie Gustav Stresemann!"). Besonders nach dem Tod Stresemanns 1929 traten dann die antirepublikanischen und antidemokratischen Tendenzen deutlich hervor. Die Partei zerfiel, und die Mehrheit ihrer Mitglieder wandte sich der DNVP oder der NSDAP zu.

Die **Spaltung des Liberalismus in zwei Parteien** hat sich für die Weimarer Republik nicht als nachteilig erwiesen – ganz im Gegensatz zur Spaltung der Arbeiterbewegung. Denn so gelang es, auch bürgerliche Kräfte in den Staat einzubinden, die weder rechts standen noch dem strikten Republikanismus der DDP folgen wollten.

Die Deutschnationale Volkspartei

Auf der rechten Seite des Parteienspektrums stand die Deutschnationale Volkspartei (DNVP), die Ende November 1918 aus der Deutsch-Konservativen Partei des Kaiserreichs entstanden war. Sie war aber nicht nur eine konservative Partei, sondern eine **Sammlungsbewegung aller rechts stehenden Kräfte**. In ihr fanden Mitglieder des Alldeutschen Verbandes, der Nationalliberalen und der konservativen Reichspartei ebenso ihre politische Heimat wie Vertreter der rassistischen und chauvinistischen „völkischen" Verbände, die das Ende des Kaiserreiches überdauert hatten. Daher war ihre Mitglieder- und Wählerstruktur äußerst vielschichtig. Großagrarier aus den Gebieten östlich der Elbe und westdeutsche Großindustrielle fühlten sich von der DNVP gleichermaßen vertreten.

Z/BVP	DDP	DVP	DNVP
politischer Katholizismus, Mittelstand/Kleinbürger, katholische Bauern, christliche Gewerkschaften	Neugründung aus ehemaliger Fortschrittlicher Volkspartei und linkem Flügel der Nationalliberalen	Neugründung aus Nationalliberalen durch Gustav Stresemann	Neugründung aus Deutsch-Konservativen, Frei-Konservativen, Christlich-Sozialen, Deutsch Völkischen
Wohlfahrtsstaat, Antikommunismus	Interessen von Handel, Banken, elektrochemischer Industrie, Presse, Sozialpolitik	konservative Außen-, liberale Innenpolitik, Weltgeltung Deutschlands	alldeutsches Sammelbecken, Interessen der Großagrarier, Protestantismus, Antisemitismus
liberale Demokratie: „Vernunftrepublikaner“	liberale Demokratie	Volkskaisertum	Monarchie
Heinrich Brüning, Franz v. Papen, Ludwig Kaas	Hugo Preuß, Hjalmar Schacht	Gustav Stresemann	Alfred Hugenberg
19,7 %	18,5 %	4,4 %	10,2 %

Sie pflegte enge Kontakte zur evangelischen Kirche, vor allem in Preußen, und zu den Christlichen Gewerkschaften. Darüber hinaus verfügte sie über ein starkes Pressewesen, zu dem später auch die Filmgesellschaft Ufa mit ihren Wochenschauen kommen sollte.

Von Anfang an **bekämpfte die DNVP die demokratische Republik**. Sie machte sich für die Wiederherstellung der Monarchie und die Vormachtstellung Preußens stark und hielt an der wilhelminischen Großmachtpolitik fest. Zwar wollte auch die DNVP eine Mitwirkung der Volksvertretung bei der Gesetzgebung, sie trat aber für eine starke Exekutive ein, da sie allein Recht und Ordnung gewährleisten könne. Die „Dolchstoßlegende“ war Hauptbestandteil ihres politischen Programms, und in der Novemberrevolution sah die DNVP die Wurzel allen Übels („Novemberverbrecher“). **Völkisch-chauvinistische Bestandteile** ihres Programms waren das Eintreten für ein starkes deutsches „Volkstum“ gegen den „zersetzenden undeutschen Geist“. Den Versailler Vertrag bekämpfte die DNVP unter dem Motto „Befreiung von fremder Zwangsherrschaft“.

Die DNVP blieb der Hohenzollernmonarchie treu, tat aber nichts für eine monarchische Restauration. Ihr politisches Ziel war die Überwindung der „undeutschen“ Demokratie mithilfe des Parlamentarismus und die Umgestaltung des Reiches in einen **autoritären Staat**. Allerdings war die Partei in der Strategie gespalten: Eine Minderheit wollte den legalen Weg der parlamentarischen Opposition gehen und strebte eine demokratische Monarchie an, die Mehrheit unter dem Parteivorsitzenden **Alfred Hugenberg** (1865–1951) ging auf einen **radikalen Konfrontationskurs** zur Demokratie und wollte ab 1929 alle republikfeindlichen Kräfte zusammenfassen und auch die NSDAP einbeziehen.

Die Weimarer Koalition

In der Nationalversammlung von 1919 bildete die **SPD** die weitaus stärkste Fraktion. Sie konnte mit dem **Zentrum** und der **DDP** in der (bis 1923 bestehenden) Weimarer Koalition (s. Abb. S. 124 f.) 76 Prozent der Wählerstimmen auf sich vereinigen. Auf der linken Seite forderten USPD und KPD eine sozialistische bzw. kommunistische Erneuerung des politischen Systems. Rechtsaußen formierten sich radikale Splitterparteien wie die NSDAP.

2.3 Das Fortwirken obrigkeitsstaatlicher und nationalistischer Traditionen

Für die politische Entwicklung war das **Fehlen eines gemeinsamen Staatsbewusstseins** und einer gemeinsamen staatstragenden Ideologie innerhalb der Parteien und im Volk von großer Bedeutung. Vor allem mangelte es außerhalb der Parteien der Weimarer Koalition an einem eindeutigen Bekenntnis zur Demokratie. Daher konnte sich in der Weimarer Republik im Gegensatz zur Bundesrepublik kein streitbarer „Verfassungspatriotismus" entwickeln.

Dazu hat wesentlich beigetragen, dass nationalistische, obrigkeitsstaatlich orientierte Gruppen die Revolution überlebt hatten. Diese **negative Kontinuität** zeigte sich besonders stark in der Reichswehr, im Staatsapparat, in der Justiz, aber auch in der Lehrerschaft und an den Universitäten. Sie verhinderte den Bruch mit der „politischen Kultur" des Kaiserreiches sowie eine grundlegende Demokratisierung von Staat und Gesellschaft. Freilich muss dabei auch berücksichtigt werden, dass ein solcher Wandel viel mehr Zeit benötigt hätte, als es die kaum mehr als ein Dutzend Jahre der Weimarer Demokratie letztlich zuließen.

Bereits im Laufe des Jahres 1919 änderte sich das politische Klima in Deutschland wieder: Demokratische Politiker wurden in Zeitungen und Aufrufen offen als „Verbrecher" und „Volksverräter" diffamiert und die Wiederherstellung der Monarchie gefordert, ohne dass die verantwortlichen Redakteure dafür belangt worden wären. Die Politik verwies auf die Pressefreiheit; die Justiz griff meistens nur ein, wenn der Tatbestand der persönlichen Beleidigung gegeben war.

Diese Schwäche nutzten die Rechten aus. Die herrschenden Eliten und mit ihnen verbündete Organisationen aus dem Kaiserreich, die 1918 scheinbar verschwunden waren, regten sich wieder. Die völkischen Verbände der Vorkriegszeit sammelten sich im **Deutschvölkischen Schutz- und Trutzbund**, der am 28. Februar 1919 gegründet worden war und wesentliche Gedanken der Nationalsozialisten vorwegnahm: Den **Rassenantisemitismus** und den radikalen **Antimarxismus**, die Behauptung, der Kommunismus sei Werkzeug der Juden zur Eroberung und Beherrschung der Welt, aber auch den **militaristischen**

Nationalismus sowie die **Ablehnung von Parlamentarismus** und Parteienstaat. Dem Bund gehörten unter anderem der Alldeutsche Verband und der Germanenorden an. Bald schlossen sich ihm zahlreiche weitere völkische Gruppen an, darunter auch der alte „Reichshammerbund“, der zum organisatorischen Kern wurde. Durch diesen Zusammenschluss im Oktober 1919 wurde der Bund zu einer der größten antisemitischen Organisationen mit fast 20 000 Mitgliedern und 530 Ortsgruppen. Die meisten Mitglieder des Schutz- und Trutzbundes entstammten dem Mittelstand; es waren kleinere Geschäftsleute, viele Beamte, Lehrer, aber auch Freiberufler wie Ärzte und Ingenieure, überwiegend also jene gesellschaftlichen Kreise, die durch den Krieg und die Niederlage geistig und wirtschaftlich besonders negativ betroffen waren. Als sehr wirksam erwies sich in den „besseren Kreisen“ von Verwaltung, Justiz, Polizei und Armee die völkische **„Sündenbockphilosophie“**, nach der die Juden den Krieg angezettelt und bewusst die Niederlage herbeigeführt hätten.

Die Revolution hatte in den Augen vieler Bürger, besonders der konservativen und „völkischen“ Kreise, Politiker an die Macht gebracht, denen der Glaube an die Größe der deutschen Nation und die Überlegenheit der deutschen Kultur fehlte. Die Vertreter der Demokratie waren für viele Deutsche keine charismatischen Führungspersönlichkeiten, denen man zutrauen konnte, dass sie Deutschlands Not und Elend beheben könnten.

Angesichts der Niederlage und des allgemein als demütigend empfundenen Versailler Friedensvertrages, erfuhr die **Reichsidee** insbesondere bei der politischen Rechten und bei einem Großteil des Bürgertums erneut Auftrieb. Die Reichsidee war die verklärte Erinnerung an die angebliche Größe des mittelalterlichen Deutschlands. Verbunden damit war aber auch die Erinnerung an die vermeintlichen Demütigungen, die dem Reich vor allem von Frankreich zugefügt worden seien: Die Annexion des Elsass und Straßburgs, dann Napoleon, der die deutschen Fürsten zu seinen Vasallen machte, und zuletzt der Diktatfrieden von Versailles. Mit dem „Reich“ verband man die Vorstellung eines von Deutschland bestimmten Europas. Zugleich hatte diese Reichsidee die Funktion, den Partikularismus der Parteien, Konfessionen und gesellschaftlichen Schichten im Sinne einer „Volksgemeinschaft“ zu überwinden.

Nachdem der österreichisch-ungarische Vielvölkerstaat zerbrochen war, wollten viele wieder an die großdeutsche Idee des 19. Jahrhunderts anknüpfen, zumal sich Österreicher und Sudetendeutsche in der neu gegründeten Tschechoslowakei 1919 für die Zugehörigkeit zu Deutschland ausgesprochen hatten. Zudem war die Reichsidee mit der **Sehnsucht vieler Deutschen nach einem starken Führer** verbunden, wie es der verherrlichte Reichsgründer Bismarck gewesen sei. Dieser bekam nach seinem Tod einen geradezu mythischen Ruf, den später auch die Nationalsozialisten für ihre Zwecke propagandistisch zu nutzen verstanden. Nicht nur für Konservative, sondern auch für viele Liberale erschien Bismarck als Quelle von Macht, Stärke und Gewalt, die man nun vermisste und zu brauchen glaubte. Davon profitierte vor allem der ehemalige Chef der OHL, Generalfeldmarschall Paul von Hindenburg.

Neu belebt wurde durch den Versailler Vertrag auch der **Nationalismus** in seiner spezifisch deutschen Form. Der deutsche Nationalismus des 19. Jahrhunderts hatte sich nicht, wie in Frankreich oder England, von innen heraus entwickelt, sondern als Folge einer Auseinandersetzung mit Frankreich (s. S. 19); gemeint ist hier nicht nur die kriegerische Auseinandersetzung mit Napoleon, sondern auch die Abhängigkeit von französischer Mode, Sitte und Sprache im 18. Jahrhundert. Die Konservativen sahen in den aus dem Westen mit der Aufklärung nach Deutschland gelangten Ideen die Gefahr einer sittlichen Verderbnis. In der zweiten Hälfte des 19. Jahrhunderts vermengte sich diese Ansicht mit dem sich entwickelnden Antisemitismus, da viele der Aufklärer und vor allem deren Anhänger Juden gewesen waren. Dies wirkte auch in der Weimarer Republik fort, wo man auf der Rechten nach Gründen und besonders nach Sündenböcken für die Niederlage und das Ende der Monarchie suchte. Selbst Intellektuelle wie Thomas Mann stellten der westlichen Demokratie den Obrigkeitsstaat positiv gegenüber, der dem deutschen Wesen am ehesten entspräche und der sich gegenüber der Demokratie letztlich als überlegen erweisen würde.

Da die meisten Deutschen die Niederlage nicht wahrhaben wollten, glaubten sie der vor allem von hohen Offizieren (Ludendorff und Hindenburg) verbreiteten **„Dolchstoßlegende“:** Danach sei das „im Felde unbesiegte“ Heer Opfer der revolutionären Bewegung in der Heimat, insbesondere der Sozialisten und anderer „destruktiver“ Kräfte, geworden. Damit wurde der Rechtsopposition das Schlagwort geliefert, aus dem sie ihre ganze Kraft bezog: Nicht die Militärs hatten versagt und die Niederlage herbeigeführt, vielmehr war es der Verrat der Heimat. Die Männer, die 1918 den politischen Umbruch bewirkt hatten, wurden nun wider besseres Wissen als **„Novemberverbrecher“** diffamiert. Dieser Vorwurf und die „Dolchstoßlegende“ wurden in der Folgezeit gezielt zur Diffamierung der Weimarer Demokratie und ihrer Repräsentanten eingesetzt.

Aufgabe 37 Beschreiben Sie das Parteienspektrum der Weimarer Republik und charakterisieren Sie dabei auch das Verhältnis der Parteien zur Weimarer Demokratie.

Aufgabe 38 Stellen Sie die wichtigsten Merkmale der Weimarer Verfassung im historischen Kontext dar.

3 Antidemokratische Bedrohungen der Republik

Dez. 1918	Gründung des paramilitärischen Wehrverbandes „Stahlhelm"
21. 2. 1919	Ermordung Kurt Eisners
März/April 1920	Kämpfe im Ruhrgebiet und in Mitteldeutschland
13.–16. 3. 1920	Kapp-Lüttwitz-Putsch: Flucht der Reichsregierung nach Stuttgart, Ausrufung des Generalstreiks durch die Gewerkschaften
6. 6. 1920	Reichstagswahlen: Niederlage der Weimarer Koalition
24. 6. 1922	Ermordung des Reichsaußenministers Walther Rathenau
18. 7. 1922	Republikschutzgesetz

Vor dem Hintergrund des Versailler Vertrages spitzten sich die innenpolitischen Spannungen in Deutschland zu. Die **Rechte** griff politisch und in der Publizistik durch die **Propagierung der „Dolchstoßlegende"** vor allem die Führungskräfte der SPD an: Die Heimat sei der kämpfenden Front in den Rücken gefallen, die politische Linke sei daher verantwortlich für die militärische Niederlage und die unvermeidbare Unterzeichnung des Versailler Vertrages. Dabei wurde die alte Behauptung von den „vaterlandslosen Gesellen" aus der Kaiserzeit wieder aufgenommen und durch den Vorwurf des Landesverrats verschärft.

Auch die **extreme Linke** lehnte die parlamentarisch-demokratische Ordnung der Weimarer Republik ab. Nach dem 1918/1919 gescheiterten Versuch, in Deutschland in der Revolutionszeit eine Räterepublik zu erkämpfen, wandte sich die KPD als Partei der extremen Linken nicht nur gegen rechts, sondern auch gegen die SPD, der sie **Verrat an den Interessen der Arbeiterschaft** vorwarf. Das Verhalten der deutschen Kommunisten ist vor allem durch ihre Orientierung an der Sowjetunion zu erklären: Die KPD stand bei ihrem Kampf gegen die parlamentarische Demokratie zunehmend unter dem Einfluss der III. Kommunistischen Internationale (Komintern) in Moskau, die seit 1919 von Lenin und den Bolschewisten beherrscht wurde.

Diese seit dem Versailler Vertrag einsetzende politische Radikalisierung führte von 1920 bis 1923 zu etlichen gewaltsamen Angriffen auf die Republik.

3.1 Der Kapp-Lüttwitz-Putsch 1920

Den folgenschwersten Angriff auf die Republik stellte der Kapp-Lüttwitz-Putsch (13.–16. März 1920) dar. Eine Gruppe von Rechtsextremisten um den hochrangigen ostpreußischen Verwaltungsbeamten **Kapp**, einen militanten Deutschnationalen, und General **von Lüttwitz** versuchte, gewaltsam die Regierungsgewalt an sich zu reißen. Unterstützung fanden diese bei den sogenannten **Freikorps**, die sich aus entlassenen Reichswehrsoldaten gebildet hatten. Denn aufgrund der Beschränkung der neuen Reichswehr auf 100 000 Mann im Versailler Vertrag wurden mehrere Hunderttausend Berufssoldaten, darunter über 20 000 monarchistisch gesinnte Offiziere, entlassen.

Die Marinebrigade Ehrhardt, ein Freikorps, das Anfang März 1920 aufgelöst werden sollte, marschierte in Berlin ein und besetzte das Regierungsviertel; Kapp wurde zum neuen Reichskanzler ausgerufen. Die Führung der Reichswehr, an ihrer Spitze General Hans von Seeckt, der Chef des Truppenamtes im Reichswehrministerium, weigerte sich, den Aufstand niederzuwerfen – nach dem Motto: „Reichswehr schießt nicht auf Reichswehr!" In dieser Haltung zeigte sich das zwiespältige Verhältnis der Reichswehr zur Weimarer Republik. Sie bekämpfte zwar die Aufstände Linksradikaler, versagte dem Staat aber die Unterstützung gegen rechts.

Von der militärischen Gewalt im Stich gelassen, flohen Reichspräsident und Reichsregierung über Dresden nach Stuttgart. Trotz der Passivität der Reichswehr brach der Kapp-Lüttwitz-Putsch schnell zusammen, da die Gewerkschaften die Arbeiterschaft zu einem **Generalstreik gegen die Putschisten** aufgerufen hatten. Die Marinebrigade Ehrhardt zog sich aus Berlin zurück; Kapp und Lüttwitz flüchteten ins Ausland, die Morde an mehreren Zivilisten durch Freikorps-Soldaten blieben ungesühnt.

Trotz des Scheiterns des Putsches konnte die demokratische Ordnung nicht stabilisiert werden; die Nationalversammlung wurde aufgelöst. Bei der **Wahl für den ersten ordentlichen Reichstag** am 6. Juni 1920 waren die radikalen Flügelparteien die Gewinner, rechts vor allem die DNVP und die DVP, links die USPD und die KPD; Verlierer waren die demokratischen Parteien der Weimarer Koalition; sie besaß nun, wie auch das linke und rechte politische Lager, keine Mehrheit mehr im Parlament. Dies führte zu bleibend instabilen Verhältnissen.

Auch kam es zu zahlreichen Aktionen der Arbeiter in verschiedenen Teilen des Reiches: Im Ruhrgebiet ging im Frühjahr 1920 der Generalstreik gegen den Kapp-Lüttwitz-Putsch in einen **linken Aufstand gegen die Reichsregierung** über, als die 50 000 Mann starke „Rote Armee", die sich aus sozialistischen Arbeitern der verschiedenen Richtungen zur Verteidigung der Republik gebildet hatte, unter die Führung von Kommunisten geriet. Dieser Aufstand wurde blutig von Regierungstruppen und Freikorps niedergeschlagen.

3.2 Die Reichswehr – ein „Staat im Staate"

Die Reichswehr war härter als alle anderen Teile des kaiserlichen Staatsapparates von der Niederlage und der Ausrufung der Republik betroffen. Sie hatte ihren obersten Kriegsherrn, den Kaiser, verloren sowie ihre anerkannte und bevorzugte Sonderstellung in Politik und Gesellschaft eingebüßt. Die Niederlage hatte zudem das Selbstbewusstsein der Armee erschüttert. Die republikanische Regierung stand vor der Aufgabe, die Armee zu demokratisieren, was ihr jedoch zu keiner Zeit gelungen ist.

Die Auseinandersetzungen im Innern, vor allem mit den Linken, gaben der Armee eine neue Aufgabe, die sie legalisierte und zugleich ihr Selbstbewusstsein wieder stärkte. Zudem hatte die Regierung für den militärischen Beistand (Ebert-Groener-Abkommen, 1918) einen unverhältnismäßig hohen Preis bezahlen müssen: Die Militärführung hatte durchsetzen können, dass die innere Struktur der Armee nicht grundlegend verändert wurde. Nach den negativen Erfahrungen mit der Reichswehr während des Kapp-Lüttwitz-Putsches und dem vergeblichen Versuch, die Armee in den demokratischen Staat zu integrieren, versuchte die Regierung, die Armee politisch zu neutralisieren, was den Interessen des 1920 neu ernannten Chefs der Heeresleitung, General Hans von Seeckt, entgegenkam. Dieser betrieb eine ambivalente Politik: Identifikation mit dem Staat und „Anspruch auf Autonomie des Militärs gegenüber der jeweiligen Staatsform" (H.-O. Mühleisen). Die Soldaten durften an Wahlen und Abstimmungen nicht teilnehmen, und es wurde ihnen verboten, sich politisch zu betätigen. Die verlangte politische Neutralität deutete von Seeckt um in ein Verbot jeglicher Tätigkeit zugunsten der Republik. Zudem entwickelte sich die verhängnisvolle These vom **„unpolitischen Soldaten"**, der für politische Entscheidungen keine Verantwortung trage. Dadurch konnte sich die **Reichswehr** zu einem **„Staat im Staate"** entwickeln, die sich der parlamentarischen Kontrolle entzog: Die Offiziersauswahl blieb ausschließlich Sache der Generalität.

Die Reichswehrführung unternahm alles, um die Bestimmungen des Versailler Vertrages zu unterlaufen. Sie baute einen Grenz- und Landesschutz als Hilfstruppe auf, was sie in Verbindung mit rechtsradikalen Kräften brachte und zu Auseinandersetzungen mit der Polizei führte, da der Besitz von Kriegswaffen durch Zivilisten verboten war. Die **Reichswehr stand in einem dauernden Konflikt mit der geltenden Rechtsordnung.** Dies galt auch in Bezug auf die heimlichen Maßnahmen zur Umgehung der Rüstungsbeschränkungen (z. B. „Schwarze Reichswehr") und die Zusammenarbeit mit der Roten Armee der Sowjetunion.

Die Reichswehr sympathisierte mit und stützte sich auf Gruppen, die der Weimarer Demokratie distanziert, wenn nicht sogar feindlich gegenüberstanden. Eine besondere Rolle nahm dabei der rechtsgerichtete, paramilitärisch organisierte **„Stahlhelm"** ein, der vor allem ab 1924 der Republik den Kampf angesagt hatte.

Fazit

Die Reichswehr hielt während der Weimarer Republik an den grundlegenden Werten der Kaiserzeit fest und maß die Parteien und die Regierungspolitik daran. Sie stand dabei dem für eine Demokratie notwendigen Pluralismus negativ gegenüber, da dieser in ihren Augen die notwendige Einheit des Reiches bedrohte. Daher verstand sie sich als die eigentliche Klammer dieser Reichseinheit. Sie hielt zudem am Reichspatriotismus des Kaiserreiches fest, einen Verfassungspatriotismus kannte sie nicht. Deutlich wurde dies am „Flaggenstreit“: Das Militär behielt die schwarz-weiß-rote Flagge, was mit zur Delegitimierung der Weimarer Republik beitrug. **Die Republik war für die Offiziere das Ergebnis eines illegitimen Aktes**, den sie wieder rückgängig machen wollten, ohne ihren Eid verletzen zu müssen.

Die von der Reichswehrführung betriebene „Strategie des aktiven Revisionismus“ (H.-O. Mühleisen), verbunden mit einer heimlichen Aufrüstung (mithilfe der Sowjetunion) und der Entwicklung von Kriegsplänen, schürten vor allem das Misstrauen Frankreichs gegenüber dem Reich; sie erleichterte nach 1933 Hitlers Kriegspolitik erheblich.

3.3 Rechter Terror, rechte Justiz, rechte Pressehetze

Personell und ideologisch bestand das Rechtswesen des Kaiserreiches fort, und die meisten Richter und Staatsanwälte handelten auch in der Republik im **konservativen Geist dieser Zeit**. Schutz gegenüber den Rechtsradikalen konnte die Republik von der Justiz nur in seltenen Fällen erwarten. In politischen Prozessen urteilten die Richter hart, wenn es sich um linke Straftäter handelte, kamen die Täter aber aus dem rechten Lager, waren die Urteile in der Regel milde. Zwischen 1918 und 1922 blieben 354 Morde von Rechtsradikalen bis auf wenige Ausnahmen ungesühnt, bei 22 Morden Linksradikaler wurden dagegen alle Täter zu langen Zuchthausstrafen oder zum Tode verurteilt und hingerichtet.

Die Justiz förderte mit ihrer **Blindheit gegen rechts** den rechtsradikalen Terrorismus, dem auch führende Politiker der Weimarer Republik zum Opfer fielen: Schon 1919 wurden die Repräsentanten der radikalen Linken, **Rosa Luxemburg und Karl Liebknecht**, von Freikorpssoldaten ermordet, fiel in München der USPD-Ministerpräsident **Kurt Eisner** einem rechtsradikalen Anschlag zum Opfer. Im August 1921 erschossen zwei Mitglieder der rechtsradikalen Terrorgruppe „Organisation Consul“ und des völkisch-antisemitischen Germanenordens den ehemaligen Reichsfinanzminister und Zentrums-Abgeordneten Matthias Erzberger. Dieser war für die Rechte der „Novemberverbrecher“ schlechthin, da er den Waffenstillstand unterzeichnet hatte. Das Schicksal der Mörder von Erzberger ist bezeichnend für die Situation der Weimarer Republik: Sie entkamen über München nach Ungarn; der Führer des Germanenordens, Manfred Killinger, ein ehemaliger Marineoffizier, der den Mordbefehl erteilt hatte, wurde 1922 vom Schwurgericht in Offenburg freigesprochen.

Das prominenteste Opfer des rechtsradikalen Terrors war Reichsaußenminister Walther Rathenau, der am 24. Juni 1922 von zwei ehemaligen Offizieren und Mitgliedern des antisemitischen Deutschvölkischen Schutz- und Trutzbundes und der „Organisation Consul“ ermordet wurde. Rathenau war jüdischstämmig und zugleich Vertreter des bei den Rechten verhassten „Weimarer Systems“ – daher musste er sterben. In diesem Fall allerdings stellte die Polizei die Mörder; einer wurde erschossen, der andere beging Selbstmord.

Die Schuldigen am Mord an Rathenau bezeichnete Reichskanzler Wirth im Reichstag wie folgt: „Da steht der Feind, der sein Gift in die Wunde eines Volkes träufelt. Da steht der Feind – und darüber ist kein Zweifel: Dieser Feind steht rechts.“ Unter dem Eindruck des Mordes verabschiedete der Reichstag im Juli 1922 mit Zweidrittelmehrheit das **Republikschutzgesetz**, das jede republikfeindliche Agitation mit harten Strafen bedrohte und für solche Delikte einen eigenen Staatsgerichtshof einrichtete. Aber die Wirkung des Gesetzes war gering, denn es wurde in der Praxis nicht konsequent genug angewendet.

Hintergrund der rechtsradikalen Gewalt und des Republikschutzgesetzes waren die Hasskampagnen deutschnationaler und antisemitischer Zeitungen gegen die demokratischen „Erfüllungspolitiker“. Sie riefen indirekt ungestraft zum Mord vor allem an jüdischen Politikern auf und rechtfertigten im Nachhinein die Täter.

fgabe 39 Nehmen Sie Stellung zu der von Reichskanzler Joseph Wirth 1922 aufgestellten Behauptung „Der Feind steht rechts!“

fgabe 40 Charakterisieren Sie das Verhalten der Justiz während der Weimarer Republik.

4 Das Krisenjahr 1923

11.1.1923	Besetzung des Ruhrgebietes durch französische und belgische Truppen
13.1.1923	Verkündung des passiven Widerstandes; Beginn des Ruhrkampfes
12.8.1923	Rücktritt des Reichskanzlers Wilhelm Cuno; Bildung einer Großen Koalition (SPD, Zentrum, DDP, DVP) unter Gustav Stresemann (DVP)
25.9.1923	Wahl Hitlers zum Führer des Deutschen Kampfbundes (Dachorganisation der rechtsextremen Vaterländischen Verbände)
26.9.1923	Abbruch des „passiven Widerstandes" im Ruhrgebiet; Verhängung des Ausnahmezustandes im Reich; Höhepunkt der Inflation
Okt. 1923	„Deutscher Oktober" – linke Radikalisierung in Sachsen und Thüringen
16.10.1923	Errichtung der Rentenbank
20.10.1923	Amtsenthebung des bayerischen Reichswehrkommandeurs General von Lossow durch Reichspräsident Ebert
8./9.11.1923	Hitler-Putsch in München
1.4.1924	Verurteilung Hitlers zu fünf Jahren Festungshaft

Im Krisenjahr 1923 eskalierten unterschiedliche Probleme der Weimarer Republik: die belastende Reparationsfrage, Umsturzversuche von Rechtsradikalen (Hitler-Putsch) und Kommunisten (Thüringen und Sachsen); dazu kam mit der **Inflation** die Spätfolge der Kriegswirtschaft. Die Erfahrungen, die damals gemacht wurden, wirkten bis zum Ende der Demokratie nach.

Fünf große Krisen bestimmten das Leben in Deutschland im Jahr 1923:
- der Ruhrkampf,
- die „galoppierende Inflation",
- der Separatismus im Rheinland, in der Pfalz und in Bayern,
- der Hitler-Putsch in München sowie
- die kommunistischen Aufstände in Sachsen und in Thüringen.

4.1 Der Ruhrkampf

Der Versailler Vertrag verpflichtete Deutschland zur Zahlung von Reparationen an die Siegermächte des Ersten Weltkrieges. Vor allem der französische Ministerpräsident **Poincaré** bestand aus wirtschaftlichen und sicherheitspolitischen Gründen auf die Erfüllung der Friedensbestimmungen. Deutschland sollte möglichst lange wirtschaftlich und vor allem militärisch geschwächt bleiben.

Frankreich wollte durch eine Politik der **„produktiven Pfänder"** (z. B. Bergwerke, Industrieanlagen) Deutschland zur Erfüllung seiner Reparationsverpflichtungen zwingen und fand dabei die Unterstützung Belgiens und Italiens, während Großbritannien der französischen Politik ablehnend gegenüberstand.

Im Januar 1923 stellte die Reparationskommission fest, dass Deutschland mit seinen Sachleistungen (vor allem Holz- und Kohlelieferungen) in Rückstand geraten war, wenn auch nur geringfügig. Dies nahm Poincaré zum Anlass, am 11. Januar das für Deutschland wirtschaftlich bedeutende Ruhrgebiet mit französischen und belgischen Truppen zu besetzen.

Die deutsche Regierung unter Reichskanzler Cuno rief alle staatlichen Stellen, Unternehmen und die Bevölkerung des Ruhrgebiets zum **passiven Widerstand** gegen die Besetzung auf; niemand sollte mit den Besatzern zusammenarbeiten. Der Boykott hatte zunächst Erfolg, scheiterte aber, als die Besatzungsmächte Zechen und Kokereien beschlagnahmten, den Abtransport der Güter durch die Bahn selbst übernahmen und Kohlelieferungen aus dem besetzten Gebiet in das Reich untersagten. Deutsche Rechtsradikale reagierten darauf mit Sabotageakten und Sprengstoffanschlägen **(aktiver Widerstand)**.

Im Sommer 1923 wurden die Ausweglosigkeit des Ruhrkampfes und die verheerenden Folgen für die deutsche Volkswirtschaft unübersehbar; die Regierung Cuno trat im August zurück. Neuer Reichskanzler einer Großen Koalition (SPD, DVP, DDP, Zentrum) wurde **Gustav Stresemann** (DVP). Er beendete den Ruhrkampf und erreichte mithilfe der USA 1924 (Dawes-Plan) eine für Deutschland akzeptable Lösung des Reparationsproblems; 1925 zogen die Besatzungstruppen wieder ab.

4.2 Die „galoppierende Inflation" (Hyperinflation)

Eine besonders katastrophale Folge des „Ruhrkampfes" war die völlige **Zerrüttung der Staatsfinanzen**, da das Reich den „passiven Widerstand" durch Weiterzahlung der Gehälter für ausgewiesene Beamte und durch Kreditgewährung an stillgelegte Industriebetriebe finanzierte, um die Löhne für die Arbeiter im Ruhrgebiet zu sichern. Hinzu kam, dass die ausfallenden Rohstofflieferungen aus dem Ruhrgebiet für die übrige Wirtschaft durch Importe ersetzt werden mussten. Auch musste der Staat hohe Steuer- und Zollausfälle hinnehmen. Um den erhöhten Geldbedarf zu decken, wurde immer mehr Geld gedruckt; dies beschleunigte die ohnehin vorhandene Inflation bis zu einer **Hyperinflation**. Sie war in Deutschland das überragende Problem der Zeit, schien sie doch den Zusammenbruch des Staates herbeizuführen.

Die Hyperinflation 1923 lässt sich nicht ausschließlich auf den Ruhrkampf mit seiner starken Ausweitung des Kapitalumlaufs zurückführen. Im Grunde nahm die Inflation ihren Ausgang bereits während des Ersten Weltkrieges. Im Gegensatz zu den Ententemächten hatte man in Deutschland die Finanzierung des Krieges durch Steuererhöhungen gescheut und auf **Anleihen** und den **Druck zusätzlichen Geldes** zurückgegriffen. Dadurch war der **Geldumlauf inflationär** aufgebläht worden. 1918 betrugen die Schulden des Deutschen Reiches rund 154 Milliarden Mark; der **Geldumlauf** hatte sich gegenüber dem letzten Friedensjahr mehr als **verzehnfacht**.

Die Regierungen nach 1919 scheuten einen finanzpolitischen Neubeginn und hofften im Vertrauen auf die **Selbstheilungskräfte der Wirtschaft** auf eine allmähliche Normalisierung des Marktes. Die öffentlichen Haushalte blieben auch nach Kriegsende defizitär, nicht zuletzt wegen der enormen **Kriegsfolgelasten**, und der Geldumlauf wurde stetig erhöht, ohne dass dem Geldvolumen ein entsprechendes Güterangebot gegenüberstand. Die Umstellung von der Kriegs- auf die Friedenswirtschaft, die Geldzahlungen an die entlassenen Soldaten, die Unterstützung von Flüchtlingen, Arbeitslosen und die Kriegsopferfürsorge kosteten enorme Geldsummen, die vor allem durch die Erhöhung der Geldmenge aufgebracht wurden. Dies beschleunigte die Geldentwertung. Die inflationäre Entwicklung wurde zusätzlich beschleunigt durch die in Devisen zu leistenden **Reparationszahlungen**.

Der **Ruhrkampf** versetzte dann der Geldwertstabilität der Mark den Todesstoß. 1923 war der Geldumlauf nur noch zu 19 Prozent aus den ordentlichen Staatseinnahmen gedeckt, und das Tempo der Geldentwertung begann zu „galoppieren". Dies machte einen stark erhöhten Umlauf an Banknoten nötig.

Besonders nachteilig wirkten sich die sozialen, psychologischen und politisch-kulturellen Konsequenzen der Inflationskrise von 1923 aus: Vor allem der **Mittelstand hatte die Lasten der Inflation zu tragen**. Er hatte durch Zeichnen von Kriegsanleihen wesentlich zur Finanzierung des Krieges beigetragen und nun alles verloren; seine Sparguthaben ebenso wie seine Renten und Lebensversicherungen. Während Großgrundbesitzer und Industrielle von der Inflation profitierten, wurden erhebliche **Teile des Mittelstandes enteignet** und **proletarisiert**.

Daraus ergab sich eine für die weitere Entwicklung und die politische Kultur der Weimarer Demokratie verhängnisvolle Tendenz. Denn die soziale Krise der Inflationszeit gab Agitatoren die Möglichkeit zur **Schuldzuweisung** gegenüber dem Ausland, unter anderem gegenüber Frankreich als „Erbfeind" mit seinen unnachgiebigen Reparationsforderungen, aber auch gegenüber den eigenen demokratischen Regierungen. Diesen wies man die Schuld zu, wobei man geflissentlich übersah, dass die Monarchie und die sie tragenden Eliten, die Deutschland 1914 in den Krieg getrieben hatten, die Inflation ausgelöst hatten. Das **demokratische System verlor** besonders in den Augen des Mittelstandes **nachhaltig an Glaubwürdigkeit und Legitimität**.

Die Regierung Stresemann: Überwindung der Krise

Der fortbestehende Druck der Besatzungsmächte und die Hyperinflation zwangen **Reichskanzler Cuno** am 12. August 1923 zum **Rücktritt** und seinen Nachfolger Gustav Stresemann (DVP) zum Abbruch des passiven Widerstandes am 26. September 1923. Im November gelang es Stresemann, die Währung durch die **Einführung der Rentenmark** zu stabilisieren. Auf der Basis der stabilen Währung erreichte Stresemann mit Unterstützung der USA auch eine für Deutschland praktikable Regelung der Reparationsfrage (Dawes-Plan 1924). Die Besatzungstruppen zogen 1925 wieder aus dem Ruhrgebiet ab.

Das Bemühen Frankreichs, nach dem Ende des Ruhrkampfes mithilfe von deutschen Separatisten das Rheinland aus dem Deutschen Reich herauszulösen, scheiterte am Widerstand der Bevölkerung.

Der Währungsverfall 1923 und seine Folgen

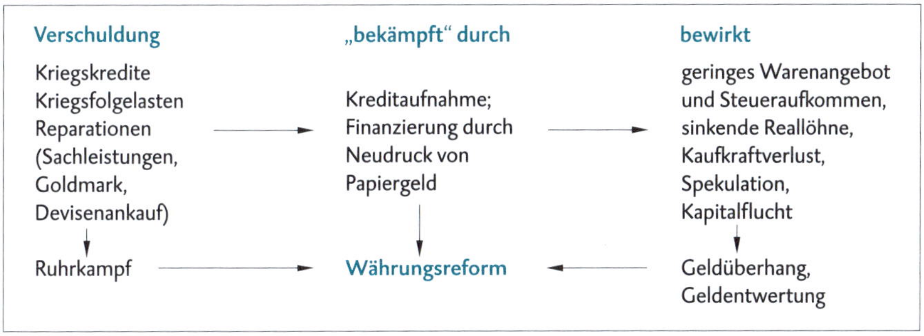

4.3 Der Hitler-Putsch in München

Bayern war nach der Niederschlagung der Räterepublik 1919 unter dem Einfluss der monarchistischen Bayerischen Volkspartei zu einem Hort der **rechten Republikgegner** geworden („Ordnungszelle“ Bayern). Die Lage spitzte sich zu, als die SPD in die Regierung Stresemann eintrat und nach der Beendigung des Ruhrkampfes im September 1923 eine nationalistische Welle das Reich und besonders Bayern überschwemmte. Als sich zudem in der bayerischen Pfalz separatistische Strömungen offen zeigten, verhängte die bayerische Regierung am 26. September 1923 den Ausnahmezustand. Die Regierungsgewalt mit diktatorischen Vollmachten übernahm **Gustav von Kahr als Generalstaatskommissar**. Daraufhin verhängte die Reichsregierung den Ausnahmezustand über das ganze Reich und übertrug die vollziehende Gewalt an Reichswehrminister Geßler, der diese an die einzelnen Wehrkreisbefehlshaber weiterleitete. Damit wurde die Reichswehr zur entscheidenden Kraft in der politischen Auseinandersetzung. Der in Bayern zuständige Reichswehrkommandeur General von Lossow befolgte die Befehle aus Berlin aber nicht, sondern unterstellte sich eigenmächtig Kahr. Daraufhin enthob die Reichsregierung Lossow am 20. Oktober seines Amtes, Kahr aber setzte ihn wieder ein und vereidigte die in Bayern stehenden Einheiten der Reichswehr kurzerhand auf die bayerische Staatsregierung: ein eindeutiger Verfassungsbruch. Reichswehrchef von Seeckt weigerte sich dennoch, gegen Lossow vorzugehen.

Kahr, Lossow und der verbündete Landeskommandant der bayerischen Polizei, Oberst von Seißer, das **bayerische Triumvirat**, wollten Bayern nicht vom Reich lösen, sondern das Reich umgestalten: Ein „Marsch auf Berlin“ nach dem Vorbild Mussolinis sollte in einer „nationalen Diktatur“ unter der Führung Kahrs oder eines Gleichgesinnten münden. Kahr suchte dafür auch bei **Adolf Hitler** (1889–1945), dem Führer der NSDAP, und anderen „Vaterländischen“ Verbänden Unterstützung.

Die NSDAP, 1920 aus der Deutschen Arbeiterpartei des Anton Drexler hervorgegangen, war unter Führung des damals staatenlosen Hitler zu einem bedeutenden Machtfaktor in München geworden. Zwar war die rechtsradikale, antisemitische NSDAP in den meisten Ländern des Reiches verboten, in Bayern konnte sie aber legal ihre rassistische und antidemokratische Politik betreiben. In München hatte sie etwa 35 000, in ganz Bayern mehr als 150 000 Mitglieder. Zudem besaß die Partei mit der SA (Sturmabteilung) einen kampfstarken paramilitärischen Verband. Am 25. September 1923 war Hitler zum Führer des **„Deutschen Kampfbundes“**, der Dachorganisation der antidemokratischen, rassistischen „Vaterländischen Verbände“, gewählt worden. **Hitler** versuchte aber, das konservative Triumvirat durch einen eigenen **Putsch** zu überrumpeln.

Während Kahr am Abend des 8. November 1923 vor Anhängern im Münchner Bürgerbräukeller sprach, zog Hitler alle verfügbaren Verbände der SA in München zusammen, betrat in Begleitung eines Maschinengewehrtrupps den Saal, erklärte die bayerische und die Reichsregierung für abgesetzt und rief die **„nationale Revolution“** aus. Anschließend nötigte er Kahr, Lossow und Seißer die Zustimmung zur Proklamation einer neuen Reichsregierung (Ludendorff, Hitler, Lossow, Seißer) ab.

Kahr und Lossow gewannen aber bereits wenige Stunden später ihre Handlungsfreiheit zurück, sagten sich von Hitler los und alarmierten Reichswehr und Landespolizei. Obwohl Hitler davon erfuhr, unternahmen NSDAP, SA und einige völkische Verbände wie der „Bund Oberland“ am folgenden Tag den **Marsch zur Feldherrnhalle**. Hitler wollte zusammen mit dem populären ehemaligen kaiserlichen General Erich Ludendorff, von ihm zum Oberbefehlshaber der Nationalarmee ernannt, das Volk auf seine Seite ziehen und die „Abtrünnigen" zu einem erneuten Wechsel veranlassen. Doch am 9. November wurde der Demonstrationszug der teilweise bewaffneten Anhänger Hitlers vor der Feldherrnhalle durch die bayerische Polizei mit Waffengewalt aufgelöst; 16 Anhänger Hitlers, vier Polizisten und ein Passant starben.

Am 1. April 1924 ergingen die milden Urteile im **Prozess gegen die Putschisten.** Ludendorff wurde freigesprochen, Röhm und fünf andere Beteiligte erhielten drei Monate Haft und mussten 100 Mark Geldstrafe zahlen; Hitler und drei Mitverschworene, denen das Gericht unterstellte, sie hätten sich „von rein vaterländischem Geiste und dem edelsten, selbstlosen Willen" leiten lassen, wurden zu fünf Jahren Haft und 200 Mark Geldstrafe und einer Bewährungsmöglichkeit nach sechs Monaten verurteilt. Tatsächlich kam Hitler bereits zu Weihnachten 1924 aus der Festungshaft in Landsberg am Lech frei. Hitler, dem in der Haft große Freizügigkeit gewährt wurde, schrieb hier sein Buch „Mein Kampf", eine Mischung aus Autobiografie und weltanschaulichem Bekenntnisbuch. Die Richter anerkannten mit ihrem Urteil stillschweigend die rechtsradikale Verleumdung der demokratischen Parteien als „Novemberverbrecher".

4.4 Radikalisierung der Linken: Das Beispiel Sachsen und Thüringen

Die unter dem Eindruck des Kapp-Lüttwitz-Putsches im Juni 1920 abgehaltenen Reichstagswahlen zeigten nicht nur eine deutliche Radikalisierung auf der Rechten, sondern auch auf der Linken. Fortan blieben die demokratischen Parteien (SPD, Zentrum, DDP) in der Minderheit. Auf der Linken wurde die KPD nach der Spaltung der USPD im Oktober 1920 von einer Splitterpartei zu einer Massenpartei; besonders in den Arbeitervierteln der west- und ostdeutschen Industriegebiete gewann sie bald die Mehrheit. Nach einem gescheiterten Versuch, durch einen Generalstreik die politischen Verhältnisse in Deutschland zu ändern (1921), unternahm die KPD 1923 einen erneuten Anlauf zur Revolution. Dabei kam der KPD der Ruhrkampf zugute, denn die damit verbundene Verelendung der Arbeiterschaft durch Inflation und die hohe Arbeitslosigkeit führten der Partei viele neue Anhänger zu. In der Sowjetunion hoffte man daher auf einen **„deutschen Oktober"** als Beginn der Weltrevolution.

Die in Sachsen und Thüringen regierende SPD stand weit links. Daher glaubte die KPD an die Möglichkeit einer sozialistischen Revolution und stellte „proletarische Hundertschaften" auf, die als „proletarische Sturmtruppen" die Macht erobern sollten. Als Reaktion darauf verhängte Reichspräsident Ebert nach Artikel 48 der Weimarer Verfassung die **Reichsexekution** gegen die beiden

Länder. Anlass war die Beteiligung der Kommunisten an den Regierungen („Regierung der republikanisch-proletarischen Verteidigung“) und ein Revolutionsversuch in Hamburg im Oktober 1923. Diese Regierungen weigerten sich, der Anordnung der Reichsregierung zur Auflösung der „proletarischen Hundertschaften“ nachzukommen. Ebert ließ schließlich Reichswehrtruppen in Sachsen und Thüringen einmarschieren und setzte einen Reichskommissar ein. Unter diesem Druck musste die KPD ihre Revolutionspläne aufgeben; der von Lenin erhoffte „deutsche Oktober“ fand nicht statt.

Die politische Situation der Weimarer Republik stabilisierte sich nach der Krise von 1923 überraschend schnell. Die Regierungen dieser Zeit wurden von Koalitionen der bürgerlichen und konservativen Parteien getragen (Zentrum, DDP, DVP, DNVP). Die Sozialdemokraten unterstützten (bis 1928 ohne Regierungsbeteiligung) die wichtigsten politischen Entscheidungen im Reichstag.

Aufgabe 41 Erläutern Sie, welchen wichtigsten Bedrohungen die Weimarer Republik im Krisenjahr 1923 ausgesetzt war.

Aufgabe 42 Erläutern Sie die Entstehung der Inflation von 1923.

5 Die Außenpolitik der Weimarer Republik

5.5.1921	Londoner Ultimatum
16.4.1922	Vertrag von Rapallo zwischen Deutschland und der Sowjetunion
Mai/Juni 1922	Konferenz von Genua
1923–1929	Ära Stresemann
30.11.1923	Reparationskommission beschließt Einberufung eines Internationalen Sachverständigenausschusses zur Untersuchung der deutschen Zahlungsfähigkeit
Juni–Aug. 1924	Londoner Konferenz
29.8.1924	Annahme des Dawes-Plans im Reichstag
Juli 1925	Räumung des besetzten Ruhrgebietes
5.–16.10.1925	Konferenz von Locarno
24.4.1926	Deutsch-sowjetischer Freundschafts- und Neutralitätsvertrag (Berliner Vertrag)
8.9.1926	Aufnahme Deutschlands in den Völkerbund
17.8.1927	Unterzeichnung des deutsch-französischen Handelsvertrages
27.11.1927	Annahme der Locarno-Verträge durch den Reichstag
27.8.1928	Briand-Kellogg-Pakt („Kriegsächtungspakt")
22.12.1929	Volksentscheid über den Young-Plan
12.3.1930	Annahme des Young-Plans durch den Reichstag
30.6.1930	Abschluss der vorzeitigen Räumung des Rheinlands durch alliierte Truppen
20.6.1931	Hoover-Moratorium
Juni/Juli 1932	Konferenz von Lausanne; Ende der Reparationen

Betrachtet man die Außenpolitik der Weimarer Republik, erkennt man trotz des Pendelns zwischen West- und Ostorientierung ein erstaunliches Maß an Kontinuität. Dies hing mit dem **übergeordneten Ziel** der Außenpolitik, der **Rückgewinnung** der alten **Großmachtstellung**, zusammen. Daraus ergaben sich die weiteren Ziele: Die **Revision der Versailler Ordnung**, vor allem der Reparationen und der militärischen Beschränkungen sowie die Revision der deutschen Ostgrenzen gegenüber Polen, besonders die Wiedergewinnung des als „unerträglich" empfundenen polnischen Korridors, der Ostpreußen vom Reich trennte. Auch die deutschen Minderheiten in Polen und der Tschechoslowakei sollten in ihren Rechten zumindest geschützt werden.

Dafür betrieb man eine **„Schaukelpolitik" zwischen Ost und West**, die sich bis 1933 an der Politik Bismarcks orientierte: Die deutsche „Mittellage" in Europa sollte genutzt werden, um die Westmächte und das bolschewistische Russland gegeneinander auszuspielen. Bei diesem Vorgehen musste einerseits das Sicherheitsbestreben Frankreichs, das Deutschland unbedingt wirtschaftlich und militärisch schwach halten wollte und das eine Zersplitterung des Reiches anstrebte, berücksichtigt werden. Andererseits galt es aber auch, den Bestrebungen der politischen Rechten im Reich, die Versailler Ordnung möglichst schnell und vollständig zu zerstören, entgegenzutreten.

Den Weimarer Regierungen boten sich zu Erreichung dieser Ziele hauptsächlich zwei Wege an: Entweder konnte man durch die Gewinnung eines oder mehrerer Bündnispartner die **außenpolitische Isolation durchbrechen** und Frankreich zur Revision von Versailles bewegen oder man trug dem französischen Sicherheitsinteresse Rechnung und betrieb eine **konsequente Aussöhnungspolitik** unter Verzicht auf eine Grenzrevision im Westen und Befolgung einer eindeutigen Friedenspolitik.

Deutschland entschloss sich zudem zu einer **engen Zusammenarbeit mit** der damals führenden Weltwirtschaftsmacht **USA**, ohne die auch eine Revision der Reparationsregelungen undenkbar war. Mithilfe von Krediten aus den USA sollte die Wirtschaft angekurbelt und so das Reich befähigt werden, geheime Großmachtpolitik zu betreiben. Deutschland wollte dabei die ablehnende Haltung der USA gegenüber dem Versailler Vertrag und der unversöhnlichen Politik Frankreichs nutzen.

5.1 Die Entwicklung der Reparationsfrage

Positionen der Siegermächte

In der Reparationsfrage waren sich die Alliierten nicht völlig einig. Für **Frankreich** waren die Reparationen von nationaler Bedeutung. Es ging primär um eine größtmögliche Sicherheit vor dem Gegner im Osten, die durch eine dauerhafte Schwächung Deutschlands, seiner Wirtschaft und seines Militärpotenzials erreicht werden sollte. Daher erhob Frankreich hohe Forderungen und legte größten Wert auf die Einhaltung der Zahlungsfristen (vgl. Ruhrbesetzung, S. 134 f.).

Die restriktive Machtpolitik Frankreichs stieß vor allem in den **USA** auf Widerstand. Zwar sollte Deutschland für seinen Bruch des internationalen Rechts und für die Schäden an zivilen Einrichtungen und der Zivilbevölkerung Entschädigung leisten, aber Deutschland sollte international zahlungsfähig bleiben. Denn nur so konnten die ehemaligen Verbündeten der USA ihre hohen Kriegsschulden an die USA zurückzahlen. **Großbritannien** hatte eine ähnliche Position. Es benötigte die deutschen Reparationen, um die eigenen Kredite begleichen zu können. Zudem war es an einem europäischen Mächtegleichgewicht interessiert, das den Frieden in Europa sichern sollte, und dazu benötigte man ein handlungsfähiges Deutschland.

Londoner Ultimatum

Der Versailler Vertag legte fest, dass Deutschland bis 1921 eine Teilleistung von 20 Milliarden Goldmark zahlen sollte. Als sich die Reparationskommission 1921 schließlich auf eine Gesamtsumme von 132 Milliarden Goldmark, zahlbar innerhalb von 57 Jahren, einigte, lehnte Deutschland dies als unerfüllbar ab. Als Zwangsmittel besetzten die Alliierten unter anderem Düsseldorf und Duisburg. Im Londoner Ultimatum **drohten** die Siegermächte mit der **Besetzung des Ruhrgebietes** und erzwangen die Annahme ihrer Forderungen.

Ungeachtet der nationalen Empörung in Deutschland reagierte die deutsche Regierung unter Reichskanzler Wirth (Zentrum) und Außenminister Walther Rathenau mit der sogenannten **Erfüllungspolitik**; die Reparationen sollten so lange erfüllt werden, bis den Siegermächten die Unmöglichkeit der Leistungen klar würde. Im Januar 1923 setzte Frankreich seine „Politik der produktiven Pfänder" um. Französische und belgische Truppen marschierten ins Ruhrgebiet, das deutsche Industriezentrum, ein, um die ausbleibenden Sachleistungen des Versailler Vertrages sicherzustellen, worauf der **Ruhrkampf** (s. S. 220 f.) folgte.

Dawes-Plan

Nach der Beendigung des Ruhrkampfes und der Überwindung der Inflation wurden die deutschen Reparationsverpflichtungen mithilfe der Vereinigten Staaten in mehreren Schritten neu geregelt. Eine internationale Sachverständigenkommission (ohne deutsche Beteiligung) unter der Leitung des amerikanischen Wirtschaftsexperten **Charles G. Dawes** verhandelte in London über die Reparationen, die zugunsten eines Wirtschaftsaufschwungs in Deutschland reduziert werden sollten.

Im sogenannten **Dawes-Plan** von 1924 wurde festgelegt,

- dass zur Leistung der geforderten Reparationen die deutsche Wirtschaft wiederhergestellt und diese nicht durch Sanktionen behindert werden sollte;
- dass die deutschen Zahlungen aus den ordentlichen Haushaltsmitteln des Reiches erfolgen sollten (Verpfändung von Zöllen, indirekten Steuern) sowie durch die Tilgung einer Schuld, die der in eine private Gesellschaft umgewandelten Reichsbahn in Höhe von 11 Milliarden und der deutschen Industrie in Höhe von 5 Milliarden auferlegt wurde;
- dass die deutschen Zahlungen in den ersten fünf Jahren zunächst jährlich 1 Milliarde Goldmark betragen sollten; danach sollten sie sich auf jährlich 2,5 Milliarden erhöhen – eine zeitliche Begrenzung der Leistungen wurde nicht genannt;

- dass die Reichsbank in eine regierungsunabhängige Institution umgewandelt und vom Ausland kontrolliert werden sollte, um die deutsche Zahlungsfähigkeit und -willigkeit sowie den Transfer zu überwachen (die Zahlungen sollten nach den Erfahrungen mit der Inflation in Deutschland ausschließlich in Devisen erfolgen).

Neu war die enge wirtschaftliche Zusammenarbeit mit den USA, der damals führenden Weltwirtschaftsmacht. Diese sicherten Deutschland im Dawes-Plan für den wirtschaftlichen Aufbau sowie zur Stabilisierung der Finanzlage Kredite in Höhe von 800 Millionen Goldmark zu. In der Folgezeit überstieg die Summe der amerikanischen Kredite an die deutsche Wirtschaft bis 1932 etwa die Summe der geleisteten Reparationszahlungen, die wiederum von Frankreich und Großbritannien zur Rückzahlung ihrer Kriegsschulden an die USA genutzt wurden, sodass ein **Zahlungskreislauf** entstand, in dem alles von der Prosperität der US-Wirtschaft abhing.

Trotz der starken Eingriffe in die staatliche Souveränität brachte der Dawes-Plan für Deutschland große **Erleichterungen:** Dieser sah nicht nur geringere jährliche Zahlungsraten als früher vor, er erschwerte auch mögliche Sanktionen der Alliierten. Zudem wurden die Zahlungen des ersten Jahres durch den amerikanischen **Anschubkredit** erleichtert; bis 1929 erhielt Deutschland allein aus den USA rund 21 Milliarden Goldmark an Krediten. Dies bedeutete eine entscheidende Hilfe für die Eingliederung Deutschlands in den internationalen Finanz- und Handelsmarkt, vor allem aber für die Umstrukturierung und Modernisierung der Industrie, deren Produktivität und Produktion in den folgenden Jahren sprunghaft anstieg. Außerdem sagte Frankreich die Räumung des Ruhrgebietes binnen Jahresfrist zu.

Young-Plan

Der Ausbruch der Weltwirtschaftskrise in den USA 1929 (s. S. 236 ff.) und die damit verbundene Finanzkrise in Deutschland zeigte, dass auch der Dawes-Plan nicht mehr erfüllbar war. Daher wurde 1929 in Paris unter dem Vorsitz des amerikanischen Finanzexperten **Owen Young** ein neues **Abkommen** verabschiedet, an dem auch Deutschland als gleichberechtigter Partner beteiligt war.

Der Young-Plan trat 1930 in Kraft und legte eine Gesamtsumme von ca. 114 Milliarden Goldmark fest, die in 59 Jahresraten (bis 1988) bezahlt werden sollte. Auf Druck der USA wurden jährliche Zahlungen von durchschnittlich 2 Milliarden Mark vereinbart. Die Alliierten verzichteten auf die im Dawes-Plan verkündete Einschränkung der deutschen Souveränität sowie auf die Kontrolle der deutschen Finanzen und der Reichsbahn. Als weiteres politisches Zugeständnis räumten sie bis zum Juli 1930 das Rheinland, dessen Besetzung in Deutschland eine Welle nationalistischer Empörung hervorgerufen hatte. Den deutschen Wünschen nach Rückgabe der Kolonien und des „polnischen Korridors" wurde aber nicht entsprochen.

Trotz der weiteren Zugeständnisse erhob sich auch gegen den Young-Plan der Widerstand der nationalen Kräfte. Ein Bündnis des DNVP-Vorsitzenden und Pressezaren **Alfred Hugenberg** mit dem „Stahlhelm" und dem Führer der NSDAP, **Adolf Hitler**, nutzte die lange Laufzeit sowie die Höhe der Zahlungen zu einer hemmungslosen **Kampagne gegen die Demokratie** und ihre Anhänger. Die Rechte geißelte das Abkommen als „Joch der Young-Sklaverei" und initiierte einen **Volksentscheid**. In diesem sprachen sich am 22. Dezember 1929 jedoch statt der notwendigen 50 % nur 13,8 % der Wahlberechtigten gegen den Young-Plan aus. Trotz der Niederlage konnte Hitler daraus seinen Nutzen ziehen: Er war nun in ganz Deutschland bekannt und zu einem politischen Faktor geworden. Der Volksentscheid war Auslöser für den großen Wahlerfolg der NSDAP bei den Reichstagswahlen 1930.

Das Ende der Reparationsfrage

Angesichts der sich immer stärker entwickelnden Weltwirtschaftskrise blieb die Regelung der Reparationsfrage durch den Young-Plan praktisch bedeutungslos. 1931 setzte der amerikanische Präsident **Herbert C. Hoover** die Stundung aller Kriegsschulden der europäischen Staaten durch die USA durch. Deutschland erhielt in dem nach ihm benannten Moratorium einen einjährigen Zahlungsaufschub für seine Reparationen **(Hoover Moratorium)**. Auf dem Höhepunkt der Weltwirtschaftskrise wurde 1932 auf der **Konferenz von Lausanne** das Reparationsproblem endgültig gelöst: Deutschland sollte eine Restschuld von 3 Milliarden Reichsmark begleichen, die aber nie geleistet wurde.

Fazit

Die Reparationsfrage war eine Auseinandersetzung der deutschen Regierungen sowohl mit dem Ausland, wobei eine offene Konfrontation vermieden werden musste, als auch ein innenpolitischer Kampf um Mehrheiten im Parlament und im Volk. Gegner waren hier nicht nur die Rechten, welche in der vorsichtigen und entgegenkommenden Politik der Reichsregierungen bloße „Erfüllungspolitik" und damit „Verrat" an den nationalen Interessen sahen, sondern auch die Linke, für die die Reparationsforderungen der Alliierten nur eine neue Form des kapitalistischen Imperialismus darstellten.

5.2 Deutschlands Rückkehr in den Kreis der europäischen Mächte

Die sofortige Ausgrenzung des Deutschen Reiches aus dem Völkerbund und damit aus der Völkergemeinschaft diskreditierte die Nachkriegsordnung und verhinderte dessen Akzeptanz in Deutschland. Durch die **Isolierung Deutschlands** als „Kriegsschuldiger“, die unnachgiebige Haltung Frankreichs und den Rückzug der USA schien eine Anlehnung an das ebenfalls isolierte kommunistische Russland die einzige Möglichkeit für eine aktive deutsche Außenpolitik.

Der Vertrag von Rapallo

Auf einer **internationalen Wirtschaftskonferenz**, die 1922 in **Genua** stattfand, hoffte die sowjetische Delegation auf die Beteiligung der westlichen Industriemächte am Aufbau ihres Landes, aber die Verhandlungen scheiterten. Die deutsche Delegation unter Leitung von Außenminister Rathenau war dagegen besorgt, Russland könnte sich in die Front der alliierten Reparationsgläubiger eingliedern. Es lag also sowohl im sowjetischen als auch im deutschen Interesse, zu einer Verständigung zu kommen.

In Rapallo, einem Kurort in der Nähe von Genua, unterzeichneten der deutsche Außenminister Rathenau und sein sowjetischer Kollege, Außenkommissar Tschitscherin (Čičerin), am 16. April 1922 den Vertrag von Rapallo. Darin verabredeten beide Staaten den gegenseitigen Verzicht auf die Erstattung von Kriegskosten und die Aufnahme diplomatischer Beziehungen. Ferner wurde ein Handelsabkommen auf der Grundlage der Meistbegünstigung vereinbart, das heißt, dass keiner der beiden einen dritten Staat im Handel günstiger stellen durfte als den Vertragspartner.

Mit dem Vertrag von Rapallo **durchbrachen Deutschland und die Sowjetunion ihre außenpolitische Isolation**; das Deutsche Reich gewann einen Teil seiner Souveränität zurück. Der Vertrag leitete engere wirtschaftliche Beziehungen zu Russland ein, die 1925 in einem offiziellen Handelsvertrag geregelt wurden, und sicherte Deutschland wichtige Rohstoffe. Die seit 1920 bestehende militärische Zusammenarbeit wurde intensiviert. Das Deutsche Reich durchbrach mit dem Vertrag den allgemeinen Boykott gegen das kommunistische Russland. Daher war der Vertrag von Rapallo für die internationale Staatenwelt eine von Befürchtungen begleitete Sensation, für Frankreich war er ein Schock.

Die Ära Stresemann (1924–1929)

Die Kernprobleme der deutschen Außenpolitik nach dem Ersten Weltkrieg konnten nur über eine Verbesserung der Beziehungen zu den Westmächten gelöst werden. In der Überwindung der „Erbfeindschaft“ mit Frankreich sah **Gustav Stresemann** (1878–1929) seine Hauptaufgabe.

So waren die mittleren Jahre der Weimarer Republik von der Außenpolitik Stresemanns geprägt, dessen Ziel es war, über eine Kombination von **Friedens- und Revisionspolitik** Deutschland wieder in den Kreis der europäischen Großmächte zurückzuführen, deren Interessen dabei ebenfalls Berücksichtigung finden sollten. Stresemann baute zum einen auf die USA und deren aktive Rolle in der Weltwirtschaft, zum anderen auf eine Umorientierung in der französischen Außenpolitik, die Sicherheitsdenken mit Gewaltverzicht verband. Als Realpolitiker erkannte Stresemann, dass eine Revision der Versailler Ordnung nur zu erreichen war, wenn Deutschland das Sicherheitsbedürfnis Frankreichs anerkannte. Die Revision der Grenzen im Osten wollte er sich aber offenhalten.

Die Locarno-Verträge

Gemäß der Grundkonzeption Stresemanns, das Deutsche Reich in ein **internationales Sicherheitssystem** einzubinden, wurden 1925 die Locarno-Verträge geschlossen, die Großbritannien und Italien als Garantiemächte unterzeichneten. Deutschland wurde als **gleichberechtigte europäische Großmacht** anerkannt. Im **Garantiepakt** akzeptierte Deutschland die Westgrenze zu Frankreich und Belgien und sah von jeder Revision ab (Verzicht auf Elsass-Lothringen und Eupen-Malmédy). Die Vertragspartner stimmten einem generellen Gewaltverzicht zu und verpflichteten sich, alle Streitfragen durch Schiedsgerichte friedlich beizulegen.

In Bezug auf die deutsche Ostgrenze verpflichtete sich Deutschland in **Schiedsverträgen**, seine Grenzen mit Polen und der Tschechoslowakei nicht gewaltsam zu ändern; eine vertragliche Revision und Regelungen durch Schiedsgerichte wurden aber zugelassen. Frankreich und Belgien garantierten in Beistandspakten mit Polen und der Tschechoslowakei deren Sicherheit für den Fall eines deutschen Angriffs.

Auch der **Beitritt Deutschlands zum Völkerbund** wurde vereinbart. Das Vertragswerk war ein Beispiel für **internationale Entspannung**. Es schuf ein Klima des Vertrauens, sodass sich Frankreich bereit erklärte, seine Besatzungstruppen aus den linksrheinischen deutschen Gebieten abzuziehen. Aber von einem stabilen Frieden war man wegen des Misstrauens und der innenpolitischen Opposition in Frankreich und Deutschland noch weit entfernt; Locarno war ein Fortschritt, nicht aber eine endgültige Friedensregelung in Europa.

Locarno wäre nicht möglich gewesen, hätte es nicht auf beiden Seiten verantwortungsbewusste Realpolitiker gegeben. Gustav Stresemann fand in **Aristide Briand** (1862–1932) einen Partner, dem eine Verständigung zwischen Deutschland und Frankreich im Interesse der Sicherheit und des Friedens in Europa wichtig war. 1926 erhielten beide für ihre Verdienste den Friedensnobelpreis.

Der Berliner Vertrag

Stresemann wollte sich aber „nicht nach dem Westen verkaufen", wie er einmal sagte. Er betrachtete die Sowjetunion für seine Politik als „aktive Reserve". Deshalb sicherte er dem sowjetischen Außenkommissar Tschitscherin zu, Deutschland werde die deutsch-polnische Ostgrenze nie anerkennen, und er werde an der Zusammenarbeit mit der Sowjetunion festhalten. Dies gipfelte im April 1926 in einem **Freundschafts- und Neutralitätspakt**. Dieser bestätigte den Vertrag von Rapallo (1922) als Grundlage des deutsch-russischen Verhältnisses und sah vor, dass beide Vertragspartner im Falle eines Angriffs dritter Mächte gegenseitig Neutralität wahren würden. Der Berliner Vertrag sollte deutlich machen, dass **Locarno keinen Bruch mit der Sowjetunion** bedeutete.

Eintritt in den Völkerbund

Im September 1926 erfolgte gemäß den Vereinbarungen von Locarno die Aufnahme Deutschlands in den Völkerbund. Der **Völkerbund** war im Februar 1919 auf der Pariser Friedenskonferenz auf Initiative des damaligen amerikanischen Präsidenten **Wilson** gegründet worden, um mit seiner Hilfe den Weltfrieden dauerhaft zu sichern und die friedliche internationale Zusammenarbeit auf allen Ebenen zu garantieren.

Das Reich bekam auch einen ständigen Sitz im Völkerbundsrat, dem eigentlichen Entscheidungsorgan. Dies dokumentierte vor aller Welt die **Rückkehr in den Kreis der Großmächte**. Stresemann verfolgte mit dem Beitritt zum Völkerbund auch revisionspolitische Ziele, hoffte er doch eine Veränderung der bestehenden Ordnung in Bezug auf die militärische Gleichberechtigung und die Reparationsfrage mithilfe dieses Gremiums leichter erreichen zu können.

Der letzte bedeutende außenpolitische Schritt Stresemanns war in konsequenter Fortsetzung seiner Politik der Beitritt Deutschlands zum 1928 geschlossenen **Briand-Kellogg-Pakt**. Dieser ächtete Angriffskriege als völkerrechtswidrig und verpflichtete die Unterzeichner, alle zwischenstaatlichen Konflikte ausschließlich mit friedlichen Mitteln zu lösen.

Trotz dieser auf eine dauerhafte Friedensordnung zielenden Politik lebten die alten Feindbilder vor allem in Frankreich und Deutschland fort. Die deutsche Rechte wollte auch weiterhin die Kriegsniederlage ungeschehen und ihre Folgen notfalls durch einen Krieg rückgängig machen. Im Gewaltverzicht sahen die nationalistischen Kräfte beider Länder eine der Nation unwürdige Politik der Schwäche.

Aufgabe 43 Erläutern Sie die außenpolitische Strategie der Weimarer Republik.

6 Die Auflösung der Weimarer Demokratie

28.2.1925	Tod des Reichspräsidenten Ebert
26.4.1925	Wahl Hindenburgs zum Reichspräsidenten
20.5.1928	Reichstagswahlen; SPD stärkste Partei
28.6.1928	Kabinett Hermann Müller (SPD)
25.10.1929	Zusammenbruch der Kurse an der New Yorker Börse (Schwarzer Freitag); Beginn der Weltwirtschaftskrise
27.3.1930	Rücktritt des Kabinetts Hermann Müller
29.3.1930	Ernennung Heinrich Brünings (Zentrum) zum Reichskanzler; Bildung des ersten Präsidialkabinetts
16.7.1930	Erlass einer Notverordnung zur Deckung des Defizits des Reichshaushalts durch Reichspräsident Hindenburg
18.7.1930	Aufhebung der Notverordnung durch den Reichstag; Auflösung des Reichstages durch Hindenburg
14.9.1930	Reichstagswahlen: NSDAP nach SPD zweitstärkste Partei
20.6.1931	Hoover-Moratorium
10.4.1932	Wiederwahl Hindenburgs zum Reichspräsidenten
13.4.1932	Verbot der SA und SS durch Reichskanzler Brüning
30.5.1932	Entlassung des Reichskanzlers Brüning; Kabinett der „nationalen Konzentration“ unter Franz von Papen
20.7.1932	Staatsstreich in Preußen („Preußenschlag“): Absetzung der demokratischen Minderheitsregierung nach Artikel 48 durch von Papen und Schleicher; Einsetzung eines Reichskommissars
31.7.1932	Reichstagswahlen: NSDAP stärkste Partei
12.9.1932	Misstrauensvotum des Reichstages für das Kabinett Papen; Auflösung des Reichstages
6.11.1932	Reichstagswahlen: NSDAP mit Verlusten, aber weiterhin stärkste Partei
17.11.1932	Entlassung des Reichskanzlers von Papen durch Hindenburg
2.12.1932	Präsidialkabinett Schleicher
30.1.1933	Ernennung Hitlers zum Reichskanzler

6.1 Die Wahl Hindenburgs zum Reichspräsidenten 1925 als Wendepunkt der Weimarer Republik

Der **Tod Friedrich Eberts** am 28. Februar 1925 war folgenreich für die Entwicklung der ersten deutschen Demokratie. In einer **Volkswahl** sollte gemäß Artikel 41 der Weimarer Verfassung sein **Nachfolger** bestimmt werden, doch keiner der Kandidaten erhielt im ersten Wahlgang die notwendige absolute Mehrheit. Um die Wahl eines Kandidaten der Rechten zu verhindern, verzichtete die SPD auf einen eigenen Kandidaten und verständigte sich mit dem Zentrum auf deren Vorsitzenden **Wilhelm Marx** als gemeinsamen. Die anderen demokratischen Kräfte schlossen sich dem an **(„Volksblock“)**. Die Rechte, der

„**Reichsblock**“, einigte sich aufgrund der neuen Kräftekonstellation auf den populären 78-jährigen kaiserlichen Generalfeldmarschall **Paul von Hindenburg**.

Bei der Wahl am 26. April 1925 setzte sich Hindenburg mit 48,3 Prozent der Wählerstimmen durch; sein Gegenkandidat Marx erhielt 45,3 und **Ernst Thälmann** von der KPD kam auf 6,4 Prozent der Stimmen. Angesichts der zur Wahl stehenden Personen und der „Blockbildung“ war die Wahl fast schon eine Abstimmung über die demokratische Republik. Nur sechs Jahre nach ihrer Errichtung der demokratischen Republik hatten die meisten Wähler den demokratischen Kräften die Mehrheit verweigert und knapp die Hälfte hatte sich für einen überzeugten Antirepublikaner entschieden. Daher stellte die **Wahl** vom April 1925 einen **Wendepunkt in der Geschichte der Weimarer Republik** dar, denn mit Hindenburg gewannen die konservativen Kräfte in Deutschland die zentrale Machtposition der Republik. In der schweren Zeit nach Ausbruch der Weltwirtschaftskrise ab 1930 leiteten Hindenburg und sein Umfeld schließlich einen lange geplanten Verfassungswandel ein, der Deutschland unter Ausschaltung der SPD in einen autoritär geführten Staat umgestalten sollte.

Damit war die Reichspräsidentenwahl 1925 ein erster Schritt hin zur Zerstörung der Demokratie in Deutschland, denn die demokratischen Parteien waren in der Folgezeit nicht mehr in der Lage oder willens, den Reichstag als notwendiges Gegengewicht zu stärken.

Gründe für die Wahl Hindenburgs:

- Hindenburg war es wohl gelungen, die bisherigen Nichtwähler, die sich vor allem gefühlsmäßig entschieden, für sich zu mobilisieren (im 2. Wahlgang waren rd. 3,5 Millionen Stimmen mehr abgegeben worden).
- Hindenburg wurde vom Mythos des Siegers von Tannenberg umgeben, der die „russische Dampfwalze“ 1914 gestoppt und im Osten gesiegt hatte.
- Für viele war er patriarchalisches Vorbild, Bild vergangenen Glanzes und nationaler Größe, Sinnbild nationaler Hoffnung.

6.2 Die Weltwirtschaftskrise von 1929 und ihre Folgen

Deutschlands Wirtschaft war nach dem Kriege infolge des latenten **Kapitalmangels** auf dem Binnenmarkt (Kriegsfolgekosten, Umstellungskosten, Reparationen, Inflation bis 1923) **abhängig vom Güterexport und von ausländischen Krediten**. Die Investitionen der Industrie erfolgten mithilfe von Krediten aus den USA, die etwa zur Hälfte kurzfristig gekündigt werden konnten. Besonders die Banken waren von ausländischem Kapital abhängig, besaßen nur geringes Eigenkapital und waren bei einer Krise des Finanzsystems von der Zahlungsunfähigkeit bedroht. Ein großer Teil der kurzfristigen ausländischen Kredite wurde von der öffentlichen Hand, besonders von den Gemeinden, in Anspruch genommen. Aufgrund des hohen Verschuldungsgrades gegenüber dem Ausland war das Deutsche Reich sehr stark vom internationalen Finanz- und Wirtschaftssystem und damit auch von der wirtschaftlichen Entwicklung in den Ländern der Kreditgeber abhängig. Seit 1928 begann weltweit die **industrielle Konjunktur nachzulassen**, ohne dass dies zunächst groß beachtet wurde und Rückwirkungen auf die Produktion hatte.

Die deutsche Landwirtschaft befand sich seit dem ausgehenden 19. Jahrhundert in einer Dauerkrise, die stets nur kurzfristig unterbrochen worden war, z. B. durch den Ersten Weltkrieg; seit 1926 begann sich die Agrarkrise dramatisch zuzuspitzen: Die Landwirtschaft war kaum konkurrenzfähig, verschuldet und von Staatshilfe abhängig.

Am 25. Oktober 1929, dem sogenannten **Schwarzen Freitag**, kam es an der New Yorker Börse zu einem **Kurssturz**, der die ganze Weltwirtschaft mit sich riss. Die vorwiegend auf Spekulationen beruhenden Aktienkurse brachen zusammen: Anleger hatten massenweise Aktien gekauft und zum großen Teil durch Kredite finanziert. Diese Käufe heizten die Börsenkurse ohne eine entsprechende wirtschaftliche Entwicklung in den USA an, bis die Spekulationsblase platzte. Es kam zu Panikverkäufen und die Kurse fielen ins Bodenlose. Der Börsenkrach führte zu einer **schweren Wirtschaftskrise in den USA**. Die Geldinstitute reagierten mit dem Rückruf der kurzfristig gewährten Kredite aus dem Ausland und die Regierung mit einer Schutzzollpolitik, die Importe in die USA erschwerte und den Welthandel stark beeinträchtigte: Die amerikanische Krise griff auf die ganze Welt über; sie wurde zur **Weltwirtschaftskrise**.

Diese traf das hoch verschuldete und exportorientierte Deutschland besonders hart: Die Exporte gingen stark zurück, das Geld wurde knapp, einige Banken und Unternehmen brachen zusammen. Gleichzeitig schwand die Nachfrage bei Konsum- und Investitionsgütern. Konkurse und Zwangsversteigerungen auch bei verschuldeten Kleinbetrieben und Bauern häuften sich. Die Arbeitslosenzahl stieg von 0,8 Millionen im Jahre 1928 auf 6,1 Millionen 1933. Die Wirtschaftskrise zog bei der damals geringen sozialen Absicherung der Arbeitnehmer eine schwere soziale Krise nach sich: Massenelend bei Arbeitslosen und ihren Familien (etwa einem Drittel der Bevölkerung) war weit verbreitet.

Die Aushöhlung der Demokratie

Das Jahr 1929 brachte eine weitere **Radikalisierung der politischen Verhältnisse** in Deutschland, als die im Young-Plan erfolgte Neuregelung der Reparationen (s. S. 230 f.) diskutiert wurde. Der neue Vorsitzende der DNVP und einflussreichste Medienunternehmer der Republik, Alfred Hugenberg, suchte die Zusammenarbeit mit den Nationalsozialisten, um für die Rechtsopposition eine zugkräftige und militante Kraft zu gewinnen. Hitler sollte als „Trommler" die Massen gegen den Young-Plan und die Demokratie mobilisieren. Doch der Volksentscheid schlug fehl, die Zeit für die Rechte war noch nicht gekommen.

Die Weltwirtschaftskrise mit ihren verheerenden sozialen Folgen (Massenarbeitslosigkeit, Massenverelendung) kam den radikalen Parteien in Deutschland zugute: Die **KPD** entwickelte sich auf Kosten der SPD zur „Partei der Arbeitslosen", die **NSDAP** entwickelte sich zur Partei des von der Proletarisierung bedrohten Kleinbürgertums, der Selbstständigen, Beamten, Rentner und Pensionäre. Auch in den ländlichen, protestantischen Gebieten erhielt die Partei großen Zulauf. Junge Neuwähler waren besonders empfänglich für die einfachen Parolen der Nationalsozialisten, die ihnen Arbeit und Brot versprachen.

Die bürgerliche „Mitte" wandte sich von den traditionellen bürgerlichen und konservativen Parteien DDP, DVP und DNVP ab. In den Reichstagswahlen von 1930, den **„Erbitterungswahlen"**, wurde die NSDAP zweitstärkste Partei nach der SPD, und die demokratiefeindlichen Kräfte verfügten über nahezu ein Drittel der Reichstagsmandate.

Ermöglicht wurde dieser Wahlerfolg der NSDAP, die auch für einen Teil der Arbeiterschaft wählbar geworden war, durch eine Änderung ihrer Taktik seit der Neugründung durch Hitler im Februar 1925. Nicht mehr gewaltsam, sondern auf dem legalen Weg über Parlamente und Regierungsbeteiligungen sollte die Macht in Deutschland ergriffen werden. In der gesellschaftlichen und wirtschaftlichen Krise war diese Legalitätstaktik erfolgreich: Hitler stellte sich und die NSDAP als **„letzte Hoffnung" im Kampf gegen die Massenarbeitslosigkeit und die allgemeine Not** dar.

Auch auf der **Linken** zeigte sich eine vehemente Radikalisierung durch **KPD** und deren „Roter Frontkämpferbund". Nach 1920 (Vereinigung mit der USPD) hatte sich die KPD von einer linken Splitterpartei zu einer **Massenpartei** mit einer straffen Organisation, eigener Presse und Parteiverbänden entwickelt. 1930 wurde sie hinter SPD und NSDAP drittstärkste politische Kraft im Reichstag. Seit 1928 war sie unter ihrem Parteiführer **Ernst Thälmann** zu einer von Moskau gelenkten und von sowjetischen Interessen abhängigen Kaderpartei geworden, die jede Form von innerparteilicher Demokratie abgeschafft hatte.

Auf Weisung der Komintern erklärte die KPD die SPD zu ihrem Hauptgegner, da sie 1918 die Arbeiterklasse verraten habe. Die Anhänger der SPD galten als hauptsächlich zu bekämpfende „Sozialfaschisten". Wie die NSDAP profitierte auch die KPD von der Wirtschaftskrise, und sie entwickelte auf Weisung der von Moskau kontrollierten Komintern eine „Gewaltstrategie“ gegen ihre Gegner und den „kapitalistischen“ Staat. Dies zeigte die blutige Maifeier 1929.

Außerhalb des Parlaments lieferten sich **Kommunisten und Nationalsozialisten erbitterte Kämpfe**. Vor allem in den Großstädten gehörten brutale Saal- und Straßenschlachten zwischen SA (ca. 250 000 Mitglieder) und dem „Roten Frontkämpferbund“ (ca. 100 000 Mitglieder) zum politischen Alltag. Von einem möglichen Parteienverbot wurde ebenso abgesehen wie von einem dauerhaften Verbot der Kampfverbände; das von der Regierung Brüning 1932 verhängte SA-Verbot wurde von der nachfolgenden Regierung Papen wieder aufgehoben.

Die inszenierten politischen Unruhen spielten vor allem den Nationalsozialisten in die Hände; sie profitierten am meisten von der Angst vieler Bürger vor dem Kommunismus und konnten mit einfacher nationalistischer Propaganda weitere Wählergruppen gewinnen. Die zum Teil bürgerkriegsähnliche Situation verschärfte bei vielen Bürgern die Vorbehalte gegen das demokratische System.

6.3 Die Große Koalition 1928–1930

Reichspräsident Hindenburg ernannte **Hermann Müller** (SPD) zum Reichskanzler einer Großen Koalition aus SPD, DDP, Zentrum, BVP und DVP – er war der erste SPD-Kanzler seit 1920. Die extremistischen Parteien sowie die DNVP hatten dagegen Verluste hinnehmen müssen. Der „Gründungskonsens“ der Weimarer Republik, der Ausgleich zwischen den bürgerlichen Parteien und der sozialdemokratischen Arbeiterschaft, schien neu bekräftigt zu sein. Die Koalitionsverhandlungen waren schwierig und zeigten die egoistische Haltung der Parteien, sodass man damals weniger von einer „Koalitionsregierung“ als vielmehr von einem „Kabinett der Persönlichkeiten“ sprach, bei der sich auch die **Regierungsparteien das Recht auf Opposition** beibehielten. Nach außen hin versprach die Große Koalition Stabilität, verfügte sie doch über 301 der 491 Reichstagsmandate. Nach anfänglicher Weigerung ernannte Reichpräsident Hindenburg schließlich den Parteivorsitzenden der stärksten Regierungspartei, den Sozialdemokraten Hermann Müller, zum Reichskanzler.

Schon kurz nach Bildung der Regierung Müller bahnte sich eine erste bedrohliche Krise an: die Affäre um den Bau eines Kriegsschiffes, des sogenannten **Panzerkreuzers A**. Zwar war dieses Flottenbauprogramm, das den Bestimmungen des Versailler Vertrages entsprach, selbst in Reichswehrkreisen militärisch stark umstritten, aber Reichswehrminister Groener wollte dieses Prestigeobjekt unbedingt durchsetzen. Er drohte, andernfalls würden er und der Reichspräsident zurücktreten. Diese Auseinandersetzung verunsicherte besonders die SPD und führte in der Öffentlichkeit zu einer gefährlichen Polarisierung. Da die DNVP für das Bauprogramm stimmte, wurde die Regierungsvorlage angenommen und so eine Kabinettskrise verhindert, aber die Instabilität der demokratischen Regierung und die Krise des parlamentarischen Systems waren offenkundig geworden.

Das Abstimmungsverhalten der SPD schwächte aber nicht nur den eigenen Reichskanzler, sondern bekräftigte das bei den Rechten verbreitete Vorurteil, die SPD sei wehrunwillig und nicht an einer Stärkung Deutschlands interessiert. Für die Konservativen war das Verhalten der SPD ein erneuter Beweis dafür, dass die Partei national unzuverlässig sei.

Die weitere Entwicklung zeigte schließlich eine zunehmende Schwächung der Demokratie durch den **Rechtsruck** der bürgerlichen und liberalen Parteien, besonders der DNVP, die eine antisemitische, nationalistische **Obstruktionspolitik** betrieb und die Zusammenarbeit mit Hitlers NSDAP anstrebte.

Die Auseinandersetzungen in der Koalition verschärften sich mit dem konjunkturellen Einbruch nach 1929 und dem **rapiden Anstieg der Arbeitslosenzahlen**, wodurch das Reich gezwungen war, der Reichsanstalt für Arbeitsvermittlung und Arbeitslosenversicherung immer höhere Zuschüsse zu gewähren. Die 1927 eingeführte Arbeitslosenversicherung war von maximal 800 000 Arbeitslosen ausgegangen, Ende 1929 betrug die Arbeitslosenzahl aber bereits etwa 2,8 Millionen. Die Regierung musste einspringen, was ihr angesichts der eigenen Haushaltsprobleme schwerfiel. Zudem stiegen die Arbeitslosenzahlen und die Subventionierung der Arbeitslosenversicherung wurde unkalkulierbar.

Zu Beginn des Jahres 1930 wurde die Finanzlage des Reiches äußerst kritisch und die Regierung war kaum noch in der Lage, die Gehälter der Reichsbediensteten zu zahlen. Die DVP, die ihre Klientel in den Arbeitgeberverbänden hatte, wollte das Arbeitslosengeld senken. Die SPD-Fraktion, die einen starken Gewerkschaftsflügel hatte, forderte eine Erhöhung der Versicherungsbeiträge. Beide Parteien fanden keinen Kompromiss, sodass die Große Koalition zerbrach.

Am 27. März 1930 trat die letzte aus demokratischen Wahlen hervorgegangene und auf das Vertrauen des Reichstages gestützte Regierung zurück. Damit war die Große Koalition an der **Unfähigkeit und Unwilligkeit der Parteien**, einen Kompromiss zu finden, gescheitert und das parlamentarische System in eine tiefe Krise gestürzt, die dem konservativen und reaktionären Kreis um den Reichspräsidenten Hindenburg in die Hände spielte. Das Bündnis von Arbeiterschaft und Bürgertum, der Basiskompromiss von 1919, wurde zugunsten einer **autoritären Regierungsform der Präsidialkabinette** beendet, denn die Selbstblockade des Reichstages führte zu einem Machtvakuum, das die antidemokratischen Kräfte um Hindenburg für einen „kalten" politischen Umsturz nutzen konnten. Die Demokratie wurde zu ihrem eigenen „Totengräber".

Fazit

Das Jahr 1930 stellt somit die **Wende** in der politischen Entwicklung der Weimarer Republik dar:

- Übergang zu einer autoritären, antiparlamentarischen Regierungsweise der Präsidialkabinette,
- Zerbrechen des gemäßigten bürgerlichen Lagers,
- die demokratischen Parteien in der Defensive.

6.4 Scheitern der Republik in den Präsidialkabinetten 1930–1933

Je unfähiger das Parlament war, eine konstruktive Regierungspolitik zu betreiben, desto stärker wurde die Stellung des Reichspräsidenten. Die Verfassung erlaubte es ihm, einen Kanzler zu ernennen (Art. 53), der keine Reichstagsmehrheit hinter sich hatte, sondern allein von seinem Vertrauen abhängig war, diesen Kanzler mit Notverordnungen (Art. 48) regieren zu lassen und schließlich auch den Reichstag aufzulösen (Art. 25), falls dieser den Gesetzesvorlagen nicht zustimmte.

Reichspräsident **Hindenburg** wurde immer abhängiger von seinen persönlichen Ratgebern, der **„Kamarilla"**. Hindenburgs Sohn Oskar, Staatssekretär Otto Meißner, Reichswehrgeneral Kurt von Schleicher, der ostpreußische Großgrundbesitzer Elard von Oldenburg-Januschau („ostelbischer Junker") und der Unternehmer Alfred Hugenberg bestimmten seine politischen Entscheidungen mit. Zuletzt wurde der rechte Zentrumspolitiker Franz von Papen im Zusammenspiel mit konservativen Kreisen der deutschen Industrie entscheidender Ratgeber Hindenburgs. Seit 1930 drängte die „Kamarilla" zunehmend zur **autoritären Präsidialherrschaft**. Die Regierung sollte entsprechend

- antiparlamentarisch (ohne Koalitionsvereinbarungen) zustande kommen,
- allein vom Vertrauen des Präsidenten abhängig
- und schließlich „antimarxistisch" ausgerichtet sein, das heißt auf jede Mitwirkung oder Unterstützung der SPD verzichten.

Als letzte Möglichkeit, den Widerstand im Parlament oder in der Gesellschaft zu brechen, spielten die Berater Hindenburgs mit der unbefristeten Auflösung des Parlaments unter dem Vorwand eines „Staatsnotstandes". Diesen Verfassungsbruch scheute Hindenburg aber aus Angst vor einem Bürgerkrieg zwischen der ihm ergebenen Reichswehr und den paramilitärischen Einheiten von NSDAP (SA, SS) und Kommunisten („Rotfront").

Für die Zeit der Präsidialregierungen unterscheidet man zwei Phasen:

- eine **gemäßigte Phase (1930–1932)** unter der Regierung Heinrich Brüning mit der parlamentarischen Tolerierung durch die SPD,
- eine **autoritäre, antiparlamentarische Phase (1932–1933)** nach dem Sturz Brünings unter Franz von Papen und Kurt von Schleicher mit der Annäherung an die NSDAP.

Die Regierung Brüning 1930–1932

Nach dem Auseinanderbrechen der Großen Koalition ernannte Reichspräsident Hindenburg am 29. März 1930 den Vorsitzenden der Zentrumspartei **Heinrich Brüning** zum neuen Reichskanzler. Dessen Kabinett bestand aus bürgerlichen Politikern und hatte keine Mehrheit im Reichstag.

Brünings „Rechtsblock" scheiterte schon bald an seiner deflationistischen Wirtschafts- und Finanzpolitik. Gemäß seinem Regierungsauftrag verzichtete Brüning auf Gespräche mit den Parteien und setzte sein Programm gegen das Parlament mithilfe des **Artikels 48** durch. Da der Reichstag von seinem Recht Gebrauch machte, die **Notverordnung** aufzuheben, **löste der Reichspräsident den Reichstag auf**. Brüning leitete damit eine verhängnisvolle Politik ein und zeigte den Weg, wie man die in der Verfassung verankerte Regierungsverantwortlichkeit gegenüber dem Parlament unterlaufen konnte, obgleich dies dem Geist der Verfassung widersprach.

Die massive Stärkung der radikalen Parteien in der Reichstagswahl von 1930 – die NSDAP wurde nach der SPD zweitstärkste Fraktion – war nicht die Absicht Brünings, ermöglichte ihm aber, seine Politik im Parlament durchzusetzen, denn SPD und gemäßigte Bürgerliche sahen sich jetzt zu einer Tolerierung der Regierung gezwungen: Erneute Wahlen hätten angesichts der fortschreitenden wirtschaftlichen und sozialen Depression zum einen die Radikalen weiter gestärkt, zum anderen hielt die SPD die seriöse Haushaltspolitik Brünings für richtig. Bis Mai 1932 wurden Misstrauensanträge oder Forderungen nach Aufhebung von Notverordnungen stets zurückgewiesen (**Machtverfall** des Reichstages durch **Selbstentmachtung**).

Ziel der Politik Brünings war es, einen ausgeglichenen Reichshaushalt vorzulegen und so das Schreckgespenst einer neuen Inflation zu verhindern. Um die Währung stabil zu halten, betrieb er eine **Deflationspolitik**, die er mithilfe von Notverordnungen durchsetzte. Er kürzte die Staatsausgaben (u. a. auch die Arbeitslosenunterstützung), senkte die Löhne und Gehälter der Beschäftigten im öffentlichen Dienst und erhöhte die Steuern. Insgesamt betrieb Brüning eine **Politik der Geldmengenbeschränkung und des Sparens**. Er wollte das inländische Preisniveau senken und die Konkurrenzfähigkeit der deutschen Wirtschaft auf dem Weltmarkt stärken, da die deutsche Industrie vom Export abhängig war.

Die Abschöpfung von Geldmitteln bei Unternehmen und Konsumenten sowie der Verzicht auf staatliche Investitionen führten aber zum Rückgang der Wirtschaftstätigkeit und verschärften die Arbeitslosigkeit. Die Betroffenen wurden empfänglicher für die Parolen der extremen Parteien.

Brüning verfolgte mit seiner Deflationspolitik auch ein völlig anderes Ziel: Er wollte dem Ausland die Unmöglichkeit der Reparationsforderungen und die **Zahlungsunfähigkeit** Deutschlands deutlich machen. Die Lösung der Reparationsfrage zugunsten Deutschlands sollte der Einstieg in eine Revision des Versailler Vertrages sein. Dafür nahm Brüning die sozialen Folgen seiner Politik kurzfristig in Kauf. Einen ersten Erfolg erzielte er 1931 mit dem **Hoover-Moratorium**, einem einjährigen Aufschub der Reparationszahlungen. Die Gesamtlösung des Reparationsproblems gelang ihm aber nicht, da er während der erfolgreichen Vorverhandlungen zurücktreten musste.

Im Herbst 1931 erlitt die Regierung Brüning angesichts der sich stark verschlechterten wirtschaftlichen und sozialen Lage einen deutlichen **Vertrauensverlust**, der mit einer erheblichen **Radikalisierung** der Bevölkerung einherging. Die rechten und linken Parteien nutzten das wachsende Elend demagogisch aus. Auch die gesellschaftlichen Interessengruppen begannen sich von Brüning abzuwenden. Den Unternehmern gingen die Eingriffe in das soziale Netz nicht weit genug, der SPD und den Gewerkschaften dagegen zu weit.

Im Oktober 1931 schlossen sich die Nationalsozialisten, die DNVP und der ihr nahestehende Frontkämpferbund „Stahlhelm“ zur **„Harzburger Front“** als „nationale Opposition“ zusammen, benannt nach einer gemeinsamen Großkundgebung in Bad Harzburg. Gegen die zunehmenden Gewalttaten der SA gründeten SPD und Gewerkschaften einen eigenen Kampfverband, das „Reichsbanner Schwarz-Rot-Gold“.

Für Brüning war besonders bedrohlich, dass die politische Rechte an Einfluss beim Reichspräsidenten gewann, was ihr durch die deutschnationale, autoritäre Gesinnung Hindenburgs zusehends leichter fiel, je mehr sich Brüning in den Augen Hindenburgs und seiner Ratgeber als unfähig erwies, die autoritäre Wende durchzusetzen. Brüning aber war allein vom Vertrauen Hindenburgs abhängig. Daher vollzog Brüning eine weitere Rechtsorientierung durch Aufnahme parteiloser, aber rechts stehender Fachleute ins Kabinett. Im Reichstag allerdings schwand die Tolerierungsmehrheit: Die DVP schwenkte ins Unternehmerlager um und entzog Brüning mehrheitlich ihre Unterstützung, und einige Abgeordnete der SPD stimmten ebenfalls gegen ihn.

Bei der Neuwahl des Reichspräsidenten im Frühjahr 1932 setzte sich Brüning für Hindenburg ein und trug so wesentlich zum Wahlerfolg Hindenburgs über Hitler (NSDAP) und Thälmann (KPD) bei. Als Brüning überdies im April 1932 ein reichsweites Verbot der nationalsozialistischen Parteiorganisationen SA und SS durchsetzen konnte und dadurch die Agitation der Rechtsextremen nachließ, schien sich die innenpolitische Lage in Deutschland zu stabilisieren.

Doch nun begann **Hindenburg** eine für die Weimarer Demokratie **verhängnisvolle Rolle** zu spielen: Der Reichspräsident machte Brüning dafür verantwortlich, dass er seine Wiederwahl der von ihm verabscheuten SPD und der gemäßigten bürgerlichen Parteien zu verdanken habe, während die Parteien der Rechten, die noch 1925 seine Kandidatur mitgetragen hatten, zum großen Teil für Hitler stimmten.

Eine weitere Belastung ergab sich durch Brünings Plan zur Sanierung der zum größten Teil überschuldeten Güter ostelbischer, vor allem ostpreußischer Großgrundbesitzer („Osthilfeverordnung“). Der Staat sollte überschuldete und nicht sanierungsfähige Güter aufkaufen und darauf arbeitslose Landarbeiter ansiedeln. Dagegen liefen die Großagrarier um den einflussreichen von Oldenburg-Januschau Sturm und warfen Brüning **„Agrarbolschewismus“** vor. Damit fanden sie bei Hindenburg, selbst ostpreußischer Rittergutsbesitzer (Neudeck), zunehmend Gehör. Hindenburg ließ seinen Reichskanzler ohne Angabe konkreter Gründe fallen; **Brüning** erklärte am 30. Mai 1932 seinen **Rücktritt**, da er ohne das Vertrauen des Reichspräsidenten nicht regieren konnte.

Der **Sturz Brünings** bedeutete den Übergang von der parlamentarisch tolerierten zur **Präsidialdiktatur**, da jetzt alle politischen Entscheidungen der Mitwirkung des Reichstages entzogen und ausschließlich durch den Reichspräsidenten getroffen wurden. Die Entlassung Brünings ließ die innenpolitische Situation eskalieren: Der Konflikt zwischen Parlament und Präsident verschärfte sich, weitere Neuwahlen stärkten die Radikalen. Kommunisten und Nationalsozialisten drohten im Falle einer präsidialen Diktatur mit einem Bürgerkrieg; dem Präsidenten entglitt zunehmend die Kontrolle über das Geschehen.

Die Kabinette Papen und Schleicher

Am 30. Mai 1932 ernannte Hindenburg **Franz von Papen** zum neuen Reichskanzler. Dessen **„Kabinett der Barone“**, das überwiegend aus der DNVP nahestehenden Adligen bestand, bedeutete einen weiteren Schritt hin zur Abkehr von der Weimarer Demokratie. War schon der Regierungswechsel keine parlamentarische Notwendigkeit gewesen, sondern Ergebnis des Vertrauensentzuges durch den Reichspräsidenten, so fehlte der neuen Regierung jegliche parlamentarische Grundlage; das neue Kabinett konnte sich im Reichstag allein auf die

41 Abgeordneten der DNVP stützen. Papen hoffte aber, die Nationalsozialisten für seine Politik gewinnen zu können. Hitlers NSDAP sollte als Mehrheitsbeschaffer die Minderheitsregierung Papens tolerieren. Hitler verlangte als Gegenleistung die Aufhebung des SA-Verbots und sofortige Neuwahlen. Beides wurde ihm zugesichert, obgleich die NSDAP keine wirkliche Bereitschaft gezeigt hatte, die Regierung dauerhaft zu tolerieren.

Die Regierung Papen bedeutete eine **Absage an den Parlamentarismus und an den Sozialstaat**. Die Wirtschaftspolitik orientierte sich an den Interessen der Privatwirtschaft, und Papen setzte die von Brüning begonnene Kürzung der Sozialleistungen fort. Dadurch erreichte die Verelendung der Bevölkerung einen Höchststand; die Radikalisierung nahm weiter zu.

Innenpolitisch zielten die Pläne der Regierung auf eine völlige Abkehr von der Weimarer Verfassungsordnung: Dazu diente vor allem der **„Preußenschlag"** am 20. Juli 1932. Preußen mit seiner starken Polizei galt als das demokratische „Bollwerk der Republik"; hier regierte noch eine von der SPD geführte Koalitionsregierung unter **Otto Braun** aus SPD, Zentrum und Staatspartei, der ehemaligen DDP. Diese Regierung stand den Plänen einer einheitlichen und autoritären Staatsregierung im Wege. Von den Nationalsozialisten angezettelte Straßenschlachten mit den Kommunisten im Vorfeld der für den 31. Juli angesetzten Reichstagswahlen mit vielen Toten und Verletzten nahm Papen zum willkommenen Anlass, mit der Unterstützung Hindenburgs nach Artikel 48 Absatz 2 der Weimarer Reichsverfassung die legale Regierung Braun verfassungswidrig abzusetzen und selbst als Reichskommissar die Regierungsgeschäfte zu übernehmen. Sofort begann eine **Säuberung von Polizei und Verwaltung**. Alle hohen demokratisch eingestellten Verwaltungs- und Polizeibeamte wurden ihrer Posten enthoben und durch Konservative ersetzt. Damit verlor die Demokratie ihre wichtigste und ihre letzte Stütze in der staatlichen Exekutive und die SPD ihren direkten Einfluss auf die Reichspolitik.

Bei den **Reichstagswahlen im Juli 1932** konnte die **NSDAP** mit 230 Sitzen die Zahl ihrer Reichstagsabgeordneten gegenüber 1930 mehr als verdoppeln und wurde zur **stärksten Partei**. Auch die KPD nahm bei den Wahlen 1932 beständig zu, sodass die antidemokratischen Parteien eine zahlenmäßige Mehrheit besaßen. Eine parlamentarische Mehrheitsregierung gegen die beiden radikalen Flügelparteien war nicht mehr möglich.

Papen versuchte nun, die NSDAP zusammen mit der DNVP für eine Minderheitsregierung zu gewinnen. Aber Hitler forderte angesichts des Wahltriumphes das Amt des Reichskanzlers für sich und seine Partei. Doch Hindenburg weigerte sich, den Nationalsozialisten diese Machtfülle zuzugestehen. Der

Reichstag sprach Papen auf seiner ersten Sitzung das Misstrauen aus, woraufhin Hindenburg das Parlament im September 1932 zum zweiten Mal auflöste.

Als die **Wahlen im November 1932** trotz erheblicher Verluste für die NSDAP (von 37,3 % auf 33,1 %) wieder keine konstruktive Mehrheit für Papen brachten, intensivierte dieser nun seine Pläne, die Verfassung im Sinn eines diktatorischen Präsidialsystems zu ändern. Anlass sollte die Ausrufung des Staatsnotstandes im Herbst 1932 sein. Dieser sollte es ermöglichen, Neuwahlen auch ohne fristgerechte Ausschreibung anzusetzen. In einem weiteren Schritt sollte dann eine autoritäre Ständeverfassung oktroyiert werden. Um dem zu erwartenden Widerstand begegnen zu können, benötigte Papen die Unterstützung der Reichswehrführung. Doch General Kurt von Schleicher versagte ihm die Unterstützung mit dem Hinweis auf einen drohenden Bürgerkrieg. Hindenburg scheute dieses Risiko und entließ Papen.

Papens Nachfolger wurde Kurt von Schleicher, der als „sozialer General" zuerst eine breite parlamentarische Basis für seine Politik suchte. Dabei hoffte er, die NSDAP, die in den Novemberwahlen einen schweren Rückschlag erlitten hatte, zu spalten und den sozialistisch orientierten Teil unter der Führung des NSDAP-Funktionärs Gregor Strasser auf seine Seite zu ziehen. Außerdem bemühte er sich, mithilfe eines staatlichen Arbeitsbeschaffungsprogramms die Unterstützung der Gewerkschaften und der SPD für ein „soziales" Bündnis über die Parteigrenzen hinweg zu formieren. Dieses Vorhaben blieb aber erfolglos, ebenso der Versuch, Hindenburg dazu zu bringen, den Reichstag erneut aufzulösen und Neuwahlen gegen die Verfassung bis auf Weiteres aufzuschieben **(„Staatsnotstandsplan")**, um so die präsidiale Diktatur durchzusetzen.

„Zähmungskonzept" und Machtübergabe an Hitler

Hindenburg aber ließ nun auch Schleicher fallen, weil ihm Papen inzwischen ein Bündnis der Konservativen mit der NSDAP anbot. Einzelne Industrielle hatten den Kontakt zur NSDAP hergestellt und Papen hatte, auch um seinen Rivalen Schleicher zu entmachten, mit Hitler seit Längerem verhandelt. Hitler erklärte sich bereit, mit den Deutschnationalen und den parteilosen Konservativen eine Koalitionsregierung zu bilden und auf eine „Alleinherrschaft" zu verzichten. Papen überwand nun die Bedenken des Reichspräsidenten gegen den „böhmischen Gefreiten": Er sicherte ihm zu, die Nationalsozialisten in der gemeinsamen Regierung „zähmen" zu können **(„Zähmungskonzept")**. Deshalb ernannte der Reichspräsident am **30. Januar 1933 Adolf Hitler zum Reichskanzler** und übergab ihm faktisch die politische Macht in Deutschland. Hindenburg und Papen verkannten dabei in verhängnisvoller Weise den unbedingten Machtwillen Hitlers und den totalitären Charakter der NSDAP.

6.5 Gründe für das Scheitern der Weimarer Demokratie

Für das Scheitern der Weimarer Republik, das unmittelbar in die nationalsozialistische Diktatur führte, gibt es keine monokausale Erklärung. Der Zusammenbruch der Weimarer Demokratie war vielmehr das vermeidbare Ergebnis des Zusammenspiels verschiedener Faktoren und Belastungen.

Hauptverantwortung der „alten“ Eliten und Hindenburgs

Die Weimarer Republik litt von Anfang an unter der Ablehnung der „alten“ Eliten der Kaiserzeit, die in ihren Ämtern und Machtpositionen verbleiben konnten. Sie wollten sich nicht mit der Revolution und der Demokratie abfinden und arbeiteten in Verwaltung, Justiz, Reichswehr, Schulen und Universitäten gegen das verachtete „System“. Die Vertreter der Republik bekämpften sie als „Vaterlandsverräter“ und „Novemberverbrecher“.

Im besten Fall verhielten sie sich neutral, wie es Hindenburg anfangs als Reichspräsident tat. Hindenburg und die Konservativen in seinem Umkreis wandten sich aber schließlich lieber dem Rechtsradikalen Hitler zu, als mit den Demokraten Kompromisse zu finden. **Hindenburg, Papen und die anderen Mitglieder der „Kamarilla“** um den Reichspräsidenten trifft deswegen die **Hauptschuld an der Zerschlagung der Republik:** Der Reichspräsident musste sich nicht von Brüning trennen, er hätte Schleicher nicht gegen Hitler auszutauschen brauchen, die Erholung der Weltwirtschaft und der sich abzeichnende Wählerrückgang für die Nationalsozialisten hätten die Situation stabilisiert und andere Alternativen ermöglicht als die Machtübergabe an Hitler.

Gedrängt wurden Hindenburg und seine Berater bei ihrer Entscheidung von einflussreichen Industriellen und von der Lobby der preußischen Großgrundbesitzer. Diese Gruppen haben Hitler durch Spenden seine Wahlkämpfe finanziert, ihn bei den Konservativen salonfähig gemacht und am Ende das Bündnis Hindenburgs mit den Nationalsozialisten vorbereitet.

Antidemokratische Wertekontinuität zum Kaiserreich

Fundament der Republik- und Demokratiefeindschaft in weiten Kreisen der bürgerlichen Gesellschaft und der „alten“ Eliten war das Fortbestehen der **vordemokratischen Welt- und Menschenbilder** des Wilhelminismus und seiner reaktionären Leitkultur. Diese Kontinuität verhinderte einen Wandel, also eine Modernisierung und Demokratisierung der Denkweise der Mehrheit.

Die Demokratisierung der Gesellschaft blieb in den häufigen Regierungswechseln und den wirtschaftlichen Problemen der Weimarer Republik stecken; es fehlte eine längere Zeit der Stabilität.

Folgende Einstellungen belasteten die Weimarer Republik:

- Eine **obrigkeitsstaatliche, antidemokratische Prägung:** Man orientierte sich an einer autoritären Staatsvorstellung, einem starken politischen Führer, und lehnte die komplizierten Regeln der Demokratie ab.
- Weit verbreitet war aber auch das völkische Gedankengut der wilhelminischen Zeit, der **Antisemitismus und der „alldeutsche" Herrschaftsanspruch** über andere Völker Europas, sowie
- der **Antikommunismus** des Bürgertums und dessen Furcht vor Proletarisierung.
- Hinzu kam ein **übersteigerter aggressiver Nationalismus**, verstärkt durch den als „Schande" empfundenen Vertrag von Versailles, und
- ein strikter **Antimodernismus**, der einherging mit einer vor allem unter der gebildeten Jugend weit verbreiteten antikapitalistischen Zivilisationskritik. Andere empfanden den offenen, liberalen Lebens- und Kunststil als „entartet" und als Zeichen einer untergehenden Gesellschaft, die durch eine neue Gesellschaft ersetzt werden musste;

Hitler bediente all diese Denkweisen in extremer Einfachheit; er konnte eine **reaktionäre Grundstimmung** nutzen, die ihm in der Krise nach 1929 großen Zulauf brachte. Dies war deswegen erfolgreich, weil es in Deutschland keine im Volk verankerte demokratische Tradition gab.

Fehlen eines demokratischen Wertekonsenses

Den Republikanern der Weimarer Zeit gelang es nicht, einen übergreifenden demokratischen Wertekonsens in der Gesellschaft zu verankern; das führte zur latenten **Instabilität des politischen Systems**. Trotz einer mit großer Mehrheit beschlossenen Verfassung (seit 1919) gab es – mit Ausnahme der gemäßigten Sozialdemokratie und den stets weniger werdenden bürgerlichen Demokraten – keine grundlegende Übereinstimmung darüber, dass die neue Demokratie die beste und erhaltenswerte gemeinsame Ordnung sei.

Die Niederlage im Ersten Weltkrieg blieb ein deutsches Trauma, das nur oberflächlich überwunden werden konnte. Die Republik galt nicht nur als Folge einer Revolution, sondern als Erbe eines Krieges, der für viele nur durch Verrat der Heimat („Dolchstoßlegende") verloren wurde. Daher war der Versailler Vertrag für die Weimarer Republik eine ungeheure Belastung, besonders der Artikel 231, der Deutschland die alleinige Schuld am Krieg zuschrieb und der die Grundlage für den demütigenden Verlust der Wehrhoheit, für die Gebietsverluste, oft gegen das Selbstbestimmungsrecht, und die Reparationen war.

Deutschland hatte nicht nur seine Weltmachtstellung, sondern auch seine Stellung als europäische Großmacht und seine Verteidigungsfähigkeit verloren.

Die Folgen der Niederlage, die Mangelversorgung, die Strukturprobleme der Wirtschaft, die Inflation durch die unsolide Kriegsfinanzierung, wurden der Republik und den sie tragenden Parteien angelastet. Die Bereitschaft, radikal antidemokratisch zu wählen, wuchs in allen Gesellschaftsgruppen. Bei den konservativen Eliten um Hindenburg entwickelte sich der Willen zum Bündnis mit Hitler, um das gehasste „System von Weimar" mit einem autoritären Regime zu überwinden.

Schwächen der Verfassung

Die Schwächen der Verfassungsordnung erleichterten es antidemokratischen Kräften, sich zu entfalten und den Staat zu bekämpfen:

- Ein grundsätzliches Problem der Weimarer Verfassung war ihr **striktes demokratisches Prinzip**. Daher kannte sie weder einen mäßigenden Filter des Volkswillens, z. B. durch eine 5 %-Klausel, oder das Prinzip einer „wehrhaften Demokratie", die einen aktiven Kampf gegen Verfassungsfeinde ermöglicht hätte. Das Verhältniswahlrecht bewirkte zwar eine Zählgerechtigkeit, führte aber zur Zersplitterung des Parlaments, was Regierungsbildungen erschwerte.
- Als besonders problematisch erwies sich die **mangelnde Regierungstradition der Parteien**, die aus dem Kaiserreich lediglich die Oppositionsrolle gewöhnt waren. Zudem waren sie zumeist Interessen- oder Klassenparteien, die sich vor allem ihren Wählern, nicht aber dem Ganzen verantwortlich fühlten. Der Egoismus der Parteien führte zu instabilen, kurzlebigen Regierungen und war verantwortlich für die mangelnde Kompromiss- und Regierungsfähigkeit der Parteien.
- Zuletzt erwies sich auch die **starke Rolle des Reichspräsidenten** als schädlich. Die verhängnisvolle Kumulierung von Kompetenzen aus den Artikeln 25 (Auflösungsrecht), 48 (Notverordnungsrecht) und 53 der Weimarer Verfassung (Ernennung von Reichskanzler und Ministern) ermöglichte es, den Reichstag als demokratisches Gegengewicht auszuschalten. Seine plebiszitäre Stellung durch die direkte Volkswahl erhob ihn über die Parteien. Ohne diese Kompetenzen des Reichspräsidenten wären die Präsidialkabinette nicht möglich gewesen, hätte der Staat zwischen 1933 und 1934 nicht in eine Diktatur umgewandelt werden können.
  Aber auch hier sind zwei Aspekte einschränkend zu betonen: Hindenburg hätte Hitler nicht an die Macht bringen müssen, die Hauptursache für die

Machtübergabe war der politische Wille der konservativen Führung und nicht die Stellung des Präsidenten in der Verfassung. Außerdem sicherten die weitgehenden Vollmachten in der ersten Phase der Republik unter der Präsidentschaft des Sozialdemokraten Friedrich Ebert überhaupt erst deren Überleben.

Ursächlich für das Scheitern Weimars war also nicht die Verfassung, sondern die Wahl des Monarchisten Hindenburg zum Reichspräsidenten (1925) und vor allem sein Ziel nach 1930, die Demokratie durch eine autoritäre Herrschaftsform zu ersetzen, das seine starke „Kamarilla" mittrug.

Folgen der Weltwirtschaftskrise

Die Weltwirtschaftskrise offenbarte eine Krise der bürgerlich-liberalen Gesellschaft und trug wesentlich zur **Destabilisierung der Weimarer Republik** bei. Erst durch sie gewannen die radikalen Kräfte von links und rechts an Akzeptanz in der Bevölkerung; erst durch sie kam es zu der verhängnisvollen, zerstörerischen **Radikalisierung der politischen Kultur** in Deutschland. Die beiden Wirtschaftskrisen 1923 und 1929 führten schließlich zum „Verlust der Mitte" zugunsten der NSDAP. Die Deflationspolitik Brünings, durch die die Folgen der Krise, wie Massenarbeitslosigkeit, Verelendung und sozialer Abstieg, verschärft wurden, trug wesentlich dazu bei.

Geschick Hitlers

Zuletzt ist das Scheitern der Weimarer Republik natürlich auch ein **„Erfolg" Hitlers** und seiner nationalsozialistischen Berater: Sie nutzten konsequent jede Chance, die ihnen die Krise, die Fehler der Demokraten und die Intrigen der konservativen Kreise um Hindenburg boten:

- durch die Legalitätstaktik nach dem erfolglosen Putschversuch 1923,
- durch das Bündnis mit den Deutschnationalen unter der Führung Hugenbergs („Harzburger Front"),
- mithilfe der finanziellen Unterstützung durch die deutsche Industrie.

Der politische Instinkt Hitlers zeigte sich am meisten in der Schwächephase der Nationalsozialisten nach den Reichstagswahlen im November 1932, als deren Wahlergebnisse einbrachen: Erst angesichts der eigentlich verlorenen Chance, die Regierungsmacht legal zu erhalten, überrumpelte Hitler die Konservativen und erhielt mit seiner 33 %-Partei das Reichskanzleramt. Die nationalsozialistische Selbstzuschreibung des Vorgangs als „Machtergreifung" hat aus dieser Perspektive durchaus etwas für sich. Die Machtverhältnisse im Januar 1933 waren aber so, dass Hitler nur mithilfe Hindenburgs in seine chancenreiche Ausgangsstellung kommen konnte: Es handelte sich eher um eine **Machtübergabe**.

Strukturelle Gefährdungen der Weimarer Republik

Reichswehr

- Beschränkungen durch den Versailler Vertrag
- „Staat im Staate“
- keine echte Durchsetzung des Primats der Politik
- nur formale Loyalität der Spitze zur Weimarer Verfassung
- Kontinuität der monarchischen, antidemokratischen und militaristischen Tradition; innen- und außenpolitisch revanchistische Bestrebungen

Rechtsextremismus

- faschistische statt revanchistische Weltanschauung
- Reflex auf „Novemberverbrecher“ und Dolchstoßlegende
- Mord an prominenten Vertretern des verhassten Systems
- Hitlerputsch
- Destabilisierung, aber keine ausreichende Massenbasis zum Sturz des Systems

Linksextremismus

- Ziel: Vollendung der Revolution von 1918 (Diktatur des Proletariats, kommunistische Wirtschafts und Gesellschaftsordnung)
- Methode: lokale Machtbasen durch Putsch oder Politik ausweiten und zum gewaltsamen Sturz des Systems nutzen
- Scheitern wegen zu schmaler Basis bei politischer und militärischer Übermacht der Gegenseite

WEIMARER REBUPLIK

Beamte und Justiz

- Kontinuität der alten Eliten
- theoretische Loyalität zur Verfassung
- aber praktisch: konservative, revanchistische Grundhaltung und starker Einfluss durch großen Ermessensspielraum
- politisch einseitige Justiz

Inflation / Wirtschaft

- Verarmung und Unzufriedenheit der Bevölkerung
- Verlust von Vertrauen in das politische System der Weimarer Republik
- Weltwirtschaftskrise

Parteiensystem

- republiktragende Parteien: vorbehaltlos: SPD, Zentrum, DDP; mit Vorbehalten: BVP, DVP, (DNVP)
- republikfeindliche Parteien: KPD, NSDAP, (DNVP)
- keine stabile Mehrheit für systemtreue Parteien
- Koalitionskrisen führen zu Instabilität
- mangelhafte Bereitschaft zur Verantwortung
- starke Stellung des Reichspräsidenten

fgabe 44 Erklären Sie, wie es zum Ausbruch der Weltwirtschaftskrise kam.

fgabe 45 Erklären Sie das verfassungsmäßige Funktionieren eines Präsidialkabinetts.

fgabe 46 Beschreiben Sie die wichtigsten Gründe für das Scheitern der Weimarer Republik.

Aufgabe 47 (materialgestützt)

a) Skizzieren Sie wichtige Stationen der Entwicklung der NSDAP von 1919 bis zum 30. Januar 1933.

b) Analysieren Sie mithilfe der Statistik die Mitgliederstruktur der NSDAP und überprüfen Sie, inwieweit der Anspruch der Partei, alle Bevölkerungsschichten zu repräsentieren, bis 1930 erfüllt war.

M 1: Soziologische Struktur der NSDAP um 1930

Erwerbstätige	im Reichsgebiet (Volkszählung von 1925)[1]		in der NSDAP (vor dem 14. 9. 1930)		Anteil der NSDAP-Mitglieder an der Zahl der Erwerbstätigen[2]
	absolut	in %	absolut	in %	in %
Arbeiter	14 443 000	45,1	34 000	28,1	0,24
Selbstständige	5 658 000	17,7	41 600	34,4	0,74
davon:					
– Landwirte	2 203 000	6,9	17 100	14,1	0,78
– Handwerker und Gewerbetreibende	1 785 000	5,6	11 000	9,1	0,61
– freie Berufe	477 000	1,5	3 600	3,0	0,75
Beamte	1 384 000	4,3	10 000	8,3	0,72
Angestellte	5 087 000	15,9	31 000	25,6	0,61
mithelfende Familienangehörige (meist weiblich)	5 437 000	17,0	4 400	3,6	0,08
Insgesamt	32 009 000	100	121 000	100	0,38

1 Bei der Bearbeitung der Statistik ist hinsichtlich der Zahl der Erwerbstätigen davon auszugehen, dass sich von 1925 bis 1930 keine wesentlichen Änderungen ergeben haben.

2 Zahl der Erwerbstätigen: Stand der Volkszählung von 1925; NSDAP-Mitglieder: Stand vor dem 14. 9. 1930

Um eigene Berechnungen ergänzte Tabelle nach M. Broszat: Der Staat Hitlers, 11. Aufl. München 1986, S. 51.

c) Arbeiten Sie aus dem Text (M 2) grundlegende politische Ereignisse und deren Bewertung durch die SPD heraus.

d) Beurteilen Sie die Richtigkeit der Thesen der SPD auch im Blick auf das weitere Verhalten der SPD nach den verlorenen Reichstagswahlen.

M 2: Wahlaufruf der Sozialdemokratischen Partei Deutschlands vom 19. Juli 1930 zur Reichstagswahl am 14. September 1930

Wähler und Wählerinnen der Deutschen Republik! Der Bürgerblock hat seine Diktatur aufgerichtet! Das Kabinett Brüning regiert mit dem Artikel 48! Zwischen Bürgerblock und Sozialdemokratie, Arbeit und Kapital, Demokratie und Diktatur fällt am 14. September die Entscheidung! Es ist nicht wahr, dass der Reichstag versagt hat. Die Regierung Brüning hat versagt. Ihr einziges Bestreben war darauf gerichtet, die Sozialdemokratie, die politische Vertretung der Arbeiterklasse, auszuschalten und mit den Großindustriellen und den Großgrundbesitzern zu regieren. Daran ist sie gescheitert.

Millionen Menschen sind arbeitslos, andere Millionen in ihrer Existenz bedroht. Die Wirtschaftskrise, in die fast alle Länder der Welt hineingerissen sind, fordert immer neue Opfer. Diese Krise ist das Ergebnis der kapitalistischen Anarchie, nicht des Young-Planes. Sie trifft die Länder der Sieger wie der Besiegten. Schwere Lasten für alle Volksschichten sind zur Linderung der Not, zur Überwindung der Wirtschaftskrise und zur Gesundung der Reichsfinanzen erforderlich. Die Regierung Brüning wollte die Reichen und Leistungsfähigen verschonen und die Lasten den Armen und Schwachen auflegen. [...]

Unter dem Kabinett Hermann Müller ist es der Sozialdemokratie gelungen, gefährliche Anschläge der Reaktion zurückzuweisen und wertvolle Zugeständnisse für die Arbeiterklasse zu erzielen. Damals konnten die Verschlechterungen der Arbeitslosenversicherung abgewehrt, Löhne und Gehälter geschützt werden. Als Ende 1928 die rheinischen Großindustriellen eine Viertelmillion Arbeiter aussperrten, um die Löhne zu senken, wurden die Ausgesperrten aus Reichsmitteln unterstützt, und der Angriff wurde abgeschlagen. Die Regierung Brüning dagegen hat im Mai 1930 [...] einer Lohnkürzung zugestimmt und damit das Signal zu einer allgemeinen Kürzung der Löhne und Gehälter gegeben, ohne das Versprechen der Preissenkung einlösen zu können, weil sie die Kartelle und Trusts unbehelligt ließ. Es folgte die Verschlechterung der Arbeitslosenversicherung, der Krankenversicherung, die Verkürzung der Zuschüsse für Invaliden und Wöchnerinnen, die unter der Regierung Müller erhöht worden waren.

Der Kampf der Sozialdemokratie gegen diese soziale Reaktion ist nicht nur ein Kampf um das Recht des Parlaments, sondern auch ein Kampf um das Recht des Volkes. Dieses Recht des Volkes wollen auch die Nationalsozialisten, die erklärten Anhänger der Diktatur, vernichten. Sie wollen die brutale Gewalt mit Messer und Revolver zum staatlichen System erheben. Dabei leisten ihnen die Kommunisten durch ihre Kampfmethoden wie durch die Zersplitterung der Arbeiterschaft wertvolle Dienste.

Wähler und Wählerinnen, nicht die Diktatur soll regieren, sondern die Demokratie. Das Kapital will herrschen durch Diktatur. Demokratie aber ist Herrschaft des arbeitenden Volkes. Ohne Demokratie kein sozialer Fortschritt, keine Gesundung der Wirtschaft, keine Beseitigung von Not und Elend! Wähler und Wählerinnen, setzt euch zur Wehr gegen den Bürgerblock und seine Helfer! Gegen die Regierung Brüning, die mit dem Großkapital verbrüdert ist und die Rechte der Arbeiterklasse niederschlagen will! Vorwärts zum Kampf für Demokratie und Sozialismus, für das arbeitende Volk, für die Sozialdemokratie!

e) Interpretieren Sie die Karikatur und stellen Sie dabei deren Sichtweise auf die politische Krise in Deutschland 1930 heraus.
f) Beurteilen Sie die Stimmigkeit dieser These im Blick auf die wesentlichen Ursachen für das Scheitern der Weimarer Republik.

M 3: David Fitzpatrick: The Source. St. Louis Post-Dispatch, 19. 10. 1930

THE SOURCE

Lösungen

Die demokratische und nationale Bewegung in der Auseinandersetzung mit dem Obrigkeitsstaat

ufgabe 1 Kennzeichen der Politik Napoleons gegenüber Deutschland:

- einerseits bestimmt durch Macht- und Eroberungspolitik: Krieg und Militärbündnisse, Gebietsabtretungen, Besatzung und Einforderung von Kriegsentschädigungen,
- andererseits ging vom revolutionären Frankreich auch erheblicher Modernisierungsdruck aus, der sich in fundamentalen Reformen in Staat, Wirtschaft und Gesellschaft niederschlug.

Auswirkungen:

- Ende des deutschen Partikularismus durch französische Annexionen, Auflösung des Alten Reiches und territoriale „Flurbereinigung“: Schaffung einer abhängigen Klientel von Rheinbund-Fürsten als „Drittes Deutschland“ neben den Großmächten Österreich und Preußen
- „defensive Modernisierung“ in den Einzelstaaten: Aufbau moderner bürokratischer Verfassungsstaaten, Auflösung der Ständegesellschaft
- Wunsch nach „nationaler Befreiung“ von der französischen Fremdherrschaft, Befreiungskriege 1813 bis 1815

ufgabe 2 Der Begriff „Wiener Ordnung“ beschreibt zum einen die 1815 auf dem Wiener Kongress getroffene territoriale Neuordnung vor allem Mitteleuropas auf der Basis von Kompromissen (Beispiel eines „positiven Friedens“), zum anderen die Etablierung eines politischen Systems, das durch die Leitprinzipien Restauration, Legitimität und Solidarität geprägt war. Durch diese Neuordnung sollten das gesamteuropäische Kräftegleichgewicht (Pentarchie) wiederhergestellt und die Errungenschaften der Französischen Revolution, wie z. B. Verrechtlichung und politische Freiheit, rückgängig gemacht werden.

ufgabe 3 Auf dem Wiener Kongress war eine Aufhebung der zwischen 1803 und 1815 erfolgten territorialen Veränderungen (Säkularisation, Mediatisierung), die man auch als „Flurbereinigung“ bezeichnet, nicht beabsichtigt; an eine territoriale Restauration dachte niemand.

- Schaffung eines deutschen Nationalstaates in der Mitte Europas für Großmächte kein Thema
- Rückkehr zur beschränkten Kleinstaaterei und Stabilisierung der Fürstenherrschaft als zwei wichtige Elemente der Gleichgewichtspolitik der europäischen Großmächte
- Deutscher Bund (lockerer Staatenbund: 35 Fürsten, 4 freie Städte) als äußerstes Entgegenkommen gegenüber der nationalen Bewegung; Ziel: Bollwerk gegen die Ideen des Liberalismus und des Nationalismus, nicht Vorstufe zur nationalen Einheit
- Ablehnung des Deutschen Bundes durch die Bevölkerung („Die Nation ist betrogen!“)
- deutsche Frage nicht nur deutsche, sondern stets gesamteuropäische Angelegenheit: weder 1815 noch 1848/49 hatten die europäischen Großmächte – mit Ausnahme Preußens – Interesse an einer deutschen Einheit (Störung des Mächtegleichgewichts in Europa); zudem Ablehnung eines deutschen Einheitsstaates durch Frankreich aus sicherheitspolitischen Gründen

Aufgabe 4 Die wichtigsten politischen Strömungen zwischen 1815 und 1848:

Liberalismus:

- in der Tradition der Aufklärung: individuelle Freiheit, Selbstbestimmung und rechtliche Gleichheit als Kerngedanken;
- Trägerschicht: vor allem Besitz- und Bildungsbürgertum, in Deutschland zunächst eine „Jugendbewegung“ (Turnerschaft, Studenten); später Abspaltung des demokratischen Flügels und Entstehung der Arbeiterbewegung: Liberalismus nun bürgerliche Klassenpartei, Verlust des Anspruchs, das Volk (als Staatsbürgergesellschaft) zu vertreten
- Forderungen nach Menschen- und Bürgerrechten (Gewissens-, Meinungs-, Presse-, Religionsfreiheit, Volksbildung, Partizipation), nach einem Rechts- und Verfassungsstaat (Rechtsgleichheit, Bindung des Staates an das Recht, Gewaltenteilung und -kontrolle), nach freier Marktwirtschaft, nach Volksbewaffnung etc. (im Vormärz gab es bereits eine kleine Gruppe Demokraten).

Nationalismus:

- moderne Integrationsideologie, als Antwort auf das Krisenbewusstsein beim Übergang in die Moderne entstanden;
- Bewusstwerdung einer spezifischen Identität („Wir-Gefühl“) durch Abgrenzung von anderen Nationen oder Völkern („Kulturnation“);
- Nationalstaat als Bezugspunkt; daher überregional und schichtenübergreifend (Ersatz zu vormodernen Bezugspunkten wie Kirche, Dorf, Kleinstaat);

- in Deutschland vor allem als Reaktion auf die napoleonische Fremdherrschaft und den Absolutismus der partikularen Fürsten entstanden (gepaart mit Fremdenhass, Abgrenzung, Feindbildern);
- Träger: Teile des Bildungsbürgertums, Burschenschaften und Turnvereine

Konservatismus:

- entstanden als Gegenbewegung zur Aufklärung und zum Liberalismus
- an Tradition und Hierarchien orientiertes Ordnungsdenken
- Fürsten, Adel und staatlich gebundene Bildungsbürger als Trägerschichten
- Kernprinzipien:
  - Erhalt des traditionellen Ständestaates
  - „Hoheit der Geburt" statt individuelle Leistung
  - Ablehnung des Gleichheitsgedankens, der nur zum Chaos führe
  - Staat als „feudale Grundherrschaft" mit patriarchalischer Stellung des Monarchen
  - „monarchische Souveränität" (Gottesgnadentum) statt bürgerliche Partizipation
  - Ablehnung des Rationalismus, des Fortschrittsdenkens und des Individualprinzips
  - Ablehnung der freien Marktwirtschaft; Wirtschaft im Dienst des Staates und der Gemeinschaft
  - Betonung des Rechts des Adels als Elite; gegen staatliche Omnipotenz
  - Legitimität der Stände und Staaten

ufgabe 5 Verhältnisse in Deutschland vor der Revolution von 1848 aus der Sicht der Liberalen:

- Deutschland als geografischer Begriff: kein einheitlicher deutscher Nationalstaat, sondern nur Deutscher Bund als loser Bund der souveränen deutschen Fürsten
- deutsche Einzelstaaten obrigkeitsstaatlich organisiert: keine bürgerlichen Freiheiten und keine Machtbeteiligung; Unterdrückung der nationalen und liberalen Opposition mit polizeistaatlichen Mitteln (Karlsbader Beschlüsse: „Demagogenverfolgungen", Pressezensur, Verbot der Burschenschaften)
- keine freien Wahlen zu unabhängigen Parlamenten
- eingeschränkte politische Mitwirkung nur in Staaten mit Verfassungen (z. B. Baden, Württemberg), aber auch landständische Verfassungen ohne wirksame Gewaltenteilung und -kontrolle, vielmehr nur eingeschränktes Gesetzgebungsrecht der Kammern

Aufgabe 6 Charakteristika des Deutschen Bundes:

- loser Staatenbund aus 30 souveränen Einzelstaaten und vier freien Städten
- Gründung durch die Bundesakte am 8. Juni 1815; Auflösung 1866 als Ergebnis des österreichisch-preußischen Dualismus
- ausländische Monarchen als Mitglieder des Deutschen Bundes: der König von Dänemark für Holstein und Lauenburg, der englische König für Hannover sowie der niederländische für Luxemburg und Limburg
- Österreich und Preußen: Zugehörigkeit zum Deutschen Bund nur mit den Staatsgebieten, die bis 1806 Bestandteil des Reiches waren
- keine gemeinsame Verfassungsordnung
- Bundesversammlung („Bundestag") als einziges Organ; Tagungsort: Frankfurt am Main; Vorsitz: Österreich als Präsidialmacht
- Ziele: Durchsetzung der Grundsätze des Wiener Kongresses (Restauration, Legitimität, monarchisches Prinzip), Bekämpfung nationaler und liberaler Bewegungen sowie die Sicherung der Außengrenzen
- Prägung des Deutschen Bundes durch preußisch-österreichischen Dualismus; dadurch keine Weiterentwicklung des Bundes möglich

Bewertung des Deutschen Bundes:

- Chance zur Gründung eines deutschen Nationalstaates vergeben; Hoffnungen und Erwartungen der Deutschen enttäuscht
- Gründung eines deutschen Einheitsstaates wegen der Gleichgewichtspolitik der europäischen Großmächte kaum möglich
- Bund als Garant für die deutsche und europäische Friedensordnung, aber auch effektive Institution gegen die national-liberalen Bestrebungen; widersetzte sich der Partizipation der Bürger ebenso wie der Erfüllung der Forderungen nach Freiheit und Gleichheit

Aufgabe 7 Ursachen der Revolution von 1848/49:

- der Nationalismus, d. h. das Streben nach Überwindung des Partikularismus durch einen Nationalstaat
- die Restauration der z. T. absolutistischen Fürstenherrschaft (Restauration, Legitimität)
- die obrigkeitsstaatliche Unterdrückungspolitik durch das „System Metternich" (Überwachungs- und Polizeistaat)
- Verhinderung von bürgerlicher Emanzipation und Partizipation durch Unterdrückung liberaler, nationaler und demokratischer Bewegungen
- weitgehendes Festhalten am Feudalsystem (adlige Großgrundbesitzer als Elite)

- die durch die Industrialisierung auftretenden sozialen Probleme wie ungerechte Verteilung des Wohlstandes; Entstehung eines Handwerker- und Arbeiterproletariats; Pauperismus (Massenverelendung)
- Leiden der Landbevölkerung unter der Last der Zahlungen für die Bauernbefreiung
- Hungersnot 1846/47 und konjunkturelle Krise 1848
- Februarrevolution 1848 in Paris als Auslöser

ufgabe 8 Hauptprobleme der Verfassungsdiskussion waren
- die Grundrechte, d. h. die Frage nach sozialen Rechten im Sinne einer neuen, gerechteren Gesellschaftsordnung
- angesichts des preußisch-österreichischen Dualismus die Frage nach dem Staatsgebiet: kleindeutsch – großdeutsch oder kleindeutsch mit Zollunion mit Österreich
- das Problem der Staatsorganisation: föderalistisch – zentralistisch
- die Frage nach der Staats- und Regierungsform: Republik – konstitutionelle oder parlamentarische Monarchie; Erbmonarchie – Wahlmonarchie.

Ergebnisse der Verfassungsdiskussion:
- keine Verabschiedung einer neuen Sozialordnung, aber Einführung anderer Grundrechte (Gleichheit vor dem Gesetz, Presse-, Glaubens-, Meinungs- und Gewissensfreiheit, Eigentumsrecht)
- Grundsatz der Rechtsstaatlichkeit sowie Gewaltenteilung und -kontrolle
- bezüglich der Fragen nach der Staatsorganisation sowie der Staats- und Regierungsform war die Verfassung eine Kompromisslösung:
  - knappe Mehrheit der Abgeordneten entschied sich für einen kleindeutschen Bundesstaat
  - monarchisch-legitimistische Elemente: u. a. Erbkaisertum und starke Stellung des Kaisers (suspensives Vetorecht; Ernennung der Regierung; Recht zur Auflösung des Volkshauses; Oberbefehl über die Armee; Entscheidung über Krieg und Frieden; Abschluss außenpolitischer Verträge)
  - liberal-demokratische Elemente: Grundrechtskatalog; Gewaltenteilung und -kontrolle; Gesetzgebung durch den aus zwei Kammern bestehenden Reichstag mit Übergewicht des Volkshauses bei der Festsetzung des Budgets; Ministerverantwortlichkeit gegenüber dem Reichstag; demokratisches Wahlrecht für Männer
  - zentralistische (= unitaristische) Elemente: Übertragung von Souveränitätsrechten auf das Reich (Außenpolitik, Zollrecht, Außenhandel, Münzrecht, Maße usw.) sowie der Grundsatz „Reichsrecht bricht Landesrecht“

– föderative Elemente: Staatenhaus als Vertretung der Länder, seine gleichberechtigte Mitwirkung an der Gesetzgebung sowie der Fortbestand der Einzelstaaten mit Sonderrechten bei Finanzen, Justiz und Kultur

Aufgabe 9 Für die Behauptung der Unfähigkeit der Paulskirche sprechen folgende Aspekte:

- Die Nationalversammlung arbeitete zu langsam, sodass die Reaktion Zeit gewann und sich wieder sammeln konnte.
- Die Interessen der politischen Gruppen waren zu unterschiedlich (großdeutsch – kleindeutsch, Monarchie – Republik, parlamentarische – konstitutionelle Monarchie usw.).
- Der Nationalversammlung fehlten die Machtmittel (Militär, Verwaltung), die von ihr verabschiedete Verfassung durchzusetzen.
- Die Nationalversammlung, aber auch die übrigen Revolutionäre versäumten es, sich des Staatsapparates, vor allem der Armee zu versichern, die in den Händen der Fürsten blieben.
- Das Fortbestehen der Einzelstaaten war ein Hemmnis für eine einheitliche Meinungs- und Willensbildung sowie für eine wirkliche Machtausübung durch die Paulskirche.
- Die Nationalversammlung und die übrigen Revolutionäre unterschätzten den Widerstand der alten Mächte.

Gegen die Unfähigkeit der Paulskirche sprechen folgende Aspekte:

- In Deutschland fehlte im Gegensatz zu Frankreich ein einheitliches Zentrum, sodass die Revolution regional und ideologisch zersplittert war; es gab keine einheitliche Organisation und Führung (Pluralismus der Ziele).
- Es herrschten erhebliche Spannungen zwischen den revolutionären Gruppen, denn die liberale Mehrheit der Besitz- und Bildungsbourgeoisie wollte keine radikalen Veränderungen (Ordnungsdenken, Angst vor sozialen und wirtschaftlichen Umwälzungen); durch sie machte die Revolution „vor den Thronen halt“. Dem Bürgertum war das Eigentum letztlich wichtiger als Freiheit und Selbstbestimmung.
- Das Industrieproletariat war noch wenig entwickelt und kaum organisiert. Die meisten Menschen lebten auf dem Land; ihnen ging es nicht um politische Ziele, weswegen sie keine Stützen der Revolution waren („Beharrungsmentalität“). Zudem war 1848 kein Hungerjahr.
- Hemmend wirkten auch der preußisch-österreichische Dualismus und die Ablehnung eines Nationalstaates durch Österreich.
- der Widerstand der europäischen Großmächte (Frankreich, Russland), die einen deutschen Nationalstaat ablehnten; Russland half Österreich, die Revolution militärisch niederzuwerfen.

gabe 10 1849 waren die Kräfte des politischen Fortschritts und der sozialen Modernisierung gescheitert; die Reaktion hatte gesiegt. Dennoch konnten die Monarchen das Rad der Geschichte nicht einfach zurückdrehen. Selbst in Preußen wurden Grundforderungen der Liberalen nicht rückgängig gemacht:

- Das Streben nach nationaler Einheit blieb als zentraler Wunsch des deutschen Bürgertums wirksam, und der Weg dazu war vorgezeichnet (kleindeutsche Lösung unter Führung Preußens).
- Der Konstitutionalismus hatte gesiegt, eine absolutistische Herrschaft war nicht mehr möglich (Ausnahme: Österreich).
- In Deutschland entwickelten sich politische Parteien und damit eine organisierte politische Öffentlichkeit.
- Die Paulskirchenverfassung beeinflusste die nachfolgenden deutschen Verfassungen, besonders die von 1919 und 1949 (Grundrechtskatalog, Wahlrecht, Machtbeschränkung).

gabe 11 Die Politik der „Neuen Ära" in Preußen ist eng verknüpft mit dem preußischen „Verfassungskonflikt". Zunächst vollzog Prinzregent Wilhelm, seit 1861 König, 1858 eine Abkehr vom Polizeistaatssystem der vorangegangenen Regierung. Dieser Schritt wurde als Beginn einer liberalen Politik missverstanden, weil Wilhelm seine Regentschaft durch die vereinigten Kammern des Parlaments bestätigen ließ und sogar einen Eid auf die Verfassung ablegte. Zudem nahm er zwei gemäßigte liberale Minister in das Kabinett auf; damit schien die Zeit der Reaktion überwunden.

Eine Wende in der preußischen Innenpolitik wurde zu Beginn der 1860er-Jahre eingeleitet, als sich die Auseinandersetzungen um die Heeresreform zu einem Verfassungskonflikt ausweiteten: Die mit der „Neuen Ära" begonnene vorsichtige Liberalisierung fand rasch ein Ende.

gabe 12 Die außenpolitische Entwicklung von 1866 bis 1871:

- Zuspitzen der Rivalität im Deutschen Bund zwischen Preußen und Österreich um die Vorherrschaft in Deutschland 1866; Eskalation wegen Meinungsverschiedenheiten in der Schleswig-Holstein-Frage
- nach dem preußischen Sieg bei Königgrätz 1866: rascher Friedensschluss, der die Weichen für eine Neuordnung Deutschlands stellte:
  - Schonung Österreichs, um es vom Bündnis mit Frankreich abzuhalten.
  - Im Norden bekam Preußen freie Hand zur Eingliederung der norddeutschen Staaten und zur Errichtung des Norddeutschen Bundes 1867.

  - Sachsen und die süddeutschen Staaten blieben erhalten; Letztere schlossen gegen Frankreich gerichtete militärische Schutzbündnisse mit Preußen ab.
  - Als Folge der Niederlage wurde der österreichische Staat zur österreichisch-ungarischen Doppelmonarchie umgestaltet.
  - Keine Wiederherstellung des Deutschen Bundes.
  - Ende des deutschen Dualismus zwischen Preußen und Österreich durch die Lösung der deutschen Frage; Machtgewinn Preußens in Deutschland und Übergewicht Preußens gegenüber den kleineren und mittleren Staaten („Preußen wuchs nach Deutschland hinein, Österreich aus Deutschland hinaus").
- Einigung Deutschlands im Innern stellte auch außenpolitisch ein Machtproblem dar: Nach Auffassung Bismarcks sollte Deutschland stärker sein als Frankreich, weil es sich in einer europäischen Mittellage zwischen zwei starken Großmächten zu behaupten hatte.
- Anlass für den Krieg mit Frankreich war die 1869/70 diskutierte Kandidatur des Erbprinzen Leopold von Hohenzollern-Sigmaringen für den seit 1868 freien spanischen Thron. Zwar verzichtete Leopold letztlich, aber Frankreich forderte eine Garantie, dass dies auch zukünftig so bleibe. Bismarck veröffentlichte die sog. Emser Depesche, in der Wilhelm I. ihn über die Aufdringlichkeit des französischen Botschafters informierte, in verkürzter und dadurch verschärfter Form. Frankreich empfand dies als diplomatische Demütigung und erklärte daraufhin Preußen am 19. Juli 1870 den Krieg.
- Sieg der vereinigten deutschen Armeen unter preußischer Führung bei Sedan am 2. September 1870; Gefangennahme Napoleons III.
- Nach Verhandlungen mit den süddeutschen Fürsten Erweiterung des Norddeutschen Bundes zum Deutschen Reich; Ausrufung des Königs von Preußen im Spiegelsaal von Versailles zum Deutschen Kaiser am 18. Januar 1871; im Frieden von Frankfurt (Mai 1871) musste Frankreich Elsass-Lothringen abtreten und 5 Milliarden Goldfrancs Kriegsentschädigung zahlen.

Aufgabe 13 Die Herstellung der Einheit erfolgte durch Kriege, die integrierend wirkten. Dass sie aber in so kurzer Zeit verwirklicht werden konnte, erschien vielen Zeitgenossen als Wunder.

Für eine Einigung sprachen:

- ökonomische Gründe (einheitliches Wirtschaftsgebiet und nicht nur ein einheitlicher Zollraum)
- traditionelle Gründe (Wiederherstellung eines romantisch verklärten alten Reiches, Vorstellungen von der „Kulturnation")

- ideologische Gründe (Nationalstaatsgedanke, Liberalismus)
- politische Gründe (Lösung des innerdeutschen Dualismus zwischen Preußen und Österreich)

Gegen eine Einigung sprachen:
- die Furcht vor dem preußischen Militär- und Obrigkeitsstaat
- die fürstliche Solidarität und das „monarchische Prinzip"
- das traditionell partikularistische Denken in Deutschland
- die Ablehnung durch den österreichischen Vielvölkerstaat aus Gründen der Selbsterhaltung
- das Gleichgewichtsdenken vor allem Englands und Russlands
- die Ablehnung durch Frankreich, das an einem schwachen Deutschland interessiert war

Erleichtert wurde die Einigung durch
- die Störung des europäischen Mächtesystems vor allem durch die französische Kolonial- und Rheinpolitik,
- die russische Niederlage im Krimkrieg und die preußische Hilfe im Kampf gegen die Polen 1863,
- die italienische Einigung, die für Deutschland Modellcharakter besaß,
- die Industrialisierung, die Preußen stärkte und die meisten deutschen Staaten in wirtschaftliche Abhängigkeit von Preußen brachte.

Herbeigeführt wurde die Einheit durch
- den „Dänischen Krieg" 1864, der einen Prestigegewinn für Preußen brachte und viele Liberale auf die Seite Preußens führte und
- den Deutschen Krieg 1866, der den Dualismus zugunsten Preußens löste.

Mit der Gründung des Norddeutschen Bundes 1867 wurde eine Verfassung geschaffen, die dann zur Verfassung des Reiches umgewandelt werden konnte. Die Einheit entsprach zwar den nationalliberalen Forderungen, aber sie erfolgte durch einen Akt von oben – durch Preußen und durch einen Willensakt der deutschen Fürsten – und beruhte nicht auf der Willensbildung des Volkes. An der Wiege des Reiches standen militärische Auseinandersetzungen, keine friedliche Lösung. Zudem bedeutete die Gründung des Reiches eine Revolutionierung des Mächtesystems in Europa.

gabe 14 Die einzelnen Abbildungen des „Reichsprognostikons" von 1866 geben eine Einschätzung der politischen Situation in Deutschland bzw. eine Vorhersage, eine Prognose, über die zukünftige Entwicklung:
- Der erste Abschnitt zeigt, wie die deutschen Bundesstaaten von Preußen im 1834 gegründeten Deutschen Zollverein zusammengehalten werden. Öster-

reich sitzt abseits, da Kaiser Franz eine Mitgliedschaft abgelehnt hatte. Preußen, dargestellt durch einen Mann in Uniform und Pickelhaube, mit überlegter, zielbewusster Haltung, bildet einen Gegensatz zu dem „aufgeregten" ziellosen „Kinderhaufen" der übrigen Mitgliedstaaten.

- Der zweite Abschnitt zeigt die Lage nach dem Deutschen Krieg 1866. Der Deutsche Bund besteht nicht mehr, die deutschen Mittel- und Kleinstaaten laufen in alle Richtungen auseinander. Österreich ist von der weiteren Gestaltung der deutschen Staatlichkeit ausgeschlossen und kehrt daher dem Geschehen den Rücken zu. Preußen bemüht sich, die übrigen Staaten neu im Norddeutschen Bund zu organisieren, hier dargestellt als Versuch, die auseinanderrennenden Kinder festzuhalten und einzufangen.
- Im dritten Abschnitt umfasst Preußen Kurhessen, Nassau, Hannover und Frankfurt am Main, die jetzt schon eine Pickelhaube tragen. Dies ist als Hinweis auf die Annexion dieser Verbündeten des Habsburgerreiches durch Preußen infolge des Krieges von 1866 zu verstehen. Es wird prognostiziert, dass auch die anderen norddeutschen Staaten in diesen Einflussbereich geraten werden, denn im Hintergrund verteilt stehen weitere Pickelhauben.
- Im vierten Abschnitt sieht man die Klein- und Mittelstaaten unter preußischer Vormacht in eben diesem Norddeutschen Bund vereinigt. Es wird vorausgesagt, dass die süddeutschen Staaten (Württemberg, Baden, Bayern und Darmstadt) sich „von selbst" anschließen werden. Die Schutz- und Trutzbündnisse werden hier also schon vorweggenommen.

Die Sichtweise des Karikaturisten kann folgendermaßen gekennzeichnet werden: Nach der Schlacht von Königgrätz (1866) stellt der Karikaturist fest, dass Preußen die Entwicklung bisher dominierte und künftig lenken wird. Eine Alternative sieht der Zeichner nicht. Schätzt er auch den Ablauf als zwangsläufig ein, wahrt er doch eine gewisse Distanz: Preußen wird als eine Art Dompteur dargestellt, die Pickelhauben flößen wenig Vertrauen ein. Aber auch die deutschen Klein- und Mittelstaaten werden kritisch bewertet. In der aktuellen Lage ohne Erfolg versprechendes Konzept liegen sie dann zufrieden in den Armen des „Übervaters" bzw. streben dorthin, d. h. sie arrangieren sich mit der preußischen Vorherrschaft im neuen Deutschland.

Aufgabe 15 a) Der Karikaturist zeigt in Wort und Bild (M 1) das Verhalten des Volkes vor, während und nach der Revolution. Anhand dreier Bildausschnitte und mit jeweils zwölf Versen beschreibt er die Szenerie im Berliner Stadtteil Tiergarten:

- Der erste Bildausschnitt (1847) stellt das Volk dar, wie es sich bei Musik, Tanz und Trinken amüsiert und Kontakte knüpft. Im Hintergrund spielt eine

Musikkapelle die damals beliebte „Polka". Im Vordergrund kümmern sich Kindermädchen um ihre Schützlinge, und Infanteristen flirten mit ihnen. Einer trinkt eine oft „sauer" schmeckende Berliner Weiße. Am rechten Bildrand liegt ein Bettler „auf der Lauer", eine Andeutung auf soziale Missstände. Hinweise auf politische Aktivitäten sind nicht zu erkennen.

- Im zweiten Bildausschnitt (1848) hat sich die Szene gewandelt: Das Volk befindet sich in Aufruhr. Die Polizei steht noch beobachtend abseits. Am rechten Bildrand wird eine Droschke angehalten; Redner bedrohen „mit Jakobinermiene" den Fahrgast. Im Text werden politische Forderungen (direkte Wahlen) erhoben, was dem preußischen Ministerpräsidenten „Qualen" bereitet. Der Karikaturist findet auch das Jahr 1848 „schön".
- Der dritte Bildausschnitt (1849) gleicht scheinbar dem des Jahres 1847: scheltende Kindermädchen (eine verprügelt ihren Zögling), im Vordergrund „umarmt" ein Bürger einen allerdings widerstrebenden Mann mit Kokarde (Abzeichen). Doch dieses Idyll erweist sich als Schein: Polizei und Militär beherrschen die Szene und die Staatsmacht geht gewaltsam gegen Bürger vor – das Volk ist den „Bajonetten unterlegen"; statt der Tribüne sieht man nun ein festes Gebäude, vermutlich ein Gefängnis.

Der Karikaturist beleuchtet die politische und gesellschaftliche Szenerie von 1847 bis 1849 an einem zentralen Ort in Berlin. Er kontrastiert die unbekümmerte Fröhlichkeit und das unpolitische Verhalten der Bürger (Biedermeieridylle) 1847 mit dem in seinen Augen ungeregelten Aufruhr 1848, der 1849 durch die Gewalt „von oben" beendet wird. Der Karikaturist wirft einen distanzierten, ironischen Blick auf die Szenerie. Er stellt oberflächlich betrachtet fest, „alles ist wie sonst geblieben". In Wahrheit aber ist nichts mehr so wie vor dem Aufruhr. Die reaktionäre Staatsmacht sei nun allgegenwärtig, selbst bei bloßen Vergnügungen.

b) Die Sicht des Verfassers der Karikatur zum Ausgang der Revolution ist sehr subjektiv und stellt das deutsche Bürgertum einerseits als politisch unerfahren, andererseits als unfähig dar, selbstständig „Politik zu machen" (reden statt handeln). Den reaktionären Kräften hätte Militäreinsatz genügt, die Revolution niederzuwerfen. 1849 sehe es so aus, als ob sich im Alltagsleben nichts geändert hätte. So entsteht beim Betrachter der Eindruck, dass die Revolution gescheitert sei, dass es politisch eher schlechter geworden sei.
Man kann die Karikatur entweder als unangemessene Ironisierung oder als humorvolle Interpretation ansehen. Sie stellt die Dinge zugespitzt, sogar verzerrt und stark reduziert dar. Eine differenzierte Betrachtung der Revolution

und ihrer vielschichtigen Ursachen und Ereignisse kann sie nicht leisten. Daher sollten folgende Aspekte ergänzend angesprochen werden:

- Die Revolutionäre schätzten die Monarchen falsch ein und „machten vor den Thronen halt“; z. B. Ablehnung der von der Paulskirche angebotenen Kaiserkrone durch den König von Preußen (Berufung auf das Gottesgnadentum).
- Die Abgeordneten der Paulskirche waren politisch uneinig über die Verfassungsordnung und das Staatsgebiet (Zentralismus – Föderalismus, Monarchie – Republik, Parlamentarismus – Konstitutionalismus, Wahlrechtsfrage, großdeutsch – kleindeutsch).
- Die Realitätsferne der Frankfurter Nationalversammlung (Debatten statt Handeln, Theorie statt Pragmatismus) gab der Reaktion Zeit zum Gegenschlag. Die Schaffung eines liberalen Verfassungsstaates mit Grund- und Menschenrechten sowie eines Nationalstaates zugleich war unrealistisch.
- Das Militär, vor allem in Österreich und Preußen, blieb das Machtinstrument der Monarchen.
- Im einfachen Volk war die monarchische Herrschaftstradition weiterhin fest verankert; den Revolutionären fehlte es so an der Durchsetzungskraft für ihren Herrschaftsanspruch.
- das liberale Bürgertum schreckte vor radikalen Forderungen nach sozialer Umgestaltung im Sinne sozialer und wirtschaftlicher Gerechtigkeit zurück und verband sich mit den alten Kräften;
- Die Bauern waren konservativ und blieben nach Erreichen materieller Ziele politisch inaktiv.
- Der preußisch-österreichische Dualismus sowie das monarchische Denken verhinderten die Schaffung eines Nationalstaates ebenso wie der traditionelle Partikularismus.
- Die Monarchen, unterstützt vom Adel und Teilen der Bourgeoisie, waren willens und fähig, ihren Herrschaftsanspruch mit Gewalt durchzusetzen.

Dennoch wäre es falsch, die Revolution nur als gescheitert zu beurteilen. Im engeren Sinne blieben die Revolutionäre erfolglos, aber die Revolution hat zu einer breiten Politisierung der Öffentlichkeit beigetragen und in Deutschland eine demokratische Staatstradition geschaffen, die Grundlage für die späteren Verfassungsordnungen wurde. Auch der Nationalstaatsgedanke wurde als Zielsetzung nicht aufgegeben. Allerdings spaltete sich der deutsche Liberalismus in einen rechten und einen linken Flügel. Während der rechte Flügel der Einheit Vorrang vor der Freiheit einräumte, waren für den linken Einheit und Freiheit untrennbar verbunden. Daher war, anders als der Karikaturist es – zumindest teilweise – zu suggerieren versuchte, nach der Revolution nicht alles wie vorher.

Das deutsche Kaiserreich 1871–1918: Spannung zwischen autoritärem Nationalstaat und politischer Mobilisierung

fgabe 16 Merkmale des preußisch-deutschen Militarismus:

- besonderes Mitspracherecht des Militärs auch in der zivilen Reichspolitik (Armee als tragende Säule der Monarchie)
- zivile Reichspolitik steht hinter den militärischen Interessen
- der soziale Aspekt des Militarismus: herausragende Stellung des Offiziers in der Gesellschaft; Streben nach Uniformen, Titeln und Orden
- militärische Werte sind auch die zentralen Werte der zivilen Gesellschaft (Disziplin, Gehorsam, Treue, Unterordnung, Ordnungsliebe, Opferbereitschaft, Mut und Pflichterfüllung); in diesem Sinne ist das Heer die „Schule der Nation“
- übersteigerter, militarisierter Nationalismus (Chauvinismus)
- exklusiver, elitärer Charakter des deutschen Offizierskorps

Militärische Werte bestimmten den Alltag der Deutschen im Betrieb, in den Behörden und besonders in den Schulen und wurden so nachhaltig wirksam.

fgabe 17 Ein typisches Beispiel für die Sonderrolle des Militärs in der Gesellschaft ist die „Zabern-Affäre“ 1913:

- Militär ist „Staat im Staate“, da verfassungsrechtlich vom Parlament nicht kontrollierbar.
- Der offenkundige Rechtsbruch kann weder vom Reichstag noch von den zivilen Behörden verfolgt und verurteilt werden.

fgabe 18 Funktion, Zielsetzungen und Möglichkeiten von Parteien und Verbänden im deutschen Kaiserreich:

- Parteien sind in der Verfassung nicht erwähnt, haben keinen Verfassungsrang.
- Parteien und Verbände sind vor allem „pressure groups“, d. h. Interessenvertretungen ihrer jeweiligen partikularen Klientel, nicht aber des Ganzen (Parteien als „Gesinnungsgemeinschaften“).
- partikulare Zielsetzungen (s. auch Tabelle S. 117)
- begrenzte Mitsprache- und Gestaltungsmöglichkeiten, da die grundlegenden Fragen der Politik nicht im Reichstag entschieden werden
- Parteien werden zur Regierungsbildung nicht herangezogen, haben damit später auch keine Erfahrung; ihr Einfluss beruht auf ihren Beziehungen zum Staatsapparat und zu den handelnden Politikern in der Regierung.
- Parteien sind daher nicht zur Zusammenarbeit oder zu Koalitionen genötigt und haben so keine Erfahrung mit überparteilichen Kompromissfindungen.

- Es gibt keine verfassungsmäßige Opposition; Diskriminierung jeglicher Opposition als Reichsfeinde; vor allem die bürgerlichen Parteien sind daher opportunistisch zur Anpassung bereit.

Aufgabe 19 Im Deutschen Reich hat der Nationalismus zwei zentrale Funktionen:
- Herstellung der inneren Reichseinheit (Integrationsinstrument) und ideelle Legitimation der Reichsgründung
- Sicherung des Reiches gegen innere und äußere Reichsfeinde

Der Nationalismus soll aus der Kulturnation die politische, den Partikularismus überwindende Nation machen (Reichspatriotismus als Staatsidee). Daher:
- Diffamierung politischer Gegner, religiöser oder sprachlicher Minderheiten als Reichsfeinde, die die Sicherheit und den Bestand der Nation gefährden („negative Integration“)
- überhöhter, das Reich und die deutsche Kultur überhöhender, die anderen Nationen und Kulturen herabsetzender Chauvinismus
- Tendenz zum Rassismus, besonders zum Antisemitismus
- Verbindung von Patriotismus und Militarismus sowie damit verbunden ein martialisches, überhebliches Verhalten, z. B. des Kaisers

Aufgabe 20 Die Stellung der Frau in der Gesellschaft des Kaiserreiches:
- Gesellschaft des Kaiserreiches ist eine Männergesellschaft
- Bürgerliches Gesetzbuch legt die Ungleichheit fest: „vollgültiger Rechtsstatus“ der Frau, aber Vorrechte des Mannes als Familienoberhaupt (Verfügung über das Vermögen; Recht, der Frau Berufstätigkeit zu untersagen); Frau und Kinder unter der Vormundschaft des Mannes
- Bis Anfang des 20. Jahrhunderts kein Zugang zum Studium
- Zugang zu akademischen Berufen nur selten möglich
- weibliche Volksschullehrerinnen müssen ehelos bleiben
- strikte Rollenteilung zwischen Mann und Frau, vor allem in der bürgerlichen Gesellschaft (Hausfrau und Mutter)

Dagegen entwickelte sich seit Mitte des 19. Jahrhunderts die Frauenbewegung. Deren Ziele waren:
- Verbesserung der Bildungs- und Berufsmöglichkeiten
- Würdigung der Frau und ihrer „zivilisatorischen“ Rolle in der Gesellschaft
- Rechtsgleichheit von Mann und Frau, auch beim Scheidungsrecht, und Abschaffung des Patriarchats
- aktives und passives Wahlrecht auch für Frauen

fgabe 21 Ziele Bismarcks:

- Stärkung Preußens in Europa als Führungsmacht des Deutschen Reiches
- Bewahrung der starken Monarchie
- Durchsetzen eines protestantischen Kaisertums
- Festigung des neu gegründeten Reiches („innere Reichsgründung")

„Negative Integrationspolitik":

- Versuch, sogenannte Reichsfeinde, die Bismarcks Ziele bedrohen konnten, zu definieren und mit rechtlichen und politischen Maßnahmen zu bekämpfen, um die reichstreuen politischen Gruppen hinter sich zu einen
- bis 1878 Bündnis mit der liberalen Reichstagsmehrheit gegen den politischen Katholizismus (Kulturkampf); anschließend Vorgehen gegen die aufstrebende Sozialdemokratie (Sozialistengesetze)

fgabe 22 Bismarcks politische Praxis zur Durchsetzung der „inneren Reichsgründung":

- Kulturkampf (1871–1878) gegen den politischen Katholizismus, die Zentrumspartei als dessen Vertretung im Reichstag und den gesellschaftlichen Einfluss der katholischen Kirche: 1871 „Kanzelparagraph" gegen das politische Engagement von Priestern; Betätigungsverbot gegen die Jesuiten („Jesuitengesetz" 1872); in Preußen: Einführung der staatlichen Schulaufsicht (1872); staatliches „Kulturexamen" für Geistliche („Maigesetze" 1873); Einstellung aller finanziellen Leistungen an die katholische Kirche durch den preußischen Staat („Brotkorbgesetz"); Einführung der Zivilehe vor weltlichen Standesämtern
- Sozialistengesetze (1878–1890) gegen die politische Bewegung der Arbeiterschaft: Verbot der Sozialistischen Arbeiterpartei, aller ihrer Organisationen, sozialistischer Versammlungen und Druckschriften; Ahndung von Verstößen mit Gefängnis oder Ausweisung; Lahmlegen der Partei- und Gewerkschaftsarbeit; aber: weiterhin erfolgreiche Teilnahme von Sozialdemokraten an den Reichstagswahlen

be 23 a) Inhalte:

- zwei Beobachter im Hintergrund
- drei Arbeiter im Vordergrund: ein Invalide, ein alter Mann mit einem Dokument mit der Aufschrift „Rente pro Tag 33 pf." und ein Verletzter
- Untertitel, der die Situation als „Bismarcks Sozialreform" bezeichnet

Historischer Bezug:

Die drei Männer symbolisieren die wichtigsten Sozialgesetze Bismarcks: Kranken-, Unfall- und Rentenversicherung.

Aussageabsicht:

- die abgebildeten Figuren stehen symbolisch für die Inhalte, aber auch für die (aus der Sicht des Karikaturisten) Qualität der Versicherungen: die Unfallversicherung humpelt, die Alters- und Krankenversicherung sind in einem schlechten Zustand
- die Darstellung enthält eine Bewertung der Sozialgesetzgebung als nicht ausreichend und von schlechter Qualität

Position der Karikatur:

- sozialdemokratische Kritik an Bismarcks Sozialgesetzgebung als nicht ausreichend
- immanent sichtbare Gegenvorstellung einer durchgreifenden sozialistischen Änderung des Wirtschafts- und Gesellschaftssystems

b) Argumente für die negative Einstellung gegenüber Bismarcks Sozialgesetzgebung:

- relativ geringer Umfang der jeweiligen Hilfen für den einzelnen
- hoher Arbeiteranteil (zwei Drittel) bei den Krankenversicherungsbeiträgen
- obrigkeitsstaatliche Attitüde und klar taktische Zielsetzung des Programms

Argumente gegen die negative Einstellung gegenüber Bismarcks Sozialgesetzgebung:

- die Idee der Sozialgesetzgebung als weltweit neue und anfangs einzigartige sozialpolitische Errungenschaft
- auch wegen der Sozialgesetzgebung deutliche Verbesserung der Situation der Arbeiter in der Folgezeit im Kaiserreich bis 1914
- ausgehend von Bismarcks Ansatz sozialpolitischer Ausbau der Arbeiter-Absicherung in der Weimarer Republik unter dem starken politischen Einfluss der Sozialdemokratie (z. B. 8-Stunden-Tag; Arbeitslosenversicherung, 1927)
- erneutes Aufgreifen der staatlich gelenkten Sozialpolitik in der Bundesrepublik nach 1949 im Konzept der sozialen Marktwirtschaft
- Ausbau der Absicherungen zum Sozialstaat mit weitgehender materieller Versorgung sozial schwacher Gruppen seit den späten 1960er-Jahren

Sozialpolitische Grundlinie Bismarcks:

- „sozialistische" Maßnahmen des Staates im Sinne einer Güterumverteilung
- Reform der Gesellschaft als leitende Orientierung
- Schwerpunkt der Reform: Verbesserung der Situation der Arbeiter

Deutsche Außenpolitik 1871–1914: Europäische Großmachtpolitik und imperialistische Expansion

fgabe 24 Die Außenpolitik Bismarcks war angesichts der deutschen Mittellage bestrebt, in Europa den Frieden zu erhalten. Hauptprinzipien waren daher:

- Sicherung einer unabhängigen deutschen Großmachtpolitik
- europazentrierte Außenpolitik
- Isolierung Frankreichs wegen dessen Revanchepolitik
- Verhinderung von Kriegen zwischen den europäischen Großmächten
- vermittelndes Ausnutzen von Interessengegensätzen zwischen den Großmächten
- Abschluss defensiver Verträge
- weitgehender Verzicht auf eigene starre Bindungen an nur einen Vertragspartner (Handlungsfreiheit)
- Neutralität in der Balkanpolitik
- maßvolle Kolonialpolitik, ohne eine andere Kolonialmacht zu provozieren

fgabe 25 Mögliche Probleme dieser Außenpolitik:

- Belastungen durch den sich zum Chauvinismus radikalisierenden Nationalismus in Deutschland
- russischer Panslawismus und der sich dadurch verschärfende russisch-österreichische Gegensatz
- enge Bindung an Österreich-Ungarn und die damit verbundene Verwicklung in dessen Probleme und Balkanpolitik
- Furcht, bei einem deutsch-russischen Zusammengehen zum „Juniorpartner" Russlands zu werden
- ambivalente Politik gegenüber Österreich-Ungarn und Russland: einerseits Zweibund mit Wien, andererseits Rückversicherungsvertrag mit St. Petersburg
- Schutzzollpolitik ab 1879 belastete das deutsch-russische Verhältnis stark
- Annäherung Frankreichs an Russland (zunächst finanziell, dann militärisch)
- verschärfendes Revanchedenken Frankreichs

fgabe 26 Die „Weltpolitik" unter Wilhelm II. erweiterte ab 1897 die 1890 begonnene Politik des „Neuen Kurses". Merkmale:

- Abkehr von Russland zugunsten einer Bindung an Österreich-Ungarn
- Globalisierung der deutschen Politik
- von der Kontinentalpolitik zur aggressiven Kolonialpolitik
- aggressiver, gegen England gerichteter Schlachtflottenbau

- Eingreifen in die Kolonialpolitik Frankreichs und Großbritanniens (Bagdad-Bahn; „Panthersprung" nach Agadir; Orientreisen des Kaisers)
- „Politik der freien Hand" wandelt sich zur „Nibelungentreue" zu Österreich-Ungarn und damit zum Verlust der Handlungsfreiheit 1914
- damit verbunden eine Selbstisolierung Deutschlands

Von großer Bedeutung für die zunehmende Instabilität des europäischen Mächtesystems war die gegen England gerichtete deutsche Flottenpolitik:
- Ausdruck der deutschen Weltmachtpolitik
- einerseits defensiv gedacht („Risikoflotte", Schutz der Kolonien), andererseits Instrument gegen den Rivalen England
- innenpolitisches Mittel zur Sicherung des sozialen Status quo und des wirtschaftlichen Wachstums durch Sicherung der Stahlindustrie und der Werften
- Flotte als Gegenstand der nationalen Integration und des Chauvinismus als einigende „Reichsideologie"

Aufgabe 27 Folgen der wilhelminischen Außenpolitik:
- Selbstisolierung Deutschlands: deutsche Welt- und Flottenpolitik als Anstoß zur Überwindung der Kolonialkonflikte; Bündnisse zwischen Großbritannien, Frankreich und Russland (Triple-Entente)
- Militarisierung der deutschen Außenpolitik als Folge der als Einkreisung empfundenen Isolierung Deutschlands: Präventivkriegsdenken (Suchen der schnellen Entscheidung gegen sonst übermächtig werdende Gegner)
- massive Spannungen zwischen den europäischen Bündnissystemen (Zweibund und Triple-Entente), vor allem auf dem Balkan zwischen Österreich-Ungarn und Russland (Schutzherr Serbiens)

Aufgabe 28 Begriff:
- abgeleitet vom lateinischen „imperium" (Befehlsgewalt, Herrschaftsbereich)
- Expansion industrialisierter Staaten in weniger entwickelte Gebiete der Welt, vor allem in Afrika und Asien zwischen 1880 und 1914
- Bildung von Kolonien (Afrika, Asien), wirtschaftliche Ausbeutung und Durchdringung unterlegener Nationen (China, Türkei)

Motive:
- wirtschaftliche Motive: Suche nach Rohstoffen und Absatzmärkten für die Industrie und Investitionsmöglichkeiten für das Großkapital
- Sozialimperialismus: Versuch, innere Spannungen (soziale Folgen der Industrialisierung, Bevölkerungswachstum, innenpolitische Konflikte) nach außen abzulenken

- Interessen der unmittelbar vor Ort handelnden Kaufleute, Siedler, Missionare, Militärs, Beamten („peripherer Imperialismus")
- pseudowissenschaftliche Theorien und mentale Strukturen: Sozialdarwinismus (Recht des Stärkeren als Ersatz für das traditionelle Völkerrecht), Rassismus, männlicher Chauvinismus, zivilisatorisches Überlegenheitsgefühl, Kolonien als Prestigeobjekt der politischen Eliten wie im Deutschen Reich
- religiöses und kulturelles Sendungsbewusstsein

ufgabe 29 Gründe für die Hauptschuld der deutschen Führung:

- bewusste Verschärfung der Julikrise („Blankoscheck" an Österreich-Ungarn; Drängen deutscher Militärs auf das „Losschlagen" gegen Serbien), um das Gegenbündnis aus Russland, Frankreich und Großbritannien zu sprengen („Theorie des kalkulierten Risikos")
- Bereitschaft zum eventuell aus der Krise entstehenden „Präventivkrieg", um eine hegemoniale Stellung in Europa zu erkämpfen (dabei Glaube an ein Stillhalten Großbritanniens)
- Fixierung auf den riskanten Schlieffen-Plan, der die schnelle Eskalation der Krise bewirkt (Automatismus der Mobilmachungen)

ufgabe 30 Für die Historiker bedeutet der Erste Weltkrieg nicht nur eine „historische Zäsur" in der Weltgeschichte, er wird vielmehr sogar als „Urkatastrophe" Europas bewertet, denn in seinem Gefolge veränderten sich die politischen und geopolitischen Gegebenheiten grundlegend:

- starke Schwächung der weltpolitischen Bedeutung der europäischen Mächte
- Aufstieg der USA zur wirtschaftlichen Vormacht in der Welt
- Bedrohung der bürgerlich-kapitalistischen Welt durch den Aufstieg der Sowjetunion
- innen- und gesellschaftspolitische Zerstörung der aristokratisch-bürgerlichen Ordnung
- weitgehender Verlust einer stabilen, wenn auch starren Werte- und Moralordnung
- Aufstieg radikaler Alternativen zur bürgerlichen Welt (Faschismus, Nationalsozialismus, Kommunismus)
- Ideologisierung des politischen Lebens sowohl im staatlichen Inneren als auch im Verhältnis der Staaten zueinander
- Entwicklung radikaler Feindbilder und Zunahme intoleranten, chauvinistisch-rassistischen Verhaltens
- Entstehung systemgefährdender Wirtschaftskrisen in der kapitalistischen Welt

Aufgabe 31 a) Einschätzungen Bismarcks zum deutsch-französischen Verhältnis:

- Bewertung des deutsch-französischen Krieges (1870/71) als für die nationale Einigung notwendig
- Benennen einer kontinuierlichen historischen Belastung seit der Entstehung des Königreiches Frankreich im Mittelalter; ständiger Kampf um die Grenzen zwischen beiden Ländern
- Erwartung eines weiteren Krieges, aber ohne deutsche Kriegsabsicht

Rolle Frankreichs in Bismarcks außenpolitischem Konzept:

- Annahme von Revanchegelüsten Frankreichs wegen des 1871 verlorenen Elsass-Lothringens und der historischen Erbfeindschaft zwischen Frankreich und Deutschland im Streit um die Rheingrenze
- Isolation Frankreichs im europäischen Bündnissystem durch deutsche Bündnisse oder Absprachen mit allen wichtigen Großmächten
- Verhindern eines russisch-französischen Bündnisses (Zweifrontenstellung Deutschlands) um jeden Preis
- Spiel mit dem Präventivkriegsgedanken gegenüber Frankreich

b) Absichten Bismarcks:

- Verteidigung der Pläne der Regierung zur Aufstockung des Wehretats
- Beruhigung der Opposition im Reichstag und des Auslands wegen der Aufstockung des Wehretats: Betonung der saturierten Position Deutschlands
- eventuell Warnung an die französische Regierung vor einer kriegerischen Revanchepolitik

c) Haltung Bismarcks gegenüber England: Bewertung des deutsch-englischen Verhältnisses als freundschaftlich und völlig unproblematisch

Entwicklung der deutsch-englischen Beziehungen bis 1914:

- Orientierung Englands an der „balance of power" auf dem Kontinent und dem ungefähren Mächtegleichgewicht zwischen Deutschland und Frankreich in der Ära Bismarck
- Kolonialpolitische Zurückhaltung Deutschlands und Kolonialabsprachen (z. B. Tausch Helgolands gegen Sansibar 1890) als Aspekt der Annäherung
- Unterstützung der Mittelmeerentente (England, Österreich-Ungarn, Italien) durch Bismarck zum Schutz der türkischen Meerengen vor Russland 1887
- Verschlechterung des Verhältnisses nach der Entlassung Bismarcks und dem Beginn der deutschen „Weltpolitik" unter Wilhelm II.: z. B. „Krüger-Depesche" 1896 (Glückwunschtelegramm Wilhelms an den gegen englische Kolonialtruppen in Südafrika erfolgreichen Burenführer Krüger)

- Flottenpolitik und Risikotheorie der deutschen Führung: erfolgloser Druck auf England zum Bündnisabschluss gegen Frankreich und Russland
- in der Folge radikale Wende der englischen Außenpolitik gegen Deutschland als neuer Hauptkonkurrent (Flottenpolitik, wirtschaftlicher Aufstieg Deutschlands zur Industriemacht, Bevölkerungswachstum, problematische, mächtige Persönlichkeit Wilhelm II.): Entente Cordiale 1904 (England und Frankreich), Triple-Entente 1907 (England, Frankreich und Russland)
- Verschärfung der Lage durch das aggressiv-ungeschickte deutsche Vorgehen in den Marokkokrisen 1907/1911
- Gemeinsame Krisendiplomatie in den Balkankriegen 1912 und im Ansatz (durch Reichskanzler Bethmann-Hollweg) in der Julikrise 1914 als Möglichkeit der Wiederannäherung
- Scheitern der Friedensbemühungen 1914 an dem krisenverschärfenden Verhalten der deutschen Führung, vor allem der Militärs, unter dem Druck des Schlieffen-Plans; Kriegserklärung Großbritanniens an Deutschland nach dem Eindringen deutscher Truppen in Belgien (belgische Neutralität als „essential" der britischen Außenpolitik) in Ausführung des Schlieffen-Plans (Umgehung der französischen Grenzbefestigung zum schnellen Sieg über Frankreich)

Der Erste Weltkrieg und seine innenpolitischen Rückwirkungen

fgabe 32 Bei Ausbruch des Krieges herrschte eine trügerische Ruhe, die sich im „Burgfrieden" als Folge des „Augusterlebnisses" zeigte:

- ungeheuere Begeisterung vor allem im Bürgertum, kaum bei den Arbeitern
- patriotische Aufbruchstimmung bei der SPD und den Gewerkschaften
- angeblich nationale Verantwortung aller Parteien, auch bei der SPD, für die Verteidigung des Vaterlandes
- Verdrängen der inneren Konflikte durch das „Augusterlebnis von 1914"
- Hoffen der Arbeiterbewegung auf Änderung des politischen Systems (Demokratisierung) und auf tief greifende soziale Reformen
- Erwarten eines raschen Sieges

fgabe 33 Die Demokratisierung in Deutschland war nicht die Folge der Novemberrevolution 1918, sie wurde vielmehr durch die sogenannte Oktoberverfassung (28. 10. 1918) eingeleitet. Am Beginn standen:

- das Scheitern der militärischen Offensive im Westen
- der zunehmende Verfall der militärischen Ordnung bei den Truppen (Verweigerungshaltung)

- wachsende Unruhe in der Flotte, verstärkt seit 1916
- eine zunehmende Demonstrationsbewegung in der Heimat
- die wachsende Ablehnung Wilhelms II. und der Hohenzollernmonarchie
- der fortschreitende Loyalitätsverlust für die Monarchie in der Beamtenschaft
- der Ruf nach Frieden angesichts von Kriegsverlusten und Mangelernährung
- verstärkte Systemkritik durch die militärische Niederlage

So entstand eine Verbindung von Verweigerungshaltung der Soldaten und der immer mehr zur Revolution bereiten Heimat. Bedingung der Alliierten für den Waffenstillstand war zudem eine durchgreifende Demokratisierung des Reiches:

- Abschaffung des Dreiklassenwahlrechts in Preußen zugunsten eines demokratischen Wahlrechts
- Beteiligung der Reichstagsparteien an der Regierung
- Recht des Reichstages, den Reichskanzler ein- und abzusetzen

Am 28. Oktober 1918 wurde aus einem konstitutionellen Obrigkeitsstaat eine parlamentarische Monarchie; sie war Ergebnis einer „Revolution von oben“:

- Reichskanzler bedurfte des Vertrauens des Reichstages
- Unterstellung der kaiserlichen Befehlsgewalt über die Armee unter parlamentarische Kontrolle, damit Beseitigung der militärischen Sonderstellung
- Abschaffung des Dreiklassenwahlrechts überall im Reich
- Beibehaltung der Monarchie

Die Weimarer Republik zwischen Schwarz-Weiß-Rot und Schwarz-Rot-Gold

Aufgabe 34 Ursachen der Novemberrevolution in Deutschland (s. auch Grafik, S. 187):

- Klassenstruktur des Kaiserreiches: strikte soziale Trennung; zunehmende Not bei Arbeitern, Angestellten und Beamten; mentale Überforderung vieler Menschen durch die rasante Modernisierung (Technisierung, Globalisierung)
- Scheinkonstitutionalismus des Kaiserreiches: keine wirksame Gewaltenkontrolle; kein Parteienstaat; Bündnis der sozialen Eliten mit der Beamtenschaft und der Justiz (Klassenjustiz)
- sozioökonomische Krise im Krieg: schlechte Versorgungs- und Ernährungslage sowie ungleiche Verteilung der Kriegslasten, die v. a. auf dem Mittelstand und den Arbeitern ruhen; starke Arbeitsbelastung durch Verlängerung der Arbeitszeiten; vermehrte Frauenarbeit mit großer Doppelbelastung
- militärische Niederlage 1918: Aufzeigen der Schwäche des wilhelminischen Systems; Legitimitätsverlust der kaiserlichen Regierung; Schock der Niederlage als Folge der euphorischen Kriegspropaganda

fgabe 35 Konkurrierende Demokratiemodelle während der Revolution:

Zielsetzung	Spartakus/USPD	SPD
Gewaltmonopol	Volk durch gewählte und mit imperativem Mandat versehene Arbeiter- und Soldatenräte	(kaiserliche) Armee und Polizei im Auftrag des Rates der Volksbeauftragten
Wirtschaftsordnung	Sozialismus nach sowjetischem Vorbild („Demokratisierung der Wirtschaft“ durch Überführung in Volkseigentum)	Reform des bestehenden Kapitalismus und Errichtung einer sozial gerechten Ordnung auf der Basis des Privateigentums („demokratischer Sozialismus“)
Verwaltung	Rätesystem als Basisdemokratie	Beibehaltung der alten kaiserlichen Verwaltung; begrenzte Säuberung, um Funktionsfähigkeit zu erhalten
Machtbasis	im Sinne unmittelbarer Volkssouveränität die mobilisierbaren Volksmassen	Gewerkschaften, die kaiserliche Verwaltung und die OHL (Ebert-Groener-Bündnis)
Legitimation	„Alle Macht den Räten“: Repräsentation spontaner Versammlungsmehrheiten als Volkswille	Repräsentation des gesamten Volkswillen in allgemeiner Wahl zu einer Nationalversammlung

fgabe 36 Folgen des Versailler Vertrags für Deutschland:

- Gebiets- und Bevölkerungsverluste
- schwere wirtschaftliche Belastungen durch die Reparationen
- Entmilitarisierung und Begrenzung des militärischen Potenzials
- kollektive psychologische Belastung durch die zugesprochene, aber zurückgewiesene Kriegsschuld (Art. 231); „Versailles“ als bedeutendster Angriffspunkt der Rechten gegen die demokratischen Regierungen: „Erfüllungspolitiker“ des „Versailler Diktats“; fatale Wirkung der „Kriegsunschuldlegende“ und „Dolchstoßlegende“ auf große Teile der Bevölkerung

fgabe 37 Das Parteienspektrum der Weimarer Republik und deren Verhältnis zur Weimarer Demokratie:

- „Vielparteiensystem“: Zersplitterung des politischen Lebens
- keine verfassungsmäßige Verankerung der Parteien in der Verfassung
- Parteien waren hauptsächlich Interessenparteien, Klassenparteien oder gar ideologische Parteien, wodurch die notwendige Kompromissfähigkeit stark behindert wurde
- Weimarer Republik in der „Zange von rechts und links“: die KPD auf der linken und später v. a. die NSDAP auf der rechten Seite waren zwar verfeindet und befanden sich im Kampf gegen alle anderen Parteien, hatten aber ein gemeinsames Interesse: die Zerstörung der demokratischen Ordnung

- wichtigster Gegner beider war die SPD: einzige Partei, die sich bis zum Ende für die demokratische Ordnung einsetzte; wegen Ablehnung der revolutionären Veränderung von Staat, Gesellschaft und Wirtschaft zunehmende Bedrohung von links; Diffamierung durch die Rechtsparteien als die Partei der „Novemberverbrecher" und des „Dolchstoßes"
- das katholische Zentrum überlebte als einzige Partei stabil das Ende der Monarchie; Stärkung des Arbeitnehmerflügels; als staatstragende Partei zwar antirevolutionär und antisozialistisch, aber zu Bündnissen mit der SPD und den liberalen Parteien bereit; seit Mitte der 1920er-Jahre zunehmende Orientierung nach rechts (DNVP)
- das liberale Lager bemühte sich vergebens, die aus dem Kaiserreich stammende Spaltung zu überwinden und eine wirksame Alternative zu SPD und den Konservativen zu werden
- linksliberale DDP: Bekenntnis zur Republik und zur Demokratie; keine Vorbehalte gegen Koalitionen mit SPD und Zentrum; war im Sinne eines „Volksstaates" zu sozialpolitischen Veränderung bereit; Bewahrung von Menschen- und Bürgerrechte sowie des Prinzips der Volkssouveränität
- nationalliberale DVP stand rechts von der Mitte, nicht nur wegen ihres nationalistischen Programms, sondern auch wegen der Betonung von Ordnung durch einen starken Staat; unterschied sich aber von der politischen Rechten durch Forderung nach Erweiterung der bürgerlichen Freiheiten und Wahrung der Menschen- und Bürgerrechte
- wie die Nation war auch die DVP gespalten: der rechte Parteiflügel lehnte eine weitere Demokratisierung und soziale Reformen ab (Weimarer Republik als Übergangsform auf dem Weg zu einer „Volksgemeinschaft", in der „Fremdstämmige" keinen Platz hatten; beides lehnte der linke Flügel als undemokratisch ab)
- als ihre Integrationsfigur Stresemann 1929 starb, zerfiel die DVP und die Mehrheit wandte sich der DNVP und der NSDAP zu
- bis zum Aufstieg der NSDAP war die DNVP „die" Rechtspartei: monarchistisch, für einen autoritären Staat, protestantisch, nationalistisch bis chauvinistisch und antisemitisch; „Dolchstoßlegende" als wesentlicher Bestandteil ihres Programms; ab 1928 auf radikalem Konfrontationskurs zur Weimarer Republik, der sie die Existenzberechtigung absprach

ufgabe 38 Die wichtigsten Merkmale der Weimarer Verfassung im historischen Kontext:

Merkmale der Verfassung von 1919	Historischer Kontext
• eher zentralistische Ausrichtung an einer starken Reichsregierung; auch Möglichkeit der sogenannten Reichsexekution	• Bedeutungsverlust der bis 1871 teilweise selbstständigen deutschen Mittelstaaten • unter Ebert (1919–1925) Machtmittel der Demokraten gegen radikale und separatistische Bewegungen in einzelnen Ländern (Sachsen, Thüringen, Bayern) • seit 1932 Schwächung des demokratischen Widerstands gegen die autoritäre (v. Papen) und die nationalsozialistisch dominierte Reichsregierung (Gleichschaltung der Länder)
• starke Stellung des Reichspräsidenten als „Ersatzkaiser" (direkte Wahl durch das Volk auf 7 Jahre; Berufung und Entlassung der Reichsregierung; Notverordnungsrecht der Art. 48 und 25	• mentales Bindeglied zur Monarchie für mehrheitlich konservative Bevölkerung • Mittel demokratischer Machtstabilisierung unter Ebert • Hauptgrund für die Zerstörung der Republik unter Hindenburg nach 1930 (Präsidialkabinette; Machtübergabe an Hitler)
• relativ schwache Stellung des Parlaments (keine Wahl der Reichsregierung; Notverordnungsrecht des Reichspräsidenten)	• fehlende Motivation zur Zusammenarbeit und Koalitionsbildung • strukturelle Machtlosigkeit des Parlaments in der Phase der Präsidialkabinette
• strikt demokratische Ausrichtung ohne strukturellen Schutz des demokratischen Systems (absolutes Verhältniswahlrecht; Fehlen einer Prozenthürde; kein verfassungsrechtlicher Schutz gegen Demokratiefeinde; Plebiszite)	• Zersplitterung des Parteiensystems und der Machtverteilung im Reichstag • schwierige Koalitionsbildung • fehlender Schutz gegen Radikale • Zusammenbruch der parlamentarischen Willensbildung in der Krise nach 1930

ufgabe 39 Von Beginn an war die Weimarer Demokratie Gefährdungen von links und rechts ausgeliefert, wobei sich die Bedrohungen von rechts langfristig als die gefährlicheren herausstellten. Entscheidend ist hier das ungewollte, aber destruktive Zusammenspiel der beiden radikalen Flügel:

Linke Opposition: vor allem die KPD bekämpfte Weimar

- als kapitalistisches und daher ausbeuterisches System,
- als „reaktionäre Scheindemokratie" und bürgerliche Klassengesellschaft und
- als Hort des Militarismus und Imperialismus
- Die SPD galt als „Verräterin" an den Interessen der Arbeiterklasse und als Partei des „Sozialfaschismus".

Aufstände von links:
- 1919: kommunistische Aufstände in Berlin, in den Hafenstädten, in Mitteldeutschland, im Rheinland und in Bayern; „Spartakusaufstand“; Münchner Räterepublik
- 1920: Streiks in Berlin; Ausbruch kommunistischer Aufstände im Ruhrgebiet, in Sachsen und Thüringen
- 1921: kommunistische Aufstände in Mitteldeutschland und im Ruhrgebiet

Rechte Opposition: vor allem die DNVP, die NSDAP und der überwiegende Teil der Justiz bekämpfen Weimar
- als Produkt des nationalen Verrates der sogenannten Novemberverbrecher und des „Dolchstoßes“ in den Rücken der siegreichen Armee (= rechte Legitimation des eigenen Landesverrates)
- als „artfremdes“, „undeutsches“ und von außen aufgezwungenes System, das sich gegen die nationalen Interessen richtet (= rechte Legitimation der eigenen Militarisierung)
- als System des „jüdischen Kapitalismus“ und der „jüdischen Weltverschwörung“ (= rechte Legitimation des eigenen Rassismus, besonders des Antisemitismus)

Aktionen von rechts:
- 1919: Ermordung von Rosa Luxemburg und Karl Liebknecht
- 1920: Kapp-Lüttwitz-Putsch
- 1921: zahlreiche Morde an republikanischen Politikern und eigenen „Abweichlern“ (z. B. an dem Zentrums-Abgeordneten Matthias Erzberger)
- 1922: Ermordung des jüdischen Reichsaußenministers Walther Rathenau

Aufgabe 40 Das Verhalten der Justiz während der Weimarer Republik:
- Richter und Staatsanwälte mussten kein klares Bekenntnis zur Republik und Demokratie ablegen; so reichte deren Haltung von Distanz bis hin zur Ablehnung der Demokratie
- Bevorzugung eines starken nationalen Staates ohne Parlamentarismus und Demokratie
- der Schutz der Nation galt mehr als das Recht und die Sicherung der Demokratie: Verfolgung der Kräfte, die die Nation gefährdeten, so etwa Kommunisten, Marxisten, kritische Intellektuelle und linke Zeitungen
- rechtsradikale Aktionen aus nationalen Motiven wurden von der Justiz nur selten und milde bestraft; dadurch Förderung des rechtsradikalen Terrors
- rechtslastige Justiz machte Weimar letztlich „wehrlos“ gegenüber rechtsradikalen Kräften

Aufgabe 41 Bedrohungen der Weimarer Republik im Krisenjahr 1923:

- Putsch und Umsturzversuche der Rechtsradikalen (NSDAP unter Adolf Hitler): Hitler-Putsch
- Republikfeindlichkeit der Justiz: faktische Straflosigkeit rechter Gewalttäter und antidemokratischer Hetzer (Beispiel: mildes Urteil und schnelle Freilassung Hitlers nach dessen Putschversuch)
- wirtschaftliche Krise durch die Besetzung des Ruhrgebietes und den folgenden Ruhrkampf
- tief greifender Glaubwürdigkeitsverlust durch die Folgen der Hyperinflation: faktische Enteignung aller Geldvermögen, vor allem des Mittelstands; Spekulationsgewinne für Industrielle
- separatistische kommunistische Aufstände in Thüringen und Sachsen

Aufgabe 42 Gründe für die Inflation 1923:

- Hauptgrund: massive Staatsverschuldung durch die Finanzierung des Ersten Weltkrieges (Kriegsanleihen)
- enorme Kriegsfolgekosten durch Demobilisierung, Versorgung der Kriegsopfer und -flüchtlinge, Rückzahlung der Kriegsanleihen, gestiegene Sozialleistungen und die Umstellung auf Friedenswirtschaft
- Verschärfung der finanziellen Situation des Reiches durch die Reparationslasten und die Ausgaben für den passiven Widerstand im Ruhrkampf
- der internationale Vertrauensverlust verhindert eine Geldversorgung über ausländische Kredite
- Neudruck von Papiergeld ohne eine Deckung durch Goldreserven oder die Steigerung der nationalen Wirtschaftskraft

Aufgabe 43 Außenpolitische Strategie der Weimarer Republik:

- Revision des Versailler Vertrages und Reduzierung der Reparationen als Hauptziel (1932 in der Konferenz von Lausanne beendet)
- „Schaukelpolitik" zwischen der Sowjetunion und den Westmächten
- enge wirtschaftliche Kooperation mit den USA
- wirtschaftliche und militärische Zusammenarbeit mit der Sowjetunion (Vertrag von Rapallo 1922, Berliner Vertrag 1926)
- Einbindung in ein internationales Vertragssystem unter Außenminister Stresemann durch die Locarno-Verträge 1925 und den Beitritt zum Völkerbund 1926: territoriale Einigung mit dem Westen, Offenhalten einer friedlichen Revision des Versailler Vertrages im Osten (vor allem gegenüber Polen)

Aufgabe 44 Gründe für die Weltwirtschaftskrise 1929:

- in den USA massive Aktienkäufe auf Kredit, die eine Spekulationsblase an den Aktienmärkten auslösen
- Zusammenbruch der Kurse an der New Yorker Börse („Schwarzer Freitag“, 25. 10. 1929)
- Rückforderung der hohen kurzfristigen US-Kredite in Europa und vor allem in Deutschland
- Zusammenbruch von deutschen Banken und Unternehmen, Rückgang der Exporte, der Industrieproduktion und des Bruttosozialprodukts
- Bankrott verschuldeter Kleinunternehmen und Bauern, schnell steigende Arbeitslosigkeit bei Arbeitern, massenhafte soziale Verelendung

Aufgabe 45 Funktionieren eines Präsidialkabinetts:

- Art. 53: Recht des Reichspräsidenten, den Kanzler ohne Mitwirkung des Reichstages zu ernennen
- Art. 48: Handeln der Regierung mit Notverordnungen des Präsidenten ohne Zustimmung des Reichstages
- Art. 25: Recht zur Auflösung des Reichstages bei einer Zurückweisung von Notverordnungen durch den Reichstag; ungehinderte Machtausübung für die Zeit bis zu Neuwahlen (maximal 60 Tage)

Aufgabe 46 Gründe für das Scheitern der Weimarer Republik:

- autoritäre Staatsvorstellungen Hindenburgs, seines Umfeldes („Kamarilla“, von Papen), der Konservativen und der Großindustrie (alte Eliten)
- Destabilisierung des politischen Systems durch die Kommunisten
- antidemokratische Haltung eines großen Teils der Bevölkerung und Fehlen eines demokratischen Grundkonsenses
- Verfassungsschwächen: striktes demokratisches Prinzip, kein verfassungsmäßiger Schutz gegen Radikale, starke Stellung des Reichspräsidenten
- Folgen der Weltwirtschaftskrise mit sozialer Verelendung in Deutschland und den darauf beruhenden Wahlerfolgen Hitlers
- taktisches Geschick der Nationalsozialisten: Legalitätstaktik, Zusammenarbeit mit den Konservativen, bewusste Verschärfung der innenpolitischen und gesellschaftlichen Spannungen zum eigenen Nutzen

Aufgabe 47 a) Entwicklung der NSDAP von 1919–1933:

- 1919 Gründung in München durch den Schlosser Anton Drexler als antisemitische „Deutsche Arbeiterpartei“; Eintritt Adolf Hitlers
- 1920 Umbenennung in „Nationalsozialistische Deutsche Arbeiterpartei“

- 1921 Übernahme des Vorsitzes durch Hitler und führende Rolle in der starken rechtsradikalen Szene Bayerns (rechte „Ordnungszelle“ im Reich)
- 8./9. November 1923 gescheiterter Hitler-Putsch, Verurteilung Hitlers wegen Hochverrats, Verbot der Partei
- Neugründung im Februar 1925 und Übergang zum Legalitätskurs
- straffe Neuorganisation der Partei mit zahlreichen Unterorganisationen auf Reichsebene, wichtige Rolle der SA als militärisch organisierte Parteimiliz
- Zusammenarbeit mit konservativen Kreisen unter Hugenberg (DNVP) seit 1930 (Harzburger Front 1931) und Nutzung der Propagandamittel des Medienunternehmers Hugenberg
- Sammelbecken rechter und nationaler Wähler in der Weltwirtschaftskrise (Wahlerfolge von 2,6 % 1928 bis zu 37,3 % im Sommer 1932 explodierend)
- Machtübergabe an Hitler durch Hindenburg im Rahmen einer Koalitionsregierung: Ernennung Hitlers zum Reichskanzler am 30. 1. 1933

b) Statistik zur soziologischen Struktur der NSDAP um 1930:
- Aufbau der Statistik: Vergleich der Anteile einzelner gesellschaftlicher Gruppen (Erwerbstätige) an der Gesamtbevölkerung und der NSDAP zu einem bestimmten Zeitpunkt
- Unterrepräsentation der Arbeiter
- Überrepräsentation der Selbstständigen, am stärksten der Landwirte
- relativ hoher Anteil an Beamten und Angestellten
- insgesamt noch geringer Anteil der Parteimitglieder im Vergleich zur Gesamtzahl der Erwerbstätigen: 1930 noch Bild einer Splitterpartei
- Anspruch auf Repräsentation aller Bevölkerungsschichten im Ansatz erfüllt, jedoch mit einem deutlichen Übergewicht auf dem sogenannten „Mittelstand“: Annäherung an das Bild einer modernen Volkspartei

c) Bewertung der Situation durch die SPD:
- Zurückweisung des Präsidialkabinetts Brüning als „Diktatur“ des Kapitals und eines Bündnisses aus Großindustriellen und Großgrundbesitzern
- Bewertung der Weltwirtschaftskrise als Ergebnis der „kapitalistischen Anarchie“ (Z. 11 f.); dabei Zuordnung der Deflationspolitik Brünings als Schuldfaktor: Verschonung der Reichen und Leistungsfähigen bei den in der Krise notwendigen Einschränkungen
- Bewertung der Lohnkürzungen und der Rücknahme wesentlicher Sozialleistungen durch Brüning als „soziale Reaktion“ (Z. 30)
- Angriff auf Nationalsozialisten als Gewalttäter und auf Kommunisten als verantwortlich für die „Zersplitterung der Arbeiterschaft“ (Z. 35 f.)

- Einsatz für die Demokratie („Herrschaft des arbeitenden Volkes“, Z. 38 f.) als einzigem Mittel zur Überwindung der Krise

d) Urteil zur Richtigkeit der SPD-Thesen:
- zu negatives Bild der Absichten Brünings: Deflationspolitik zur Währungsstabilisierung, zur Rücknahme der Reparationsforderungen, zur wirtschaftlichen Stabilisierung des Reichs; sichtbare Erfolge Brünings bis zu seinem Sturz
- treffende Situationsbeschreibung: Folgen der Deflationspolitik für die unteren Bevölkerungsschichten; faktische autoritäre Herrschaft des Präsidenten und seiner Präsidialkabinette; krisenverschärfende Rolle der NSDAP und der Kommunisten
- entsprechendes Verhalten der SPD gegenüber Brüning 1930 und 1932: grundlegende Akzeptanz seiner Stabilisierungspolitik; Tolerierung der präsidialen Notverordnungen zur Verhinderung von Neuwahlen in der Krise und des weiteren Wähler-Zugewinns für die Radikalen

e) Gehalt der Karikatur:
- Inhalte: Hitler („Hitler-Party“) mit preußisch-deutscher Pickelhaube kriecht aus dem überdimensionalen Versailler Vertrag („Versailles Treaty“)
- historischer Zusammenhang: Belastung der politischen und wirtschaftlichen Situation Deutschlands durch die im Vertrag erlittenen Verluste und die Reparationen; große Wahlerfolge Hitlers in den Reichstagswahlen von 1930, teilweise Zusammenarbeit Hitlers mit Teilen der nationalistischen, militaristischen Konservativen unter Hugenberg (symbolisiert durch die Pickelhaube)
- Aussage: Bewertung des Versailler Vertrages als Ursache für Hitlers Aufstieg

f) Urteil über die historische Stimmigkeit der Karikatur:
- einseitige Sichtweise auf die durchaus wichtige massenpsychologische Wirkung des Versailler Vertrages: negative Zuordnung der abgelehnten Vertragsbedingungen zur neuen Demokratie durch großen Teil der Bevölkerung; Verhinderung einer dauerhaften Legitimierung des demokratischen Systems
- Übersehen der wichtigeren Hintergründe: Weltwirtschaftskrise; autoritäre Staatsvorstellungen Hindenburgs und seines Umfeldes; grundlegende antidemokratische Einstellungen in der Bevölkerung und vor allem in den Eliten; Rückzug der Bürgerlichen aus dem demokratischen Lager; mangelnde Reaktion der konservativen Staatsführung auf die Agitation der Nationalsozialisten; Schwächen der Weimarer Verfassung; spätere Bereitschaft eines Teils der Bürgerlichen und Konservativen zum Bündnis mit Hitler.

Stichwortverzeichnis

Bildnachweis

S. 1: Das merkwürdige Jahr 1848: bpk

S. 10: Karte: Deutscher Bund, 1815: © Cartomedia, Karlsruhe

S. 67: Verfassung Preußens von 1849/1850. Der Große Ploetz: © Ploetz, Freiburg

S. 75: Der Norddeutsche Bund. Heinrich Pleticha: Deutsche Geschichte in 12 Bänden. Bd. 11: Republik und Diktatur 1918–1945. © Wissen Media Verlag GmbH, Gütersloh

S. 85: Wahlzelle 1903: ullstein bild

S. 89: Wilhelm II. bei Otto von Bismarck in Friedrichsruh am 30. 10. 1888: bpk / M. Ziesler

S. 139: Wilhelm II. mit Marine: ullstein bild

S. 169: Bekanntmachung des Kriegszustands an einer Litfaßsäule: bpk

S. 183: Demonstration vor dem Berliner Schloss anlässlich der Wahlen zur Nationalversammlung (19. 1. 1919): bpk

S. 184 links: Friedrich Ebert: Bundesarchiv, Bild 102-00013, Foto: o. Ang., ca. 1923

S. 184 Mitte: Walther Rathenau: ullstein bild

S. 184 rechts: Gustav Stresemann: Bundesarchiv, Bild 146-1982-092-11, Foto: o. Ang., ca. 1925/1929

S. 197: Weimarer Reichsverfassung. Zahlenbild 50070, © Bergmoser + Höller Verlag

Ihre Meinung ist uns wichtig!

Ihre Anregungen sind uns immer willkommen. Bitte informieren Sie uns mit diesem Schein über Ihre Verbesserungsvorschläge!

Titel-Nr.	Seite	Vorschlag

Bitte hier abtrennen

Lernen • Wissen • Zukunft

STARK

20-V1T_GW
Bitte ausfüllen und im frankierten Umschlag
an uns einsenden. Für Fensterkuverts geeignet.

Kennen Sie Ihre Kundennummer?
Bitte hier eintragen.

Zutreffendes bitte ankreuzen!

Die Absenderin/der Absender ist:

- ☐ Lehrer/in in den Klassenstufen: ____
- ☐ Fachbetreuer/in
  Fächer: ____
- ☐ Seminarlehrer/in
  Fächer: ____
- ☐ Regierungsfachberater/in
  Fächer: ____
- ☐ Oberstufenbetreuer/in
- ☐ Schulleiter/in
- ☐ Referendar/in, Termin 2. Staatsexamen: ____
- ☐ Leiter/in Lehrerbibliothek
- ☐ Leiter/in Schülerbibliothek
- ☐ Sekretariat
- ☐ Eltern
- ☐ Schüler/in, Klasse: ____
- ☐ Sonstiges: ____

Unterrichtsfächer: (Bei Lehrkräften!)

____

STARK Verlag
Postfach 1852
85318 Freising

Absender (Bitte in Druckbuchstaben!)

Name/Vorname

Straße/Nr.

PLZ/Ort/Ortsteil

Telefon privat

Geburtsjahr

E-Mail

Schule/Schulstempel (Bitte immer angeben!)

Bitte hier abtrennen

Sicher durch das Abitur!

Effektive Abitur-Vorbereitung für Schülerinnen und Schüler:
Klare Fakten, systematische Methoden, prägnante Beispiele sowie Übungsaufgaben auf Abiturniveau mit erklärenden Lösungen zur Selbstkontrolle.

Deutsch

Dramen analysieren und interpretieren	Best.-Nr. 944092
Erörtern und Sachtexte analysieren	Best.-Nr. 944094
Gedichte analysieren und interpretieren	Best.-Nr. 944091
Epische Texte analysieren und interpretieren	Best.-Nr. 944093
Abitur-Wissen Erörtern und Sachtexte analysieren	Best.-Nr. 944064
Abitur-Wissen Textinterpretation Lyrik, Drama, Epik	Best.-Nr. 944061
Abitur-Wissen Deutsche Literaturgeschichte	Best.-Nr. 94405
Abitur-Wissen Prüfungswissen Oberstufe	Best.-Nr. 94400
Kompakt-Wissen Rechtschreibung	Best.-Nr. 944065

Englisch

Übersetzung	Best.-Nr. 82454
Grammatikübung	Best.-Nr. 82452
Themenwortschatz	Best.-Nr. 82451
Grundlagen, Arbeitstechniken, Methoden mit Audio-CD	Best.-Nr. 944601
Sprachmittlung	Best.-Nr. 94469
Sprechfertigkeit mit Audio-CD	Best.-Nr. 94467
Klausuren Englisch Oberstufe (G8)	Best.-Nr. 905113
Abitur-Wissen Landeskunde Großbritannien	Best.-Nr. 94461
Abitur-Wissen Landeskunde USA	Best.-Nr. 94463
Abitur-Wissen Englische Literaturgeschichte	Best.-Nr. 94465
Kompakt-Wissen Abitur Themenwortschatz	Best.-Nr. 90462
Kompakt-Wissen Abitur Landeskunde/Literatur	Best.-Nr. 90463
Kompakt-Wissen Kurzgrammatik	Best.-Nr. 90461
Kompakt-Wissen Grundwortschatz	Best.-Nr. 90464

Sprachenzertifikat · DELF

Sprachenzertifikat Englisch Niveau A 2 mit Audio-CD	Best.-Nr. 105552
Sprachenzertifikat Englisch Niveau B 1 mit Autio-CD	Best.-Nr. 105550
Sprachenzertifikat Französisch DELF B1 mit MP3-CD	Best.-Nr. 105530

Französisch

Sprachmittlung · Übersetzung	Best.-Nr. 94512
Landeskunde Frankreich	Best.-Nr. 94501
Themenwortschatz	Best.-Nr. 94503
Literatur	Best.-Nr. 94502
Textarbeit Oberstufe	Best.-Nr. 94504
Abitur-Wissen Französische Literaturgeschichte	Best.-Nr. 94506
Kompakt-Wissen Abitur Themenwortschatz	Best.-Nr. 945010
Kompakt-Wissen Kurzgrammatik	Best.-Nr. 945011

Latein

Abitur-Wissen Lateinische Literaturgeschichte	Best.-Nr. 94602
Abitur-Wissen Römische Philosophie	Best.-Nr. 94604
Abitur-Wissen Prüfungswissen Latinum	Best.-Nr. 94608
Kompakt-Wissen Kurzgrammatik	Best.-Nr. 906011

Erdkunde/Geographie

Geographie – Baden-Württemberg	Best.-Nr. 84904
Geographie 1 – Bayern (G8)	Best.-Nr. 94911
Geographie 2 – Bayern (G8)	Best.-Nr. 94912
Erdkunde – Atmosphäre · Relief- und Hydrosphäre · Wirtschaftsprozesse und -strukturen · Verstädterung	Best.-Nr. 94909
Abitur-Wissen Entwicklungsländer	Best.-Nr. 94902
Abitur-Wissen Die USA	Best.-Nr. 94903
Abitur-Wissen Europa	Best.-Nr. 94905
Abitur-Wissen Der asiatisch-pazifische Raum	Best.-Nr. 94906
Abitur-Wissen GUS-Staaten/Russland	Best.-Nr. 94908
Kompakt-Wissen Abitur Erdkunde Allgemeine Geografie · Regionale Geografie	Best.-Nr. 949010
Lexikon Erdkunde	Best.-Nr. 94904

(Bitte blättern Sie um)

Geschichte

Geschichte 1 – Baden-Württemberg, Die demokratische und nationale Bewegung in der Auseinandersetzung mit dem Obrigkeitsstaat · Die Entwicklung der politischen Kultur im Kaiserreich und in der Weimarer Republik ..... Best.-Nr. 84760
Geschichte 2 – Baden-Württemberg Deutschland seit 1945 · Die bipolare Welt .... Best.-Nr. 84762
Geschichte 1 – Bayern, Vom 19. Jahrhundert bis zum Ende des Nationalsozialismus .... Best.-Nr. 94781
Geschichte 2 – Bayern, Deutschland seit 1945 · Europäische Einigung · Weltpolitik der Gegenwart .... Best.-Nr. 94782
Geschichte 1 – NRW, Vom 19. Jahrhundert bis zum Ende des Nationalsozialismus .... Best.-Nr. 54761
Geschichte 2 – NRW, Deutschland und Europa nach dem Zweiten Weltkrieg .... Best.-Nr. 54762
Geschichte 1 – Deutschland vom 19. Jahrhundert bis zum Ende des Nationalsozialismus .... Best.-Nr. 84763
Geschichte 2 – Deutschland seit 1945 · Europäische Einigung · Weltpolitik der Gegenwart .... Best.-Nr. 84764
Methoden Geschichte .... Best.-Nr. 94789
Abitur-Wissen Die Antike .... Best.-Nr. 94783
Abitur-Wissen Das Mittelalter .... Best.-Nr. 94788
Abitur-Wissen Französische Revolution .... Best.-Nr. 947812
Abitur-Wissen Die Ära Bismarck: Entstehung und Entwicklung des deutschen Nationalstaats .... Best.-Nr. 94784
Abitur-Wissen Imperialismus und Erster Weltkrieg .... Best.-Nr. 94785
Abitur-Wissen Die Weimarer Republik .... Best.-Nr. 47815
Abitur-Wissen Nationalsozialismus und Zweiter Weltkrieg .... Best.-Nr. 94786
Abitur-Wissen Deutschland von 1945 bis zur Gegenwart .... Best.-Nr. 947811
Abitur-Wissen USA .... Best.-Nr. 947813
Abitur-Wissen Naher Osten .... Best.-Nr. 947814
Kompakt-Wissen Abitur Geschichte Oberstufe ..... Best.-Nr. 947601
Lexikon Geschichte .... Best.-Nr. 94787

Wirtschaft/Recht

Wirtschaft – Unternehmen im Wirtschaftsgeschehen · Internationale Wirtschaftsbeziehungen .... Best.-Nr. 84852
Betriebswirtschaft .... Best.-Nr. 94851
Abitur-Wissen Volkswirtschaft .... Best.-Nr. 94881
Abitur-Wissen Rechtslehre .... Best.-Nr. 94882
Kompakt-Wissen Abitur Volkswirtschaft .... Best.-Nr. 948501
Kompakt-Wissen Abitur Betriebswirtschaft .... Best.-Nr. 924801

Politik

Abitur-Wissen Demokratie .... Best.-Nr. 94803
Abitur-Wissen Sozialpolitik .... Best.-Nr. 94804
Abitur-Wissen Die Europäische Einigung .... Best.-Nr. 94805
Abitur-Wissen Politische Theorie .... Best.-Nr. 94806
Abitur-Wissen Internationale Beziehungen .... Best.-Nr. 94807
Kompakt-Wissen Abitur Politik/Sozialkunde ...... Best.-Nr. 948001

Kunst

Abitur-Wissen Malerei, Plastik, Architektur (G8) ... Best.-Nr. 949618
Abitur-Wissen Malerei (G9) .... Best.-Nr. 94961
Abitur-Wissen Analyse und Interpretation (G9) .... Best.-Nr. 94962
Kompakt-Wissen Abitur Kunst .... Best.-Nr. 949601

Ethik

Ethische Positionen in historischer Entwicklung ... Best.-Nr. 94951
Abitur-Wissen Philosophische Ethik .... Best.-Nr. 94952
Abitur-Wissen Glück und Sinnerfüllung .... Best.-Nr. 94953
Abitur-Wissen Freiheit und Determination .... Best.-Nr. 94954
Abitur-Wissen Recht und Gerechtigkeit .... Best.-Nr. 94955
Abitur-Wissen Religion und Weltanschauungen ... Best.-Nr. 94956
Abitur-Wissen Wissenschaft · Technik · Verantwortung .... Best.-Nr. 94957

Religion

Katholische Religion 1 .... Best.-Nr. 84991
Katholische Religion 2 .... Best.-Nr. 84992
Abitur-Wissen GK ev. Religion Der Mensch zwischen Gott und Welt .... Best.-Nr. 94973
Abitur-Wissen GK ev. Religion Die Verantwortung des Christen in der Welt .... Best.-Nr. 94974
Abitur-Wissen Glaube und Naturwissenschaft ...... Best.-Nr. 94977
Abitur-Wissen Jesus Christus .... Best.-Nr. 94978
Abitur-Wissen Die Frage nach dem Menschen ...... Best.-Nr. 94990
Abitur-Wissen Die Bibel .... Best.-Nr. 94992
Abitur-Wissen Christliche Ethik .... Best.-Nr. 94993

Erziehungswissenschaft

Erziehungswissenschaft NRW GK/LK .... Best.-Nr. 54941
Erziehungswissenschaft .... Best.-Nr. 94941

Pädagogik/Psychologie

Grundwissen Pädagogik .... Best.-Nr. 92480
Grundwissen Psychologie .... Best.-Nr. 92481

Sport

Bewegungslehre · Sportpsychologie .... Best.-Nr. 94981
Trainingslehre .... Best.-Nr. 94982

20-V1T_GW

Bestellungen bitte direkt an:
STARK Verlagsgesellschaft mbH & Co. KG · Postfach 1852 · 85318 Freising
Tel. 0180 3 179000* · Fax 0180 3 179001* · www.stark-verlag.de · info@stark-verlag.de
*9 Cent pro Min. aus dem deutschen Festnetz, Mobilfunk bis 42 Cent pro Min.
Aus dem Mobilfunknetz wählen Sie die Festnetznummer: 08167 9573-0

Lernen · Wissen · Zukunft
STARK